교리와 삶은 하나입니다

Do You Believe?
: *12 Historic Doctrines to Change Your Everyday Life*
Copyright © 2021 by Paul David Tripp
Published by Crossway, a publishing ministry of Good News Publishers
Wheaton, Illinois 60187, USA.

This Korean translation edition © 2023 by Timothy Publishing House, Inc.,
Seoul, Republic of Korea
This edition published by arrangement with Crossway through rMaeng2,
Seoul, Republic of Korea.
All rights reserved.

이 한국어판의 저작권은 알맹2를 통하여 Crossway와 독점 계약한 (주)도서출판 디모데에 있습니다.
신 저작권법에 의하여 한국 내에서 보호받는 저작물이므로 무단 전재와 무단 복제를 금합니다.

교리와 삶은 하나입니다

1쇄 발행   2023년 3월 20일
2쇄 발행   2023년 9월 12일

지은이   폴 트립
옮긴이   윤종석
펴낸이   고종율

펴낸곳   (주)도서출판 디모데〈파이디온선교회 출판 사역 기관〉
등록   2005년 6월 16일 제 319-2005-24호
주소   서울특별시 서초구 서초대로 141-25(방배동, 세일빌딩)
전화   마케팅실 070) 4018-4141
팩스   마케팅실 02) 6919-2381
홈페이지 www.timothybook.com

ISBN   978-89-388-1694-8(03230)
© 2023 도서출판 디모데 All rights reserved. 〈Printed in Korea〉

도형의 의미

성경	네모꼴을 세모꼴 모양으로 잘라낸 모양은 성경의 책장과 비슷하다. 구약과 신약이 책처럼 펼쳐져 있다.	
하나님	온전한 원은 하나님을 상징한다. 완전무결하고 영원하다는 개념이 담겨 있다.	
하나님의 거룩하심	구별되어 있다는 의미로 도형의 유기적 곡선이 의도적으로 시각적 규칙을 벗어난 모양이다.	
하나님의 주권	큰 네모꼴 속의 작은 네모꼴은 힘과 능력을 상징한다. 계단과도 비슷하여 통치를 암시한다.	

하나님의 전능하심

하나님을 상징하는 원이 네 번 반복되어 그분의 전능하신 능력을 강조한다.

창조

왼쪽 하단 모서리에서 퍼져나가는 동심원은 하나님이 무에서 만물을 창조하셨음을 나타낸다.

인간 안에 깃든 하나님의 형상

하나님을 상징하는 원형이 거울처럼 반사되어 있다. 바로 인간 안에 투영된 하나님의 형상이다.

죄

마름모꼴은 죄와 철저한 타락을 상징한다. 날선 윤곽과 모서리는 완전무결한 원과 대비된다.

칭의 — 하나님의 의를 통해서만 우리가 온전해진다는 개념을 완벽하게 맞아드는 두 개의 세모꼴에 담아냈다.

성화 — 원은 하나님의 영을 상징하고, 이 원이 떠받치는 반원은 점점 더 하나님을 닮아가는 인간을 상징한다.

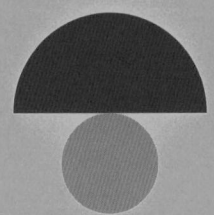

견인과 영화 — 원의 조각은 하나님을 영화롭게 하는 성도를 상징한다. 성도의 연합은 하나님을 상징하는 원을 닮아 있다.

영원 — 고리 모양은 시작도 없고 끝도 없이 무한하므로 영원을 상징한다.

추천사

폴 트립 특유의 솜씨로 기독교 신앙의 위대하고도 영광스러운 진리를
우리네 생활에 접목한 유익하고 예리한 책이다. 신학의 목적이 오늘 내 삶의
생기와 희망과 활력을 주는 것임을 확실히 깨우쳐준다.

— 데인 오틀런드(Dane Ortlund), 네이퍼빌 장로교회 담임목사, 『온유하고
겸손하니』(Gentle and Lowly, 개혁된 실천사 역간), 『우리가 몰랐던
예수』(Surprised by Jesus, 두란노 역간) 저자

"성경은 생명이라는 목적을 위해 주어진 생명의 책이다"라고 역설하는
폴 트립은 그 전제에 기초하여 12가지 주요 교리(그중 다수는 하나님의
성품 및 사역과 관계된다)를 삶과 연결하여 새롭게 고찰한다. 성경의
교리와 실생활이 맞물려 있어 경건에 더욱 힘쓰기에 유익한 도구다. 적극
추천한다!

— 안드레아스 쾨스텐버거(Andreas J. Köstenberger), 미드웨스턴
침례신학대학원 신약학 및 성경신학 연구교수, 성경적 기초(Biblical
Foundations) 설립자

많은 사람이 오늘날의 교회가 나약해진 주원인으로 성경 문맹을 꼽는다.
물론 성경을 더 배우는 것도 좋지만 교리를 올바로 알기만 해서는 부족하다.
하나님의 진리를 마음에 새기고 그대로 변화되어야 한다. 성경은 공부하고
연구하는 데서 그치지 말고 소화해서 실천하라고 주신 진리다. 폴 트립은
바로 그 일을 하도록 돕는다. 이 책에서 보듯이 성경의 위대한 교리는
우리를 가르치고, 갈증을 해갈해주며, 길을 인도하고, 기운을 북돋아준다.
강력하게 추천한다!

— 엘리즈 피츠패트릭(Elyse Fitzpatrick), 『여성의 가치 예찬』(Worthy:
Celebrating the Value of Women) 저자

이 책은 우리의 사고와 마음을 넓혀 큰 진리를 품게 하고, 지금 여기서 그
진리를 방공호 삼아 사랑하며 살게 한다. 계속 우리를 일깨워 하나님을
우러러 예배함과 동시에 눈앞의 현실을 직시하게 한다. 폴 트립은 솔직하고
친근하면서도 외경에 찬 목소리로 교리의 너른 땅을 예수님과 복음
중심으로 밟아나간다. 그 땅 위에서 우리의 다음 걸음은 더 든든하고
확실해진다.

— 캐슬린 닐슨(Kathleen Nielson), 작가, 강사

회의론자들이 기독교를 진지하게 대하지 않는 데는 수많은 그리스도인의 믿음과 행동이 괴리된 탓도 있다. 우리는 교리를 신앙 고백대로 정말 믿는가? 그렇다면 우리 삶이 변화되지 않아 비신자의 삶과 대동소이할 때가 왜 이렇게 많은가? 폴 트립은 바로 이 문제를 설득력 있게 다룬다. 기독교의 12가지 핵심 교리를 살펴보면서 그는 어떻게 우리가 거기에 걸맞게 살아야 하는지도 함께 제시한다. 그의 말대로 교리의 핵심은 지식이 아니라 변화다. 이 책은 신앙이 일상생활에 주는 의미를 진지하게 대하려는 그리스도인이라면 누구에게나 시급한 필독서요 지혜의 보고다.
— 브렛 맥크라켄(Brett McCracken), 「복음연맹」(The Gospel Coalition) 편집장, 『지혜 피라미드』(The Wisdom Pyramid, 성서유니온 역간), 『Uncomfortable』(불편한) 저자

하나님에게서 온 교리는 우리에게 하나님을 가르치고 그분께 돌아가 예배하게 한다. 이 책은 바로 그 일을 돕는다. 삶 전반에서 진정으로 그분을 사랑하고 예배할 수 있도록 그분을 알게 해준다. 전 세계 교회에서 제자도를 가르치는 자원으로 널리 쓰여야 할 책이다. 신앙 생활에서 분리된 지 너무 오래된 교리와 그것의 적용을 제대로 다시 봉합하기 때문이다. 교리의 관건은 하나님을 알고 삶 전반에서 그분을 위해 사는 것이다. 폴 트립은 하나님을 알고 날마다 그 지식대로 살아가는 기쁨, 그 기쁨을 누리는 법을 멋지게 보여준다.
— 버크 파슨스(Burk Parsons), 플로리다 주 샌포드의 세인트앤드루 교회 담임목사, 「좌담」(Tabletalk) 편집자

그리스도의 몸 된 교회의 살아 있는 신경을 건드리는 중요한 책이다. 폴 트립은 건전한 교리와 건강한 삶 사이의 위험한 괴리를 파헤친다. 진리를 아는 것 자체는 목표가 아니라 훨씬 큰 목표의 수단에 불과하다는 요긴한 경고를 발한다. 이 책은 성경 교육의 목표가 변화여야 함을 일깨운다. 성경의 직설법과 실천의 명령법은 불가분으로 연결된다. 하나님이 짝지어주신 것을 사람이 나누지 못할 것이다.
— 스티븐 로슨(Steven Lawson), 원패션 미니스트리즈(OnePassion Ministries) 대표, 마스터스 신학대학원 설교학 교수, 리고니어 미니스트리즈(Ligonier Ministries) 교사

'입으로는 그리스도를 안다고 고백하면서 행동으로는 그분을 부인하는 사람'이라는 질책을 듣는다면 얼마나 처참할까. 그런데 사람들에게서 그 모습을 보고 디도를 보냈던 사도 바울은 틀림없이 우리 삶 전반에서도 그런 크고 작은 괴리를 간파해낼 것이다. 당신도 나처럼 어떻게든 이 괴리를 메우고 싶은가? 여기 하나님의 은혜로 그 일을 할 수 있는 놀라운 자원이 있다. 매일 매 순간의 구체적인 삶이 신앙 고백과 괴리되지 않도록 조심해야 하는데, 우리 시대에 이 주제를 폴 트립만큼 설득력 있고 알기 쉽게 다룰 수 있는 사람은 드물다. 그의 도움을 받아 이 중대한 문제로 다시 돌아가라. 우리는 그리스도 안에서 어떤 내용을 믿고, 어떻게 그대로 살아갈 것인가?
— 데이비드 마티스(David Mathis), DesiringGod.org 편집장, 『은혜받는 습관』(Habits of Grace, 생명의말씀사 역간) 저자

나는 폴 트립의 글이나 책이 새로 나올 때마다 눈여겨보고, 그의 조언을 열심히 따른다. 평생 사지마비 환자인 나를 적당히 봐주려는 사람도 많겠지만, 분명히 그는 내 역경과 이에 대한 내 반응을 오직 성경의 렌즈로 해석해야 한다고 고집할 사람이다. 만날 기회는 드물지만 그는 친구로서 내 심정을 알며 내가 얼마나 약해지기 쉬운지도 안다. 그래서 나는 그의 이번 신간에 더욱 마음이 설렌다. 우리 삶이 그리스도 안에서 형통하려면 이 신앙의 위대한 교리에 뿌리를 내려야만 하는데, 폴 트립이 훌륭하게 그 근본을 제시한다. 기독교 교리를 이미 배운 사람이든 초신자든 누구나 꼭 읽어야 할 책이다.
— 조니 에릭슨 타다(Joni Eareckson Tada), 조니와 친구들 국제장애인 센터 설립자

교리와 삶은 하나입니다

루엘라,
당신은 늘 나의 뮤즈였지만
이 책을 쓸 때는 동역자가 되어주었습니다.
각 장의 주제에 대한
그 모든 토론에 크게 힘입어 이 책이 나왔습니다.
당신이 내 평생의 동반자이자 절친한 친구니
나는 복된 사람입니다.

차례

추천의 글 · 9
서문 · 11

들어가는 글 · 13

01.
성경에 대한
교리 · 29

02.
일상생활 속의
성경 · 39

03.
하나님에 대한
교리 · 65

04.
일상생활 속의
하나님 · 77

05.
하나님의 거룩하심에
대한 교리 · 101

06.
일상생활 속의 하나님의
거룩하심 · 111

07.
하나님의 주권에
대한 교리 · 135

08.
일상생활 속의
하나님의 주권 · 147

09.
하나님의 전능하심에
대한 교리 · 171

10.
일상생활 속의 하나님의
전능하심 · 183

11.
창조에 대한
교리 · 209

12.
일상생활 속의
창조 · 225

13.
인간 안에 깃든 하나님의
형상에 대한 교리 · 249

14.
일상생활 속의 인간 안에
깃든 하나님의 형상 · 267

15.
죄에 대한
교리 · 291

16.
일상생활 속의
죄 · 307

17.
칭의에 대한
교리 · 335

18.
일상생활 속의
칭의 · 351

19.
성화에 대한
교리 · 379

20.
일상생활 속의
성화 · 399

21.
성도의 견인과 영화에
대한 교리 · 425

22.
일상생활 속의 성도의
견인과 영화 · 447

23.
영원에 대한
교리 · 473

24.
일상생활 속의
영원 · 493

추천의 글

내가 앉아 있던 자리가 지금도 기억에 선하다. 앉아 있어서는 안 된다는 생각이 들던 것까지도 기억난다.

신학대학원 시절 하나님에 대한 교리를 가르치는 수업을 듣는 중이었다. 교수가 하나님의 절대적인 거룩하심과 주권과 영광을 말하는 동안 나는 앉은 채로 경외심에 젖었다. 문득 이런 생각이 들었다. '앉아서 필기만 해서는 안 되는데. 무릎 꿇고 엎드려야 하는데. 이런 진리는 그저 배워야 할 지식이 아니다. 이런 진리는 내 삶의 자세를 완전히 바꾸어놓을 계시다.'

이 기억을 소개하는 이유는 이 책을 읽을 때도 내 심정이 똑같았기 때문이다. 한 페이지씩 읽어가다 보면 도저히 그냥 앉아 있을 수 없었다. 때로는 눈물이 그렁그렁해져 무릎 꿇고 경배했고, 때로는 기쁨에 겨워 벌떡 일어나 찬송했다. 영혼의 감격을 주체할 수 없어 내 삶과 가족과 교회를 위해 그리고 이 진리를 들어본 적조차 없는 수십억의 사람을 위해 기도하기도 했다.

그렇다고 오해하지는 말라. 이 책에는 배워야 할 지식이 가득하다. 내가 밑줄 친 문장만 해도 전체의 절반은 될 것이다! 그러나 훨씬 더 중요하게 이 책에는 삶의 자세를 완전히 바꾸어놓을 계시가 가득하다. 당신이 받아들이기만 한다면 말이다.

이렇게 말하는 한 가지 이유는 이 책이 하나님 말씀의 진리로 가득하기 때문이다. 물론 초자연적 영감으로 기록되어 당신의 마음과 사고와 삶을 변화시킬 책은 성경뿐이다(그 내용이 1-2장에 나온다). 그러나 하나님은 늘 교회에 선물로 종들을 보내주셨고, 우리는 그들의 도움으로 하나님의 말씀을 깨닫고 삶에 적용한다. 폴 트립도 그런 종이며, 이 책은 그가 우리에게 건네는 아주 값진 선물이다.

이 책은 신학생들이 독차지하는 진리를 가져다가 그리스도를 따르는 사람이라면 누구나 쉽게 접근하고 이해하게 해준다. 나이가 많든 적든 또는 그리스도인이 된 지 하루밖에 안 되었든 50년이 지났든, 이 책은 당신을 위해 쓰였다. 학생과 노인, 독신자와 부부, 아이와 부모 등 모든 남녀노소의 일상적 고민과 시련과 유혹과 즐거움에 우리 모두가 알아야 할 기독교 신앙의 여러 기본 교리를 접목한 책이다.

주저함이나 거리낌 없이 말할 수 있다. 이 책은 내가 아내와 자녀와 우리 교회는 물론이고, 현재 그리스도 안에서 성장하도록 돕고 있는 모든 사람과 함께 공부해나갈 주요 자원이다. 그래서 당신에게도 온 마음으로 즐거이 일독을 권한다. 읽다가 당신도 무릎 꿇고 경배하기를 기도한다. 그러다 뜨거운 마음으로 벌떡 일어나 자신에게 주어진 모든 것으로 하나님을 사랑하고, 어디를 가든 그분의 영광을 퍼뜨리며 살기를 기도한다.

데이비드 플랫
David Platt

서문

이 책을 집필하는 것은 내 평생 최고의 특권 중 하나였다. 인간의 사고에 담을 수 있는 가장 놀라운 진리 체계를 수개월씩 묵상할 수 있었다는 사실 자체만으로도 나는 선하신 하나님을 경외하게 된다. 내 모든 책이 그렇듯이 이번에도 나에게 필요한 것을 썼다. 나에게 필요하다면 다른 사람들에게도 필요할 테니 말이다. 나는 실생활 속의 신학적 무심함에서 사람들을 깨우기 위해 이 책을 썼다. 우리의 신앙 고백과 실생활 사이의 고질적인 괴리를 좁히려고 노력했다. 우리 중 다수는 본의 아니게 신학적으로 모순되게 살아간다. 말로는 하나님의 주권과 선하심을 믿는다면서, 막상 문제가 닥치면 마치 주관자가 없는 양 허둥대거나 그분의 선하심과 사랑을 의심한다. 말로는 하나님 은혜의 필요성과 위력을 믿는다면서, 정작 자신이 믿는다고 고백하는 그 은혜는 홀랑 저버린 채 자신의 의를 내세운다. 말로는 영원을 믿는다면서 실제로는 시간과 에너지와 돈을 잠깐의 덧없는 쾌락에 쓰는 데 여념이 없다.

솔직히 나 또한 신앙 고백과 순간순간의 삶 사이에 여전히 간극이 있다. 당신의 삶도 분명 그러할 것이다. 하나님이 우리의 눈을 열어 그런 괴리를 보게 해주시기를 기도한다. 그분이 선포하셨고 우리가 고백해온 진리, 그 진리대로 산다는 것이 무엇인지 이 책을 통해 더 확실히 깨닫게 해주시기를 기도한다.

　책을 조금 설명해야겠다. 내 목표는 포괄적인 조직 신학을 쓰는 것이 아니었다. 그런 책이라면 이미 양서가 많이 나와 있다. 여기서는 기독교 신앙의 모든 교리를 다루지는 않았고, 성경을 믿는 사람이라면 누구나 익히 알 만한 12가지 핵심 교리에 집중했다. 교리마다 두 장씩 할애하여 첫 장에서 해당 교리를 정의하고 설명한 뒤, 다음 장에서 그 특정한 진리에 걸맞은 삶을 살펴보았다.

　12개 적용 장의 목표는 삶의 모든 분야에 일일이 적용하는 것이 아니라, 각 교리에서 흘러나오는 특정한 문화 내지 생활 방식이 있음을 가르치는 것이다. 진리가 당신의 생활 방식을 빚어내지 못한다면, 이는 필시 그 진리를 성경이 정의하는 믿음대로 믿지 않아서일 것이다. 하나님의 전능하심에 대한 교리, 창조에 대한 교리, 칭의에 대한 교리, 영원에 대한 교리 등은 어떻게 우리 삶을 빚어내야 할까? 그것이 이 책의 화두다. 내 목표는 이 책을 읽는 동안 당신이 점점 더 자연스럽게 성경의 진리를 생활 방식으로 보게 되는 것이다.

　요컨대 이 책은 성경 신학을 종합적으로 고찰한 신학 서적이 아니라 훈련 교본이다. 훈련 주제는 당신의 믿음을 일상생활의 상황과 장소와 관계 속에 그대로 접목하는 것이다. 모든 교리를 다루지도 않았고 다룬 교리도 모든 함의를 개괄하지는 않았지만, 이 책에 힘입어 당신이 하나님 말씀의 신학을 새롭고 실제적인 관점에서 보게 되기를 바란다. 그 결과 신학을 망각한 생활 방식은 약해지고, 귀한 진리가 빚어내고 이끄는 일상의 문화가 당신의 삶 속에 더 풍성해지기를 기도한다. 당신에게 소중해진 그 진리는 하나님이 지극한 사랑으로 계시해주신 것임을 기억하라.

폴 트립
2020년 12월 1일

들어가는 글
위험한 이분법

그는 내가 아는 사람 중 신학적 학식이 가장 뛰어난 축에 속했지만, 그와 나눈 대화는 이번에도 내게 좌절을 안겨주었다. 신학 문제라면 두루 섭렵하지 않은 내용이 없던 그는 자신만만하고 방어적인 데다 당장이라도 변론할 태세였다. 문제는 내가 그와 마주앉은 게 변론하기 위해서가 아니라 그를 돕기 위해서였다는 것이다. 하지만 그를 돕기란 거의 불가능했다. 나는 그의 상담자였다. 그에게 상담이 필요한 이유는 해박한 지식과 생활 방식 사이의 거대한 괴리가 나쁜 열매를 맺고 있었기 때문이다. 그의 부부 관계는 무너지는 중이었고, 자녀 중 누구도 그를 존중하지 않았으며, 친구들도 그를 대하기가 이만저만 어려운 것이 아니었다.

하나님의 은혜를 신학으로 통달한 그가 가정에서는 은혜를 모르는 사람이었다. 너그럽게 참아주기보다 욱하며 비난하기로 유명했다. 하나님의 주권에 대한 교리를 잘만 주해하고 설명하는 그가 일상생활의 상황과 관계 속에서는 자신이 통제권을 쥐어야만 직성이 풀렸다. 그의 기독론은 빈틈이 없었지만, 그리스도와 달리 그는 잘 사랑하지도 섬기지도 용서하지도 못했다. 그의 아내가 내게 부부 상담을 청한 것은 결혼 생활이 파탄으로 치닫고 있었기 때문이다. 그런데도 그는 자신에게 상담이 필요 없음을 아주 분명히 밝혔다. 그의 생활 방식과 그가 엄청난 시간을 들여 공부한 찬란한 신학이 어긋난다는 말은 실로 축소된 표현에 불과했다.

◧ ◆ ◨

설리나는 복음을 사랑했고, 아침마다 꼭 성경을 읽었으며, 온종일 집안에 찬송을 크게 틀어놓고 살았다. 교회 건물의 문이 열려 있는 시간이면 그녀도 그곳에 있었고, 시내에서 기독교 집회나 음악회가 열리면 으레 참석하는 편이었다. 겉으로 보기에는 그녀에게 아무런 문제도 없어 보였다. 하지만 설리나는 끊임없는 두려움 속에 살았다. 남들 눈에 자신이 어떻게 비칠지 너무 두려워서 그들과 나눈 대화를 머릿속에 자꾸 되뇌며 자신이 한 말을 후회했고, 상대가 지금 자신을 어떻게 생각할까 걱정하며 마음을 졸였다. 또 상사를 두려워하여 자신이 곧 해고될 거라고 늘 확신했다. 세월이 갈수록 그녀는 몸에 조금만 이상한 징후가 보여도 건강염려증 환자처럼 안달복달했다. 희한하게도 그녀는 사람을 변화시키는 큰 복음을 날마다 섭취하면서도 두려움의 굴레에서 해방되지 못했다.

◧ ◆ ◨

브래드는 교회 소그룹 리더였다. 성경 지식도 많고 겉으로 성숙해 보여서 그런 일을 도맡아 했다. 그의 훌륭한 인도에 따라 소그룹 사람들은 하나님의 말씀을 함께 공부하고 토의했다. 근래에 그는 장로 훈련에 동참해달라는 부탁을 받고 그 일에도 열의를 보였다. 소그룹 사람들은 그와 그의 리더십을 존중했지만, 그의 아내 민디에게는 남편도 이 소그룹 모임도 다르게 보였다. 모일 때마다 민디는 소그룹 리더로 인기가 좋은

'공적인' 브래드와 남편으로서 '사적인' 브래드가 서로 달라서 마음이 힘들었다.

가정에서 브래드는 성숙한 그리스도인 남자답게 행동하지 않았다. 그는 걸핏하면 민디에게 화내고 빈정대며 그녀를 비하했다. 아주 사소한 일로도 모진 말로 민디를 궁지에 몰아넣곤 했고, 그때마다 그녀는 내가 결혼한 남자는 어디로 갔는지 의아했다. 소그룹 친구들 곁에 앉아 있다 보면 불쑥 입에서 "브래드는 당신들이 생각하는 그런 사람이 아니에요. 우리 부부는 지금 도움이 필요합니다"라는 말이 튀어나올 것만 같았다. 하지만 자신이 그러지 못하리라는 것을 알았다. 그녀는 남편을 사랑했으나 하나님의 도우심을 간구하는 것 말고는 도무지 어찌할 바를 몰랐다.

◼ ◆ ◼

이런 이분법의 예를 들자면 한이 없다. 수많은 신자의 신앙 고백과 생활 방식 사이에 이런 모습이 존재한다(내 삶의 일부에도 여태 남아 있다). 또한 확신컨대 우리가 믿는다고 고백하는 교리와 실제로 살아가는 방식 사이의 괴리는 원수 마귀의 활동 무대다. 당신에게 생소하게 들리겠지만 꼭 생각해볼 말이 있다. 당신 영혼의 원수는 매일의 실생활 속에서 당신 마음의 생각과 동기를 마음대로 관할할 수만 있다면(그리하여 당신이 행동하고 반응하며 대응하는 방식을 주무를 수만 있다면) 당신의 공식 신학쯤이야 얼마든지 인정해준다.

이렇듯 그리스도인의 삶에 존재하는 이분법 때문에 이 책을 썼다. 내 삶의 이분법적인 모습을 보며 마음이 찔렸고, 다른 수많은 사람에게서도 그 모습이 보여서 슬펐다. 먼저 교리의 중요성으로 시작해서 성경이 이 이분법에 대해 뭐라고 말하는지 살펴보자.

교리의 중요성

"아빠, 전봇대도 하나님이 만드셨나요?" 끝없이 이어지는 시시한 질문 중 하나 같았다. 긴 하루를 마친 부모를 약간 미치게 할 수 있는 질문 말이다. 평소 우리 아이들에게 하나님이 세상과 그 안의 모든 것을 창조하셨다고 가르쳤더니, 아들이 그 작은 뇌로 이 깊은 생각을 곱씹곤 했다. 함께 버거킹에 가는 동안 실제로 아들은 뒷좌석 창밖으로 길가에 쭉 늘어선 전봇대를 내다보며 말없이 생각에 잠겼다. 카시트에 앉혀 안전벨트를 채워놓은 어린 철학자에게서 그런 깊은 신학적 질문이 나왔다. 그도 인간이기에 생각하지 않을 수 없었다. 하나님이 자신의 형상대로 지으신 인간은 생각하는 존재이기에 그도 그 일을 했을 뿐이다. 아들의 끝없는 질문에 우리는 웃을 때도 있고, 저 작은 머릿속에서 무슨 일이 벌어지고 있는지 궁금해질 때도 있고, 제발 질문 좀 그만했으면 싶어질 때도 있다. 하지만 질문은 인간이라면 누구나 하는 일이기에 그도 멈추지 않을 것이다.*

어린아이는 끝없이 이유를 묻고, 청소년은 공정과 불공정을 붙들고 늘어지며, 부부는 특정한 상황을 다르게 해석해서 싸우고, 노인은 과거를 돌아보며 의미를 찾으려 한다. 우리 모두가 늘 하는 일이다. 다만 대체로 그 사실을 인식하지 못하고 그 깊은 속뜻을 이해하지 못할 뿐이다. 이것은 인간만이 하는 지극히 인간적인 일이며, 하나님이 우리를 그렇게 살아가도록 설계하셨다. 다만 이것은 삶을 빚어내는 중요한 일인데도 대개 정당한 대우를 받지 못할 뿐이다. 날마다 한 번쯤은 우리 모두가 어떤 식으로든 삶에 의미를 부여하려 애쓴다. 과거 문명의 유물 더미를 파헤쳐 자신의 여정과 그 뜻을 이해하려 한다. 시사와 각자의 관계망을 끝

---

* 이 단락의 대부분은 폴 트립 웹사이트 www.paultripp.com에 처음 게재된 내 글 "The Importance of Doctrine"(2018년 7월 2일)에서 가져왔다.

없이 곱씹으며 주변 상황과 관계에 어떻게 대응할지 결정하려 한다. 어떻게든 앞일을 점쳐서 대비하고 싶어 미래를 내다본다. 우리는 결코 자신의 삶을 그냥 내버려두지 않으며, 심지어 잠자는 동안에도 생각을 멈추지 않는다.

우리는 자신의 선택과 말과 행위에 큰 영향을 미치는 활발한 사고 활동을 더 의식해야 한다. 당신은 배관공, 주부, 음악가, 아빠, 교사, 학생, 회계사, 정원사, 운동선수 등일 수 있으나 또한 생각하는 사람이다. 인간은 누구나 생각한다(그게 남보다 더 드러나는 사람이 있을 뿐이다). 부적절하거나 모순된 생각도 생각이다. 단 하루라도 생각 없이 사는 사람은 없다. 우리 모두는 이런저런 전제로 삶의 골격을 짜놓고 그것을 도구 삼아 삶을 해석한다. 그런 면에서 우리는 다 신학자이고 철학자이며 상담자이고, 이전에 무엇이 있었는지 알기 위해 과거를 파헤치는 고고학자다. 우리가 꼭 알아야 할 중요한 사실이 있다. **당신의 생각이 늘 행동보다 선행하여 행동을 결정짓는다.** 멈추어 이 문장을 다시 읽으라. 그만큼 아주 중요한 대목이다. 당신이 어떤 행동을 하는 이유는 그 순간의 경험 자체 때문이 아니다. 당신이 그 경험을 생각하고 해석하는 방식 때문이다.

잘 알다시피 세 사람이 똑같은 상황에서 똑같은 일을 겪어도 반응은 셋 다 확연히 다를 수 있다. 왜 그럴까? 상황을 다르게 해석하기 때문이다. 해석이 다르면 반응도 달라질 수밖에 없다.

그렇다면 이것이 하나님의 말씀에 계시된 교리의 목적과 무슨 관계가 있을까? 모든 면에서 관계된다! 당신을 생각하는 존재로 지으신 하나님이 또한 신구약 저자들을 감화하여 그분의 진리를 기록하게 하셨다. 우리 마음껏 활용할 수 있도록 말이다. 성경은 사랑의 창조주가 피조물에게 진리를 풀어주신 결과물이며, 덕분에 우리는 삶의 의미를 제대로 찾을 수 있다. 하나님이 자비롭게 계시해주시 않으셨다면 우리는 어떻게 깨달아야 할지도 알 수 없고, 무엇을 아는지도 확실히 알 수 없으며, 안다고 생각하는 내용의 진위 여부도 알 수 없다. 의미를 부여하시는 하나님이 의미를 찾는 피조물에게 성경을 통해 기본 진리를 설명해주신다. 성경에 펼쳐지는 신비는 역사상 존재했던 모든 인간에게 반드시 필요했다. 성경은 종교가 거룩히 구별해둔 회랑에 전시용으로 밀쳐둘 종교 서적이 아니라, 생명을 줄 목적으로 주어진 생명의 책이다. 성경을 받은 피조물은 덕분에 생명의 유일한 처소에서 생명을 찾을 수 있다. 성경의 교리는 관념이 아니라 하나님의 살아 있는 도구로서 구원과 변화와 정체성과 인도에 쓰인다.

성경의 교리가 이 네 가지에 쓰이는 도구임을 살펴보기 전에 성경이 무엇이고 어떻게 작용하는지부터 생각해보자. 시간을 내서 하나님의 말씀을 읽거나 공부해본 사람은 알겠지만 성경은 주제별로 배열되어 있지 않다. 솔직히 그래서 답답해하는 이들도 있다. 원하는 주제를 금방 찾을 수 있도록 성경책 가장자리에 주제별 색인표가 달려 있으면 좋겠다고 생각하기도 한다. 그러나 성경이 지금처럼 배열되어 있는 데는 하나님의 의도가 있다. 주님은 우리의 유익과 그분의 영광을 위해 성경을 특정하게 작용하도록 세심히 설계하셨다.

본질상 성경은 구원의 대서사, 즉 이야기다. 신학적 주석이 달린 이야기라고도 할 수 있다. 성경은 하나님의 구원 계획과 목적을 담은 대하 드라마이고, 거기에 그분의 요긴한 설명과 적용이 곁들여진다. 따라서 성경을 백과사전처럼 취급해서는 안 된다. 성경은 그런 책이 아니다. 예컨대 부모 역할을 배우려고 부모라는 단어가 나오는 구절만 본다면, 인간의 이 중요한 소명에 대해 성경이 하려는 말을 대부분 놓친다. 성경의 모든 본문은 하나님, 나 자신, 타락한 세상의 삶, 죄의 재앙, 은혜의 효험 등에 대해 알아야 할 것을 말해준다. 더불어 내 삶의 모든 분야에 대해 알아야 할 내용도 충분히 말해준다. 이 내용은 다음 장에서 더 자세히 살펴볼 것이다.

그렇다면 교리의 역할은 무엇인가? 첫째로, 성경의 교리는 구원의 대서사를 간추린 유용한 약어다. 모든 교리에는 하나님과 그분이 하신 일 그리고 우리에게 필요한 것이 담겨 있으며, 덕분에 우리는 방대한 내용과 역사적 활동을 한 단어로 요약할 수 있다. 예컨대 칭의 교리에는 하나님이 우리를 그분 앞에 의롭게 세우시려고 행하신 모든 일이 담겨 있다. 이 교리가 있기에 우리는 하나님의 은혜를 약어로 표현할 수 있다. 하나님이 우리에게 그분의 자녀라는 신분을 확보해주시려고 행하신 모든 일이 그 속에 압축되어 있다. '칭의'라는 단어를 쓰면 모든 이야기를 세세하게 되풀이할 필요가 없다. 하나님이 보시기에 우리가 꼭 알고 이해해야 할 내용이 있는데, 성경의 모든 교리는 그것의 요약 내지 약어다.

둘째로, 모든 교리는 설명이다. 하나님의 말씀 속에 교리로 설명되어 있지 않다면 우리는 예컨대 아담과 하와의 타락, 부름받은 아브라함, 예수님의 의로운 삶, 십자가, 빈 무덤, 승천, 교회의 설립 등에 함축된 의미를 다 이해할 수 없다. 교리를 통해 하나님은 우리가 어떻게 죄 가운데 행했고, 그분이 어떻게 우리에게 은혜를 베푸셨는지를 깨닫게 해주신다. 물론 우리는 교리로 구원받지 않고, 하나님이 역사 속에서 우리를 위해 기꺼이 은혜로 이루신 일을 통해 구원받는다. 교리는 이렇듯 하나님이 하신 일들을 우리에게 설명해준다. 우리의 결핍을 인정하고 손을 내밀어 하나님의 도움을 받을 수 있도록 말이다.

잘 생각해보라. 하나님이 의도하신 성경의 교리는 그 자체로 목표가 아니다. 교리는 목표를 이루기 위한 수단이다. 그분이 계시하신 교리에는 당신을 신학적으로 똑똑하게 해주는 것보다 더 큰 목적이 있다. 교리는 개요와 신학적 고백을 제시하는 것 이상의 일을 위해 존재한다. 성경의 교리가 본래 맡은 역할을 잘 보여주는 은유가 이사야 55장 10-13절에 나온다. 이사야는 성경의 진리를 땅에 내리는 비나 눈 같다고 표현한다. 땅에 비와 눈이 내리면 어떻게 되는가?

> **사 55:13** 잣나무는 가시나무를 대신하여 나며 화석류는
> 찔레를 대신하여 날 것이라 이것이 여호와의 기념이 되며
> 영영한 표징이 되어 끊어지지 아니하리라.

솔직히 이 구절은 성경 전체에서 가장 이상한 은유 중 하나다. 뒷마당에 있는 가시나무를 보고 당신은 "비만 계속 오면 저 가시나무가 잣나무로 변할 텐데"라고 말하지 않을 것이다. 그렇게 말한다면 옆에 있는 사람은 당신이 약간 미쳤다고 생각할 것이다. 찔레에 물만 잘 주면 용케 화석류로 변할 것이라 생각할 사람도 없다. 이 선지자가 식물에 대한 상식을 뛰어넘어 전하려는 말은 무엇인가? 이 은유는 하나님 말씀의 진리(교리)가 그분의 의도대로 맺어야 할 열매에 대해 무엇을 말해주는가?

이사야의 이상한 은유는 철저한 유기적 변화를 이야기한다. 식물에 비가 내려 전혀 다른 식물이 되듯이 하나님 말씀의 교리도 똑같이 작용한다. 교리의 주목적은 지식이 아니라 변화다. 지식은 성경 진리의 기능 중 하나다. 그리고 지식은 진리의 목표가 아니라 거기에 필요한 수단이다. 진리의 목표는 철저한 인격적 변화다. 하나님은 성경의 교리가 우리 위에 비처럼 내려 우리가 변화되는 것을 계획하셨다. 단순히 개조되는 정도가 아니라 영적으로 이전과는 다른 존재가 되는 것이다. 진리의 비가 내리면 분노에 차 있던 사람이 화평을 이루고, 욕심 많던 사람이 베풀며, 요구만 일삼던 사람이 섬기고, 음란하던 사람이 순결해지며, 믿음 없던 사람이 신자가 되고, 교만하던 사람이 겸손해지며, 반항하던 사람이 순종하고, 우상을 섬기던 사람이 하나님을 예배한다.

하나님 말씀의 교리는 당신의 머리만 지배하는 것이 아니라, 마음을 사로잡아 생활 방식을 변화시킨다. 당신을 뒤집어놓고 당신의 세상을 전복시키는 것이다. 성경의 교리는 당신이 고백하고 동의하는 개요를 훨씬 뛰어넘는다. 삶의 가장 작고 평범한 순간에조차 그대로 살아내야 하는

것이 바로 교리다. 성경의 교리대로 살면 당신의 정체성과 관계와 재정 구조가 변화될 수밖에 없다. 말과 생각, 직장 생활, 여가 시간의 행실, 배우자를 대하는 태도, 부모 노릇 등이 달라질 수밖에 없다. 과거를 생각하고 현재를 해석하며 미래를 보는 관점이 바뀔 수밖에 없다.

하나님 말씀의 교리는 놀라운 은혜의 하나님이 우리에게 주시는 아름다운 선물이다. 교리는 삶을 제약하는 짐스러운 신념이 아니라 오히려 새로운 삶과 참신한 자유를 가져다준다. 당신의 영혼을 안정시키고 마음에 용기를 준다. 타고난 지혜보다 더 지혜롭게 해주고, 불평하는 마음을 기쁘게 예배하는 마음으로 바꾸어준다. 하나님은 당신을 사랑하시기 때문에 당신에게 이런 신비를 설명해주신다. 그분은 생명을 주시는 분이므로 그분 말씀의 모든 교리도 당신의 마음속에 생명의 씨앗을 심어준다. 그 씨앗이 뿌리를 내리고 자라갈수록 당신도 성장하여 변화된다.

하나님은 우리의 사고만이 아니라 마음을 원하신다. 마음만이 아니라 당신을 구성하는 모든 것을 원하신다. 그분의 진리(교리)는 인격적 변화라는 정원을 가꾸는 생태계다.

이것을 디모데후서 3장 16-17절보다 더 잘 담아낸 구절은 없다. "모든 성경은 하나님의 감동으로 된 것으로 교훈과 책망과 바르게 함과 의로 교육하기에 유익하니 이는 하나님의 사람으로 온전하게 하며 모든 선한 일을 행할 능력을 갖추게 하려 함이라." 이 본문은 성경의 진리(교리)가 우리 삶 속에서 맡은 본래의 역할을 이해하는 데 아주 중요하다. 성경(그 속의 각 교리도 포함하여)이 우리 삶에서 수행해야 할 네 가지 역할은 물론이고, 더 중요하게 그 역할을 수행하는 과정까지도 이 말씀에 담겨 있다. 그 과정의 네 단계는 다음과 같다.

1. **교육: 기준을 제시한다.** 성경의 진리는 하나님의 궁극적 기준이다. 하나님은 누구시고 우리는 누구인가, 본연의 삶이란 무엇인가, 무엇이

참이고 무엇이 거짓인가, 우리는 왜 이렇게 행동하는가, 변화는 어떻게 일어나는가, 세상의 문제는 무엇이며 어떻게 바로잡힐 것인가 등이 성경의 진리 속에 확립되어 있다. 하나님 말씀의 교리에 드러난 기준은 창조주가 우리에게 사랑으로 계시해주신 것이다. 이를 통해 우리는 다른 방법으로는 결코 알 수 없는 것들을 분명히 깨닫는다.

우리 모두가 모종의 기준에 의지하는 이유는 알고 싶기 때문이다. 자신이 아는 내용이 진리인지 알고 싶은 것이다. 그래서 누구나 '성경'을 가지고 다닌다. 자신이 만들어낸 성경일 수도 있고, 진리이신 그분이 전수해주신 완전한 기준일 수도 있다.

2. 책망: 기준과 비교한다. 책망이란 기준과 비교하여 우리의 부족한 부분이 드러나는 과정이다. 하나님 말씀에 계시된 진리에 우리가 어떻게 반응해야 하는지를 이 단어에서 엿볼 수 있다. 모든 진리는 거울 역할을 하게 마련이다. 그렇기에 진리를 들여다보면 각 진리와 관련된 자신의 본색이 드러난다. 하나님의 온전하심이라는 거울을 보면 온전함과는 거리가 먼 당신의 실상에 대번 부딪힌다. 죄의 교리라는 거울을 보면 당신도 죄인임을 깨닫는다. 막연하고 냉담하게 우리와 동떨어져 살아가도 되는 진리는 없다. 모든 진리는 우리의 생각과 갈망과 말과 선택과 동기와 관계와 예배와 희망 등을 비교해볼 잣대다. 교리를 아는 사람은 하나님만 아는 것이 아니라, 마땅히 자신도 알아 뼈저리게 겸손해져야 한다.

신학을 배우는 사람은 하나님을 찬송하고 예배할 뿐 아니라, 진심으로 죄를 슬퍼하고 자백하며 회개해야 한다. 진리가 책망하지(잘못을 지적하지) 않는다면 우리가 진리를 잘못 다룬 것이다. 교리의 책망 기능을 빼버리거나 거기에 저항함으로써 성경의 교리를 비성경적으로 취급하는 것은 솔깃한 유혹이자 실제로 일어날 수 있는 일이다.

3. 바르게 함: 지금의 내 모습과 하나님이 원하시는 모습 사이의 괴리

를 메운다. 성경의 교리는 우리를 바로잡는다. 바르게 함이란 잘못되었거나 부족하다고 드러난 부분을 기준에 더 가까워지게 하는 과정이다. 성경의 모든 진리 앞에서 우리는 이렇게 물어야 한다. "이 진리는 나의 어느 부분을 바르게 해야 한다고 말해주는가? 어떻게 하면 하나님의 성품과 그분이 계시해주신 변화 방법에 맞게 나를 바로잡아, 주 예수님의 인격과 사역을 통해 내게 베푸신 것을 누릴 수 있을까?"

회심하여 본향에 가기까지 하나님이 우리 안에 이루시는 구원을 성화라고 한다. 이 점진적 성화는 진리와 자신을 비교하여 바르게 하는 것이 계속 반복되는 과정이다. 하나님 말씀의 진리가 성화를 이끌고, 성화에 필요한 능력은 성령의 역사하심에서 온다.

4. 의로 교육하기: 하나님의 기준을 충실하게 실천한다. 성경의 모든 가르침 앞에서 우리는 이렇게 물어야 한다. "하나님이 내 생각과 갈망과 말과 행동 속에 꾸준히 실천하라고 명하시는 새로운 내용은 무엇인가?" 이는 여태 잘하지 못했거나 아예 하지 않았던 부분을 더 잘하도록 훈련하는 것이다. 하나님 말씀의 모든 교리 속에는 새로운 방식으로 살라는 명령이 담겨 있다. 그래서 성령의 내주하시는 임재와 다함없는 은혜의 자원을 믿는 가운데, 우리는 그 명령에 순종하여 새롭게 살아간다.

디모데후서 3장 16-17절의 내용처럼 성경의 진리를 대하면, 꾸준히 자신을 성찰하여 솔직하고 겸손하게 자백하고 충실하게 회개하는 습관이 길러진다. 그 결과 우리는 점점 더 영적으로 성숙해지고 기쁨으로 순종하며 살게 된다. 당신의 생각만 변화되는 것이 아니라, 삶의 모든 영역이 당신을 창조하셨고 그리스도 예수 안에서 재창조하신 하나님의 뜻에 점점 더 일치되어간다.

솔직히 우리는 하나님 말씀의 진리에 늘 그런 자세로 반응하지는 않는다. 우리 모두의 신앙 고백과 실생활 사이 어딘가에 여전히 괴리가 있다. 믿는다고 고백하는 진리와 선택하는 생활 방식이 실제로 모순되는

데도 우리 대부분은 그냥 살아간다. 다시 말하지만, 진리를 믿었으면 그대로 실천해야 한다. 신앙은 결코 지적인 동의가 아니기 때문이다. 더 중요하게 성경적 신앙은 마음을 헌신하는 것으로서 생활 방식을 근본적으로 바꾸어놓는다. 진리를 실천하지 않는다면 그 진리를 믿은 것이 아니다.

지금 말하는 이분법적 모습은 영적으로 위험하다. 하나님을 욕되게 하고, 영적 무기력과 우상 숭배를 낳으며, 도덕적 결심들을 무너뜨리고, 관계를 해치며, 그리스도의 몸 된 교회를 병들게 한다. 당연히 마귀에게는 그것이 우리 마음과 삶에 틈탈 수 있는 절호의 기회다. 우리 중 더러는 자기 삶의 괴리를 보지 못하고, 더러는 괴리가 보이면 자백하고 회개한다. 그 상태로 산 지 너무 오래되어 더는 괴리로 느껴지지 않는 이들도 있다.

이 괴리의 단적인 예를 성경에서 두 가지만 살펴보자. 잘 알려진 두 인물의 이야기다. 하나님이 우리를 위해 그것을 은혜로 보존해두신 이유는 그들도 우리와 똑같은 사람이기 때문이고, 우리가 그들과 똑같은 덫에 빠지지 않게 하시기 위해서다.

첫 번째 인물은 요나다. 하나님은 요나에게 명하여 악한 성 니느웨에 심판의 경고를 외치게 하셨다. 요나는 그 비열한 민족에게 하나님의 메시지를 전한다는 생각만으로도 혐오감이 들어 그분의 명령을 어기고 반대쪽으로 최대한 멀리 가는 배에 탔다. 하지만 하나님은 거기서 끝내지 않으셨다.

하나님은 무서운 폭풍을 보내셨다. 선원들이 폭풍의 원인을 알아내려고 제비를 뽑았는데 요나가 뽑혔다. 그래서 그들은 요나의 신원과 출신지를 물었다. 요나의 답변에 주목하라. "나는 히브리 사람이요…하늘의 하나님 여호와를 경외하는 자로라"(욘 1:9). 잠시 이 대답을 찬찬히 숙고해보라. "나는 히브리 사람이요." 거기까지는 맞는 말이다. "하늘의 하나님 여호와를 경외하는 자로라." 이게 무슨 소리인가? 이 사람 속에 하나님을 경외하는 마음은 눈곱만큼도 보이지 않는다. 그는 아무렇지도 않게 하나님을 똑바로 보며 "그렇게는 못하겠습니다"라고 말했다. 아무렇지도 않게 자기가 삶의 주인이 되어 하나님이 명하신 것과는 반대로 행했다.

이 히브리 사람의 문화적 고백과 실제로 하나님께 반응하는 생활 방식 사이에 거대한 괴리가 있다. 그가 말한 "경외"는 추상적인 문화 개념일 뿐 그가 선택한 삶과는 거리가 멀다. 그것은 냉담하고 무감한 지적 동의일지언정 성경이 말하는 참된 믿음의 능력에는 못 미친다. 인간을 변화시키는 참된 믿음은 으레 하나님께 순종하고 그분의 명령에 즐거이 따르려는 마음을 낳는다. 하나님이 요나에게 원하신 것은 문화적 정체성을 뛰어넘는다. 그가 충성된 마음으로 그분의 거룩한 뜻에 복종하지 않는 한 그분은 만족하지 않으신다.

두 번째로 소개할 사건도 똑같이 충격적이다. 사도 바울은 그것을 이렇게 기록했다.

> **갈 2:11-14** 게바가 안디옥에 이르렀을 때에 책망받을 일이 있기로 내가 그를 대면하여 책망하였노라 야고보에게서 온 어떤 이들이 이르기 전에 게바가 이방인과 함께 먹다가 그들이 오매 그가 할례자들을 두려워하여 떠나 물러가매 남은 유대인들도 그와 같이 외식하므로 바나바도 그들의 외식에 유혹되었느니라 그러므로 나는 그들이 복음의 진리를 따라 바르게 행하지 아니함을 보고 모든 자 앞에서 게바에게 이르되 네가 유대인으로서 이방인을 따르고 유대인답게 살지 아니하면서 어찌하여 억지로 이방인을 유대인답게 살게 하려느냐 하였노라.

신약 교회 역사에서 가장 극적인 순간 중 하나다. 바울이 베드로의 면전에서 그의 잘못을 지적한다. 도대체 얼마나 큰일이었길래 이렇게 맞서야 했을까? 그만큼 심히 중대한 사안이었다. 복음의 성격과 순수성이 걸려 있었고, 하나님의 계시에 타협 없이 충실해야 할 문제였다. 사도행전 10장을 통해 알고 있듯이, 하나님은 구원 계획에 이방인도 포함되므로 어떤 식으로든 이방인을 배제하거나 이류 시민으로 대해서는 안 된다고 베드로에게 명백히 밝히셨다. 그런데 베드로는 이방인과 스스럼없이 교제하다가 할례파 유대인들이 등장하자 이방인 곁에서 물러났다. 여태 그가 배웠고 믿는다고 고백해온 복음의 교리에 정면으로 어긋나는 행위였다. 교리와 삶의 이분법이 얼마나 위험한지를 이 아찔한 순간이 똑똑히 보여준다.

중요하게 눈여겨보아야 할 점이 있다. 이 사건은 베드로의 교리적 입장이 달라져서 일어난 것이 아니다. 일차적 문제는 신학이 아니라 도덕이었다. 하나님이 가르쳐주신 올바른 진리보다 사람을 두려워하는 마음이 베드로의 마음을 더 강하게 지배했다. 그래서 우리는 늘 성경의 교리라는 빛에 우리 마음의 생각과 갈망과 동기와 욕구를 비추어보아야 한다.

- 우리는 하나님 말씀의 교리가 생각하라고 가르치는 대로 생각하는가?
- 우리는 교리가 중시하라고 가르치는 것을 중시하는가?
- 우리는 교리가 사랑하라고 가르치는 것을 사랑하는가?
- 우리는 교리에 선포된 자신의 모습을 그대로 받아들이는가?
- 우리는 교리가 갈망하라고 가르치는 것을 갈망하는가?
- 우리는 교리가 지시하는 대로 선택하는가?
- 우리는 교리의 가르침에 비추어 행동하고 반응하며 대응하는가?

- 우리 마음속에서 교리가 명하는 것과 내가 바라는 것 사이에 충성 대결이 벌어지는 부분은 어디인가?
- 신앙 고백과 생활 방식 사이의 이분법에 익숙해진 영역은 없는가?

    이 책은 이런 질문에서 태동했다. 이 책이 하나님의 도구로 쓰여 그분이 은혜로 당신에게 깨달음과 능력을 베푸시기를 기도한다. 그 도우심에 힘입어 당신이 고백 신학과 생활 신학 사이의 괴리를 메우기를, 그리하여 원수에게 악을 행할 기회를 주지 않기를 기도한다.

    내 취지는 종합적인 조직 신학과 적용 방안을 제시하는 것이 아니라, 복음의 12가지 기본 교리를 보며 이렇게 묻는 것이다. "개인, 시민, 부모, 배우자, 자녀로서 이런 교리대로 살아가는 삶은 어떤 모습일까?" 하나님 말씀의 교리라는 아름다운 동산을 나와 함께 거니는 동안, 그분이 은혜로 당신을 만나주시고 해방하시며 새롭게 해주시기를 기도한다.

01
성경에 대한 교리

　우리의 양심과 하나님이 만드신 만물이 그분의 선하심과 지혜와 능력을 아름답게 보여주므로, 우리는 그분을 모른다고 핑계할 수 없다. 그러나 구원받으려면 하나님과 그분의 뜻을 알아야 하는데 양심과 자연의 메시지만으로는 거기까지 갈 수 없다. 그래서 지혜와 은혜의 하나님이 여러 시대에 여러 모양으로 그분의 진리를 기록해두셨다. 그렇게 자신을 계시하시고, 자신의 뜻을 밝히시며, 자신의 진리를 보존하여 선포하시고, 사탄과 세상에 속아 타락하지 않게 교회를 보호하신 것이다. 그래서 신구약 성경은 없어서는 안 될 필수품이다.
　성경의 권위, 즉 성경대로 믿고 순종해야 한다는 근거는 인간의 증언에 있지 않고 전적으로 최종 저자이신 하나님께 있다. 성경이 하나님의 말씀이기에 우리는 성경을 기쁘게 받아들여야 한다.
　성경의 교리, 장엄한 문체, 모든 부분의 통일성, 각 부분마다 하나님을 영화롭게 하고 구원의 유일한 길을 계시한다는 사실, 전체적 완전성 등은 성경이 바로 하나님의 말씀임을 증언해준다. 교회의 증언도 그와 일치한다. 하나님은 자신의 영광과 우리의 구원과 믿음과 삶에 필요한 모든 것을 성경에 명시해두셨고, 우리는 성경을 바탕으로 바르게 추론할 수 있다. 따라서 새로운 계시라든가 인간의 새로운 통찰이나 전통 따위를 전혀 더할 필요가 없으며 더해서도 안 된다.

끝으로 하나 덧붙이고 싶다. 성경 전체는 하나님의 감동으로 연출되고 기록되었다. 40여 명의 저자가 기록한 성경 문학, 이야기, 역사, 시, 지혜, 예언, 복음서, 서신, 묵시록을 아우르는 신구약의 모든 책이 그렇다. 다음 여러 구절을 참조하라. 시편 19:1-3, 잠언 22:19-21, 이사야 8:20, 누가복음 16:29, 31, 24:27, 44, 요한복음 16:13-14, 사도행전 15:15, 로마서 1:19-21, 2:14-15, 3:2, 15:4, 고린도전서 2:10-12, 에베소서 2:20, 데살로니가후서 2:13, 디모데후서 3:15-17, 히브리서 1:1, 베드로후서 1:19-20, 요한일서 2:20, 27, 5:9.[*]

성경에 대한 교리 이해하기

롬 1:18-20 하나님의 진노가 불의로 진리를 막는 사람들의 모든 경건하지 않음과 불의에 대하여 하늘로부터 나타나나니 이는 하나님을 알 만한 것이 그들 속에 보임이라 하나님께서 이를 그들에게 보이셨느니라 창세로부터 그의 보이지 아니하는 것들 곧 그의 영원하신 능력과 신성이 그가 만드신 만물에 분명히 보여 알려졌나니 그러므로 그들이 핑계하지 못할지니라.

하나님이 창조하신 세상은 아름다움으로 우리를 즐겁게 하고 자원으로 우리를 먹여 살릴 뿐 아니라 도덕적으로도 중요한 역할을 한다. 하나님이 만드신 만물은 우리에게 그분의 존재와 속성을 보여주도록 창조되었고, 이로써 자율과 자급을 꿈꾸는 우리의 망상도 함께 지적해준다.

---

[*] 웨스트민스터 신앙고백서 제1장의 여러 대목에 나오는 성경에 대한 교리를 내가 풀어 썼다.

아침에 일어날 때마다 우리는 하나님과 마주치고 그분의 존재를 대면한다. 바람과 비, 새와 꽃, 돌과 나무, 해와 달, 풀과 구름, 풍경과 냄새, 감촉과 맛에 그분이 계시되어 있다. 존재하는 모든 것은 하나님의 존재와 영광을 가리키는 손가락이다. 계절의 순환은 그분의 지혜와 신실하심을 가리켜 보인다. 누구나 다 자연의 아름다움을 보고 해의 온기를 입으며 비에 흠뻑 젖는다는 사실은 그분의 사랑과 자비를 가리켜 보인다. 천둥 번개와 폭풍우는 그분의 막강한 능력을 가리켜 보인다. 만물을 창조하신 그분의 존재와 속성이 창조 세계 속에 입체 음향과 총천연색으로 전시되어 있다. 피조물인 물리적 자연계의 메시지는 누구에게나 워낙 광범위하고 명확하기에, 그것을 막고 부정하며 물리치려면 억지를 부려야 한다.

창조 세계 속에 자신의 흔적을 심어두신 하나님은 얼마나 좋으신 분인가. 덕분에 하나님의 형상을 따라 지음받고 그분과 관계를 맺도록 지어진 우리는 하나님이 창조하신 세상을 보기만 해도 매번 그분을 연상하게 된다. 하나님이 창조하신 세상은 어디를 보든 우리를 에워싸고 있다.

그러나 지혜가 무한하신 하나님은 자연의 일반 계시가 우리에게 그분의 존재와 영광은 보여주지만 구원의 하나님은 알려주지 못함을 아셨다. 자아에서 해방되려면 우리 자신을 알아야 하고, 그분께 달려가 구원의 은혜를 받으려면 죄의 재앙과 타락한 주변 세상을 알아야 하며, 꾸준히 은혜의 자녀로 살아가려면 삶의 의미와 목적을 알아야 한다. 그래서 하나님은 우리에게 자신의 말씀이라는 신기하고 놀라운 선물을 주셨다.

우리가 끊임없이 감사해야 할 이유가 있다. 하나님은 기록된 말씀을 한 부분도 빼놓지 않고 다 인도하고 지휘하셨으며, 성경 속의 다양한 책들이 간수되고 수집되며 보전되는 과정까지 세심히 주관하셨다. 이렇게 하나님의 말씀이 우리 손에까지 들어왔고, 지금 읽는 성경이 그분 보시기에 우리가 꼭 알고 이해해야 할 모든 것임을 확신할 수 있다.

성경 속의 교리를 살펴보려는 우리에게 성경에 대한 교리의 중요성은 아무리 강조해도 지나치지 않다. 성경의 존재와 영감과 권위와 신빙성이야말로 다른 모든 교리의 교리적 기초다. 하나님의 감동으로 된 성경이 없다면, 나는 자신에게든 어느 누구에게든 무엇이 진리인지를 말할 권리나 권한이 없다. 하나님을 알고 나를 알아 구원의 길로 가는 데 꼭 필요한 진리가 성경에 계시되어 있기에 나는 진리를 진리로 선포할 수 있다. 영감과 권위와 신빙성을 갖춘 하나님의 말씀이 없다면, 무엇이 진리인지를 내 경험이나 개인적 통찰이나 집단 지성을 통해 나 스스로 정해야 한다.

그렇게 되면 하나님이 주신 만인 공통의 통일된 기준이 없어진다. 사람마다 자기 생각대로 진리를 발견하고 자기가 보기에 옳은 대로 행동한다. 자신의 생각과 믿음이 옳다고 확신할 길이 없으므로, 자신의 믿음을 다른 사람에게 옹호할 권리도 없다. 권위 있는 진리 체계가 없다 보니 믿음과 도덕적 행실의 통일된 기준도 없다. 세상은 하나님을 가리켜 보이건만, 창조주가 친히 전수해주신 말씀이 없으면 우리는 그분이 주시려는 게 무엇인지 확실히 알 길이 없다. 교리를 정확히 서술할 근거, 교리를 진리로 선포할 근거, 우리의 생각과 갈망과 결정과 말과 행동의 토대를 교리에 두어야 한다고 가르칠 근거가 누구에게도 전혀 없다.

하나님이 은혜로 주신 선물인 성경을 고찰할 때 또 하나 생각해야 할 것이 있다. 죄의 참담한 결과 중 하나는 죄가 우리 모두를 미련한 자로 전락시킨다는 것이다. 미련한 자는 진리를 거짓이라 하고 악을 선이라 한다. 하나님을 무시하고 자기가 그분의 자리에 올라선다. 하나님의 지혜롭고 자애로운 율법에 반항하여 자기가 직접 도덕률을 쓴다. 도움 없이도 제 힘으로 살 수 있다고 생각한다. 미련한 자의 생각과 갈망과 행동은 하나님이 창조하신 본연의 모습에 어긋난다. 여기서 치명적인 점은 따로 있다. 미련한 자는 자신이 미련한 줄을 모른다는 것이다. 그 미련함을 볼 눈이 주어지지 않으면 계속 자신이 지혜로운 줄로 안다. 그래서 아름다운 은혜의 하나님은 우리의 미련함에 등을 돌리고 떠나지 않으셨다. 미련한 인류를 긍휼의 마음으로 보신 하나님은 미련한 우리를 자아에서 해방하시려고 아들을 보내셨을 뿐 아니라, 자신의 말씀을 놀라운 선물로 주셨다. 성경은 미련한 자가 자신의 미련함을 깨닫고 점점 지혜로워질 수 있는 도구다.

내가 자주 하는 생각이 있다. 하나님 말씀의 지혜가 없다면 나는 어떻게 살아야 할지도 모르고, 책임감 있는 인간이 되는 법도 모를 것이다. 성경이 없다면 남편, 아버지, 이웃, 친구, 그리스도의 몸 된 교회의 지체, 시민, 노동자의 도리를 모를 것이다. 성경이 없다면 옳고 그름을 분별할 줄 모를 것이다. 말씀의 진리가 없다면 고난을 이해하고 대응할 줄 모를 것이다. 성경이 없다면 내가 누구이고 내 삶의 목적이 무엇인지 혼란스러울 것이다. 성경이 없다면 죄를 모르고 참된 의를 이해하지 못할 것이다. 하나님의 말씀이 없다면 섹스와 돈과 성공과 권력과 명예를 다룰 줄 모를 것이다. 성경이 없다면 세상의 기원을 모르고 영원은 개념조차 없을 것이다. 말씀이 없다면 나를 채워주지 못할 사람과 재물에 매달릴 것이다. 하나님의 말씀이 없다면 내게 구원과 화해와 회복이 필요하다는 사실을 전혀 모를 것이다. 성경이 없다면 사랑한다는 것이 무슨 뜻이며, 내가 미워해야 할 것이 무엇인지 깨닫지 못할 것이다. 하나님의 말씀을 떠나서는 내가 따라야 할 지혜롭고 거룩한 율법도 없고, 내게 희망을 줄 놀라운 은혜도 없다.

내 인생관 전체를 빚어낸 것은 창세기 첫 장과 요한계시록 마지막 장 사이에 가득 차 있는 지혜다.

여태 나는 다양한 주제로 20여 권의 책을 썼는데, 솔직히 고백하건대 선물로 주신 하나님의 말씀이 없다면 하나도 쓰지 못했을 것이다. 성경이 없다면 나눌 만한 지혜가 내게 하나도 없을 것이다. 겁 없이 무언가를 쓰려 해도, 그분의 말씀이 없다면 내 글의 진실성과 유용성을 스스로 확신하지 못할 것이다. 성경은 내 평생의 친구이자 동반자이고, 가장 지혜롭고 충실한 교사이며, 내 스승이자 길잡이다. 성경은 내가 잘못할 때는 지적해주고 힘들어할 때는 위로해준다. 하나님의 말씀이 나를 자발적인 학생이 되게 했으니 나는 본향에 갈 때까지 공부를 멈추지 않을 것이다. 지혜이신 하나님이 미련한 나를 구원하셨고, 그분 말씀의 지혜를 선물로 주셨다. 그래서 성경은 내가 가장 아끼는 재산이다. 내 안에 아직 죄가 살아 있는 한 이전의 미련함이 여전히 사금파리처럼 널려 있음을 안다. 그것을 다 걷어내고 하나님의 지혜로 대체해야 한다. 그래서 나는 날마다 가난한 마음으로 감사하며 성경을 편다. 내게 있는 지혜는 하나도 자랑할 수 없다. 그 모든 지혜는 기록된 말씀을 통해 주님이 주셨기 때문이다.

사도 바울은 죄의 미련함과 우리를 구원하시는 하나님 말씀의 지혜를 이렇게 갈파했다.

> 고전 1:18-31 십자가의 도가 멸망하는 자들에게는 미련한 것이요 구원을 받는 우리에게는 하나님의 능력이라 기록된바 내가 지혜 있는 자들의 지혜를 멸하고 총명한 자들의 총명을 폐하리라 하였으니 지혜 있는 자가 어디 있느냐 선비가 어디 있느냐 이 세대에 변론가가 어디 있느냐 하나님께서 이 세상의 지혜를 미련하게 하신 것이 아니냐 하나님의 지혜에 있어서는 이 세상이 자기 지혜로 하나님을 알지 못하므로 하나님께서 전도의 미련한 것으로 믿는 자들을 구원하시기를 기뻐하셨도다 유대인은 표적을 구하고 헬라인은 지혜를 찾으나 우리는 십자가에 못 박힌 그리스도를 전하니 유대인에게는 거리끼는 것이요 이방인에게는 미련한 것이로되 오직 부르심을 받은 자들에게는 유대인이나

> 헬라인이나 그리스도는 하나님의 능력이요 하나님의
> 지혜니라 하나님의 어리석음이 사람보다 지혜롭고 하나님의
> 약하심이 사람보다 강하니라 형제들아 너희를 부르심을
> 보라 육체를 따라 지혜로운 자가 많지 아니하며 능한 자가
> 많지 아니하며 문벌 좋은 자가 많지 아니하도다 그러나
> 하나님께서 세상의 미련한 것들을 택하사 지혜 있는 자들을
> 부끄럽게 하려 하시고 세상의 약한 것들을 택하사 강한
> 것들을 부끄럽게 하려 하시며 하나님께서 세상의 천한
> 것들과 멸시 받는 것들과 없는 것들을 택하사 있는 것들을
> 폐하려 하시나니 이는 아무 육체도 하나님 앞에서 자랑하지
> 못하게 하려 하심이라 너희는 하나님으로부터 나서 그리스도
> 예수 안에 있고 예수는 하나님으로부터 나와서 우리에게
> 지혜와 의로움과 거룩함과 구원함이 되셨으니 기록된 바
> 자랑하는 자는 주 안에서 자랑하라 함과 같게 하려 함이라.

인간의 지혜와 하나님의 지혜를 생생하게 대비한 바울의 이 글은 곧 성경에 대한 말이기도 하다. 성경의 핵심 메시지가 바로 예수 그리스도의 복음이기 때문이다. 바울의 말은 시편 119편에서 하나님 율법의 지혜를 보여주는 다윗의 말과도 닮아 있다. 하나님의 지혜가 있기에 미련한 자에게도 소망이 있다. 이 지혜는 일차적으로 대학 강의실이나 연구 논문이나 인기 팟캐스트나 「뉴욕 타임스」(New York Times) 베스트셀러 목록이 아니라, 하나님의 기록된 말씀에서 볼 수 있다. 고도로 훈련된 사람도 미련할 수 있다. 고등 교육을 받고 소통 능력이 뛰어난 사람도 미련할 수 있다. 성공해서 유명해진 사람도 미련할 수 있다. SNS를 주름잡는 사람도 미련할 수 있다. 남들이 의지하며 도움을 청하는 사람도 미련할 수 있다. 하지만 미련함에 갇혀 속수무책인 사람은 아무도 없다. 모

든 참된 지혜의 근원이신 하나님이 은혜로 인자와 용서와 구원을 베푸시기 때문이다. 미련함을 자백하고 그분께 달려와 지혜를 구하는 모든 사람에게 그분은 요긴한 때에 자비와 은혜를 베푸신다.

하나 더 짚고 넘어갈 것이 있다. 구약과 신약은 원래 각각 히브리어와 그리스어로 기록되었지만, 하나님은 지혜로운 주권과 자비로운 은혜로 자신의 말씀이 전 세계 모든 공용어로 번역되도록 뜻을 정하시고 인도해오셨다. 이를 통해 그분의 말씀에만 계시되어 있는 진리를 원하는 사람은 누구든 배우고 실천할 수 있게 하셨다. 그동안 하나님은 대대로 재능과 훈련과 경건을 겸비한 학자들을 부르셔서 계속해서 자신의 책을 번역하는 일에 동참하게 하셨다. 하나님 말씀의 혜택이 미치지 못할 사람이 아무도 없게 하신 것이다.

하나님은 말씀뿐만 아니라 성령도 우리에게 선물로 주신다. 성령님이 인도하시고 가르치시며 말씀을 조명해주시기에, 우리는 깨달아 알고 죄를 자백하며 회개할 수 있다. 내게는 하나님 말씀의 내용만이 아니라 성령님의 도움도 필요하다. 성령님이 깨우쳐주시고, 적용을 도우시며, 실천할 능력을 주셔야 한다. 다른 사람들에게 말씀의 메시지를 전하도록 나를 준비시켜주셔야 한다. 하나님이 나를 미련함에서 해방하실 때는 그냥 책만 주시지 않고 친히 그 책의 지혜를 내게 열어 보이신다. 나는 저자이지만 그렇게 하지 못한다. 책을 쓰고 나면 거기서 끝이다. 그때부터는 독자가 내 글을 어떻게 이해하느냐에 달려 있다. 나는 독자마다 일일이 찾아다니면서 내 책의 내용을 설명하지 못한다. 얼마가 걸리든 그들 곁에서 내용을 확실히 이해시키고 일상생활의 적용까지 도와야 하는데, 나는 그러지 못한다. 그런데 하나님은 정확히 그렇게 하신다. 하나님의 말씀이 가는 곳이면 어디든 그분도 가신다. 독자가 하나님의 책을 펼 때마다 그분은 진득하게 곁에서 자신의 말씀을 가르쳐주신다. 하나님은 말씀의 저자이실 뿐 아니라, 그 내용을 제일 잘 가르쳐주시는 교사이기도 하다. 하나님의 말씀이 있는 곳에는 말씀의 하나님도 계신다. 참으로 아름답지 않은가.

02
일상생활 속의 성경

하나님 말씀의 영감과 권위와 충족성에 걸맞은 삶은 어떤 모습일까? 하나님이 당신을 위해 보전하신 그분의 말씀이 성경이라고 정말 믿는다면, 성경이야말로 당신의 삶에서 가장 귀하고 값지고 소중한 애용품이 되지 않을까? 성경 앞에 앉아 숙독하고 내용을 공부하며 의미를 묵상하는 그 순간을 사랑하지 않을까? 하나님의 말씀을 열심히 읽고 평생 공부하기로 헌신하지 않을까? 어떻게든 정확히 이해하고 해석하려 애쓰지 않을까? 당신에게 말씀을 가르쳐주도록 하나님이 세우신 교사들과 설교자들을 귀히 여기지 않을까? 모든 갈망과 생각과 말과 행동에서 반드시 하나님의 말씀에 즐거이 복종하고 세심히 순종하지 않을까? 말씀을 삶의 모든 분야에 적용하고 싶지 않을까? 성경에서 위로받고 성경의 명령에 주의하지 않을까? 친구, 인터넷 검색, SNS 게시물보다 성경이 당신의 결정에 더 큰 영향을 미치지 않을까? 성경을 해석하는 실력과 신학 지식을 쌓고자 평생 힘쓰지 않을까? 영광의 메시지를 기회 있는 대로 다른 사람에게 나누지 않을까? 말씀의 교훈을 무시하거나 저항했던 순간을 슬퍼하며 자백하지 않을까? 삶의 모든 분야에 접근하는 방식을 성경이 빚어내지 않을까? 주변 사람들과 해야 할 일들에서 잠시 벗어나 말씀으로 주님을 독대하는 경건의 시간을 하루 중 가장 좋아하지 않을까? 말씀이라는 놀라운 선물을 주신 하나님을 날마다 진심으로 찬송하지 않을까?

집집마다 소장하고 있고 우리 손에 들린 성경이 하나님의 말씀일진대, 앞에서 한 말이 우리 모두에게 적용되어야 하지 않겠는가? 그런데 애석하게도 그러지 못한다. 매일 시간을 들여 성경을 읽지 않는 그리스도인이 많다. 성경을 잘 모르고 신학적인 이해도 부족하다. 사실상 성경보다 더 권위 있는 다른 목소리들이 우리 삶을 지배한다. 많은 그리스도인이 하나님의 말씀을 공부하지 않는다. 예배로 모일 때 매주 한 시간씩만 말씀을 섭취할 뿐이다. 그러니 다음에 나열한 여러 분야에 말씀의 영향이 미치지 못하는 것은 당연하다.

- 우리의 정체성
- 결정 방식
- 우정을 맺는 방식
- 교육관
- 일과 직업
- 연애와 결혼
- 자녀 양육
- 갈등 해결법
- 성공과 실패에 대처하는 법
- 재정 관리
- 만족의 출처
- 역경에 대처하는 법
- 대중 매체와 오락을 대하는 자세
- 그리스도의 몸 된 교회와 맺는 관계

예수 그리스도의 교회가 도처에서 여러 면에서 역기능 군대가 돼버린 것도 당연하다. 교회는 하나님나라와 영광스러운 은혜의 복음 사역을 위해 새로운 고지를 정복하기보다, 약하고 병든 부상병을 돌보는 데 들이는 시간이 더 많다. 한 달 동안 내가 당신의 삶을 세밀히 들여다보며 관찰할 수 있다면, 하나님의 말씀이 당신의 삶에서 차지하는 비중에 대해 어떤 결론이 나올까? 우리가 받은 구원과 지금 우리에게 내주하시는 하나님의 임재 다음으로, 성경은 그분이 우리에게 주신 가장 귀하고 값진 선물이다. 문제는 우리가 일상생활에서 성경을 정말 그렇게 대하고 있느냐는 것이다.

하나님이 말씀을 통해 우리에게 무엇을 주시는지 살펴보자. 그리하여 하나님이 예비하신 자리에서 그분이 뜻하신 본연의 삶을 살아가자.

하나님의 말씀은 구원한다

사도 바울은 디모데에게 이렇게 말했다. "또 어려서부터 성경(하나님의 말씀)을 알았나니 성경은 능히 너로 하여금 그리스도 예수 안에 있는 믿음으로 말미암아 구원에 이르는 지혜가 있게 하느니라"(딤후 3:15). 성경이 없으면 구원의 이야기도 없고 확실한 복음의 메시지도 없다. 하나님의 속성과 계획도 알 수 없고, 죄와 그분이 베푸시는 용서도 알 수 없다. 하나님의 구원 사역에서 성령으로 말미암아 능력을 발하는 그분의 말씀보다 더 핵심적인 도구는 없다. 성경이 없으면 우리는 이 지독하게 타락한 세상에서 하나님도 없고 소망도 없이 구제불능이 되고 만다.

그뿐만이 아니다. 하나님의 구원 사역은 아직 끝나지 않았다. 그분은 지금도 당신의 마음속에서 역사하여 남은 죄를 드러내시고, 잘못을 깨닫게 하시며, 은혜로 새롭게 살아갈 능력을 주신다. 하나님의 말씀은 칭의의 은혜에만이 아니라 성화의 은혜에도 꼭 필요하다(요 17:16-17). 독신자, 학생, 전문가, 엄마나 아빠, 남편이나 아내, 직장인, 친구나 이웃, 그리스도의 몸 된 교회의 지체로서 진심으로 은혜 안에서 자라고 싶다면, 하나님의 말씀을 힘써 꾸준히 공부해야 한다. 삶 속에서 주님이 기뻐하실 만한 생각과 갈망만 품고 싶다면, 하나님의 말씀 안에 살아야 한다.

남모르는 죄 때문에 좌절감이 든다면 하나님께 달려가 자백해야 하지만, 또한 그분의 말씀 앞으로 달려가야 한다. 부모로서 분노를 참기 힘들거나 부부 사이에 갈등이 너무 많다면 하나님께 도움을 구해야 하지만, 동시에 그분의 주요 지원 수단인 말씀에 의지해야 한다. 두려움에 짓눌리고 낙심에서 헤어나기 힘들다면 다른 사람에게 도움을 구할 수 있겠지만, 또한 하나님 말씀의 지도와 격려가 필요하다. 인생에 의미와 목적이 없어 보일 때, 아침에 일어나야 할 이유와 살아갈 목적을 매번 되새겨주는 것은 바로 하나님의 말씀이다.

말씀으로 당신을 구원하신 하나님이 지금도 계속 말씀으로 당신을 해방하여 자라게 하시며, 그 일이 다 이루어져 당신이 본향에 이를 때까지 앞으로도 늘 말씀으로 당신을 구원하실 것이다.

하나님의 말씀은 가리켜 보인다

고린도후서 5장 15절의 한 소절에는 천지개벽 같은 의미가 함축되어 있다. 뿐만 아니라 하나님의 말씀이 우리의 삶에서 수행하는 가장 중요한 역할 중 하나가 함축되어 있다. "그가 모든 사람을 대신하여 죽으심은 살아 있는 자들로 하여금 다시는 그들 자신을 위하여 살지 않[게]…하려 함이라." 바울에 따르면 죄의 DNA는 이기심이다. 죄는 나를 세상의 중심에 두고 나를 삶의 관건으로 삼는다. 죄는 자아에 몰두하며 자화자찬한다. 죄의 근원은 내가 언제, 어떻게, 무엇을 원하는가에 있다. 죄 때문에 모든 인간은 하나님께만 속해 있는 것을 탈취하는 영광 도둑이 된다. 죄는 자기를 과시하게 하고, 자아도취에 빠뜨린다. 죄 때문에 우리는 사실과는 반대로 자신이 의롭고 지혜로우며 강하다고 생각한다. 죄는 우리를 자신의 법 외에는 누구에게도 복종하지 않는 무법자로 만든다. 죄 때문에 우리는 자신이 주인공인 이야기를 써서 주목과 공로를 당연한 듯 가로챈다.

하나님 말씀의 주요한 기능 중 하나는 우리에게 다른 이야기를 가리켜 보이는 것이다. 이 이야기의 주인공은 우리가 아니다. 우리에게 생명과 호흡이 주어진 것은 하나님의 영광을 위함이고, 그분의 목적을 이루기 위함이다. 성경의 이야기는 처음부터 하나님이 중심에 계신다. 이 이야기는 위대한 대장이신 그리스도가 자신의 죽음을 통해 승리를 이루시는 위대하고도 영광스러운 전쟁을 기록한다. 창세기 3장에서 시작된 이 전쟁은, 최종 승리를 통해 새 하늘과 새 땅에서 만물이 하나님의 영광을 위해 존재할 때까지 계속된다.

성경 이야기는 자화자찬이 인간의 근원적 질병이며 늘 자멸을 부른다는 사실을 거듭 일깨워준다. 또한 자아 숭배는 인간의 굴레이고, 우리 마음을 바쳐 하나님을 예배하는 데 참된 자유가 있음을 가르쳐준다. 성경에 따르면 회개와 믿음으로 그리스도께 나아오는 것은 죄를 버리고 그분의 용서를 믿음으로 받아들인다는 의미이며, 동시에 그분의 영광을 위해 우리의 영광을 버린다는 뜻이기도 하다.

우리 모두가 알아야 할 사실이 있다. 우리 안에 아직 죄가 살아 있는 한 마음속에서는 영광을 탈취하려는 전쟁도 계속된다. 그래서 우리를 기꺼이 받아들여준 이 삶의 중심에 내가 아닌 하나님이 계심을 날마다 다시 보아야 한다. 우리는 날마다 그분을 가리켜 보이는 메시지를 읽어야 한다. 삶의 최우선순위가 내 안락이나 목표 달성이 아님을 날마다 기억해야 한다. 삶의 관건은 얼마나 많은 사람이 나를 우러러보며 곁에 두기를 원하는지가 아니다. 얼마나 큰 집에 사는지도, 얼마나 요리를 잘하는지도, 질병 없이 건강한지 여부도 아니다. 삶의 관건은 하나님과 그분의 영광이고, 우리 안에 그리고 우리를 통해 그분의 목적이 이루어지는 것이다. 이것을 시종일관 가리켜 보이는 것이 바로 성경이다.

이기심 때문에 걸핏하면 짜증 내고 비판하며 속단하는 부모가 된다. 이기심 때문에 결혼 생활은 각자가 원하는 것을 서로 먼저 얻어내려는 전쟁터로 변한다. 이기심 때문에 자신의 권리만 주장하여 상대의 진을 빼는 친구가 된다. 이기심 때문에 만족을 모른 채 감사보다 불평이 더 자연스러워지고, 결코 스스로 얻거나 이루지 못했을 성과인데도 매번 공로를 가로챈다. 이기심 때문에 다른 사람의 성공에 기가 죽거나 그것을 시기하고, 교회 일에 헌신적으로 동참하기는커녕 교회에서 소비자로 변한다. 이기심은 우리를 속이고, 산만하게 하며, 덫에 빠뜨려 결국 파멸로 몰아갈 수 있다. 이기심이 지나간 자리에는 망가진 사람과 틀어진 일들이 산더미처럼 쌓여 있을 뿐 좋은 열매를 맺는 법이 없다.

이기심 자체가 곧 날마다 우리 마음과 생각과 삶 속에 하나님의 말씀이 절대적으로 필요하다는 증거다. 말씀이 우리의 영광보다 더 큰 영광을 새롭게 가리켜 보여주어야 한다. 그 영광만이 우리 마음을 영원히 채워줄 수 있다. 하나님이 우리를 그분의 영광을 위해 살도록 지으시고 설계하셨으니, 우리 각자의 이야기는 점점 더 그분의 이야기 속에 녹아 들어야 한다. 예수님의 은혜의 복음에서 핵심은 그분의 주재권이라는 것을 기억해야 한다. 예수님의 제자로 살려면 기꺼이 모든 것을 버리고 그분을 따라야 한다는 말씀을 늘 들어야 한다. 말씀을 통해 날마다 우리는 자아에 몰두하던 모습에서 벗어나 계속 겸손해져야 한다. 하나님의 영광을 위해 사는 것보다 더 큰 자유와 만족과 치유는 없음을 고백하며, 다시금 우리 안에 감격의 불씨를 댕겨야 한다. 그러려면 그분의 존재와 영광이 모든 것의 중심이라는 사실을 하나님의 말씀이 우리에게 거듭 가리켜 보여주어야 한다.

하나님의 말씀은 가르친다

신학생 시절을 떠올리면 지금도 마음이 좋고 감사하다. 하나님의 은혜로 나는 3년 동안 그분의 말씀을 공부하는 한 가지 일에만 전념할 수 있었다. 비할 데 없는 복이었다. 내 평생 그보다 더 감사와 의욕이 넘쳤던 때가 있었는지 모르겠다. 나는 모든 것을 흠뻑 빨아들였고, 그날 들었던 모든 강의를 저녁마다 시시콜콜 장황하게 늘어놓아 아내를 괴롭게 했다. 난해한 성경 신학 교재를 펼쳐두고 아내에게 긴 대목을 읽어주곤 했다. 배움의 희열에 사로잡힌 나는 그것 때문에 아침 일찍 일어나고 밤늦게까지 깨어 있었다. 말도 생각도 온통 배운 것들로 가득 차 있었다. 하나님의 말씀에 그렇게 취해 살기는 그때가 처음이었다.

하루는 수업을 마친 후 아파트 3층까지 계단을 뛰어올라가 아내 루엘라에게 말했다. "나는 성경 내용과 신학만 배우는 게 아니라 생각하는 법, 정말 제대로 생각하는 법까지 난생처음 배우고 있어요!" 여태 몰랐던 수준의 의미를 배우고 깨닫자 내 앞에 성경만이 아니라 온 세상이 열리고 있었다. 날마다 말씀을 공부할 때면 사실 나는 천지만물을 지으신 창조주께 직접 배우는 셈이었다. 물론 말씀은 도구였지만, 그것을 손에 드신 분이 최고의 교사이신 내 주님이었다. 지혜로운 베테랑 교수들뿐만 아니라 주님이 친히 자신의 웅대하고 지혜로운 말씀으로 나를 가르치셨으니 이런 배움은 정말 처음이었다.

하나님의 말씀이 가르치는 방식은 그 무엇과도 다르고, 가르치는 내용 또한 다른 어디서도 배울 수 없다. 그분의 말씀은 지식만 주는 데서 그치지 않고 우리 안에 지혜를 빚어낸다. 인간의 생각에 품을 수 있는 가장 깊고도 심오한 영적 신비를 계시해준다. 하나님의 말씀은 좋은 교사처럼 우리를 무너뜨린 뒤 다시 세운다. 우리 마음의 생각과 동기를 해체한 뒤 재건한다.

마음을 열고 자원하여 하나님 말씀의 가르침을 받는 사람은 이전과 똑같을 수 없다. 말씀은 우리를 가르치고 재창조하여, 우리를 지으시고 재능을 주신 그분을 닮아가게 한다. 지금껏 성경은 내게 단연 최고의 교수였다. 당신은 날마다 마음과 생각을 다잡고 준비하여 성경 수업을 듣는가? 성경 학도로서 살아가는가? 성경 수업은 하나님의 끝없는 교육 과정이라 졸업식이 없다. 그리스도인이 된 지 아무리 오래된 사람이라도 성경의 교훈은 영적으로 갓 태어난 첫날만큼이나 오늘도 꼭 필요하다. 성경은 아주 심오하기에 이미 배운 본문을 다시 보아도 새롭게 깨달을 참신한 내용이 많다.

내가 좋아하는 시편 119편 97-100절에서 다윗은 우리를 가르치는 성경의 위력을 이렇게 표현했다.

> 내가 주의 법을 어찌 그리 사랑하는지요 내가 그것을
> 종일 작은 소리로 읊조리나이다 주의 계명들이 항상 나와
> 함께하므로 그것들이 나를 원수보다 지혜롭게 하나이다
> 내가 주의 증거들을 늘 읊조리므로 나의 명철함이 나의 모든
> 스승보다 나으며 주의 법도들을 지키므로 나의 명철함이
> 노인보다 나으니이다.

우리 모두의 머릿속에는 비성경적인 낡은 사고방식이 유물처럼 떠다니고 있고, 우리 모두의 신학 지식에는 괴리가 있다. 우리는 다 하나님의 계획과 목적과 부르심을 더 깊고도 실제적으로 깨달아야 하고, 예수 그리스도의 복음을 더 온전하고 풍성하게 이해해야 한다. 우리는 다 죄의 어둡고 비참한 실상을 더 배워야 하고, 은혜 안에서 자라간다는 것이 무엇인지 더 깊이 알아야 한다. 이런 것들을 매일 자신이 살아가는 상황과 관계와 장소에 적용하는 법도 더 배워야 한다. 성경이 가르치는 내용을 모두 다 알고 있는 사람은 아무도 없다. 혹시 이미 성경을 정복했다고 생각하는가? 그렇다면 성경이 당신을 아직 정복하지 못했다는 뜻이다.

친구 관계, 자녀 양육, 결혼 생활, 재정 관리가 성경 실력 때문에 달

라졌는가? 생활과 관계의 현장에서 신학 지식 때문에 더 큰 희망과 용기와 사랑과 기쁨을 품고 살아가는가? 현재 성경과 신학을 당신의 일상생활에 적용하려 애쓰는 영역은 어디인가? 성경 지식이 실제적인 지혜를 낳아 평범한 일상에까지 영향을 미치는가? 하나님의 말씀을 공부하는 일이 지금도 예전처럼 즐거운가? 당신이 가장 소중히 여기며 자주 찾는 가장 영향력 있는 교사는 바로 성경인가?

하나님의 말씀은 해방한다

하나님은 성경이 우리의 영적 응급구조사 역할을 하도록 설계하셨다. 성경의 내용을 꾸준히 읽고 공부하며 묵상하는 사람은 거듭 해방을 경험한다. 해방은 마음을 겸허하게 하는 생생한 개념이다. 우리의 건강과 안전을 해치려는 위험이 가까이 있음을 늘 암시하기 때문이다. 타락한 세상에 악이 잔존하고 원수가 우는 사자처럼 돌아다니는 만큼, 당연히 우리 곁에는 늘 위험이 현존한다. 그뿐만이 아니다.

마음속에 여전히 죄가 살아 있다 보니 우리는 위험을 피하기는커녕 오히려 그쪽으로 가고 싶어진다. 사실 죄라고 해서 늘 악하거나 위험해 보이는 것은 아니다. 추하고 해로운 죄는 우리를 유혹하고 꾀어 덫에 빠뜨릴 수 있다. 그것이 아름답고 무해한 척을 아주 잘하기 때문이다. 여자에게 음욕을 품는 남자는 위험을 감지하는 것이 아니라 그 아름다움을 보고 쾌락을 경험한다. 전화기를 들고 누군가를 험담할 때 당신은 그것이 위험한 일이라서 꺼리는 게 아니라 말을 퍼뜨리는 스릴에 짜릿해진다. 식탐의 죄를 범할 때도 먹는 낙을 누리기에 바빠 그 행위가 위험하다는 영적 인식은 하지 않는다. 그렇기에 우리를 해방해줄 하나님의 말씀이 필요하다. 죄가 위험해서만이 아니라, 전혀 위험하지 않은 척 가장

하기 때문이다.

해방이라는 개념에는 내 능력으로 안 되기 때문에 외부의 도움이 필요하다는 뜻도 담겨 있다. 스스로 해방될 수 있다면 응급구조사의 도움이 필요 없다. 여기 우리 마음을 겸허하게 하는 사실이 있다. 영원의 이편에서는 어차피 하나님의 말씀이 우리 모두를 해방해주어야만 한다. 우리 힘으로는 결코 얻어낼 수 없는 능력과 지혜와 방향과 통찰은 말씀에 담겨 있다. 성경이 우리를 해방하는 주요 방법은 대비하여 보여주는 것이다. 성경은 여러 모양으로 죄의 해로운 위험과 우리 구주를 따르는 아름다운 복을 거듭 대비한다. 이야기, 지혜 문학, 명령, 원리, 복음적 격려 등을 통해 죄의 어두운 악과, 예수 그리스도의 주재권 아래 살아가는 밝은 아름다움을 보여준다.

영적으로 스스로 해방될 수 없는 존재인 우리는 자비롭게 해방해주시는 하나님의 말씀 아래에 늘 머물러야 한다.

하나님의 말씀은 경고한다

솔직히 성경에는 아주 무서운 대목도 있다. 하나님은 성경 전체에 걸쳐 명백하고 엄중한 경고를 자주 하신다. 아담과 하와에게 금단의 나무 열매를 먹는 대가를 경고하셨고, 약속의 땅에 들어가는 이스라엘 백성에게 새로운 부류의 유혹이 있으리라 경고하셨다. 선지서의 주제는 백성의 우상 숭배나 악한 지도자의 불의에 대한 경고다. 하나님이 요나를 보내신 것도 악한 니느웨에 경고의 메시지를 전하시기 위함이었다. 예수님은 독선적인 바리새인들에게 엄히 경고하셨고, 제자들에게 사명을 맡기실 때도 경고하셨다. 신자들에게 주어진 준엄하고 무서운 경고도 있다. 그중 가장 강경한 내용 일부가 히브리서에 펼쳐져 있다(히 2:1-

4, 3:7-4:13, 5:11-6:12, 10:19-39, 12:14-29).

성경에 왜 이렇게 경고가 많을까? 하나님이 우리를 사랑하시기 때문이다. 경고는 심판이 아니다. 우리를 심판하실 뜻밖에 없었다면 경고조차 하지 않으셨을 것이다. 부모는 늘 자녀에게 경고한다. 뜨거운 난로나 촛불, 전기 콘센트에 손대지 말라는 경고로 시작해서 차차 먹어도 되는 것과 먹으면 안 되는 것, 인터넷과 SNS의 위험, 운전이나 성적 유혹의 위험에 대한 경고로 발전해나간다. 더 지나면 대학 기숙사 특유의 위험, 돈의 유혹, 연애의 문제점도 경고 대상이 된다. 이 모든 경고가 부모의 자상한 사랑에서 비롯한다.

이 타락한 세상살이의 갖가지 위험을 어떻게든 힘써 경고해주시는 것에서 우리는 아버지 되신 하나님을 경험한다. 모든 경고 속에서 하늘 아버지의 사랑을 받는다. 각 경고는 하나님의 인내와 신실하심과 지혜와 은혜를 보여주고, 그분의 돌보심을 일깨워준다. 또한 하나님이 우리를 기꺼이 용서하고 회복시키실 준비가 되어 있음을 새삼 가르쳐준다. 모든 경고는 우리에게 그분을 신뢰하고 믿음으로 따를 것을 명하며, 아버지가 우리보다 무한히 똑똑하시다는 사실을 환기시킨다. 하나님이 진정 더 잘 아시므로 우리는 그분의 말씀을 듣고 순종해야 한다.

부모들이여, 자녀를 노엽게 하지 말라는 하나님의 경고에 어떻게 반응하고 있는가? 남편들이여, 부부의 헌신을 무너뜨릴 외도의 위험에 대한 하나님의 경고에 순종하고 있는가? 직장에서 우리는 세상을 사랑하지 말라는 하나님의 경고를 어떻게 실천하고 있는가? 삶의 모든 분야에서 하나님은 우리에게 보호와 예방을 위한 경고를 복으로 주신다. 우리를 사랑하시고 우리의 연약한 마음을 아시기 때문이다.

엄마의 경고를 듣지 않고 오븐에 손가락을 데는 어린아이처럼 되지 말라. 아빠의 경고를 무시하다 잘못된 결정으로 일생이 달라지는 사춘기 청소년처럼 되지 말라. 하나님은 우리를 사랑하셔서 말씀에 경고를 점점이 흩어놓으셨다. 아버지의 심정으로 이렇게 말씀하신다. "거기를 보지 마라. 그 말을 하지 마라. 이것을 욕심내지 마라. 그렇게 하지 마라. 저것을 선택하지 마라. 그것을 사랑하지 마라. 이것을 조심하라."

일상생활 속에서 성경을 진지하게 대하면 하늘 아버지의 경고가 당신의 삶을 보호한다. 그분의 경고는 우리의 복이다. 학생, 상사, 부모, 기혼자, 직원, 이웃, 시민, 남자나 여자, 젊은이나 노인, 전문가나 노동자로서 그동안 당신의 마음과 삶이 하나님의 자애로운 경고에 따르지 못한 부분은 어디인가? 사역이나 일상생활에서, 혼자 있을 때나 사람들 앞에 서는 어떤가? 당신이나 나 이런 생각일랑 물리치는 게 좋다. 즉, 삶의 일부 영역에서는 우리가 하나님보다 똑똑하므로 그분의 지혜롭고 자애로운 경고를 무시해도 손해가 없다는 생각이다. 모든 죄와 그에 따르는 개인적, 관계적, 상황적 역기능은 겸손히 하나님의 경고를 유념하지 않은 결과다. 그분은 경고만 하고 끝내시지 않는다. 그 경고대로 살아가는 데 필요한 능력도 은혜로 주신다는 것을 잊지 말라.

하나님의 말씀은 보호한다

인간에게는 경계선이 필요하다. 죄가 들어와 세상을 망쳐놓기 전에도 그랬다. 아담과 하와는 완전한 인간으로 완전한 세상에서 하나님과 완전한 관계를 맺으며 살았지만, 그래도 경계선이 필요했다. 그런데 인간은 스스로 경계선을 정할 수 있을 만큼 경험과 지식의 기반이 넓지도 않고 예지력도 충분하지 못하다. 창조주만이 보호와 예방의 경계선을 제대로 정하실 수 있다. 그분은 피조물을 아시기에 피조물이 살아가기 좋은 세상을 지으시고 피조물 본연의 삶을 설계하셨다. 하나님이 정하신 경계선, 즉 율법은 그분이 우리를 사랑하신다는 표현이다. 율법은 우리를 위험에서 보호하고, 그분께 더 깊이 의존하며 그분과 더 친밀하게 교제하도록 이끈다. 하나님은 율법으로 우리를 단장해주신다.

하나님이 시내 산에서 율법을 처음 주시던 때를 생각해보라. 하나님은 놀라운 신성한 능력과 권위로 이스라엘을 이집트의 400년 고역에서 구하여 이제 막 광야로 인도해 들이셨다. 약속하신 땅으로 데려가시기 위함이었다. 그런데 이스라엘 자손에게는 자칫 파멸을 부를 수도 있는 큰 문제가 있었다. 노예로 지낸 세월이 워낙 오래되어 어떻게 살아야 할지를 몰랐던 것이다. 그래서 하나님은 그들에게 시민법과 의식법과 도덕법을 주셨다. 그분의 자녀에게 주어진 이 율법은 사랑과 은혜의 증표였다. 율법은 그들의 삶에 질서를 부여하고, 예배를 규정하며, 마음을 지켜주고, 이웃과의 관계를 조정하며, 법제를 마련했다. 무엇보다 율법은 이스라엘 백성을 그들 자신에게서 보호했다. 하나님의 율법은 그분이 자기 백성을 지켜 보전하시는 주요 방법 중 하나였다.

우리에게도 마찬가지다. 하나님은 우리를 위한 새로운 율법을 성경에 담아두셨다. 말씀에 계시된 하나님의 계율로 보호받지 않아도 되는 날은 누구의 삶에든 단 하루도 없다. 당신이 엄마라면, 자녀를 양육하는 고되고 장기적인 일에 힘쓰는 동안 당신을 절제시키고 인도해줄 하나님의 율법이 필요하다. 남편에게는 하나님이 설계해놓으신 대로 아내를 대하며 언약의 서원에 충실하게 해줄 율법이 필요하다. 직장인에게는 업무에 임하고 상사를 대하며 직장 동료들과 협력하는 방식을 규정해줄 율법이 필요하다. 대학생에게는 학교생활에 적용하여 학생의 본분을 다하게 해줄 율법이 필요하다. 사생활에서도 하나님의 율법이 당신의 생각과 갈망과 행동에 경계선을 정해주어야 한다.

자녀를 사랑하는 부모라면 누구나 그러듯이 하나님 아버지도 말씀으로 경계선을 정해 우리를 보호하신다. 우리의 자유와 기쁨을 앗아가시려는 것이 아니라, 죄인이 스스로 선택할 때 으레 뒤따르는 속박과 후회를 막아주시기 위해서다. 예수 그리스도가 율법을 성취하셨고 율법을 어긴 우리의 모든 형벌을 대신 치르셨지만, 그럼에도 그분은 우리를 위한 도덕법을 새롭게 다시 제정하셨다. 제멋대로 행하기 쉬운 죄성에서 벗어나 본향에 이르기 전까지 우리에게 이런 보호가 필요함을 아셨기 때문이다.

하나님의 말씀은 격려한다

우리는 모두 격려가 필요하다. 당신도 나도 희망 없이는 살 수 없다. 희망이란 무엇인가? 기대이자 대상이다. 무언가에 마음을 두고(기대), 그것을 실현해줄 누군가 또는 무언가를 의지하는 것이다(대상). 망가져 신음하는 이 세상은 더는 하나님의 의도대로 돌아가지 않는다. 하나님은 그 세상을 살아가는 우리에게 매일 격려, 즉 끊임없는 희망이 필요함을 아신다. 또한 불완전한 사람들만 사는 이 타락한 세상이 결코 견실하고 믿을 만한 확고부동한 희망을 줄 수 없음도 아신다. 이 땅의 수평적 희망은 늘 실망을 안겨준다.

그래서 하나님은 우리에게 자신의 말씀을 주셨고, 말씀을 주심으로써 자신을 주셨다. 이 말은 무슨 뜻인가? 하나님의 말씀이 주는 가장 큰 선물 중 하나는 말씀 배후에 있는 그분의 영광이 책장마다 넘쳐흐른다는 것이다. 하나님은 이 세상 속의 우리에게 희망이 절실히 필요하다는 것을 아신다. 그래서 그분과 우리 사이를 가로막는 분리의 휘장을 걷어 자신의 눈부신 영광을 보여주신다. 인간의 언어를 최대한 잡아 늘여 하나님의 위엄을 담아낸 이사야 40장을 생각해보라.

하나님은 자신의 능력과 영광만 계시하시지 않고, 자신의 주권도 우리에게 알려주신다(단 4:34-35). 그뿐만이 아니다. 하나님이 우리 가까이 계신다는 사실도 알려주신다. "내가 결코 너희를 버리지 아니하고 너희를 떠나지 아니하리라"(히 13:5). 용서와 은혜의 하나님이심도 알려주신다. "주 우리 하나님께는 긍휼과 용서하심이 있사오니"(단 9:9). 이는 하나님이 말씀 속에 자신을 계시하신 주제 중 몇 가지 예에 불과하다. 그분은 우리에게 희망이 필요함을 아시며, 우리의 희망을 그분께만 두도록 말씀으로 역사하신다. 그분께 희망을 두면 결코 실망할 일이 없다고 우리를 안심시켜주신다.

하나님의 말씀은 어떻게 우리를 격려할까? 말씀은 우리에게 수직적 희망이 몽상처럼 막연한 소원이 아니라, 보장된 결과에 대한 확실한 기대임을 일깨워준다. 어떻게 그 일이 가능할까? 희망의 대상이 천지의 주님, 창조주, 구주이시기 때문이다. 바로 그분이 우리에게 명하여 희망을 그분께 두게 하신다.

하나님의 말씀은 의욕을 북돋는다

나는 부름받은 일이 좋아서 하지만, 매일 아침마다 의욕이 넘치는 것은 아니다. 무력감이 들 때도 있고 직무가 과중하게 느껴질 때도 있다. 녹초가 될 때도 있고 사역의 결과가 의심스러울 때도 있다. 전날보다 게을러져 힘들 때도 있고, 난관이 앞을 막을 때도 있다. 솔직히 믿음은 우리의 천성이 아니다. 의심과 염려와 부정과 두려움은 자연스럽지만, 용감한 믿음은 우리에게 부자연스럽다. 이 부분에서도 하나님의 말씀은 큰 복이다. 하나님은 친히 몸을 굽혀 내가 고통을 겪고 있는 그 자리에서 만나주신다. 말씀의 위대하고도 보배로운 약속으로 내게 의욕을 북돋아주신다.

성경에 나오는 약속은 그야말로 수천 가지다. 성경의 모든 장르와 성경 역사의 모든 시대를 막론하고, 그분의 약속이 흩뿌려져 있다. 하나님의 백성이 어디서 무슨 일에 부딪히든 그분은 약속으로 그들을 맞이하신다. 그렇게 그들의 믿음을 고취하시고 용감히 행동하게 하신다. 그분의 약속이 격려와 힘과 희망을 불어넣어주기에, 우리는 의욕을 얻어 포기하지 않고 계속 그분의 부르심에 충실할 수 있다.

하나님이 우리에게 주신 약속 때문에, 우리는 성공의 역량이나 가능성을 평가하는 기준을 자신의 의나 지혜나 힘이 아닌 그분이 주신 방대하고도 확실한 약속에 둔다. 그래서 우리는 자신의 연약함과 이전의 실패를 알면서도 끝까지 이 길을 간다. 하나님이 약속대로 우리에게 모든 선이 되어주시고, 모든 선을 이루어 베푸시기 때문이다.

말할 것도 없이 타락한 이 세상의 삶은 우리에게 뼈아픈 낙심을 안겨줄 수 있다. 기계 고장에서부터 가족과 친구로 인한 실망에 이르기까지 모든 것이 삶을 복잡하고 어렵게 만들 수 있다. 또한 우리는 한 치 앞도 내다볼 수 없기 때문에 삶이 언제 다시 힘들어질지 알 수 없다. 게다가 방황하기 쉬운 자신의 연약함마저 떠안아야 한다. 이런 우리에게 하나님은 자상하게 자신의 약속을 비처럼 내려주신다. 그 은혜에 흠뻑 젖어 의욕을 되찾도록 말이다. 고단한 걷기도 오겠지만, 하나님의 말씀이 우리를 약속의 빗줄기로 부른다. 덕분에 우리는 새로운 희망과 힘을 얻고, 새로운 의욕으로 다시 일어나 하나님이 두신 자리에서 그분이 맡기신 일을 해나갈 수 있다.

희망과 용기를 끌어올리려고 인기 있는 자기 계발 강사를 쫓아다닐 필요가 없다. 매일 하나님의 말씀 앞으로 달려가기만 하면 된다. 하나님의 약속은 의욕을 북돋아주고, 마음속에 그분을 향한 확신과 신뢰를 심어준다. 그리고 그분이 부르신 삶에 합당하게 인도한다.

하나님의 말씀은 잘못을 지적한다

날마다 감사해야 할 점이 있다. 하나님의 말씀이 그분의 백성의 삶 속에서 거울 역할을 한다는 것이다(약 1:22-25). 마음을 열고 준비된 자세로 하나님의 말씀을 들여다보면 그 거울 속에 우리의 실상이 비친다. 이 은유는 정말 유익하다. 아침에 일어나 비틀비틀 화장실에 들어가 거울을 보면 밤사이 추레해진 내 모습이 비친다. 이때 한 가지 확실한 사실은 거울이 절대 거짓말하지 않는다는 것이다. 거울은 늘 흠결까지도 그대로 지적한다. 거울 속에 비친 나의 모습이 정확한지 의심하거나 이의를 제기하는 사람은 아마 없을 것이다.

성경이라는 거울도 마찬가지다. 성경에 비추어 드러나는 당신의 모습은 늘 정확하고 확실하다. 게다가 성경은 화장실 거울과 같은 한계가 없다. 거울은 당신의 몸밖에 보여주지 못하지만, 성경은 당신의 영적 자아인 마음을 보여준다. 이것이 우리를 보호하고 회복시키는 성경의 능력과 미덕이다. 히브리서 4장 12절을 함께 읽어보자. "하나님의 말씀은 살아 있고 활력이 있어 좌우에 날선 어떤 검보다도 예리하여 혼과 영과 및 관절과 골수를 찔러 쪼개기까지 하며 또 마음의 생각과 뜻을 판단하나니." 성경은 다른 어떤 책에도 없는 능력이 있다. 하나님의 말씀은 우리 마음의 생각과 목적을 간파하여 드러내는 힘이 있다.

이 사실이 왜 그렇게 중요한가? 왜 모든 신자가 꼭 알아야 하는가? 하나님 말씀의 거울 기능, 즉 우리를 해방하고 보호하며 구속(救贖)하시는 그분의 사랑에 대한 이 은유를 날마다 경축해야 할 이유가 무엇인가? 죄가 우리를 눈멀게 하기 때문이다(히 3:12-13). 나는 친구와 가족의 죄는 잘만 보면서도 내 죄가 드러나면 놀랄 때가 많다. 나보다 나를 더 잘 아는 사람은 없다는 생각을 버려야 한다. 그런 착각 때문에 자신이 미처 보지 못한 부분이 말씀의 거울에 드러나도, 거기에 저항하곤 한다.

자신을 안다고 확신하다 보니 말씀의 판단이 틀렸다고 생각하는 것이다. 하지만 우리 안에 아직 죄가 살아 있는 한, 자신을 보는 우리의 눈은 언제나 부정확하다. 여전히 우리 안에 영적으로 눈먼 부분이 남아 있기 때문이다.

그 눈먼 부분까지 꿰뚫고 들어갈 수 있는 무언가가 절실히 필요하다. 마음의 생각과 갈망이 형성되는 그 심연에서 우리가 어떤 존재인지가 밝히 드러나야 한다. 바로 그 역할을 하도록 우리에게 주어진 것이 하나님의 말씀이다.

영적으로 눈먼 상태는 방금 말한 것보다 더 파급력이 크다. 시각 장애인은 자신의 장애를 알고 여러 생활 기술을 익혀 이 중대한 결함에 대처하지만, 영적 맹인은 그렇지 않다. 시각 장애인과 달리 영적 맹인은 눈만 먼 것이 아니라 자신이 맹인인 것조차 모른다. 이것이 영적으로 눈먼 우리의 영혼을 쇠약하게 하는 가장 무서운 일면일 것이다. 우리는 자신을 영적으로 정확히 본다고 생각한다. 하지만 사실은 영적으로 눈이 멀어 있기 때문에 자신을 보지도 못할 뿐더러 못 본다는 사실조차 모른다. 자신이 맹인이 아니라고 생각하는 사람은 외부의 도움을 받지 않는다. 그래서 우리는 날마다 집에서 거울을 보며 하는 일을 성경으로도 해야 한다. 알다시피 우리 눈으로만은 자기 몸 구석구석을 정확히 볼 수 없다. 그렇기에 우리는 하루도 빼놓지 않고 거울 앞에 서서 거울의 지적을 받아 외모를 다듬는다. 마찬가지로 마음을 보여주는 거울인 하나님의 말씀 앞에 날마다 서서 말씀의 지적에 겸손히 순복해야 한다. 하나님께 달려가 그분이 은혜로 베푸시는 해방과 용서와 능력과 변화를 받아야 한다.

성경은 세상 최고의 성능으로 당신을 정확히 간파하는 거울이다. 그러니 삶의 어느 자리에 있든, 매일 주어지는 기회와 책임이 무엇이든, 당신을 단골로 괴롭히는 유혹이 무엇이든, 주님과 동행한 지 얼마나 오래되었든, 성경으로 말미암아 감사하라. 끊임없이 지적해주는 이 거울이야말로 하나님이 당신에게 주신 가장 자애롭고도 은혜로운 선물 중 하나다.

하나님의 말씀은 죄를 깨닫게 한다

안타깝게도 우리는 모두 자신을 정당화하는 삐딱한 재주가 있다. 잘못해놓고도 별로 잘못이 아니라고 우기는 것이다. 우리는 아주 능숙한 솜씨로 하나님이 악하다고 하신 일을 기분 좋은 일로 둔갑시킨다. 그래서 우리에게는 잘못을 지적하는 차원 이상으로 하나님 말씀의 능력이 필요하다. 물론 하나님이 설계하신 대로 성경이 우리 마음 심연의 생각과 갈망을 드러내고 지적하는 것은 놀라운 일이다. 말씀 한 장 한 장을 들여다볼 때 하나님의 영광뿐만 아니라 우리의 실상까지 정확히 볼 수 있는 것은 은혜다. 그러나 우리 안에 죄가 잔존하는 한 우리는 여전히 성경의 지적을 외면할 것이다. 잘못을 지적하는 성경의 진리를 내가 아닌 다른 사람에게 적용하면서, 전혀 달라지지 않은 모습으로 돌아갈 것이다.

그래서 죄를 깨닫게 하는 하나님 말씀의 능력이 모든 신자에게 필요하다. 물론 죄를 깨닫게 하시는 분은 성령님이지만, 그분이 주로 사용하시는 도구는 성경이다. 죄를 슬퍼하지 않고는 자백도 회개도 할 수 없다. 죄를 깨닫는 과정은 이렇다. **죄를 보지 않고는 슬퍼할 수 없고, 슬퍼하지 않고는 자백할 수 없으며, 자백하지 않고는 회개할 수 없다.** 지속적으로 죄에서 해방되어 성숙한 그리스도인으로 자라가려면, 성령님이 우리에게 죄를 보여주시고 슬퍼하는 마음을 주셔야 한다. 데살로니가전서 1장 5절이 그 점을 잘 이야기해준다. "이는 우리 복음이 너희에게 말로만 이른 것이 아니라 또한 능력과 성령과 큰 확신(죄를 깨닫게 하심)으로 된 것임이라 우리가 너희 가운데서 너희를 위하여 어떤 사람이 된 것은 너희가 아는 바와 같으니라." 그 누구의 삶에서든 성령의 사역이 필요 없는 날은 단 하루도 없다. 성령님이 하나님 말씀의 능력으로 우리에게 죄를 깨닫고 슬퍼하며 자백하게 해주셔야 한다. 자녀를 기르느라 수고하는 아빠에게 죄를 깨닫게 해줄 말씀의 능력이 필요하다. 직장에서 상사인 당신에게 날마다 당신의 마음을 드러내줄 하나님 말씀의 능력이 필요하다. 목사가 사역을 준비할 때 못지않게 자신의 죄를 깨닫는 데도 하나님의 말씀이 필요하다. 대학 생활의 책무들과 유혹을 맞닥뜨린 학생에게 마음을 변화시켜줄 이 능력이 필요하다. 돈을 관리하고, 시간의 청지기 역할을 하며, 몸을 돌보고, 머리를 쓰며, 사람들과 관계를 맺고, 일과를 수행하는 우리는 모두 죄를 깨닫게 해줄 말씀과 성령의 조합이 필요하다. 죄가 완전히 사라질 때까지 성령님은 계속 우리의 죄를 깨닫게 하시는데, 이때 그분이 쓰시는 도구가 바로 성경이다.

하나님의 말씀은 인도한다

차고에서 무언가를 찾거나 조도가 낮은 식당에서 메뉴를 읽거나 밤중에 뒷마당을 살펴야 해서 휴대 전화를 손전등으로 썼던 경험이 있는가?* 왜 그렇게 해야 했는가? 필시 '어두워서' 그랬을 것이다. 당신은 타락한 세상에서 다른 죄인들과 함께 살아가는 죄인인지라 날마다 어둠에 부딪힐 수밖에 없다. 가끔 화창한 날 나들이를 가서 인스타그램에 올리기 좋은 근사한 점심을 먹기도 하지만, 현실의 삶은 한밤중 숲속을 걷는 것에 더 가깝다. 어느 날이고 당신 안팎에는 진리보다 어둠이 더 짙

---

* 이 단락의 대부분은 www.paultripp.com에 처음 게재된 내 글 "A Lamp and a Light"(2018년 4월 11일)를 다듬은 것이다.

게 깔려 있을 것이다. 그러므로 무사히 전진하여 목적지에 이르려면 길을 비추어줄 빛이 필요하다.

이를 위해 하나님이 우리에게 마련해주신 것을 시편 119편 105절보다 더 잘 표현한 본문은 없다. "주의 말씀은 내 발에 등이요 내 길에 빛이니이다." 직장 생활과 대인 관계에는 빛이 필요하다. 욕망과 유혹으로 힘들 때 빛이 필요하다. 뜻밖의 사건을 해결하고, 새로운 역경에 대처할 때도 빛이 필요하다. 다른 사람이 당신에게 죄를 지었을 때 빛이 필요하다. 연약한 몸과 고달픈 마음을 추스를 때 빛이 필요하다. 견딜 수 없이 외로운 순간에도 빛이 필요하다. 내일과 모레뿐만 아니라 평생, 당신 앞에 찾아올 모든 미지의 상황에서 빛이 필요하다.

시편 119편 105절에 대한 설명으로 19세기의 위대한 설교자 찰스 스펄전(Charles Spurgeon)의 글보다 더 유익한 내용은 찾기 어렵다.

> "주의 말씀은 내 발에 등이요." 이 세상이라는 도시를 지나가는 우리에게 주님은 종종 그 어둠 속으로 들어가라고 명하십니다. 이때 말씀의 빛 없이 무턱대고 나섰다가 실족해서는 안 되지요. 사람마다 하나님의 말씀을 개인적, 실제적, 습관적으로 활용하여 길과 길의 상태를 보아야 합니다. 사방에서 어둠이 나를 덮쳐올 때면 주님의 말씀이 횃불처럼 내 길을 밝혀줍니다. 동방의 옛 성읍에는 가로등이 없었기에 길손마다 도랑에 빠지거나 길 위의 더러운 똥 더미를 밟지 않으려고 초롱불을 들고 다녔습니다. 이는 어두운 세상길을 걷는 우리에게 아주 걸맞은 은유입니다. 성경이 횃불처럼 밝혀주지 않으면 우리는 길도 모르고 어떻게 걸어야 할지도 알 수 없지요. 성경의 가장 실제적인 유익 중 하나는 일상생활의 행위를 인도해준다는 것입니다.

성경이 주어진 목적은 그 수려함으로 우리를 깜짝 놀라게
하려는 것이 아니라, 그 교훈으로 우리를 인도하기
위해서입니다. 물론 머리 위에도 조명이 필요하지만,
발밑은 어느 방향으로 나아가야 할지 가리키는 빛이 더욱
필요합니다. 그 빛이 없으면 머리도 발도 도랑에 빠질 수
있으니까요. 하나님의 말씀을 자신의 것으로 삼아 실제로
위로자와 상담자로, 즉 "내 발의 등"으로 누리는 사람은 복이
있습니다.*

괜히 나무에 머리를 찧고 뿌리에 걸려 넘어져 코피를 쏟으며 발가락이 멍들 필요가 없다. 무섭게 어둠 속을 더듬으며 헤맬 필요도 없다. 세상의 빛이신 하나님이 우리에게 자신의 말씀을 빛으로 내려주셨다! 어둠 속에서도 그 빛이 발 주변을 비추어주므로 당신은 비틀거리다 넘어질 일이 없다.

◾◆◾

하나님이 풍성한 사랑으로 선물로 주신 말씀은 우리에게 꼭 필요하다. 그렇다면 우리는 이 선물을 어떻게 보고 접근해야 할까? 우선 자신에게 성경이 늘 필요하다는 사실을 깊이 인식하고 접근해야 한다. 그러려면 성경을 펼 때마다 하나님께 우리 눈을 열어주시고, 마음을 부드럽고 겸손하게 열어달라고 기도해야 한다. 또한 말씀을 읽어야 착실한 그리스도인이라는 생각에 하나님의 말씀을 죄책감이나 의무감 때문에 읽어서는 안 된다. 진심으로 기뻐서 성경을 읽고 공부해야 한다. 기쁨의

---

* Charles Haddon Spurgeon, *Treasury of David*, 제5권, *Psalms 111-119* (London: Marshall Brothers, 연도 미상), 342, *Christian Classics Ethereal Library*, www.ccel.org. (『설교의 황제 스펄전의 시편 강해 5』 생명의 말씀사 역간)

DNA는 무엇인가? 이 물음에 대한 답을 마음에 새겨야 한다. 그것은 바로 감사다. 불평하는 사람에게서는 기쁨을 찾아보기 힘들다. 우리가 하나님의 말씀으로 인해 감사함은 말씀에서 그분을 만나기 때문이다. 그 말씀 속에 구원의 은혜, 놀라운 지혜, 일상을 인도하심, 내일 다시 시작할 수 있는 희망이 있기 때문이다. 아울러 하나님의 말씀에 접근할 때는 헌신적 자세가 필요하다. 힘써 말씀을 공부할 뿐 아니라, 배우는 내용에 우리 마음과 생각을 복종시켜야 한다. 성경의 메시지와 명령에 저항하고 싶은 마음이 있다면, 하나님 은혜의 능력으로 단호히 맞서 싸워야 한다. 끝으로 우리가 하나님의 말씀을 읽는 것은 그 말씀을 구체적으로 삶 속에 충실히 적용하기로 그분과 약속한다는 뜻이다. 그러려면 말씀을 경건의 시간 밖으로 가지고 나와, 우리가 살고 결정하며 말하고 행동하며 반응하는 현장으로 가지고 들어가야 한다. 이 모든 과정에서 우리 마음은 경이로 가득 찬다. 생명을 주고 삶을 바꾸어놓는 성경을 선물로 주실 만큼 하나님이 우리를 사랑하시니 말이다.

아울러 성경이 만사를 처리하기 위한 규범집이 아니라는 점도 알아야 한다. 모든 상황에 대처하게 해줄 각본은 성경에 없다. 화요일 밤 9시 35분에 반항하는 십 대 자녀에게 정확히 뭐라고 말해야 할까? 직장 동료에게 복음을 전하려면 어떤 말로 대화를 풀어나가야 할까? 낙심한 남편을 정확히 어떻게 위로해줄까? 이런 것은 성경에 나와 있지 않다. 성경의 역할을 보여주는 은유를 함께 살펴보자.

나는 재즈의 자연스러운 흐름을 좋아한다. 연주자 여러 명이 연주를 시작한 뒤에는 악보를 벗어난 즉흥 연주로 주제를 전개한다. 재즈는 일종의 계획된 자연스러움이다. 즉흥 연주가 혼돈의 불협화음으로 전락하지 않는 것은 재즈를 살려내는 계획된 부분 때문이다. 연주자들이 각기 제 방향으로 벗어나도 화음이 이루어지는 이유는 두 가지 기본 틀에 맞추어 연주하기로 모두 합의했기 때문이다. 이 둘의 궤도 위에서 개성과 창의력이 발휘된다. 즉, 그들이 시작한 악곡은 특정한 조로 작곡되었고, 일정한 박자 내지 리듬으로 구성되어 있다. 이 계획된 틀 안에서 연주하는 한 그들은 마음껏 즉흥 연주를 창작할 수 있다. 그렇게 해도 서로 화음이 맞는다.

성경은 만사를 남김없이 다 언급하지는 않는다. 모든 행동과 반응과 대응에 필요한 악보는 성경에 없다. 그러나 성경의 이야기와 율법과 복음에는 당신의 마음과 삶이라는 곡의 조와 박자가 담겨 있다. 하나님이 사랑과 지혜로 계시해주신 그 틀 안에 머무는 한, 당신의 즉흥 연주(반드시 필요하다)는 그분과 아름다운 화음을 이룬다. 하나님이 상황별로 필요한 악보를 다 주지는 않으셨다. 하지만 하나님이 주신 율법, 지혜, 그분 자신에 대한 계시, 세상을 향한 계획, 복음 등은 일상에서 일어나는 일들과 관계 속에서 우리가 어떻게 생각하고 무엇을 추구해야 하는지 말해준다. 예컨대 하나님은 당신에게 "주의 교훈과 훈계로"(엡 6:4) 자녀를 양육하라고 명하셨지만, 금요일 아침에 떼쓰는 일곱 살 아이에게 정확히 뭐라고 말해야 할지는 밝히지 않으셨다. 이웃을 자신과 같이 사랑하라고 명하셨지만, 경쟁심이 아주 강한 직장 동료와 잘 지내는 법에 대한 악보는 주지 않으셨다. 청지기로서 물질을 잘 관리하라고 명하셨지만, 특정한 곳에 투자를 해야 할지 여부는 말씀하지 않으셨다.

성경에는 당신이 평생 한 번이라도 연주해야 할 음정이 일일이 다 나오지는 않지만, 삶의 모든 분야에서 구주와 화음을 이루어 연주하는 데 필요한 틀은 다 나와 있다. 이 사실 자체가 하나님이 은혜로 주신 놀라운 선물이다.

이번 장을 쓰고 있는데 아내 루엘라가 찰스 스펄전의 묵상집을 가져와서 그날 아침에 자신이 읽은 부분을 꼭 읽어보라고 권했다. 읽자마자 이번 장을 어떻게 끝내야 할지 감이 왔다. 스펄전이 말한 대로 하나님의 놀라운 말씀이 당신 안에 역사하기를 기도한다.

"주의 법을 사랑하는 자에게는 큰 평안이 있으니 그들에게 장애물이 없으리이다"(시 119:165).

이 위대한 책을 참으로 사랑하면 위대하신 하나님의 큰 평안과 큰 보호가 우리에게 임한다. 늘 주님의 율법을 가까이하며 살자. 그러면 그것이 우리 마음속에 그 무엇도 줄 수 없는 안식을 낳는다. 성령님이 말씀을 통해 우리를 위로하시고, 자비로이 두루 감화하셔서 영혼의 풍랑을 잠잠하게 하신다.

내면에 하나님의 말씀이 풍성히 거하는 사람에게는 걸림돌이 없다. 그는 날마다 즐거이 십자가를 진다. 불 시험이 닥쳐와도 감당할 준비가 되어 있고, 그 시험으로 인해 완전히 망하리라 생각하고 이상히 여기지 않는다. 많은 사람과 달리 그는 형통에 걸려 넘어지지 않고 역경 앞에서도 굴하지 않는다. 늘 변하는 주변 환경을 초월해서 살기 때문이다. 다른 사람들이 "이 말씀은 어렵도다. 누가 들을 수 있느냐"라고 외치는 신앙의 큰 신비를 주께서 그 신자 앞에 놓으셔도, 그는 그것을 두말없이 받아들인다. 주님의 율법을 공경하는 경외심이 지적인 의문을 압도하기 때문이다. 그는 최고의 권위인 말씀 앞에 즐거이 엎드린다. 주님, 오늘 우리 안에도 이 사랑, 이 평안, 이 안식을 이루어주소서.*

---

* Charles Haddon Spurgeon, *Faith's Checklist*, 4월 9일, Spurgeon Archive, archive.spurgeon.org/fcb/fcb-bod.htm.

03
하나님에 대한 교리

참되신 하나님은 한 분뿐이다. 그분의 존재와 완전성은 무한하다. 그분은 보이지 않으며, 몸이나 지체나 육정이 없다. 불변하고 광대하며 영원하여 인간의 이해를 초월하신다. 전능하고 지극히 지혜로우며 지극히 거룩하시다. 완전히 자유로운 절대자이신 하나님은 모든 일을 자신의 영광을 위해 자신의 불변하고 의로운 뜻대로 행하신다. 지극히 사랑이 많고 은혜로우며 자비롭고 오래 참으신다. 선과 진리가 풍성하고 악과 허물과 죄를 용서하신다. 하나님을 부지런히 찾는 자들에게 상을 주신다. 그분의 심판은 정의롭고 무섭다. 죄를 미워하여 죄인을 묵과하지 않으신다.

하나님은 스스로 모든 생명과 영광과 선과 복의 근원이 되신다. 자신만으로 완전히 충족하므로 피조물이 필요 없고, 피조물에게 영광을 구하지도 않으시며, 오히려 피조물을 통해 피조물에게 자신의 영광을 나타내신다. 홀로 모든 존재의 근원이시기에 만물이 그분에게서 나오고 그분으로 말미암고 그분께로 돌아간다. 주권으로 만물을 통치하시되 만물을 통해, 만물을 위해 무엇이든 원하는 대로 행하신다. 모든 것을 보시므로 아무것도 그분께 숨길 수 없다. 그분의 지식은 무한하고 무오하여 피조물에게 의존하지 않는다. 그분께는 우연이나 불확실한 것이 없다. 그분의 목적과 사역과 명령은 모두 거룩하다. 천사와 인간과 모든 피조물은 그분이 기뻐하시는 대로 마땅히 그분을 예배하며 섬기고 순종해야 한다.

하나님은 세 위격이 하나로 연합하여 계신다. 곧, 본체와 능력과 영원성에서 동일하신 성부 하나님과 성자 하나님과 성령 하나님이시다. 성부는 아무에게서도 나거나 나오지 않으시고, 성자는 성부에게서 영원히 나셨으며, 성령은 성부와 성자로부터 영원히 나오신다. 다음 여러 구절을 참조하라. 창세기 17:1, 출애굽기 3:14, 34:6, 7, 신명기 4:15-16, 6:4, 열왕기상 8:27, 느헤미야 9:23, 33, 욥기 22:2-3, 시편 5:5-6, 90:2, 115:3, 119편, 145:17, 148:13, 잠언 16:4, 이사야 6:3, 46:10, 48:12, 예레미야 10:10, 23:23, 에스겔 11:5, 다니엘 4:25, 34-35, 나훔 1:2-3, 말라기 3:6, 마태복음 28:19, 요한복음 1:14, 18, 4:24, 5:26, 14:11, 15:26, 사도행전 15:17-18, 로마서 11:34-36, 고린도전서 8:4, 6, 고린도후서 13:14, 갈라디아서 4:6, 디모데전서 1:17, 히브리서 4:13, 11:6, 요한일서 5:7, 요한계시록 5:12-14.*

하나님에 대한 교리 이해하기

앞에서 묘사한 하나님과 그분의 무한한 영광을 읽고 어떻게 외경에 가득 차지 않을 수 있을까?

바로 이런 분이 당신의 하나님이다. 그분의 존재와 행위는 모든 면에서 거룩하시다. 존재하는 모든 것의 근원이신 그분께는 존재하는 어떤 것도 필요 없다. 그분의 지식은 대상이 무엇이든 항상 정확하다. 그분은 영원히 아무것도 배우실 필요가 없다. 놀라거나 모르거나 허를 찔리거

---

* 웨스트민스터 신앙고백서 제2장의 여러 대목에 나오는 하나님에 대한 교리를 내가 풀어 썼다.

나 혼동하거나 당황하실 일도 없고, 새로운 발견이나 탈학습이나 재학습도 필요 없다. 하나님의 생각과 목적과 선언과 행위는 항상 옳고 진실하다. 그분의 판단은 결코 어긋나거나 편향되거나 틀리지 않다.

존재하는 모든 것은 하나님 덕분에 존재한다. 그분 홀로 우주의 왕좌에 앉아 자신의 지극히 지혜롭고 거룩하신 뜻대로 우주를 다스리신다. 하나님의 완전한 통치는 그 누구의 지시나 권고에도 의존하지 않는다. 하나님은 자신이 기뻐하시는 대로 행하시는데, 그분이 기뻐하시는 바가 항상 옳고 최선이다.

하나님은 선과 사랑과 은혜와 자비와 용서의 근원이고 정의다. 거룩하고 의로우신 동시에 너그러이 오래 참으신다. 영육 간의 온갖 좋은 선물이 그분에게서 온다. 하나님은 죄를 미워하시지만, 그분께 나아와 진심으로 자백하는 이들을 모두 용서해주신다.

하나님은 삼위일체시다. 성부 하나님과 성자 하나님과 성령 하나님은 세 위격이시되 본체는 모두 동일하시다. 세 가지 역할을 그렇게 표현한 것이 아니라 별개의 세 인격체시다. 삼위일체 하나님은 논쟁이나 이견이나 불화 없이 완전한 연합과 사랑 가운데서 활동하시는 궁극의 공동체다.

지금 나는 환한 컴퓨터 화면 앞에 말없이 앉아 원고 내용을 보며 경이에 젖어 있다. 이 표현들은 우리의 사고를 확장하고 상상력을 자극하는 정확한 어휘로 쓰였지만, 광대하신 하나님의 존재와 영광을 다 담아내기에는 여전히 역부족이다. 시편 저자처럼 나도 마음으로 이렇게 고백한다. "여호와 우리 하나님과 같은 이가 누구리요"(시 113:5). 이 궁극의 반문에 우리는 이렇게 우렁차게 대답할 수 있다. "아무도 없도다!" 그분과 조금이라도 비슷한 것은 여태 존재한 적도 없었고 앞으로도 없을 것이다. 창조주와 피조물 사이에는 거대한 분계선이 있다. 곧, 거룩함, 능력, 영광, 지식, 지혜, 사랑, 은혜, 정의, 주권, 충족성 등에서 그렇다. 아무도 이 선을 넘을 수 없으며 그럴 일도 없다. 그래서 우리는 그분의 장엄한 위엄 앞에 경이와 복종과 의존과 예배와 사랑으로 엎드린다.

나는 기독교 가정에서 자랐지만, 청소년 시절 내가 생각하던 하나님은 오그라든 가짜 신이었다. 성경의 하나님과는 거리가 멀었다. 그런데 대학생이던 나의 형 테드가 방학 때 집에 와서 내게 이런 말을 했다. 하나님이 만물을 온전히 통치하신다는 것이다. 하나님에 대한 교리를 형이 말하는 식으로 듣거나 이해한 적은 없었다. 형과 나눈 대화로 나는 의문만 많아졌고, 자존심이 상하면서 부아가 치밀었다. 한번은 변론하던 중에 너무 화가 나서 형에게 신발을 벗어 던진 적도 있었다. 이튿날엔가 형이 성경책과 노란색 사인펜을 가져다주며 말했다. "이번 여름에 성경을 통독하면서 만물을 통치하시는 하나님의 주권이 나올 때마다 표시해봐." 그 도전에 응한 결과로 내 부실한 신학이 고쳐졌을 뿐 아니라 인생의 행로마저 달라졌다. 나는 하나님의 온전한 통치에 감동했고, 측량할 수 없는 그분의 영광에 압도되기도 했다.

하나님이 너무 커서 문제인 신자는 별로 없지만, 불행히도 하나님이 너무 작아서 고생인 사람은 많다. 하나님과 그분의 영광에 대한 신학이 우리의 제한된 사고력이나 상상력에 갇히지 않도록 누구나 조심해야 한다. 자신만의 신학으로 하나님을 무난한 규모로 축소해서는 안 된다. 문제는 우리가 어떤 개념이나 용어를 이해하려 할 때, 늘 자신의 경험의 관점에서 시작한다는 것이다. 내가 아버지라는 용어를 쓰면, 당신은 이 말을 자신이 경험한 아버지에 기초하여 정의할 것이다. 결국 그 용어를 무슨 뜻으로 썼는지 내 쪽에서 더 구체적으로 정의해야 한다. 하나님에 관한 한 내 삶의 어떤 경험도 그분의 존재와 속성, 순결한 거룩하심과 편만한 영광에 견줄 바가 못 된다. 그래서 여기서 하나님의 영화로운 영광을 조금이나마 살펴보려 한다.

하나님의 영화로운 영광

시카고 교향악단의 공연을 본 저녁을 영영 잊지 못한다. 맨 앞줄에 앉아서 보았는데 그만한 가치가 있었다. 어떤 악곡을 들어도 그날 밤보다 더 매료된 적은 없었다. 음악은 힘차면서도 조마조마하고, 마음을 홀릴 듯 사로잡으면서 영광스러웠다. 영영 끝나지 않았으면 싶다가도 일어나 공연장을 뛰쳐나가고 싶었고, 선율에 가슴이 요동치다가도 그 속삭임에 빨려들곤 했다. 음악의 환희와 두려움이 아름다운 불협화음을 이루며 충돌하는 순간도 있었다. 연주가 끝나자 서운하면서도 진이 빠졌고, 더 듣고 싶으면서도 이미 족하다 싶었다. 이 공연이 왜 그렇게 나를 쥐락펴락했는지 나중에 순서지에서 곡명의 부가 설명문을 읽고서야 깨달았다. 거기에 이렇게 적혀 있었다. "하나님, 여태 발화된 단어 중 가장 가공할 만한 단어."*

그날 나는 재능이 뛰어난 작곡가(누구인지는 잊었다)가 하나님의 놀랍고 다채로운 영광을 한 곡에 전부 담아내려 한 가상한 노력을 엿보았다. 어떤 면에서 성공작이었지만 또 한편으로는 참담하고 민망한 실패작이었다. 인간이 하나님의 영광을 하나의 예술 작품에 담아낼 수 있다는 생각은 기껏해야 망상이며 최악의 경우 허사다. 무한을 유한 속에 끼워 넣기란 코끼리 한 마리를 골무에 완전히 집어넣어 조금도 삐져나오지 않게 하기보다 무한히 불가능하다. 아무리 특출한 재주로 아무리 열심히 노력해도 결코 일어날 수 없는 일이다.

그 작곡가가 탁월한 솜씨를 발휘하기는 했다. 하지만 하나님의 영광이 망망한 바닷물이라면, 그가 자신의 가장 웅장한 곡에 담아낸 것은 그중 한 방울도 못 된다. 하나님의 영광을 찬미하는 성경 구절을 다 열

---

* 이 단락은 www.churchleaders.com에 게재된 내 글 "Why the Doctrine of Glory Matters," *Church Leaders*(2018년 9월 6일)를 다듬은 것이다.

거하기란 불가능하다. 영광이란 그런 것이 아니기 때문이다. 영광은 신발이나 고기나 양초나 오두막 같은 사물이 아니다. 그런 유형(有形)의 사물은 말로 잘 묘사하면 금방 정확한 모습이 떠오른다. 신발이야 그리거나 사진에 담으면 그것을 보고 무엇인지 알 수 있지만, 영광은 그렇지 않다. 영광을 그림 한 장에 담기란 불가능하며 사진으로 찍을 수도 없다. 영광은 대상 자체라기보다 그것에 대한 묘사다. 영광은 하나님의 일부가 아니라 전부다. 하나님의 속성과 행위는 철두철미 다 영광스럽다. 하지만 그 말로도 그분의 영광은 충분히 묘사되지 않는다. 하나님은 모든 면에서 영화로우실 뿐 아니라 그분의 영광조차도 영화롭다.

다행히도 성경에 하나님의 무한한 영광이 인간의 미력한 언어로나마 표현되어 있어 우리도 그 영광이 무엇인지 조금은 알 수 있다. 예컨대 선지자 이사야는 성령의 감동으로 이사야 40장에서 인간의 언어를 잡아 늘여 우리에게 그분의 영광을 조금이나마 보여준다. "누가 손바닥으로 바닷물을 헤아렸으며." 손바닥에 물을 얼마나 담을 수 있을지 상상해본 뒤, 우주의 모든 물을 손에 담고도 한 방울도 흘리지 않으실 수 있는 하나님을 생각해보라! "누가…접시 저울로 산들을…달아보았으랴…보라 그에게는 열방이 통의 한 방울 물과 같고…그가 하늘을…거주할 천막같이 치셨고"(사 40:12, 15, 22). 무한히 광대한 이사야의 은유 덕분에 우리는 하나님이 얼마나 영화로우신 분인지를 어렴풋이나마 이해할 수 있다. 하지만 그림처럼 생생한 이 유익한 묘사조차도 그분의 장엄한 영광을 담아내기에는 턱없이 역부족이다.

성경 구절 몇 개만으로 하나님의 영광을 다 알 수는 없다. 영광이 영광인 까닭은 그런 묘사와 정의를 뛰어넘기 때문이다. 성경에 그분이 영광의 하나님으로 선포되어 있으니 그렇게 확언할 수야 있지만, 성경에 선포된 영광을 말로 정확히 다 묘사할 수는 없다. 아마 성경을 몇 번이고 통독하면서 신성한 영광을 찾는 것이 그분의 엄위한 영광을 일부나마 이해할 수 있는 유일한 길일 것이다. 왜 그럴까? 그분의 영광은 워낙 웅대하여 말씀 속에 숨어 있지 않고 책장마다 넘쳐흐르기 때문이다.

성경이 말하는 하나님의 영광이란 무엇일까? 하나님의 영광은 위대하고 아름다우며 완전하신 그분의 전체다. 그분의 전부가 인간으로서는 형언할 수 없이 위대하시다. 하나님의 모든 속성과 행동은 모든 점에서 완전히 아름다우시다. 존재도 행위도 전적으로 완전하시다. 하나님의 영광이란 바로 그런 뜻이다. 모든 면에서 지극히 위대하고 아름다우며 완전하신 분이 우주에 존재하신다는 것은 경이로운 실재다. 하나님은 영광스럽게 위대하고, 영광스럽게 아름다우며, 영광스럽게 완전하신 분이다. 누구도 그분과 비슷하거나 그분께 필적하지 못한다. 합당한 비교 대상이 없다. 그분은 독보적 범주에 속하는 위대한 타자(他者)이시므로 우리의 능력으로는 가늠하거나 이해하거나 묘사할 수 없다. 하나님의 모든 부분은 모든 면에서 영광스럽다. 그분은 영광의 하나님이시며, 그 외에 더 군말이 필요 없다. 어느 모로 보나 하나님은 영화로우시다. 그러므로 이 광활한 우주에서 오직 하나님만이 모든 인간의 예배와 복종과 사랑을 받기에 합당하다.

영광 탈취전

우리가 꼭 알아야 할 사실이 있다. 하나님은 영광의 하나님이시기에 우리네 삶은 하나의 거대한 영광 탈취전이 된다.

하나님은 우리 각자를 영광에 어울리게 지으셨다. 인간은 영광을 지향한다. 그래서 재미있는 드라마든 황홀한 음악이든 최고의 식사든 모든 영광스러운 것에 이끌린다. 하나님이 우리 안에 영광 본능을 심어두신 이유는 그분께 이끌리도록 하기 위해서다. 영광을 지향하기에 우리는 늘 모종의 영광을 추구하며 살도록 되어 있다. 바로 지금 당신의 마음을 사로잡은 영광은 무엇인가? 그것 때문에 삶의 상황과 장소와 관계에 대응하는 방식이 어떻게 달라지는가?

죄 때문에 우리는 다 영광 도둑이다. 하나님은 우리를 그분의 영광에 이끌려 살도록 지으셨건만 죄는 우리 자신을 위해 살게 만든다(고후 5:14-15). 죄는 우리 모두를 영광 도둑으로 둔갑시킨다. 그래서 우리는 하나님만의 자리인 세상의 중심을 탐하고, 그분만이 거두실 수 있는 성과의 공로를 가로챈다. 주권을 휘두르며 숭배받으려 한다. 자신의 법을 정해놓고는 그것을 어기고 방해하는 사람을 벌한다. 자격도 없으면서 자신에게 권한이 있는 양 착각한다. 무엇이든 원하는 것을 얻지 못하면 불평한다. 이렇게 자신의 영광을 위해 사느라 우리는 하나님의 영광을 훔친다.

하나님의 영광만이 영광에 갈급한 우리 마음을 채워줄 수 있다. 우리의 내면을 들여다보면 저마다 영광에 목말라 있다. 우리의 생각과 갈망과 선택과 행위와 말은 어떤 면에서는 다 영광을 추구하는 것이다. 우리는 모두 영광스러운 삶을 원하는데, 이 갈증은 피조물을 통해서는 결코 풀릴 수 없다. 삶 속에서 아무리 영광스러운 상황이나 장소나 관계나 경험이나 성취나 소유를 경험해도 당신의 마음은 여전히 채워지지 않는다. 피조물은 우리 마음에 만족을 가져다줄 재간이 전혀 없다. 피조물의 본분은 우리 마음을 채워주는 것이 아니라, 우리의 갈증을 능히 풀어주실 그분의 영광을 가리켜 보이는 것이다. 하나님은 그 해갈을 통해 우리 마음에 평안과 안식을 주신다.

하나님의 은혜만이 우리 마음속의 영광 탈취전을 종식할 수 있다. 영광 탈취전이 벌어지는 곳은 바깥이 아닌 우리 내면이다. 모든 죄인의 마음속에 하나님의 영광을 저버리는 기질이 뿌리 깊이 들러붙어 있다. 그래서 우리는 자기 영광을 높이는 자리로 돌아가기 일쑤다. 그 이유는 자아의 영광을 위해 사는 것이 하나님의 영광을 인정하고 그것을 위해 사는 것보다 죄인에게 더 자연스럽기 때문이다. 하나님의 완전한 영광만이 우리 마음을 채워줄 수 있건만, 우리는 불완전한 피조물로 대신할 수 있다는 거짓말을 믿는다. 마른 우물로도 갈증을 풀 수 있다고 자신을 속인다. 우리의 유일한 소망은 영광의 하나님이 우리 삶 속에 침투하여 우리를 영광 도둑질에서 해방하시는 것이다. 그래서 예수님이 이 땅에 오셔서 우리 대신 의롭게 사셨고, 우리의 도둑질 때문에 죽으셨으며, 다시 살아나 죄와 사망을 정복하셨다. 예수님은 놀라운 은혜로 기꺼이 오셔서 영광을 수호하셨다. 덕분에 우리는 자기 영광을 추구하는 헛된 길에서 언젠가 벗어나 하나님의 충만한 영광의 빛 가운데서 영생을 누릴 소망이 있다.

더할 나위 없이 영광스럽고 위대하며 아름답고 완전하신 분이 우주에 딱 한 분 존재한다. 하나님의 성품과 행위 전체가 그렇다. 그분의 영광에는 모순도 없고 적수도 없다. 만물이 그분에게서 나오고, 그분으로 말미암아 계속 존재하며, 그분을 위해 지어졌다(롬 11:36). 하나님은 영원과 역사와 물질계와 영계와 현재와 미래의 한가운데 떠 있는 밝고 찬란한 별이시며, 모든 생명이 그분 안에 있다. 하나님의 영광의 빛 가운데 살아가는 것은 단지 영적인 일이 아니라 당신의 인간성을 되찾는 일이다. 인간은 누구나 그렇게 살도록 지어졌기 때문이다. 남자나 여자, 아이나 성인, 젊은이나 노인, 독신자나 기혼자, 부자나 가난한 사람 할 것 없이 날마다 우리 머릿속의 생각과 마음속의 상상력은 역대상 29장에 그려진 하나님께 사로잡혀야 한다. 우리가 어떤 인종이나 민족이든, 거주지와 일터가 어디든 관계없다. 이 말씀을 메모지에 적어 아침마다 보는 거울에 붙여두라.

대상 29:10-13 다윗이 온 회중 앞에서 여호와를 송축하여

이르되 우리 조상 이스라엘의 하나님 여호와여 주는
영원부터 영원까지 송축을 받으시옵소서 여호와여
위대하심과 권능과 영광과 승리와 위엄이 다 주께
속하였사오니 천지에 있는 것이 다 주의 것이로소이다
여호와여 주권도 주께 속하였사오니 주는 높으사 만물의
머리이심이니이다 부와 귀가 주께로 말미암고 또 주는
만물의 주재가 되사 손에 권세와 능력이 있사오니 모든
사람을 크게 하심과 강하게 하심이 주의 손에 있나이다
우리 하나님이여 이제 우리가 주께 감사하오며 주의
영화로운 이름을 찬양하나이다.

이제 이번 장 첫머리로 돌아가 거기에 묘사된 하나님의 위엄을 다시 읽으라. 마음의 생각과 갈망과 감정이 다시 한번 천천히 그분을 향한 외경에 젖어들게 하라. 은혜로 말미암아 이 장엄하신 분과 연결되어 있다는 사실에 기뻐 뛰라.

04
일상생활 속의 하나님

하나님의 존재와 영광에 걸맞은 삶은 어떤 모습일까? 여기에 대해 할 수 있는 말도 많고 꼭 해야 할 말도 많다. 우리가 머릿속에 곱씹어야 할 가장 중요한 주제는 그분의 존재다. 그래서 성경의 첫 두 단어인 "태초에 하나님이"는 성경에서 가장 중요한 어구이자, 어쩌면 지금까지 기록되고 고찰되며 연구되고 해석되며 설명된 것들 중 가장 중요한 어구일 것이다. 신의 존재는 워낙 기본 전제라서 누구나 다 신에 대한 입장이 있고 그 입장대로 살아간다. 이 주제가 우리 삶에 파고들어 영향을 미치지 않는 부분은 없다. 철학, 과학, 심리학, 정치, 사회, 교육, 오락 등이 다 우리가 생각하는 신의 존재 여부나 신의 속성에 영향을 받는다. 우리가 자녀, 배우자, 이웃, 직장 동료, 상사, 부모, 일상사, 삶의 희로애락, 재정, 몸, 성생활, 교육, 정체성, 의미와 목적, 삶과 죽음 등을 대하는 방식에 다 자신의 하나님관이 반영되어 있다. 어디에 있든지 인간은 신에 준거하여 살지 않기란 불가능하다. 하나님이 인간을 지으실 때 그런 성향을 심어놓으셨다. 그러므로 하나님을 믿는 삶, 즉 그분이 정말 존재하시고 그분의 속성이 성경에 친히 밝히신 그대로라고 믿는 삶이 어떤 의미인지 충분히 생각해보아야 한다. 그래서 지금부터 이 기본 진리에 함축된 몇 가지 실제적 의미를 살펴보려 한다. 이제부터 제시할 항목은 중요도의 순서대로 배열한 것은 아니다. 다 똑같이 중요하기 때문이다.

신의 존재에 네 가지 반응을 보일 수 있다

대개 우리는 신의 존재 문제에 사람들이 어떻게 반응하는지를 말할 때 두 부류로 나눈다. 신을 믿거나 그러지 않거나 둘 중 하나다. 하지만 우리 모두의 삶과 관계와 일의 현장인 밑바닥으로 더 내려가면, 두 부류만으로는 못내 부족하다. 그래서 더 세세하게 구분해보려 한다.

첫 번째 부류는 신의 존재를 부정하는 이들이다. 시편 14편은 누구든지 그 마음에 이르기를 하나님이 없다 하면 어리석은 자라고 한다. 로마서 1장에 그 이유가 설명되어 있다. 하나님이 자신의 존재를 만물 속에 워낙 명백히 밝혀두셨기 때문에, 그것을 한사코 부정하려면 날마다 눈앞에 펼쳐지는 증거를 부정해야 한다. 다음 단락에서 보겠지만 만물 속에 계시된 하나님을 모든 사람이 훤히 볼 수 있다. 어디에 사는 누구든 예외가 없다. 그런데 영적으로 눈먼 상태의 위력과 죄의 기만 때문에 사람들은 신의 존재를 반박한다. 그뿐 아니라 하나님의 존재를 믿는 사람을 무시하고 조롱하기까지 한다.

우리가 알아야 할 것이 있다. 하나님의 존재를 믿고 그대로 살려고 애쓰는 우리는 대체로 문화적 영향력의 중심부에 있지 않고, 이제 주변부로 밀려났다. 그래도 낙심하거나 좌절하지 않아도 된다. 하나님의 거룩한 계획은 계속 전진하고 있으니 말이다. 다만 인간 실존의 기본 사항인 신의 존재에 대해 생각을 닫아버린 이들이 끊임없이 실재를 왜곡하여 우리 앞에 내놓는 이야기만은 알고 있어야 한다. 그렇다고 우리가 수도사처럼 격리되어 살아야 한다는 뜻은 아니다. 하나님의 존재를 부정하는 이들도 그분의 일반 은혜 덕분에 우리 삶에 놀랍게 기여한다. 또 그분은 우리를 세상에 '속하지' 않되 세상 '속에' 살도록 부르셨다. 우리는 밤중에 불을 밝혀 멀리서도 빛나는 산 위의 동네가 되어야 한다. 그러려면 우리 삶과 사고가 성경과 신학으로 빚어지고 단련되어야 한다. 주변 문화 '속에' 있는 정도가 아니라 점점 더 거기에 '속하게' 된다면, 부름받은 대로 빛이 될 수 없다.

이 부분은 특히 부모에게 중요하다. 공립학교와 대학에서 우리 자녀들을 가르칠 똑똑하고 실력 있는 교육자들은 담당 과목이야 잘 알지만, 대체로 이렇게 생각한다. 검증할 수도 없는 고대 종교의 신조를 고수할 필요가 없을 만큼 인류가 진보했다고 말이다. 교과 내용을 아무리 잘 전달해도 그 전문가들이 자녀들에게 정확한 우주관이나 올바른 정체성과 사명감을 심어줄 수 없다는 뜻이다. 또 당신의 자녀가 즐길 오락의 세계는 신의 존재를 도외시하는 편이므로, 이런 문제를 고민해보려 해도 도움을 받을 곳이 별로 없다. 그만큼 부모의 책임이 막중하다. 자녀가 학교에서 배우고 온갖 대중 매체에서 접하는 내용을 부모가 성경적 관점으로 바로잡아주어야 한다.

그다음으로 두 번째 부류는 말로는 신의 개념을 믿는다면서 정작 신을 알려는 마음은 별로 없는 사람들이다. 이런 '믿음'은 생활 방식에 전혀 영향을 주지 못한다. 안타깝게도 이 유형에 속하는 사람이 무수히 많다. 그들이 정말 믿는 것은 하나님이 아니라 '신의 개념'이다. 대개 신앙생활 비슷한 것조차 하지 않고, 하나님을 사랑하지도 예배하지도 않는다. 그들의 신은 냉담한 비인격체다. 초연하여 개입하지 않고, 무심하여 행동하지 않으며, 무력하여 권위가 없다. 그들이 신을 어떻게 생각하든 간에 성경이 말하는 하나님과는 거리가 멀다.

신을 믿는다고 말하는 많은 사람이 성경적 의미의 신앙인은 아니라는 점을 유념하라. 그들이 믿는 신은 기껏해야 머릿속에만 머물 뿐 마음과 삶까지 변화시키지는 못한다. 이런 사람도 여론 조사에서는 신을 믿는 부류로 집계된다. 하지만 그들은 하나님께 삶을 드려 즐거이 순종하고 섬기기는커녕 주일 예배에도 나가지 않는다.

세 번째 부류의 사람들은 성경의 하나님을 믿고, 그분께 나아와 자백하고 순복하며 예배한다. 그들은 하나님을 더 잘 알기 위해, 더 충실하고 일관되게 섬기기 위해 성경을 공부한다. 그들이 생각하는 하나님은 철학적 추상 개념이 아니다. 예수님의 의로운 삶과 합당한 희생 덕분에 그들과 관계를 맺으시는 신성한 존재다.

성경에 계시된 하나님을 성경적으로 믿는 사람은 그분의 진리를 삶의 모든 분야에 적용하려 애쓴다. 힘써 하나님을 추구하며 살고, 그분의 영광을 위해 살며, 구원과 용서와 변화와 해방을 베푸시는 그분의 은혜에 의지하여 산다. 주님을 기쁘시게 하면 즐겁고, 그분의 명령을 어기면 슬퍼진다. 또 공동체 안에서 다른 신자들과 더불어 살기를 좋아하며, 다른 사람들의 삶에 은혜의 도구로 쓰일 방도를 모색한다.

내가 당신 곁에 앉아 당신이 지난 6주를 보낸 모습(가정과 학교와 직장 생활, 친구와 이웃과의 관계, 여가 시간 등)을 동영상으로 볼 수 있다면, 당신이 세 번째 부류에 속한다는 결론이 나오겠는가?

하나님의 존재에 반응하는 마지막 부류가 있다. 고백컨대 나도 여기에 속하며, 아마 이 책을 읽는 모든 사람이 그러할 것이다. 이 부류도 예수님을 구주와 주님으로 믿는다. 그리고 그들에게 하나님과 맺은 관계보다 더 중요한 것은 없다. 그것이 핵심이 되어 그들의 마음을 사로잡고 빚어낸다. 그것이 세계관의 중심일 뿐 아니라 현세와 내세의 모든 소망의 근원이다. 당신이 내 삶을 동영상으로 본다면 알겠지만, 날마다 나를 추동하고 이끄는 것은 하나님을 믿는 믿음이고 그분과의 관계. 나는 마음을 다해 그분을 사랑하며 매사에 그분을 예배하는 마음으로 임한다. 하지만 항상 그렇지는 않다.

'하지만 항상 그렇지는 않다.' 모든 참된 신자는 어차피 이 부류에 속한다. 우리 안에 아직 죄가 살아 있는 한 그렇다. 이 부류는 실천적 무신론자다. 하나님의 존재를 철학적, 신학적으로 부정한다는 말이 아니라, 순간순간 마치 그분이 존재하지 않으시는 양 생각하고 갈망하며 말하고 행동한다는 뜻이다. 예컨대 시험을 볼 때 부정행위를 하거나 다른 사람을 험담하는 순간이다. 정욕에 굴하거나 관심의 중심에 서려고 과도히 공로를 취하는 순간이다. 필요하지도 않은 것을 구입하는 바람에 하나님나라의 사역을 위해 헌금할 돈은 하나도 남지 않는 순간이다. 아내에게 못되게 굴거나 이기적으로 남편을 닦달하는 순간이다. 친구들에게 받아들여지는 것이 부모에게 순종하는 것보다 더 중요하다고 결론짓는 순간이다. 인내하며 성실하게 양육해야 할 사명을 잊고 자녀에게 화를 퍼붓는 순간이다. 도로의 다른 운전자나 직장 동료에게 분노를 터뜨리는 순간이다. 창조주보다 피조물을 사실상 더 숭배하는 상황일 수도 있다. 우리의 하나님 신학에는 모순이 없을지라도, 그 신학을 일상생활의 장소와 상황과 관계에 실천하는 부분에서는 누구에게나 실천적인 모순이 드러난다.

실천적 무신론은 일차적으로 사고의 문제가 아니라 마음의 싸움에서 기인한다. 옛 찬송가 "복의 근원 강림하사"의 한 절에 그것이 잘 포착되어 있다.

> 주의 귀한 은혜 받고 일생 빚진 자 되네
> 주의 은혜 사슬 되사 나를 주께 매소서
> 우리 맘은 연약하여 범죄하기 쉬우니
> 하나님이 받으시고 천국 인을 치소서.*

---

* Robert Robinson, "Come Thou Fount of Every Blessing," 1758년, *Trinity Hymnal* (Suwanee, GA: Great Commissions Publications,1990), 457장. (새찬송가 28장)

우리는 매 순간 이 싸움을 하고 있음을 자백하면서 보호와 해방과 능력을 베푸시는 은혜를 간구해야 한다. 그래야 하나님의 존재와 영광과 능력과 은혜를 성경대로 믿고 헌신했다고 고백하는 우리의 삶에서, 자신이 중심에 나서서 마치 그분이 존재하지 않으시는 양 행동하는 순간이 점점 줄어든다. 아울러 은혜로 죄를 깨닫게 하시는 하나님이 실천적 무신론을 지적하실 때, 준비된 마음으로 바로 자백하는 것도 중요하다. 마치 하나님이 존재하지 않으시는 양 행동하거나 반응하거나 대응하기 쉬운 부분은 어디인가?

하나님의 아름다운 은혜가 만물 속에 계시되어 있다

> 시 19:1-4 하늘이 하나님의 영광을 선포하고 궁창이 그의 손으로 하신 일을 나타내는도다 날은 날에게 말하고 밤은 밤에게 지식을 전하니 언어도 없고 말씀도 없으며 들리는 소리도 없으나 그의 소리가 온 땅에 통하고 그의 말씀이 세상 끝까지 이르도다.

생각해보면 신기하다. 창조된 물질계는 사랑이 무한하고 은혜가 넘치시는 주님이 설계하신 의도대로 그분을 가리켜 보이고, 그분의 성품까지 드러낸다. 만물이 함께 하나의 큰 손가락이 되어 하나님을 가리켜 보임은 우연이 아니다. 그분의 존재와 영광을 알리는 이 메시지는 피할 수 없이 편만하기에 이렇게 말해도 과언이 아니다. 즉, 하나님은 지상 만민이 날마다 깨어나 그 속에서 살아가는 환경과도 같다. 이 메시지는 인류 역사의 모든 시대, 지구 상의 모든 지역, 모든 인종과 민족 집단에 두루 퍼져 있다. 빈부를 막론하고 남녀노소가 다 그것을 본다. 그것은 만인의 눈에 보이고 만인의 언어로 말한다. 창조 세계는 누구도 차별하지 않고 하나님을 계시한다. 반듯한 사람과 부도덕한 사람, 반항하는 사람과 순종하는 사람이 다 그것을 본다. 교만한 사람도 겸손한 사람도 아침마다 깨어나 그 메시지를 접한다.

아무도 놓쳐서는 안 될 사실이 있다. 하나님은 우리를 그분의 형상대로 지어 그분과 맺는 관계 속에서 사랑하고 예배하게 하셨을 뿐 아니라, 우리의 생활 환경이 늘 그분을 가리켜 보이도록 설계하셨다. 창조 세계는 영광으로 가득 차 있다. 예전에 우리 부부는 코끼리에 대한 다큐멘터리를 보았는데, 처음 듣는 동물의 세계가 신기했다. 이 감동적인 계시는 하나님의 영광을 보여주는 한 사례에 불과하다. 눈에 보이는 창조된 영광이 하도 많아서 모르려야 모를 수가 없다.

하나님의 영광은 두바이의 모래 언덕에서도 보이고 뉴질랜드의 싱그러운 푸른 계곡에서도 보인다. 만년설이 쌓인 극지의 동토에서도 보이고 아마존의 빽빽한 밀림에서도 보인다. 벌새의 지칠 줄 모르는 날갯짓에서도 보이고 코끼리의 육중한 몸놀림에서도 보인다. 그분의 영광은 찬란한 태양의 온기에서도 보이고 밤하늘에 반짝이는 별빛에서도 보인다. 뉴욕 거리의 수많은 얼굴에서도 보이고 아프리카 수풀의 사자 떼에서도 보인다. 파도 소리에서도 들리고 나무 사이로 부는 바람의 속삭임에서도 들린다. 그분의 영광은 끓는 물에서도 보이고 잘 익은 고기 냄새에서도 보인다. 계절의 변화에서도 보이고 밤낮의 질서에서도 보인다. 물고기와 닭과 꽃은 늘 그분을 가리켜 보인다. 인근 공원, 애완동물, 뒤뜰의 정원도 다 그분을 가리키는 손가락이다. 그분의 영광은 누구나 볼 수 있도록 연중무휴로 전시되며 입장권도 필요 없다.

하나님은 왜 이렇게 하실까? 그분이 영광의 창조주이며 그분의 은혜도 영화롭기 때문이다. 하나님은 우리를 범사에 그분을 알고 섬기며 사랑하고 예배하는 존재로 지으셨다. 그런데 죄가 우리의 시선과 충실한 마음을 흩뜨려놓을 것을 아셨다. 그래서 우리가 하나님의 존재를 볼 수밖에 없게 하셨고, 아무런 자격도 요구하지 않고 이 메시지를 주셨다. 하나님이 값없이 자신을 계시해주신 덕분에 우리는 그분을 인정하고 구하며 신뢰하고 섬기며 살아갈 수 있다. 이것은 계시를 넘어 구원으로 이어진다. 창조 세계의 메시지는 아무도 배제하지 않으며, 아무에게도 핑계의 여지를 남기지 않는다.

만물의 생생한 메시지는 이렇듯 하나님이 계획하신 것이며, 그분을 부정하기보다 인정하는 쪽이 더 자연스럽다는 뜻을 알린다. 예배가 영적인 소수의 반응이 아니라 만인이 보여야 할 당연한 반응이어야 한다는 것이다. 날마다 어디를 보든 그분의 영광이 전시되어 우리를 맞이하니 말이다. 그런데 대다수 사람이 그러지 않는다는 사실은 우리를 눈멀게 하는 죄의 위력을 다시금 떠오르게 한다. 자연에 전시된 모든 영광을 보고도 하나님을 보지 못한다면 당신은 심히 눈멀고 불행한 인간이다.

여기에 우리 모두의 사명이 있다. 만물 속에 계시된 하나님을 다른 사람들에게 보여주어야 할 사명이다. 부모와 남편과 아내와 친구와 이웃과 직원과 상사와 학생과 교사로서 우리는 하나님을 알리는 도구로 쓰일 방도를 모색해야 한다. 자녀를 양육할 때 무서운 점은, 자녀에게 주변 세상을 보면서도 그 속에서 하나님을 보지 못하는 삐딱한 재주가 있다는 것이다. 하나님을 보지 못하는 자녀는 스스로 신이 되어 자신을 중심으로 살아갈 것이고, 결국 부모의 가르침에 반항할 수밖에 없다. 그러면 자녀가 하나님의 세상을 하나님의 방식대로 살아가게 하도록 양육하기 어렵다. 장미꽃과 저녁노을의 배후에 계시는 하나님에 대해 이웃과 대화하라. 공원에 가서 숲속을 걸을 때마다 이 자연 만물을 지으신 분을 떠올린다고 친구에게 말해주라. 최선을 다해 주변의 눈먼 이들에게 하나님의 손길을 보는 눈을 길러주라. 이제부터라도 하나님을 보고 구하게 해달라고 기도하라.

끝으로 이 영광의 계시가 당신에게도 날마다 필요함을 겸허히 명심하라. 당신의 마음이 아직도 방황하기 쉽기 때문이다. 당신은 몇 날 며칠이고 하나님을 생각하지 않을 수도 있다. 그러면 스스로 삶의 주인이 되어 그분의 뜻이 아니라 당신의 뜻대로 행하기 쉽다. 날마다 만물을 통해 영광을 보여주시는 그분의 은혜에 감사하라. 당신의 눈을 열어주시고 그 은혜를 마음에 늘 간직하게 해달라고 기도하라. 꽃을 꺾거나, 계란을 삶거나, 창밖을 내다보거나, 반려견을 쓰다듬거나, 감자를 으깰 때마다 꼭 잠시 그분을 예배하기로 결단하라. 그대로 실행할 수 있는 은혜를 구하라.

최고의 겸손은 하나님의 존재를 인정하는 것이다

성경의 첫 두 단어인 "태초에 하나님이"는 우리의 분수를 알게 한다. 우리는 만물을 창조하지도 않았고 주관하지도 못한다. 세상은 우리의 계획대로 돌아가지 않는다. 코앞의 일조차 모르는 우리는 창조주가 없이는 자신이 누구인지도 어떻게 살아야 하는지도 모를 것이다. 세상의 중심일 수 없는 우리가 세상의 중심인 양 행동하는 것은 영적 망상의 극치다. 본질상 피조물은 모든 면에서 유한하다. 우리의 지혜와 지식도 유한하고, 힘과 능력도 유한하다. 우리는 영육 간의 온갖 한계를 안고 있다.

만물 위에 뛰어나신 하나님만이 모든 것을 아신다. 그분만이 모든 일을 계획하고 주관하신다. 지혜와 의와 힘에 한계가 없는 분은 하나님뿐이다. 그분만이 자신의 뜻은 항상 이루어진다고 우리를 안심시켜주실 수 있다. 피조물의 생활 규율을 정할 권한과 지식은 그분께만 있다. 우리는 하나님의 형상대로 지어졌지만 작고 약하고 빈곤하다. 그래서 겸손히 우리의 분수를 알려면 하나님 중심의 건강하고도 성경적인 신학이 꼭 필요하다. 전능하신 하나님의 보좌 앞에 엎드려 떨리는 마음으로 영광의 하나님을 경외하라. 전능하신 하나님의 보좌 앞에서 교만은 무너져 내린다(사 6:1-6 참조).

- 하나님의 거룩하심은 우리가 얼마나 거룩하지 못한지를 드러낸다.
- 하나님의 전능하심은 우리의 연약함을 깨우쳐준다.
- 하나님의 주권은 우리의 통제권이 실제로 얼마나 미미한지를 보여준다.
- 하나님의 전지하심은 우리의 지식과 이해의 한계에 눈뜨게 한다.
- 하나님의 사랑은 우리의 사랑이 얼마나 빈곤할 수 있는지를 드러낸다.
- 하나님의 신실하심은 우리의 변덕스러운 마음을 지적한다.
- 하나님의 은혜는 우리가 종종 얼마나 비판적이고 용서에 인색한지를 알려준다.
- 하나님의 인내는 우리의 짜증과 조급증을 지적한다.
- 하나님의 의는 우리의 죄를 드러낸다.

겸손은 억지로 자신을 깎아내리는 것이 아니라 자신의 실상을 기꺼이 인정하는 것이다. 자신의 참모습을 알려면 거룩하고 영화로우신 하나님의 빛 가운데 있어야만 한다.

그런데 문제가 있다. 죄가 종식되지 않는 한 교만도 따라다닌다. 모든 죄의 뿌리는 교만이다. 교만은 당신의 방식을 추구하게 할 뿐만 아니라, 그것이 하나님의 방식보다 낫다고 우긴다. 교만은 잠시뿐일지라도 당신이 하나님보다 똑똑하다고 생각하게 한다. 교만은 당신 스스로 얻거나 이루지 못했을 성과의 공로를 가로챈다. 교만은 자신을 실제보다 의롭게 여기게 한다. 그래서 도우시고 보호하시는 하나님의 은혜를 구하지 않는다. 교만은 당신보다 덜 의로워 보이는 이들을 참지 못하고 비판하게 한다. 교만은 하나님의 기쁨보다 당신의 기쁨을 앞세우게 한다. 교만은 자신의 성경 실력과 신학 지식을 과신하여 교훈과 권고에 저항하게 한다.

교만은 당신도 힘쓰지 않는 일을 다른 사람에게 바라고 요구한다. 교만은 늘 하나님의 부르심과 명령 대신 당신에게 편리하고 편하며 즐거운 길을 취한다. 교만한 사람은 어떻게든 인정과 시선과 공로와 주목을 받으려 한다. 또한 하나님이 섬기라고 명하신 대상을 이용한다. 교만한 사람은 불쾌한 일에 집착하여 용서하지 않을 구실을 찾아낸다. 그는 자신을 괜찮다고 여기기 때문에 해방하시는 하나님의 은혜를 날마다 구하는 습관이 없다. 교만은 좋은 열매를 맺는 법이 없다.

인간 공동체는 비참하게 망가지고, 서로 조화하지 못하며, 제 기능을 상실했다. 이는 교만한 마음끼리 부딪혀서 생긴 어두운 열매다. 우리를 하나님께로 이끄는 것은 겸손이다. 죄를 인정하고 자백하게 하는 것도 겸손이고, 하나님의 율법을 사랑하게 하는 것도 겸손이다. 인내하고 용서하게 하는 것도 겸손이고, 매일 시간을 떼어 하나님과 교제하게 하는 것도 겸손이다. 우리를 하나님의 거룩한 구원 사역의 사신으로 파송하는 것도 겸손이고, 그분의 정의와 자비를 실천하게 하는 것도 겸손이다. 우리는 하나님의 존재와 영광의 찬란한 빛 가운데서만 자신의 실상을 볼 수 있다. 하나님의 존재와 무한한 영광을 인정하는 사람은 겸손해져서 용서와 변화와 해방을 베푸시는 그분의 은혜를 간구하게 된다.

하나님을 믿는 믿음의 의미를 이해하는 것이 중요하다

앞서 말했듯이 많은 사람이 하나님을 믿는다지만 성경적 의미의 믿음으로 믿는 것은 아니다. 히브리서 11장 6절은 참된 믿음의 두 가지 필수 요소를 정의한다. "믿음이 없이는 하나님을 기쁘시게 하지 못하나니 하나님께 나아가는 자는 반드시 그가 계신 것과 또한 그가 자기를 찾는 자들에게 상 주시는 이심을 믿어야 할지니라."

첫째로, 믿음은 하나님이 계시하신 그분의 존재와 성품에 동의하고 따른다. 사도행전 17장 22-31절은 그분의 존재를 믿는다는 것의 의미를 설명한다. 신을 알 수 없다는 아테네 철학자들의 주장에 바울은 하나님이 창조주와 주권자와 구주라는 선언으로 답한다. 하나님의 존재를 믿는다는 말은 그분을 자신의 창조주와 주권자와 구주로 인정하고 예배한다는 뜻이다. 이 신앙의 결단에 함축된 의미는 나중에 살펴보겠지만, 일단 여기서 짚고 넘어갈 말이 있다. 하나님이 계시하신 이 세 가지 지위를 인정하지 않는 한 그분을 믿는다고 주장할 수 없다.

참된 성경적 믿음의 두 번째 요소는 히브리서 본문 뒷부분에 나와 있다. "또한 그가 자기를 찾는 자들에게 상 주시는 이심을 믿어야 할지니라." 믿음은 머릿속에서만 일어나는 일이 아닌 자원하여 순복하는 마음이다. 그래서 삶의 모든 분야에 접근하는 방식이 달라진다. 믿음의 본령은 하나님의 길이 옳고 최선임을 정말 믿는 것이다. 믿음은 어떤 대가를 치르고라도 하나님을 따르는 것이 복임을 믿는다. 순종 자체가 상(賞)임을 믿는다. 순종하면 죄의 쓰라린 결과가 예방되기 때문이다. 믿는 사람은 하나님 없이는 살 수 없기에 정말 쉬지 않고 기도할 수밖에 없다. 내가 매일 사는 곳에 하나님을 믿는 믿음도 함께 살지 않는다면, 그것은 성경이 말하는 믿음이 아니다. 대학 기숙사, 집, 직장, 동네, 교회, 쇼핑가, 보는 이 없는 나만의 시간 등 삶의 모든 자리에서 믿음 때문에 내 생활 방식이 달라지지 않는다면, 그것 또한 성경이 말하는 믿음이 아니다.

당신이 누구든, 어디에 있든, 누구와 가까이 또는 함께 살든, 젊든 늙었든, 당신이 진짜 믿는 내용은 삶으로 나타나게 마련이다. 이 사실 때문에 나는 도우시고 해방하실 하나님의 은혜를 간구한다. 당신은 어떤가? 하나님을 믿는다는 의미가 삶의 모든 영역에 아름답게 나타나기를 기도한다.

하나님이 죄를 미워하신다는 사실은 우리에게 위로가 된다

성경을 읽다가 이런 본문을 만날 때 어떻게 반응하는가? "악인의 길은 여호와께서 미워하셔도 공의를 따라가는 자는 그가 사랑하시느니라"(잠 15:9). 하나님께 죄짓는 이들을 심판하신다는 수많은 경고에 어떻게 반응하는가? 하나님이 죄를 미워하신다는 말은 어떤 의미일까?

자신이 의롭지 못함을 선뜻 인정하는 이들에게는 이 경고들이 무서워 보일 수 있지만, 나는 거기서 한 가지 아름다운 위로를 전하고 싶다. 하나님이 모든 죄를 항상 못마땅해 하신다는 사실은 우리에게 영원히 든든한 위로와 희망을 준다. 세상을 통치하시는 분이 죄를 미워하지 않으신다면, 당신은 그런 세상에 살고 싶지 않을 것이다. 하나님이 죄를 미워하지 않으신다면 정의와 자비에 대한 희망도 없고, 우리를 인도하고 보호해줄 옳고 그름의 기준도 없다. 그분이 죄를 미워하지 않으신다면 악이 제멋대로 활개칠 것이다. 죄를 미워하시는 하나님은 개인 및 공동체의 차원에서 악을 억제하신다. 이렇게 억제하지 않으신다면 외출도 운전도 관계도 사업도 안전하지 못할 것이다. 우리 각자의 일상생활이 매 순간 절도와 폭력으로 점철되지 않는다는 사실은 우주의 보좌에 앉으신 분이 죄를 미워하신다는 증거다. 하나님이 죄를 미워하시기에 우리가 이만큼이나 살 만한 것이다.

예수님이 십자가를 지신 것도 하나님이 죄를 미워하시기 때문이다. 죄에 대한 하나님의 진노와 은혜가 십자가에서 서로 만났다. 죄를 미워하시는 하나님은 자신의 형상을 지닌 이들과 자신의 세상을 죄로 망가진 채로 놓아두실 수 없었다. 그래서 거룩한 정의로 죄의 폐해를 바로잡기로 하셨다. 그 방법은 대대적인 정죄와 심판이 아니라, 오히려 넘치는 은혜로 아들을 보내 우리 죄의 속죄 제물로 삼으신 것이다. 하나님이 죄를 미워하지 않으시면 십자가도 없고, 십자가가 없으면 용서도 없고 그분과의 관계도 회복될 수 없으며 은혜로 변화될 희망도 없다. 은혜가 없이는 우리 마음과 삶이 달라질 수 없다. 우리에게 모든 은혜의 복이 임한 것은 하나님이 죄를 미워하고 의를 사랑하시기 때문이다. 하나님은 죄를 미워하시기에 아들을 보내 우리 죄를 대신 지게 하심으로써 우리를 하나님의 의가 되게 하셨다(고후 5:21).

때가 되면 만물이 새롭게 되어 우리는 의가 영원히 거할 새 하늘과 새 땅에 살게 될 것이다. 이 소망이야말로 하나님이 죄를 미워하신 가장 값진 결과 중 하나다. 죄를 철저히 미워하시는 하나님은 모든 죄와 거기에서 나온 모든 폐해가 이 세상에서 완전히 근절될 때까지 만족하지 않으신다. 하나님이 죄를 미워하시기에 그분의 자녀인 당신은 죄의 장례식에 초대받을 것이고, 여태 알지도 못했고 상상도 하지 못할 세상에 초청받아 영생을 누릴 것이다. 바로 죄가 없는 세상이다.

하나님이 죄를 미워하신다는 사실을 아는 것이 이렇게 든든한 위로가 될진대, 당신도 죄를 미워하는 것이 좋지 않겠는가? 당신이 어느 자리에 있든, 매일 어떤 관계를 맺든, 무슨 소임을 맡고 있든 관계없이 말이다.

하나님이 변하지 않으시는 분임을 아는 것이 중요하다

당신과 나의 삶에는 말 그대로 상수(常數)란 없다. 우리는 끊임없이 변하고 주변 모든 것도 변한다. 계속 똑같은 것은 없다. 변한다는 사실만이 불변한다. 변화는 우리가 경험하는 일상의 중요한 요소다. 예측할 수 없는 삶과 그로 인한 불안은 다분히 우리가 늘 변하는 세상에 산다는 사실에서 비롯한다. 우리 몸도 늘 변하고, 감정도 늘 큰 폭으로 그네를 탄다. 주변의 사물도 자꾸 달라진다. 낡아서 닳고 고장 난다. 인간의 변덕 때문에 우리의 관계는 자주 혼란과 난관에 빠진다.

모든 부모가 겪어야 하는 좌절을 루엘라와 나도 부모로서 겪었다. 특정한 발달 단계에서 자녀를 기르는 데 좀 익숙해졌다 싶으면 자녀는 금세 다음 단계로 이동했다. 우리가 다니는 교회도 변한다. 신학적으로는 아닐지라도 지도자가 바뀌고 장소가 바뀌며 교인도 늘 바뀐다. 정부와 경제도 항시 변하는 중이고, 문화의 가치관이 변하면서 개인의 생활 방식과 공중도덕과 교육과 오락도 함께 변한다. 첨단 기술은 변화의 속도가 너무 빨라 아예 따라잡을 수 없을 정도다. 세월이 흘러 우리의 연령대가 달라짐에 따라 매일의 기회와 책임과 유혹도 변하고 바뀐다.

자신도 주변 모든 것도 늘 변하다 보니, 모든 이가 삶 속에서 반석처럼 한결같고 안정된 것을 찾는다. 무슨 일이 있어도 확실히 고정불변하는 무언가와 연결되고 싶어 한다. 알게 모르게 인간은 불변하는 대상을 늘 찾는다.

우리는 모두 불변하는 변화라는 실재 속에서 살아가기 때문에, 하나님이 결코 변하지 않으신다는 사실과 이 진리에 함축된 영광스러운 의미가 잘 이해되지 않는다. 이렇게 시작해보자. 하나님은 우리와 같지 않아서 과거나 현재나 미래가 없고 영원한 지금 속에 존재하신다. 늘 그 모습 그대로 계신다. 영원 전부터 늘 그러셨고 앞으로도 그러실 것이다. 그래서 그분은 결코 무언가가 되지 않으시고, 아무것도 필요 없으시며, 아무것도 배우지 않으신다. 하나님께는 희망과 꿈과 실망과 후회가 없다. 가정(假定)이나 조건도 없다. 그분의 성품과 목적은 변하지 않는다. 그분은 이전과는 다른 모습으로 바뀌실 일이 없다. 영원히 한결같으실 뿐이다.

이 사실이 왜 중요할까? 우리가 믿는 모든 것의 신빙성이 하나님이 변하지 않으신다는 사실에 기초를 두기 때문에 중요하다. 말라기 3장 6절에 그것이 가장 명쾌하게 요약되어 있다. "나 여호와는 변하지 아니하나니 그러므로 야곱의 자손들아 너희가 소멸되지 아니하느니라." 하나님과의 관계가 우리의 변함없는 충실성 여부에 달려 있다면, 야곱의 자손도 우리도 소멸될 수밖에 없다. 그분의 위대한 구원 계획에서 떨어져 나갈 수밖에 없다. 하지만 사랑이 많으신 하나님의 목적은 우리의 변덕스러운 마음 때문에 달라지지 않는다. 우리에게는 변화가 일상적 경험이고 삶의 당연한 일부라서 불변하시는 주님이 잘 이해되지 않는다. 하지만 그분을 신뢰하는 모든 사람에게 하나님의 불변성이라는 진리는 영광 중의 영광이다.

그분이 "나 여호와는 변하지 아니하나니"라고 말씀하셨기에 당신은 아침에 일어나 다시 자녀의 삶 속에서 그분의 은혜의 도구가 될 기회를 찾을 수 있다. 아무리 힘들고 자주 낙심이 따를지라도 말이다. 포기하고 떠나버리고 싶은 순간에도 인내하며 배우자를 용서할 수 있는 이유도 거기에 있다. 대학에서 오해받거나 조롱당하는 순간에도 그리스도를 증언할 수 있는 용기도 거기서 나온다. 빡빡한 일정을 앞둔 피곤한 아침에도 하나님의 변치 않으심으로 말미암아 당신은 그분의 말씀을 깊이 파고든다.

"나 여호와는 변하지 아니하나니." 이 사실 덕분에 당신은 걸핏하면 싸우려 드는 이웃을 사랑할 수 있다. 성적인 문제나 돈의 유혹에 부딪힐 때 그분을 피하기는커녕 그분께로 달려갈 수 있다. 하나님의 뜻에서 멀어졌더라도 겸손히 그분께 나아와 자백할 수 있다. 그리스도인으로서 우리 삶의 모든 위안과 사명은 "나 여호와는 변하지 아니하나니"라는 반석 위에 기초해 있다.

하나님에 대한 성경 교리의 이 측면이 얼마나 믿기 어려울 정도로 확실한 격려가 되는지 예를 하나만 더 살펴보자. 상상을 초월하는 이 기이한 진리를 게할더스 보스(Geerhardus Vos)가 생생히 포착해냈다. 그는 예레미야 31장 3절에 "내가 영원한 사랑으로 너를 사랑하기에"라고 하신 하나님의 말씀을 주해하면서, "우리를 향한 그분의 사랑이 끝나지 않는다는 가장 확실한 증거는 그 사랑이 시작된 적이 없다는 것이다"라고 썼다.* 하나님이 당신을 영원히 사랑하신다면, 그 사랑은 시작된 시점이 없고 따라서 끝날 시점도 없다. 영원무궁한 사랑이다. 하나님은 단 한순간도 우리를 사랑하지 않으신 때가 없다. 우리를 무궁히 사랑해오셨다. 지금까지 영원히 사랑해오셨고, 앞으로도 영원히 사랑하실 것이다.

> 오늘 그렇게 믿어지거나 느껴지든 또는 그렇지 않든
> 당신은 하나님께 영원히 사랑받는다.
> 의심에 시달릴 때도
> 당신은 하나님께 영원히 사랑받는다.
> 그분의 약속이 공허해 보이고 그분이 멀게 느껴질 때도
> 당신은 하나님께 영원히 사랑받는다.
> 그분의 말씀이 건조해 보여 삶에 적용하기 힘들 때도
> 당신은 하나님께 영원히 사랑받는다.
> 오해받아 외로움이 몰려올 때도
> 당신은 하나님께 영원히 사랑받는다.

---

* Geerhardus Vos, *Redemptive History and Biblical Interpretation*, Richard B. Gaffin 편집 (Phillipsburg, NJ: P&R, 2001), 298. (『구속사와 성경 해석』 CH북스 역간)

> 최고의 날과 최악의 암울한 순간에도
> 당신은 하나님께 영원히 사랑받는다.
> 교만해져서 감사를 잃을 때도
> 당신은 하나님께 영원히 사랑받는다.
> 그분을 따르는 마음에 믿음의 용기가 가득할 때도
> 당신은 하나님께 영원히 사랑받는다.

우리의 기초는 자신의 사랑이 아니라 그분의 영원한 사랑이다. 이 소망 안에서 살아가라.

◼◆◼

하나님의 존재와 속성이라는 영화로운 영광에 함축된 의미를 이 짧은 한 과에 담아내려니 약간 답답하다. 지금까지 나눈 내용은 인간 실존의 가장 기본 사항인 하나님의 존재의 의미를 짧게 일부만 열거한 것이다. 그분을 믿는다는 의미를 다 살펴보려면 책 몇 권은 더 써야 할 것이다. 인간의 사고 능력으로 숙고할 수 있는 주제 중, 하나님에 대한 교리를 묵상하는 일에 근접이라도 할 만큼 중요한 것은 없다. 존재하는 모든 것은 결국 이 교리를 바탕으로 해석된다. 이것만이 당신의 정체성을 아는 유효한 길이고, 의미와 목적의 문제에 답하는 확실한 길이다. 이 교리만이 당신에게 도덕적 확신을 줄 수 있고, 언제나 기쁘고 평안한 마음으로 살아가게 할 수 있다.

그래서 이번 장을 마무리하면서 하나님을 마주 대하며 산다는 것이 무슨 뜻인지 생각해보려 한다. 하나님을 마주 대하는 삶은 일상생활의 모든 상황과 관계와 장소에서 어떤 모습으로 나타날까? 이 또한 책에 다 담자면 몇 권은 써야 할 테니 여기서는 한 가지 꼭 필요한 부분에 초점을 맞추려 한다. 하루를 이렇게 시작하면 하나님을 향한 궤도에 오를 수 있다.

날마다 당신의 마음을 조율하라

아침마다 하나님의 존재와 놀라운 영광에 맞추어 당신의 마음을 조율할 것을 권한다. 세계적 수준의 교향악단은 연주회를 시작할 때, 보면대 위의 악보로 곧장 뛰어들지 않는다. 모든 연주자 사이에 조화로운 공연이 이루어지도록 먼저 다양한 악기를 조율하여 준비한다. 당신의 삶에서도 예배와 복종과 순종과 경축과 의존과 안식과 섬김이 우주의 보좌에 앉으신 영광의 하나님과 조화를 이루려면, 반드시 아침마다 마음을 조율해야 한다.

당신을 지으신 하나님과 조화를 이루어 살려고 마음을 조율한다는 것은 의무적으로 성경을 읽고 몇 마디로 기도하는 것 이상이다. 마음을 조율하는 일은 우리의 삶이 하나님과 심히 부조화할 수 있음을 인정하는 데서부터 시작된다. 먼저 우리는 감정이 고조되거나 일정이 빡빡하거나 두렵거나 유혹이 닥칠 때 복음의 정신을 잃을 수 있음을 인정해야 한다. 복음의 정신을 잠시라도 잃으면 우리는 스스로 삶의 주인이 되어 마치 하나님이 존재하지 않으시는 양 살아갈 것이다. 교향악단이 석 달에 한 번씩 조율하는 게 아니라 매번 공연 전마다 조율한다는 사실을 잊지 말라. 본래 내 마음은 변덕스럽고 쉽게 산만해지기 때문에, 영광의 주님과 조화를 이루어 살려면 날마다 그분께 맞추어 마음을 조율하는 일이 중요하다. 거기에 필요한 시간을 투자해야 한다.

안타깝게도 우리 중 다수는 잠깐 성경을 읽고 그날 필요한 대로 기도할 뿐 그 이상으로 시간을 충분히 내지 않는다. 그래서 마음을 조율하려면 평소보다 일찍 일어나야 한다. 물론 당신이 부모로서 자녀를 양육하거나 고된 직장 생활을 하고 있거나 혹은 둘 다 하고 있다면, 녹초가 되었을 테니 최대한 오래 자고 싶을 것이다. 삶에 꼭 필요한 일을 누구의 도움도 없이 도맡아야 하는 독거인의 경우도 마찬가지다. 잠을 잤는데도 풀리지 않는 피로를 나도 안다. 그러나 당신도 해보면 알겠지만, 내가 권하는 대로 하면 영적 보상만 얻는 게 아니라 기력도 더 좋아진다. 하루를 시작할 때부터 마음이 주님의 임재와 영광으로 충만하고 그로 인해 기쁨과 용기가 넘치기 때문이다. 당신의 신학에 걸맞게 하나님과 조화를 이루어 살고 싶다면 다음과 같이 마음을 조율해보라.

바라보라. 시편 27편에 나오는 다윗을 본받으라. "성전"으로 달려가 주님의 아름다움을 바라보라. 하나님의 영화로운 영광을 보여주는 이런 놀라운 성경 본문을 아침마다 잠시 하나씩 찾아보라. 그러면 한때 놀라던 것을 당연히 여기는 익숙함에 맞서 싸울 수 있다. 아침마다 마음으로 다시 보고 다시 놀라라. 이는 마치 좋은 그림을 보는 것과도 같아서 볼 때마다 새롭게 보이고 더 풍성해지기도 한다. 아예 전체가 여태까지와 달라 보일 수도 있다.

찾으라. 성경을 읽기만 할 것이 아니라 시간을 들여 공부해야 한다. 풀어내고 잘게 부수어야 한다. 읽은 내용을 되새기고 의미를 묵상해야 한다. 이해와 적용을 돕는 보조 자료도 필요하다. 하지만 내가 권하고 싶은 것이 있다. 성경을 공부할 때는 말씀의 책장에서 하나님의 영광을 찾으라. 당신은 그분의 성품과 목적과 영광에 대해 무엇을 배우고 있는가? 하나님의 말씀을 아는 것만으로 부족하다. 모든 성경 공부의 목표는 말씀의 하나님을 알고 사랑하며 예배하고 섬기는 것이다. 성경은 하나님의 영광을 전하는 이야기이므로 당연히 그분이 주인공이다. 하루를 시작할 때마다 하나님의 이야기 속에서 그분을 찾으라.

예배하라. 말씀으로 하나님을 공부하는 일이 지적이고 학문적인 활동으로 그치지 않도록 분투하라. 성경 실력과 탄탄한 신학 지식은 그 자체로 목표가 아니라 목표의 수단이다. 목표는 마음의 변화임을 꼭 기억하라. 하나님의 계시인 말씀의 취지는 구원과 변화의 은혜를 통해 우리 마음이 우상 숭배에서 해방되어 하나님을 예배하는 데 있다. 하루를 시작할 때마다 위대하신 "스스로 있는 자" 앞에 엎드려 경배하고 경외하라. 하나님의 속성을 찬양하고 그분이 행하신 일에 감사하라. 당신의 예배를 받기에 합당하신 유일한 하나님을 경배하여 아침마다 마음속의 우상을 물리치라.

양도하라. 당신의 마음과 모든 삶을 아침마다 의식적으로 하나님께 양도하라. 당신의 성격과 사고와 정서와 신앙과 몸과 성생활의 소유권을 그분께 돌려드리라. 관계와 돈과 시간과 에너지와 희망과 꿈을 하나님의 제단에 놓아 그분이 쓰시게 하라. 손을 펴서 당신의 집과 차와 옷장과 모든 소유물을 하나님께 드려 그분의 나라와 영광을 위해 쓰이게 하라. 이미 하나님께 드렸던 것을 어제 도로 찾아왔음을 자백하라. 시간과 사람과 장소와 사물이 명시되지 않는 양도는 참된 양도가 아님을 잊지 말라.

성찰하라. 하나님의 거룩한 영광에 비추어 다시 한번 자신을 성찰하라. 당신의 마음과 삶을 정확히 보려면 모든 것을 꿰뚫어 보시는 그분의 거룩한 빛에 비추어 살펴야만 한다. 하나님의 영광을 벗어나 덧없는 자기영광의 달콤함에 빠진 영역은 어디인가? 부르심에 충실한 삶에서 멀어지게 하는 것들을 당신의 사고와 갈망과 말과 행동 속에 들여놓아 그분의 영광을 위해 살지 못한 부분은 어디인가?

자백하라. 하나님의 영광에 비추어 마음을 성찰하면서 진심으로 겸손하게 구체적으로 자백하라. 변명하거나 책임을 전가하거나 스스로 죗값을 치르려 하지 말고 주님 앞에 겸허히 아뢰라. 아침마다 찬양의 제사와 더불어 자백의 제사도 함께 드리라. 우리는 타락한 세상에 살며 아직 죄에서 완전히 해방되지 않은 만큼, 어느 아침에든 자백할 것이 전혀 없을 수는 없다. 아침마다 등에 진 죄부터 솔직히 내려놓고 시작하라. 당신의 짐을 주께 맡기고 용서와 회복의 은혜를 마음껏 누리라.

간구하라. 가장 큰 영적 위험은 바깥에 있지 않고 내면에 있음을 인정하라. 아무리 영적으로 성숙한 사람도 스스로 해낼 수 없는 일이 하나 있으니 바로 자아에서 해방되는 것이다. 영광의 주님께 해방해달라고 간구하라. 자신의 실상을 보고 죄를 깨달아 슬퍼하고 자백하게 해주시는 해방의 은혜를 간구하라. 하루를 시작할 때 은혜가 풍성하신 하나님께 영적 빈곤과 결핍을 자백하라.

경축하라. 영광의 주님을 알고 그분의 광대한 은혜를 맛본 우리야말로 지상에서 가장 경축이 넘쳐야 할 사람들이다. 경축하는 이유는 당신의 건강과 성공과 인기와 재정적 안정 때문이 아니다. 영광의 주님이 존재하시고 은혜로 말미암아 당신의 아버지가 되셨기 때문이다. 하루를 시작하면서 그날 일어날지도 모르는 일 때문에 불평부터 하지 말고, 만왕의 왕께서 당신을 영원히 가족으로 받아주신 것으로 말미암아 기뻐 뛰라.

반복하라. 안타깝게도 우리 중에는 영적 결단이 오래가지 못하는 사람이 많다. 아침 일과로 꼭 마음을 조율하기로 결단하되, 두고두고 그대로 실행할 수 있는 은혜를 구하라. 오래전에 버린 영적 결단이 방 안에 잔뜩 쌓이게 하지 말라. 의도와는 달리 먼지만 뒤집어쓰는 무용한 운동 기구처럼 말이다. 하나님의 영광에 맞추어 마음을 조율하는 일이 삶의 습관으로 굳어지게 해달라고 기도하라.

◆

이번 장에서 살펴본 교리는 신앙의 핵심을 제시하고 인간성의 정수를 보여준다. 이 교리의 주인공이신 하나님이 자신을 위해 당신을 창조하셨다. 우리가 생각에 품을 수 있는 주제로서 말씀에 밝히 드러난 하나님에 대한 신학보다 더 중요한 것은 없다. 당신 집의 방마다 그리고 일하고 노는 모든 곳에 이 신학이 살아 숨쉬기를 기도한다. 당신의 우정과 결혼 생활과 자녀 양육이 그 신학으로 빚어지기를 기도한다. 교실이나 회의실이나 제품 창고에서 살아가는 방식, 텔레비전과 휴대 전화와 태블릿과 컴퓨터로 하는 활동도 다 마찬가지다. 당신의 생각이 흘러갈 궤도와 마음속 갈망을 단속할 방벽도 하나님에 대한 신학에서 얻기를 기도한다. 하나님에 대한 교리가 당신의 가장 공적인 순간과 가장 사적인 순간을 지배하기를 기도한다. 그것이 당신 안에 뼈아픈 후회와 지고한 기쁨을 낳기를 기도한다. 당신의 갈급한 마음을 채워주고, 다른 어디서도 얻을 수 없는 안식을 주기를 기도한다. 당신이 하나님의 영화로운 영광을 오늘과 당장 내일만이 아니라 모든 내일에도 기뻐하다가, 결국 최후에 거할 초소인 새 하늘과 새 땅에 이르러 영광이신 그분과 영원히 교제하기를 기도한다.

05
하나님의 거룩하심에 대한 교리

살아 계시고 참되신 하나님은 한 분뿐이다. 그분의 존재와 완전성은 무한하며, 그분은 지극히 순결하신 영이다. 하나님의 모든 목적과 행위와 명령은 거룩하다. 천사와 인간과 모든 피조물은 하나님이 기뻐하시는 대로 마땅히 그분을 예배하고 섬기며 순종해야 한다. 다음 여러 구절을 참조하라. 출애굽기 15:11, 레위기 19:2, 사무엘상 2:2, 욥기 6:10, 시편 22:3, 71:22, 77:13, 89:35, 99:5, 이사야 5:16, 6:3, 40:25, 43:15, 57:15, 아모스 4:2, 하박국 1:13, 누가복음 1:49, 요한복음 17:11, 베드로전서 1:15-16, 요한계시록 4:8, 15:4.*

하나님의 거룩하심에 대한 교리 이해하기

모든 아이는 상상력이 뛰어나다. 그래서 아이의 세계는 놀랍고 즐거우며 매혹적이고 신기하다. 내 손녀도 만날 때마다 이 재주를 보여준다. 아이가 정성들여 내게 차와 샌드위치를 차려주는데, 사실 찻잔은 비어 있고 접시 위에 샌드위치도 없다. 그래도 손녀의 눈에는 그것이 보이고,

---
* 웨스트민스터 신앙고백서 제2장의 여러 대목에 나오는 하나님에 대한 교리를 내가 풀어 썼다.

내가 요리 솜씨를 칭찬해주면 좋아한다. 아이의 삶은 무척 흥미롭다. 어른이 되면 관계와 직장과 재정과 식단 등 많은 현실 문제가 생각을 온통 지배하면서 서글프게도 상상력이 흐려진다.*

신앙의 세계에서 상상력은 중요하다. 신앙에 관한 한 상상력이란 실재하지 않는 것을 지어내는 능력이 아니라, 실재하되 보이지 않는 것을 인식하는 능력이다. 신앙의 핵심은 하나님께 삶을 드리는 것인데, 우리는 그분을 보지도 만지지도 못하고 그 목소리를 들을 수도 없다. 그래서 상상력이 매우 중요하다. 이것이 가능하도록 하나님이 우리에게 두 가지를 해주셨다. 우선 이중 시력을 주셨다. 당신에게는 사물을 보는 육안뿐 아니라 또 다른 눈이 있다. 하나님은 우리에게 마음의 눈을 주셔서 보이지 않는 영적 실재의 세계를 '보게' 하셨다. 문제는 죄가 우리 모두를 병들게 해 영적으로 눈멀게 한다는 것이다. 그래서 우리 마음의 눈은 보아야 할 것을 보지 못한다. 이에 하나님은 성령의 사역을 통해 우리에게 영적 광명과 시력과 개안을 복으로 주신다. 육안으로 보이지 않지만 엄연히 실재하는 것을 '볼' 수 있도록 말이다.

먼저 이 모든 것을 반드시 알아야 거룩하심에 대한 교리를 풀어낼 수 있다. 왜 그럴까? 지금부터 살펴보려는 내용이 성령께서 우리 마음의 눈을 열어서 보게 해주시는 조명의 사역에 달려 있기 때문이다. 이 사역은 워낙 우리의 통상적 경험을 훌쩍 벗어난 일이기에 이해에 도움이 될 만한 비교나 범주가 없다.

성경을 조금이라도 배운 신자라면 알겠지만 성경은 하나님이 거룩하신 분이라고 단호히 선언한다. 이사야는 선지자로 부름받던 순간에 환상을 보았는데, 보좌에 앉으신 주님 양편에 스랍들이 서서 서로 이렇게 외친다. "거룩하다 거룩하다 거룩하다 만군의 여호와여 그의 영광이

---

* 이번 장의 대부분은 www.paultripp.com에 게재된 내 글 "The Doctrine of Holiness"(2018년 9월 10일)에서 가져왔다.

온 땅에 충만하도다"(사 6:3). 이 선언에 쓰인 강조법을 잘 보라. "하나님은 거룩하시다"라는 말로는 부족해서 그 거룩하심의 깊이와 너비를 담아내려면 "거룩하다"라는 단어를 삼창해야 했다. 마치 내가 이렇게 말하는 것과 같다. "내가 야구장에서 본 그 남자는 체구가 크고 크고 컸다!" 웬만한 거구가 아님을 대번 알 수 있다. 아마 내 평생 본 중 가장 큰 사람일 것이다. "거룩하다 거룩하다 거룩하다"라는 표현에는 우리를 상상의 한계 밖으로 떠밀려는 의도가 담겨 있다. 거룩하신 하나님이라는 말이 무슨 의미든 간에 그분께 해당하는 거룩함의 범주는 전혀 다름을 알아야 한다. 그분은 우리가 가능하다고 생각하는 수준보다 훨씬 더 거룩하시다.

그런데 하나님의 거룩하심을 담아내려던 스랍은 "거룩하다 거룩하다 거룩하다"라는 삼창으로도 부족해서 "그의 영광이 온 땅에 충만하도다"라고 덧붙였다. 하나님의 거룩하심은 얼마나 큰가? 온 땅에 충만할 정도로 크다. 성령의 감화로 기록된 이 말씀은 당신을 생전 가본 적 없는 상상의 세계로 데려가고, 하나님은 여태 당신이 만나본 무엇과도 다르시다는 생각에 넋을 잃게 하며, 그분이 근본적으로 당신과 같지 않음을 겸손히 깨닫게 한다. 이 말씀의 의도는 지금 당신이 대하는 하나님이 이전에 대했던 누구와도 다르다는 것을 깨우쳐주는 데 있다. 그분은 거룩하고 거룩하고 거룩하신 분, 천지에 충만할 만큼 영화롭게 거룩하신 분이다. 여태 거룩하다고 칭송받은 그 누구나 무엇과도 다르게 거룩하신 그분은 거룩하다는 말뜻의 총합이자 정의다. 존재하는 그 무엇도 하나님께 비하면 거룩하지 않다. 그분은 거룩하고 거룩하고 거룩하신 분이다.

잠시 멈추어 기도하라. 마음의 눈이 열려서 상상을 초월하는 이 거룩하심의 위엄을 어떻게든 조금이라도 보게 해달라고 기도하라. 왜 그렇게 구해야 할까? 그분의 거룩하심을 보면 당신과 당신의 생활 방식이 영원히 달라지기 때문이다. 어째서 그런지 잠시 후 살펴볼 것이다.

이사야의 스랍처럼 하나님이 거룩하시다고 선언한다는 것은 무슨 뜻일까? 거룩하다는 단어의 히브리어 어원은 '자르다'라는 뜻의 '카도시'(qadowsh)다. 첫째로, 거룩함이란 다른 모든 것에서 잘려 나와 분리되어 있다는 뜻이다. 지금까지 존재했거나 앞으로 존재할 모든 것과 구별되는 독보적 상태다. 하나님은 홀로 다르게 구별되시는 분이기에 무엇에도 비견될 수 없다. 하나님이 무엇무엇과 같다는 말은 성립되지 않는다. 온 우주에 그런 것은 전무하기 때문이다. 흔히 우리는 사물을 일정한 기준에 비교해서 이해한다. 예컨대 스포츠에는 운동선수의 역량을 평가하는 기준이 있다. 하지만 하나님을 측정하는 기준은 없다. 그분은 만물 위에 뛰어나시며, 오히려 피조물을 측정할 기준을 정하셨다. 우리는 하나님의 거룩하심을 묘사할 어휘를 찾지만 말로는 역부족이다. 하나님은 나머지 모든 존재와 홀로 다르게 구별되시는 위대한 타자(他者)시다.

둘째로, 거룩함이란 모든 면에서 항상 완전히 순결하다는 뜻이다. 하나님의 순결은 워낙 완전해서 존재하는 그 무엇이나 누구와도 다르게 구별된다. 그분께 해당하는 도덕 범주를 우리는 접해본 적이 없고, 그분이 거하시는 도덕 공간에 우리는 가본 적이 없다. 본질상 하나님은 지금껏 우리가 본 적도 겪은 적도 없는 존재다. 한마디로 거룩하신 분이다. 우리에게는 그런 그분을 이해할 만한 경험이나 준거가 없다. 하나님과 비할 것이 전혀 없기 때문이다.

거기서 끝나지 않는다. 거룩하심은 하나님의 일면이 아니라 그분의 정수다. "하나님의 거룩하심이 어떻게 나타나는가?"라고 묻는다면 "그분이 하시는 모든 일에 나타난다"라고 답할 수밖에 없다. 하나님의 모든 생각과 뜻과 말씀과 행위는 모든 면에서 지극히 거룩하다. 그분의 모든 속성과 활동이 거룩하고, 정의와 사랑과 자비와 능력과 주권과 지혜와 인내와 진노와 은혜와 신실하심과 긍휼이 다 거룩하다. 하나님의 거룩하심도 거룩하다. 거룩하심이 곧 하나님이다. 출애굽기 15장 11절은 이렇게 반문한다.

> 여호와여 신 중에 주와 같은 자가 누구니이까 주와 같이 거룩함으로 영광스러우며 찬송할 만한 위엄이 있으며 기이한 일을 행하는 자가 누구니이까.

또 사무엘상 2장 2절은 이렇게 선언한다.

> 여호와와 같이 거룩하신 이가 없으시니 이는 주 밖에 다른 이가 없고 우리 하나님 같은 반석도 없으심이니이다.

이 교리가 왜 이렇게 근본적으로 중요할까? 하나님의 거룩하심이 예수 그리스도의 웅장한 복음 이야기의 핵심을 이루기 때문이다. 하나님의 거룩하심이 없다면 모든 인간이 지켜야 할 도덕법도 없다. 하나님의 거룩하심이 없다면 죄에 대한 그분의 신성한 분노도 없다. 하나님의 거룩하심이 없다면 그분이 완전하신 아들을 합당한 속죄 제물로 보내실 일도 없다. 하나님의 거룩하심이 없다면 예수님의 부활을 통한 신원(伸冤)도 없다. 하나님의 거룩하심이 없다면 죄와 사탄의 최종 패배도 없다. 하나님의 거룩하심이 없다면, 거룩함이 안팎으로 우리를 영원히 다스릴 새 하늘과 새 땅의 소망도 없다. 모든 면에서 항상 거룩하신 그분이 성경 이야기를 일점일획까지 주관하여 기록하지 않으셨다면, 그것은 성경 이야기가 아니다.

거룩하신 하나님에 대한 설명을 읽노라면 그분의 은혜를 구하고 찬미할 수밖에 없다. 은혜로 우리는 주님이 거룩하신 분임을 안다. 은혜로 그분은 우리를 내치지 않고 받아주신다. 은혜로 그분의 거룩한 통치가 우리에게 위로가 된다. 그 통치가 그분만 영화롭게 하는 것이 아니라 우리에게도 유익하기 때문이다. 은혜로 우리는 만인을 병들게 하는 죄의 위력을 깨닫는다. 은혜로 우리는 하나님을 두려워 피하지 않고 그분께 달려가 도움을 구한다. 은혜로 하나님은 완전하신 아들을 불완전한 인간을 위한 완전한 제물로 삼으셨다. 우리 안에 역사하는 은혜로 우리는 죄를 깨닫고 거룩한 삶을 사모한다. 은혜로 우리는 영원무궁토록 하나님의 거룩하신 임재 안에 살도록 초대되었다. R. C. 스프로울(Sproul)은 그것을 이렇게 표현했다.

> 하나님의 성품을 이해하고 그분의 거룩하심을 조금이라도 깨달으면 우리가 얼마나 철저히 무력한 죄인인지도 알게 된다. 무력한 죄인이 살아남을 길은 은혜뿐이다. 우리의 힘 자체는 무용하다. 자비로우신 하나님의 도움이 없다면 우리는 영적으로 무능하다. 하나님의 진노와 정의가 꺼려질 수 있지만, 그분의 속성 중 그 부분에 주목하지 않고는 그분이 은혜로 이루어주신 일의 진가를 알 수 없다. 조나단 에드워즈(Jonathan Edwards)가 하나님의 손에 붙들린 죄인들에 대한 설교를 통해 강조하려 한 것도 지옥 불이 아니다. 확연한 강조점은 불구덩이가 아니라 우리를 붙들어 거기서 건지시는 하나님의 손이다. 그분의 손은 은혜의 손이다. 우리를 확실한 멸망에서 구하실 능력은 그 손에만 있다.*

하나님의 거룩하심은 우리의 자율과 자급을 무너뜨리고 우리를 구

---

* R. C. Sproul, *The Holiness of God*, 25주년 기념판 (Sanford, FL: Ligonier Ministries, 2010), 221. (『하나님의 거룩하심』 지평서원 역간)

주께로 이끈다. 구주 예수님만이 자신의 삶과 죽음을 통해, 거룩하지 못한 인간을 거룩하신 하나님과 능히 연합하신다. 하나님이 계시하신 그분의 거룩하심은 영원한 공포 속에서 그분을 피하라는 경고가 아니라, 오히려 그분께로 달려오라는 초대장이다. 연약하고 부족한 죄인은 늘 그분에게서 영원한 은혜를 얻는다.

이번 장이 거의 끝나가는데 내 마음속에 슬픔이 밀려든다. 하나님 영광의 위엄을 인간의 제한된 언어로 충분히 표현하기란 불가능하다. 글을 쓰다가 반성하게 된 서글픈 사실이 있다. 하나님의 영광이야말로 삶의 지극히 경이로운 실재로서 내 모든 사고를 지배해야 하는데도, 나는 항상 외경에 젖기는커녕 어떤 때는 거기에 주목조차 하지 않는다. 예화를 들면 내 슬픔이 더 선명히 와닿을 것이다.

두바이에 가면 세계에서 가장 높은 건물인 부르즈 할리파가 어디서나 보인다. 두바이 전역에 웅장한 마천루가 널려 있지만 부르즈 할리파는 그 모든 건물 위에 우뚝 솟아 위용을 뽐낸다. 입이 벌어질 정도로 대단한 건물들도 그 앞에서는 작아진다. 두바이를 돌아다니노라면 여러 멋진 건물을 보며 연신 터져 나오는 말이 있다. "도대체 저것을 어떻게 지었지?" 그런데 부르즈 할리파는 차원이 전혀 다르다.

찌는 듯이 덥던 그날 아침, 나는 차에서 내려 두바이의 그 웅대한 건축 작품 쪽으로 걸음을 뗐다. 아직 건물이 저 멀리 있는데도 아무리 목을 뒤로 꺾어도 꼭대기가 눈에 들어오지 않았다. 가까이 갈수록 건물이 더 으리으리해지면서 마냥 경탄을 자아냈다. 이전에 나를 감동시켰던 두바이의 다른 건물들은 걷는 동안 생각조차 나지 않았다. 다른 건물들도 대단하기는 했지만 엄청난 위풍과 건축미 면에서 부르즈 할리파에 비할 바가 못 되었다. 더운 날씨에도 나는 수시로 멈추어 홀린 듯 바라보며 사진도 찍고 연신 경탄했다.

마침내 부르즈 할리파 앞에 이르니 전봇대 밑의 개미처럼 내가 한없이 작아지는 느낌이었다. 초현대적인 승강기를 타고 125층까지 가는 데 몇 초밖에 안 걸린 것 같았다. 심지어 거기는 건물 꼭대기도 아니었다. 꼭대기는 관광객에게 개방되지 않았다. 창가로 다가가 고도를 느껴보고 두바이 시내를 조망하면서 내 입에서 즉각 터져 나온 말은 나머지 건물이 한없이 작아 보인다는 것이었다. 그 '작은' 건물들도 다른 도시에서라면 방문해볼 만한 마천루인데, 거기서는 작고 평범해서 경탄은 고사하고 주목할 가치도 없어 보였다. 최고를 경험하고 나니 여태 대단해 보이던 것들이 비로소 제자리로 돌아갔다.

내가 하나님의 거룩하심에 대해 쓴 뒤에 느낀 슬픔이 이 이야기 속에 예시되어 있다. 하나님이 성경에 자신을 계시해주신 덕분에 지금까지 나는 그분의 높고도 완전한 영광을 경험할 수 있었다. 참으로 완전한 거룩함이 무엇인지 생각해볼 수 있었다. 하나님의 완전성 같은 완전성은 유일무이함을 깨달았다. 그분의 거룩하심만큼 거룩한 것은 없다. 당신도 그분의 거룩하심을 보고 있으면 자신이 한없이 작게 느껴질 것이고, 지금껏 당신을 감동시키며 경탄을 자아냈던 것들이 더는 그러지 못할 것이다. 하나님의 영광 앞에서 당신의 주관적 위용이 무너지는 것은 영적으로 유익한 일이다. 그런데 나를 슬프게 하는 것이 있다. 나는 하나님의 거룩하심이라는 마천루를 늘 올려다보며 살지는 않는다. 삶의 모든 것을 늘 그 고도에서 내려다보지도 못한다. 그러다 보니 다른 것들이 실제보다 크고 대단해 보일 뿐 아니라, 거룩하지 못한 것들조차 내 눈길을 끌 수 있다.

나와 당신을 위해 이렇게 기도하고 싶다. 하나님의 거룩하심에 관한 우리의 시각이 두바이에서 보낸 그날 아침의 내 시각과 같게 해주시길 소망한다. 그때 나는 부르즈 할리파 앞에 서기도 했고, 나머지 모든 것을 그 까마득한 고도에서 내려다보기도 했다. 부르즈 할리파를 경험할 수 있었던 특권도 감사한데, 은혜로 하나님의 거룩한 영광을 보았을 뿐 아니라 은혜로 내가 이 거룩하신 분과 영원히 연결되었으니 얼마나 더 큰 특권인가. 지극히 거룩하신 하나님을 경외하는 우리 마음이 잠깐으로 끝나거나 어쩌다 한 번에 그치지 않기를, 그러다가 다시 멀어져 망각하지 않기를 기도한다. 나와 당신을 위한 내 기도는 이 진리가 우리를 붙들고 놓아주지 않는 것이다. 그리하여 나머지 모든 것이 실제보다 커 보이지 않고, 지금까지 우리의 주목을 끌던 것들이 제자리로 돌아가는 것이다. 자비로우신 하나님이 당신과 내게 그렇게 해주시기를 기도한다.

06
일상생활 속의 하나님의 거룩하심

날마다 삶의 모든 상황과 장소에서 하나님의 거룩하심을 늘 인식하며 살아간다는 것은 어떤 의미일까? 우정, 직업, 결혼, 자녀 양육, 성생활, 재정, 시민 생활, 교육, 여가, 오락, 교회 생활 등 삶의 중요한 분야가 다 이 교리를 통해 빚어진다면 어떻게 될까? 이 진리에 마음이 사로잡혀 당신의 가장 깊은 갈망, 가장 지배적인 동기, 결정 방식, 말과 행동까지도 그 영향을 받는다면 어떻게 될까? 이 진리를 공식 신학의 자리에서 가지고 나와서 삶의 드라마가 펼쳐지는 사적인 장으로 품고 들어가면 어떻게 될까? 지금부터 그 내용을 일부나마 살펴보려 한다. 이를 통해 당신 안에 이 장엄한 진리를 삶의 모든 영역에 접목한다는 의미를 실제적으로 이해하려는 갈망이 싹트기를 기도한다.

1. 하나님의 거룩하심은 삶의 의미를 찾는 구심점이 되어야 한다. 주부든 회사 간부든 목사든 배관공이든 농부든 디자이너든 교수든 우리는 모두 신학자다. 무엇이 진리고 무엇이 거짓인지에 대해 늘 자신과 대화를 나눈다. 우리가 품고 다니는 신학적 가정과 결론이 알게 모르게 모든 결정과 행동의 기초를 이룬다. 모든 인간은 어디서고 늘 신학적으로 살아간다. 지금 나는 더 공식적인 종교 생활을 말하는 것이 아니다. 당신이 결론짓는 진리가 생활 방식을 빚어낸다는 그 실재를 말하는 것이다.

하나님의 거룩하심이 당신이 결론짓는 진리의 중핵을 이루어야 한다. 그렇지 않으면 당신은 우주를 제대로 알 수 없고, 자신의 삶을 이해할 수 없으며, 본래 설계된 대로 살아갈 수 없다.

선지자 이사야를 사로잡은 그것이 당신도 사로잡아야 한다.

> 사 6:1-3 웃시야 왕이 죽던 해에 내가 본즉 주께서 높이 들린 보좌에 앉으셨는데 그의 옷자락은 성전에 가득하였고 스랍들이 모시고 섰는데 각기 여섯 날개가 있어 그 둘로는 자기의 얼굴을 가리었고 그 둘로는 자기의 발을 가리었고 그 둘로는 날며 서로 불러 이르되 거룩하다 거룩하다 **거룩하다 만군의 여호와여 그의 영광이 온 땅에 충만하도다** 하더라.

이 놀라운 장면의 무한한 영광이야말로 당신이 모든 것을 이해하는 구심점이 되어야 한다. 그것이 없이는 삶의 무엇 하나도 제대로 이해할 수 없다. 모든 선한 것이 창조되어 존재하는 이유는 모든 면에서 거룩하신 분이 우주의 보좌에 앉아 계시기 때문이다. 당신의 정체감, 의미와 목적, 인생 목표, 사랑하는 이들을 위한 소원, 에너지와 시간과 돈을 쓰는 방식, 옳고 그름에 대한 인식, 결정 방식, 은사와 재능의 구사, 평안과 안식 등의 출처는 다 "거룩하다 거룩하다 거룩하다 만군의 여호와여 그의 영광이 온 땅에 충만하도다"라는 선언과 맞물려 있어야 한다.

하나님의 거룩하심은 우리를 두렵게 함과 동시에 안식을 주어야 한다. 넋을 잃게 하면서 또한 모든 것의 의미를 찾는 기초가 되어야 한다. 당신의 가장 어두운 치부를 드러내는 동시에 당신을 생명의 빛과 소망 가운데로 인도해야 한다. 당신을 외경과 경이로 얼어붙게 하면서 또한 삶의 궤도를 제시해야 한다. 당신과 하나님 사이의 괴리를 지적하는 동시에 그분께 가까이 가고 싶은 마음을 불러일으켜야 한다. 하나님의 거룩하심은 당신의 도덕적 연약함을 드러내면서 또한 그분의 은혜를 향해 달려가게 해야 한다. 당신의 마음을 장악하려고 싸우는 모든 가짜 영광을 드러내는 동시에 당신의 삶을 매혹할 만큼 참으로 영화로운 유일한 영광을 계시해주어야 한다. 하나님의 거룩하심은 어둠 속에서 당신의 빛이고, 길을 잃었을 때 내비게이션이며, 타락한 세상의 악 앞에서 당신이 받을 위로이고, 당신의 실상과 필요를 늘 일깨우는 거울이며, 다른 곳이 다 허방일 때 의지할 곳이다. 하나님이 거룩하고 거룩하고 거룩하신 분이라는 사실의 중요성은 아무리 강조해도 지나치지 않다. 그분이 어찌나 거룩하신지 그 거룩하심의 비할 데 없는 영광이 온 땅에 흘러넘친다.

그런데 당신과 내가 날마다 온종일 부딪히는 문제가 있다. 주변 문화와 그 속의 각종 제도며 기관은 거룩함이라는 범주를 이미 폐기했다. 거룩하신 하나님의 존재를 부정하면 거룩함의 필요성 자체가 느껴지지 않는다. 정치가나 교육자나 SNS 인플루언서나 문화 비평가나 인기 연예인이 이 범주를 거론하는 예는 없다. 그들에게는 무용하고 무의미한 개념이다. 드라마 작가에게도 이 범주는 존재하지 않는다. 그들이 쓰는 내용, 옳고 그름에 대한 인식, 인물의 도덕적 성격을 제시하는 방식 등에 거룩함은 전혀 영향을 미치지 못한다. 우리 문화는 철학적으로 거룩함과 결별했다. 우리가 정의하는 의미와 목적에 거룩함은 담겨 있지 않다. 거룩함은 우리의 성공 개념에 끼지 못하고, 결혼 생활과 자녀 양육의 길잡이로 여겨지지 않으며, 진로 계획에 대한 대화에 언급될 일도 없다. 거룩함은 실제적 의미가 별로 없는 케케묵은 종교적 개념으로 치부되고, 그나마 소수의 신봉자마저 갈수록 더 줄어들고 있다. 정의와 자비와 평화와 용서와 사랑은 거의 모든 사람이 원한다. 하지만 그런 좋은 것들이 우리 삶 속에 존재하려면 우주의 주관자가 거룩한 존재여야만 한다. 왜 그럴까? 우리가 이 진리를 버렸지만, 하나님이 모든 인간 안에 거룩함으로만 채워질 수 있는 갈증을 심어두셨기 때문이다. 그런데 주변을 둘러보고 그들의 말을 들어보면 알겠지만, 실제적 차원에서 거룩함은 전혀 중요하지 않으며 많은 이들에게 아예 존재하지 않는다.

현세의 시민으로서 우리가 읽고 듣고 보고 교류하는 내용은 다분히 이 교리의 필수성을 떠받치지 않는다. 우리의 사고방식이 문화의 영향을 많이 받을수록 우리 삶의 실제 유효 목적은 그만큼 덜 거룩해진다. 하나님의 거룩하심을 믿으면서도 일상생활은 '거룩하지 않을' 수 있다. 이 진리가 당신의 사고방식으로 굳어지지 않으면 삶 전체를 빚어내는 영향력도 없다. 예컨대 당신의 신학 개요에 하나님의 거룩하심이라는 범주가 있다고 해도, 결혼 생활에 대한 그분의 지침이 절대적인 이유가 바로 그 거룩하심에 있음을 망각할 수 있다. 이 진리를 믿는다고 고백하는 부모도 양육의 관건이 자녀의 삶에서 거룩하신 하나님을 대변하는 것임을 망각할 수 있다. 머리로는 이 진리에 동의하면서도, 실제로는 당신의 성생활을 안전하고도 순결하게 지켜주는 것이 거룩함이라는 사실을 무시할 수 있다. 이 진리를 지적으로 받아들이면서도, 당신은 주변의 대다수 사람이 거룩하신 하나님의 영광을 전혀 모른 채 그분의 뜻과 영광에 반항하며 살아간다는 사실을 비통해하지 않을 수 있다. 예배 시간에 하나님의 거룩하심을 찬송하면서도, 집에 갈 때 차 안에서 자녀를 대하는 방식과 그 거룩함을 연결시키지 못할 수 있다. 하나님의 거룩하심을 공부하면서도, 만물을 주관하시는 만주의 주께서 온전히 선하시다는 사실을 망각한 채 불안에 시달릴 수 있다.

거룩하신 하나님의 영광을 인간의 제한된 언어에 담아낼 수는 없지만, 이 교리는 결코 난해한 신비가 아니라 처음부터 끝까지 실제적이다. 하나님의 거룩하심은 당신이 모든 것을 이해하는 방식을 바꾸어놓는다. 그렇기 때문에 모든 것을 상대하는 방식, 더불어 살아가는 방식까지 바꾸어놓는다. 우리가 생각에 품을 수 있는 지극히 중요한 사실이 있다. **주님은 존재하시며 또한 거룩하신 분이다.**

내 삶의 모든 분야에서 이 실재에 걸맞은 삶은 어떤 모습일까? 이번 장의 나머지 부분에서 이 중요한 질문에 일부나마 답해보려 한다.

2. 하나님의 거룩하심만이 우리 자신을 알 수 있는 확실한 길이다. 다시 이사야 6장으로 돌아가 놀라운 환상 중에 하나님의 영화로운 영광을 본 이사야의 반응에 주목해보자.

> 사 6:4-5 이같이 화답하는 자의 소리로 말미암아 문지방의 터가 요동하며 성전에 연기가 충만한지라 그때에 내가 말하되 **화로다 나여 망하게 되었도다 나는 입술이 부정한 사람이요 나는 입술이 부정한 백성 중에 거주하면서 만군의 여호와이신 왕을 뵈었음이로다** 하였더라.

이사야의 반응은 충격적이다. 그는 즉시 자신이 망했다는 인식에 사로잡혔다. 눈앞의 광경이 얼마나 신기한지 논평한다든지, 그것을 보아서 마냥 좋다고 말하지 않았다. 이사야는 즉시 걷잡을 수 없는 두려움에 휩싸였다. 이는 감정을 부풀리는 것이 아니라 자신의 실상과 필요에 대한 정확한 시각이다. 이사야의 고백은 창세기 1장과 3장에 근거한다. 정확한 자아상은 창세기 1장에서 시작되어야 한다. 하나님은 우리가 끊임없이 순복하고 순종하며 예배하는 가운데 그분과 관계를 맺으며 살도록 지으셨다. 알다시피 우리는 자신보다 큰 영광을 위해 살도록 창조되었다. 하나님의 형상을 품은 존재로서 그분의 영광을 위해 살도록 부름받았다. 하나님과 이런 관계를 맺을 수 있기에 우리는 다른 모든 피조물과 구별된다.

하지만 정확한 자아상에는 창세기 3장의 비극도 포함되어야 한다. 아담과 하와는 하나님 곁에서 그분을 위해 살지 않고, 기만하는 자가 파는 자율과 자급의 솔깃한 망상을 택했다. 그분의 명령에 불순종한 것이다. 서로 부끄러워하며 하나님이 두려워 숨는 그들을 보면서 우리는 우주적 대참사가 일어났음을 알 수 있다. 죄는 하나님이 지으신 세상에 난입하여 에덴동산의 아름다운 샬롬을 파괴했고, 인간을 창조주와 떼어놓았을 뿐 아니라 불순종의 대가로 그분의 정죄 아래에 두었다.

당신은 거룩하신 하나님의 범접하지 못할 위엄 앞에 서야만 자신이 누구인지 알 수 있다. 하나님의 거룩하심과 인간의 정체성은 서로 불가분으로 얽혀 있다. 거룩하신 하나님의 영화로운 영광 앞에 서지 않으면, 자기 자신이 현재나 과거나 미래의 실제 자신보다 더 의롭고 지혜롭고 강해 보일 것이다. 그러면 당신은 마치 하나님이 존재하지 않으시는 양 살아갈 것이고, 설령 그분이 존재하신다 해도 어차피 당신에게는 딱히 그분이 필요하지 않을 것이다. 온 땅에 충만한 그분의 거룩하심만이 당신의 마음도 충만하게 하고 머릿속의 상상까지 사로잡을 수 있다. 그제야 당신은 조금도 거룩하지 못한 자신을 깨닫고 자신의 절대적 필요를 절감하며 부르짖을 수 있다.

"입술이 부정한 사람"은 죄의 퇴폐성을 요약한 흥미로운 표현이다. 누구든 하나님 앞에 거룩하게 설 수 있으려면 이렇게 말할 수 있어야만 한다. "여태 나는 하나님 보시기에 조금이라도 잘못된 말은 언제 어디서도 그 누구에게도 한 적이 없다"(약 3장 참조). 우리의 뿌리 깊은 죄에 대한 증거로, 당신이나 나나 입에서 나오는 말 외에 더 큰 증거는 없다. 말이야말로 우리가 왜 하나님의 진노를 받아 마땅하며 예수님의 속죄의 은혜로만 구원받을 수 있는지를 보여주는 불변의 증거다.

대다수 사람은 우주 궁극의 도덕적 실재인 하나님의 거룩하심에 등을 돌린 채 '이 정도면 괜찮다'라는 주관적 평가에 만족하며 살아간다. 그들은 자신이 도덕적으로 망가졌다는 의식도 없고, 하나님을 두려워하지도 않으며, 그분의 은혜로 구원받아야 할 필요성도 느끼지 못한다. 금단의 열매를 계속 따 먹으면서도 부끄러움이나 두려움이 별로 없다. 그들은 하나님의 구원이나 용서나 도움 없이도 자신이 삶 속에서 무엇이든 될 수 있고, 무엇이든 할 수 있다고 믿는다. 영적인 존재임에도 그들이 살아가는 방식에 의식적인 영성이라곤 전혀 없다. 그들의 생각 속에는 하나님이 없으며, 그분의 거룩하심은 그들의 삶을 빚어내는 영향력이 없을뿐더러 털끝만큼도 인정받지 못한다.

우리 마음을 드러내고 양심을 깨워 눈을 뜨게 하시고 용서와 능력을 베푸시는 하나님의 은혜가 없다면, 우리도 다 그럴 수밖에 없다. 은혜로 우리는 그분의 거룩하심을 보고 자신의 실상과 필요에 눈떴다. 그런 우리를 그분은 망하게 두지 않으셨다. 망하게 된 우리를 구주께서 자비로이 맞이하여 의롭게 해주셨다. 부모들이여, 자녀에게 하나님의 은혜만 말할 게 아니라 그분의 거룩하심에도 눈뜨게 해주라. 자신이 망하게 되었다는 나쁜 소식을 듣지 않고는 하나님의 은혜라는 기쁜 소식도 그들에게 아무런 의미가 없다. 부부들이여, 결혼 생활의 건강 상태를 제대로 평가하려거든 하나님의 거룩하심에 비추어보라. 당신의 성생활, 재정, 생각, 갈망, 동기 등의 도덕적 상태를 평가하고 싶다면 모든 것을 꿰뚫어 보시는 하나님의 거룩한 빛에 비추어보라. 거룩하신 하나님의 편만한 영광 앞에 서면, 당신 삶의 어느 한 분야에 대해서도 '이 정도면 괜찮다'라는 평가가 결코 나올 수 없다.

모든 면에서 항상 완전히 거룩하신 그분의 영광의 빛 아래 설 때에야, 비로소 당신도 나도 자신을 가장 온전하고 정확하게 알게 된다. 정말 맞는 말이다.

3. 하나님의 거룩하심은 죄가 악한 것임을 지적한다. 죄는 기만에 능하다. 죄가 당신을 눈멀게 할 뿐 아니라 스스로 덜 악한 것처럼 가장한다는 뜻이다. 죄라고 해서 우리에게 늘 죄로 보이는 것은 아니며, 위험하고 해롭기보다 오히려 아름답고 즐거워 보일 때가 많다. 식탐에 사로잡혀 초콜릿 케이크를 세 조각째 먹고 있다면, 그 순간 당신이 경험하는 것

은 해악과 위험이 아니라 부드러운 버터크림에 덮인 깊고 풍부한 초콜릿 맛이다. 순간의 쾌감에 압도되어 죄가 죄로 인식되지 않는다. 전화 통화를 하며 누군가의 평판을 더럽히는 순간, 당신은 자신의 도덕적 허물을 생각하는 게 아니라 추악한 소문을 퍼뜨리는 짜릿한 전율에 휩싸인다. 스타벅스에서 줄 서 있는 여자에게 음욕을 품을 때, 당신은 공상 속에서 자신의 쾌락을 위해 상대의 미모를 소유하기에 바빠 그 순간의 지독히 부도덕한 유린은 안중에도 없다. 우리를 홀리는 유혹은 쾌락으로 판단력을 흐려놓아 죄의 도덕적 위험성을 보지 못하게 하는 위력이 있다.

죄를 짓고 난 후에도 웬만해서 죄가 죄로 보이지 않는다. 하나님이 그어두신 도덕적 선을 넘고 나서 양심이 조금 찔려도, 우리는 스스로 죗값을 치르면 된다는 논리로 양심을 잠재운다. 잘못을 저질러놓고도 큰 잘못은 아니라고 애써 자신을 속이며 우긴다. 그 순간으로 돌아가 내용을 편집해서 자신을 실제보다 의로워 보이게 한다. 그래서 그만하면 괜찮다고 눙친다. 하나님 보시기에 괜찮지 않은 정도가 아니라 그분의 거룩하심을 짓밟는 죄인데도 말이다. 험담하는 전화 통화는 기도 요청으로, 음욕은 하나님이 창조하신 예술품의 감상으로, 과한 디저트는 사소한 바보짓 정도로 미화한다.

죄가 악하다는 데는 변명의 여지가 없다. 그런데도 그것을 축소하거나 부정한다면 우리는 도덕적 위험에 빠진 것이다. 지금 하려는 말에는 깊은 생각과 설명이 필요하다. 죄가 악한 것은 죄의 수직적 성격 때문이다. 죄를 가장 죄 되게 하는 것은 온갖 수평적 악영향이 아니다. 물론 죄는 당신과 주변 사람들을 해치고, 우리가 더불어 살며 의존하고 있는 각종 기관과 정부에도 해롭다. 죄는 가는 곳마다 파멸을 흘리고 다니며 흔적을 남긴다. 그러나 당신과 내가 죄의 극악무도한 악을 알려면, 세상 모든 죄가 다 거룩하신 하나님을 대적하는 죄임을 알아야만 한다. 다윗은 비통한 심정으로 간음을 자백할 때 그것을 바로 알고 이렇게 아뢰었다. "내가 주께만 범죄하여 주의 목전에 악을 행하였사오니 주께서 말씀하실 때에 의로우시다 하고 주께서 심판하실 때에 순전하시다 하리이다"(시 51:4). 죄를 지을 때마다 나는 내 삶의 주인이 되어 하나님의 존재를 무시하고 그분의 거룩한 통치에 등을 돌리는 것이다. 모든 죄는 하나님의 거룩하심을 무시한다. 자신을 닮으라 하신 그분의 명령을 무시한다. 모든 죄는 그분의 권위와 거룩하심과 도덕적 부르심을 짓밟는다. 단지 수평적인 죄란 도덕적으로 존재할 수 없다.

모든 죄는 하나님을 대적하는 죄이고, 모든 거룩하지 못한 행위는 그분의 거룩하심에 맞서는 반항이다. 내 죄를 덜 악하게 축소하려고 애쓸 때마다 나는 그분을 배반하는 것이다. 자녀의 불순종은 부모에게 불손한 행위일 뿐 아니라 하나님과 그분의 거룩한 기준에 반항하는 행위다. 그러나 부모들이여, 당신의 자녀는 그것을 모른다. 부부가 서로 사랑하지 않는 것은 둘의 관계만 모독하는 게 아니라 거룩하신 하나님을 욕되게 한다. 당신과 나의 마음이 죄를 비통해할 수 있으려면 죄의 수직적 성격을 인정해야만 한다. 이사야처럼 우리도 보좌의 거룩하신 분 앞에 서서 그 거룩하심을 외경할 때에만 비로소 죄를 죄로 볼 수 있다. 거룩하신 하나님 앞에서는 죄가 결코 덜 악해 보이지 않는다.

그러니 이제 어찌할 것인가? 권하건대 혼자 있을 만한 곳을 찾아 모든 기기를 끄고 모든 소음과 방해 거리를 차단한 뒤, 무릎을 꿇고 당신의 악한 죄를 솔직히 직시하라. 가능하다면 지금 하라. 당신이 죄를 축소하고 죄와 더불어 살며 심지어 죄와 벗하는 것을 자백하라. 죄를 숨기고 부정하며 둘러대는 것을 자백하라. 죄를 슬퍼할 때도 대개 창조주의 존재와 성품을 욕되게 해서가 아니라 수평적인 나쁜 결과 때문임을 자백하라. 악한 죄를 생각하며 울라. 죄에 가볍게 반응하는 자신을 보며 울고, 눈멀게 하는 죄의 위력 때문에 울고, 주변 사람들을 지배하는 죄로 말미암아 울라. 그러나 무엇보다도 당신이 죄를 지을 때마다 거룩하신 주님을 배반하는 것을 생각하며 울라.

조용한 묵상보다 다른 모든 일을 좋아하고 자아 성찰은 들어설 자리가 없는 상태, 이런 상태야말로 최악의 방해물이다. 그런데 안타깝게도 우리는 이 방해물에 매몰된 나머지 애통하는 법을 잊어버렸다. 시간 가는 줄 모르고 멍하니 무위도식하는 끝없는 오락을 좋아할 뿐, 하나님께 자신의 영혼을 내보이는 혼자만의 시간은 두려워하는 것 같다. 오죽하면 신호등이 빨간불일 때 그새를 못 참고 주머니에서 작은 화면을 꺼내 다시 오락에 눈길을 내줄까. 그렇게 애먼 것을 보기에 바빠 정작 꼭 보아야 할 것은 보지 못한다. 그러는 동안 우리는 산만하다 못해 아예 마비되고 무뎌져, 자신이 이대로 괜찮다는 착각에 빠진다. 하나님의 거룩하심 앞에서 인간을 평가할 때, '괜찮은' 범주에 안주해서는 안 된다. 플러그를 뽑고 기기를 끄고 화면을 닫고, 거룩하신 하나님의 임재 안에 앉는 시간이 필요하다. 눈을 떠서 똑바로 보고, 준비된 마음으로 그분 앞에 엎드려 애통해야 한다. 거룩하신 하나님의 임재 안에 울면서 들어간다면, 제대로 하고 있다는 뜻이다. 그제야 비로소 당신은 자신의 극악무도한 수직적 죄 앞에서 은혜를 간구하게 된다. 현세에도 내세에도 당신의 소망은 오직 은혜뿐이다.

다시 말하지만, 알든 모르든 우리의 문제는 죄가 우리에게 늘 죄로 보이지만은 않는다는 것이다. 자기 안에 있는 악의 심각성과 허물의 수직적 참혹성을 축소하거나 부정하는 재주야말로 우리의 도덕적 재앙이다. 이렇게 눈먼 상태를 고집해서는 어떤 유익도 얻을 수 없다. 거룩함은 양심의 가책이 느껴질 만큼 자신을 명쾌하고 정확하게 보려는 마음에서 시작되고, 그 명쾌함은 거룩하신 하나님의 보좌 앞에 서야만 주어진다. 죄를 보지 않고는 슬퍼할 수 없고, 슬퍼하지 않고는 자백할 수 없으며, 자백하지 않고는 회개할 수 없음을 기억하라. 보는 눈과 애통하는 마음을 달라고 간구하라. 눈물 속에서 다시금 새로운 자비를 만나는 기쁨을 누리기를 바란다.

4. 삶에서 궁극적으로 추구해야 할 것은 하나님의 거룩하심이다. 당신은 무엇을 위해 사는가? 살면서 무엇을 원하는가? 당신을 이끄는 갈증은 무엇이며, 흔들리지 않는 목적의식은 어디서 오는가? 무엇 때문에 계속 노력하고 매진하는가? 무엇을 가장 소중히 여기는가? 당신이 하는 모든 일 배후의 근원적 이유는 무엇인가? 왜 그런 일을 그런 식으로 하는가? 친구, 학생, 직원, 상사, 부모, 배우자, 이웃, 시민, 그리스도의 몸 된 교회의 지체로서 왜 그런 행동을 하는가? 당신이 추구하는 것은 도대체 무엇인가?

하나님의 거룩하심이라는 진리의 비중을 보여주는 본문이 또 있다. 이 본문의 중요성을 실감하려면 문맥부터 살펴야 한다.

사도 베드로는 신앙 때문에 고난당하는 사람들을 대상으로 글을 썼다. 그런데 뜻밖에도 그의 서신은 일차적으로 위로의 편지가 아니라 흩어진 신자들에게 주는 행진 명령으로 가득 차 있다. 베드로는 그 어떤 인간 권력자의 지배 아래서 무슨 일을 당하든 관계없이 주 예수 그리스도의 복음을 믿는 신자로서 살아간다는 의미를 설명해나간다. 바로 그 서신 초반에 그는 '이미'와 '아직' 사이의 타락한 세상에서 복음에 합당하게 살아간다는 의미의 핵심을 이렇게 짚어냈다.

> 벧전 1:13-19 그러므로 너희 마음의 허리를 동이고 근신하여 예수 그리스도께서 나타나실 때에 너희에게 가져다주실 은혜를 온전히 바랄지어다 너희가 순종하는 자식처럼 전에 알지 못할 때에 따르던 너희 사욕을 본받지 말고 오직 너희를 부르신 거룩한 이처럼 너희도 모든 행실에 거룩한 자가 되라 기록되었으되 내가 거룩하니 너희도 거룩할지어다 하셨느니라 외모로 보시지 않고 각 사람의 행위대로

심판하시는 이를 너희가 아버지라 부른즉 너희가 나그네로 있을 때를 두려움으로 지내라 너희가 알거니와 너희 조상이 물려준 헛된 행실에서 대속함을 받은 것은 은이나 금같이 없어질 것으로 된 것이 아니요 오직 흠 없고 점 없는 어린양 같은 그리스도의 보배로운 피로 된 것이니라.

베드로의 말대로 그들은 이전처럼 자기중심의 사욕에 지배당하며 살 것이 아니라 주님께 순종하고, 거기서 더 나아가 그분이 거룩하시듯 힘써 거룩해지도록 부름받았다. 이 부르심을 우리 인생에서 가장 귀한 가치로 삼아야 한다. 또한 그 부르심에 꾸준히 헌신하며, 평생 그것을 추구해야 한다. 베드로는 담대히 그들에게 하나님을 본받으라고까지 명했는데, 이는 거룩하신 하나님이 은혜로 그들에게 구원과 능력을 베풀지 않으시는 한 불가능한 일이다. 회심하여 본향에 가기까지 하나님의 구속 사역의 초점은 당신의 성품을 근본적으로 변화시키시는 데 있다. 그러므로 하나님이 거룩하시듯 당신도 거룩해지려는 추구는 곧 당신을 향한 하나님의 목적을 당신의 목적으로 삼겠다는 헌신이다.

우리가 구원받은 목적이 천국에 가기 위해서만이 아니라 또한 거룩해지기 위해서임을 이해해야 한다. 하나님의 부르심을 무시하거나 그분의 기준을 낮출 수는 없다. 영광 중에 거룩하신 그분이 곧 우리의 모든 생각과 갈망과 말과 행동의 기준이다. 세상이 쾌락에 경도되어 안락을 최고로 떠받들고 당장 나만 행복하면 잘 사는 것이라는 개념이 팽배하다 보니, 새로운 재미를 탐하는 끝없는 소음 속에서 우리가 추구해야 할 이 궁극의 가치가 실종될까 봐 우려된다. 인간이 누릴 수 있는 최고의 기쁨을 얻으려면 하나님의 부르심을 진지하게 받아들여 거룩한 삶에 헌신하고, 그 헌신을 일상생활의 상황과 관계에 적용해야 한다. 그런데 우리는 이 본분을 놓친다. 예컨대 성경의 정의에 따르면, 바람직한 결혼이란 부부가 서로를 하나님 보시기에 거룩한 말과 행실로 대하기로 헌신하는 것이다. 결혼의 목표가 안락이라면 흠 많은 두 사람을 그토록 총체적인 관계로 엮는다는 것이 말이 되지 않는다. 힘겨운 결혼 생활은 하나님이 우리를 거룩한 사람으로 빚으시는 가장 효과적인 도구 중 하나다. 그것이 하나님의 부르심이며, 이는 그분이 은혜로 베푸시는 능력으로만 가능하다.

좋은 성적, 운동 실력, 명문대 입학, 출세 등을 자녀 양육의 목표로 삼기에는 미흡하다. 남들 앞에서 당신을 망신시키지 않을 공손한 자녀로 기르는 것도 부모 노릇의 목적으로는 충분하지 않다. 부모로서 당신의 목표는 하나님의 손에 들린 도구가 되어, 자녀를 그분의 뜻에 맞게 길러내는 것이다. 즉, 하나님께 삶을 드리고, 그분의 은혜 안에서 안식하며, 그분 기준의 거룩한 삶에 헌신한 사람으로 양육해야 한다.

마찬가지로 당신의 성생활에도 상호 만족의 달성보다 더 깊은 목표가 있다. 성관계의 최고 목표 역시 인간의 쾌락이 아니라, 우리의 모든 성적인 생각과 갈망과 행위를 통해 거룩하신 하나님을 기쁘시게 하는 것이다. 하나님은 돈에 대해서도 우리에게 매일 필요를 공급하시는 것 이상의 목적을 갖고 계신다. 돈은 우리 삶에서 그분의 거룩한 부르심에 순복하는 주요 영역 중 하나다.

우리 중 아무도 그 부르심에 함축된 모든 의미대로 실제로 거룩하게 살아갈 수 없다. 나는 내 마음을 변화시킬 힘이 없다. 자력으로는 여전히 내 안에 살아 있는 죄에서 벗어날 수 없다. 내 생각과 갈망을 자율적으로 억제할 능력도 없다. 하나님이 거룩하시듯 나 또한 거룩해지는 것은, 아무리 높이 뛰어도 내 손이 엠파이어 스테이트 빌딩 꼭대기에 닿을 수 없는 것만큼이나 불가능하다. 그러므로 이 고결하고 거룩한 부르심은 바로 지금 여기서 우리에게 은혜가 절실히 필요하다는 증거이자, 평생 은혜 없이는 살 수 없다는 사실 앞에 겸허해져야 한다는 증거이기도

하다. 마지막 날까지 우리는 거룩함을 향해 발돋움하면서 은혜를 간구할 수밖에 없다. 은혜만이 우리 안에 거룩함을 낳을 수 있다. 나는 우리가 자기중심의 온갖 쾌락을 사랑하기보다 하나님 보시기에 거룩해지는 것을 더 사랑하기를 기도한다. 그런 쾌락은 우리의 사랑을 다른 데로 앗아가려고 유혹한다. 우리를 향한 하나님의 목적을 마음의 목적으로 삼을 때 뒤따르는 복, 그 복을 마음껏 누리기를 기도한다.

5. 거룩하신 하나님의 영광은 우리를 떠밀어 은혜로 구원하시는 그분의 일에 헌신하게 한다. 거룩하신 하나님의 영광과 자신의 비참한 죄에 직면한 이사야는 자백에서 그치지 않고, 하나님의 일에 자원하여 헌신했다. "내가 또 주의 목소리를 들으니 주께서 이르시되 내가 누구를 보내며 누가 우리를 위하여 갈꼬 하시니 그때에 내가 이르되 내가 여기 있나이다 나를 보내소서 하였더니 여호와께서 이르시되 가서…"(사 6:8-9). 이사야는 주저하지 않았다. 그의 반응에 조건이나 군말이나 단서가 없다. 변명이나 협상을 내놓지도 않았다. 하나님의 거룩하심과 죄의 참상이 우리 안에 빚어내야 할 것이 있으니, 그것은 바로 자원하는 심령이다.

당신의 삶에 눈물과 기쁨이 돋보여야 할 분야가 또 있다. 죄는 파괴력이 있어 우리를 하나님과 떼어놓고 결국 죽음에 이르게 한다. 이것을 성경 이야기에서 읽어서 알았는데 어떻게 울지 않을 수 있겠는가? 죄가 어떻게 당신의 삶 전체와 주변 모든 것을 비틀고 변질시키고 망쳐놓는지 생각해보라. 끝없이 남기는 파멸의 흔적을 생각해보라. 죄의 사악한 유혹을 생각해보라. 지킬 능력도 없으면서 약속만 남발하는 최악의 거짓말쟁이인 죄를 생각해보라. 생각하고 애통하라.

그러나 당신은 기뻐할 이유도 있다. 하나님은 거룩한 자신의 영광을 귀히 여기시며, 자신의 형상대로 지으신 이들을 사랑하신다. 그래서 결코 죄가 이기게 두지 않으신다. 죄의 끔찍한 뜻이 관철되게 두지 않으신다. 하나님의 정의와 자비가 서로 만나 길을 열었다. 그리하여 죄인이 용서를 받을 수 있게 되었고, 그분과 관계를 맺으며 살아갈 수 있게 되었으며, 죄는 결국 궤멸될 것이다. 구원의 은혜를 쏟아부으시는 그분의 거룩한 열정이야말로 우주에서 가장 아름답다. 그 무엇도 우리 안에 이보다 더 큰 기쁨을 자아낼 수는 없다. 우주의 보좌에 거룩하신 하나님이 계시니 기뻐하라. 그분이 길을 열어주셔서 우리도 그분 보시기에 거룩해질 수 있으니 기뻐하라.

이런 눈물과 기쁨이 공존하기에 우리는 삶을 드려 그분을 섬길 수 있다. 무슨 일을 하든, 어디에 있든, 누구와 함께하든, 하나님의 사신이 되어 그분의 은혜의 사역에 힘쓸 방도를 모색한다는 뜻이다. 안타깝게도 교회는 여러모로 잠자는 거인이다. 은혜로 구원하시는 하나님의 일에 모든 신자가 헌신한다면 어떻게 될지 상상해보라. 그런데 대개 교회에는 참여자보다 소비자가 더 많다. 교회에서 그들의 헌신은 일요일 아침의 공식 예배, 지나가는 헌금함에 넣는 약간의 돈, 간헐적인 단기 사역으로 국한된다. 우리 중에는 이사야의 자원하는 심령이 없는 사람이 많다. 그래서 삶을 자신의 것으로 보고 가끔씩 일부만 하나님께 기꺼이 드린다. 나는 지금 목회자의 전임 사역을 말하는 것이 아니다. 은사나 소명과 무관하게 우리는 각각 하나님의 일로 부름받았다.

나는 슬프고도 기쁜 우리가 거룩하신 하나님의 사신이 되어, 은혜로 구원하시는 그분의 일에 헌신하기를 기도한다. 기쁨이 섞인 애통에 떠밀려 어디를 가든 죄의 참상과 은혜의 승리라는 메시지를 전하기를 기도한다. 우리 각자가 마음으로 "내가 여기 있나이다. 나를 보내소서"라고 반응할 수 있기를 기도한다.

6. 하나님의 거룩하심은 우리가 결코 그분의 은혜에서 벗어날 수 없는 이유다. 온 땅에 충만한 그분의 거룩하신 영광과 인간의 추악한 죄가 서로 만나던 보좌 앞의 장면은, 당신과 내가 평생 그분의 은혜를 벗어나서는 살 수 없다는 증거다. 거기서 우리는 하나님과 이사야 사이의 거대

한 도덕적 괴리를 대면한다. 하나님의 용서가 없다면 절망적으로 암울한 장면일 수밖에 없다. 그런데도 절망적이지 않은 이유는 알다시피 용서하는 은혜가 능력도 입혀주기 때문이다. 칭의의 은혜가 또한 성화를 이루고, 죄를 깨닫게 하는 은혜가 또한 해방을 가져다준다. 우리를 죄의 세력으로부터 구원하는 은혜는 우리가 죄의 존재 자체로부터 구원받을 때까지 쉬지 않고 역사한다.

이것은 엄청난 작업이다. 주님과 가까워질수록 우리는 자신이 얼마나 거룩하지 못한지를 더욱 통감하게 된다. 거룩하신 하나님의 은혜는 의존적인 인간을 독립시키는 것이 아니라, 독립적인 인간의 내면에 더 자원하여 더욱 깊이 그분께 의존하려는 마음을 낳는다. 하나님이 거룩하시듯 우리도 거룩해지도록 부름받았으니 은혜의 필요성은 결코 종식되지 않는다. 거룩하신 하나님의 영광은 그분 전체가 거룩하시다는 데 있음을 잊지 말라. 그분은 모든 면에서 항상 거룩하시다. 감사하게도 여태 나는 은혜 안에서 자라왔다. 감사하게도 삶의 여러 영역에서 죄를 이겼다. 하나님의 뜨거운 은혜로 지금의 나는 이전의 내가 아니니 날마다 감사한다. 그러나 모든 면에서 항상 거룩해지려면 까마득히 한참 멀었다. 죄를 처음 자백하던 때보다 지금, 내 죄가 더 깊게 느껴진다. 나만 그런 것이 아니라는 성경의 증거가 위안을 준다. 사도 바울의 고백을 읽어 보라. "미쁘다 모든 사람이 받을 만한 이 말이여 그리스도 예수께서 죄인을 구원하시려고 세상에 임하셨다 하였도다 죄인 중에 내가 괴수니라 그러나 내가 긍휼을 입은 까닭은 예수 그리스도께서 내게 먼저 일체 오래 참으심을 보이사 후에 주를 믿어 영생 얻는 자들에게 본이 되게 하려 하심이라"(딤전 1:15-16).

이 겸손한 자기 평가로 바울이 무슨 말을 전하는지를 이해하는 것이 중요하다. 오해하지 말라. 그는 자신의 과거의 삶만 애통하는 것이 아니다. 그는 현재 시제로 말하고 있다. 그래서 그는 은혜로 구원하시는 하나님이 계속 오래 참고 계시며, 자신을 그 놀라운 과정의 본으로 삼으셨다고 말한다. 이렇듯 거룩하신 하나님의 임재 안에 오래 살수록 우리는 자신의 죄가 얼마나 깊고 큰지를 더 깨닫는다. 그래서 그분의 은혜에 더 의지하면서 그분의 오래 참으심에 더욱 놀라게 된다.

물론 그리스도께 처음 나아올 때도 우리는 자신의 죄를 인식한다. 그러지 않았다면 그분께 오지도 않았을 것이다. 하지만 초기에 자백하는 죄는 주로 아직 변화되기 이전의 더 공공연한 죄다. 반면 거룩하신 하나님의 빛 가운데 오래 살수록 우리는 더 은근하고 교활한 내면의 죄, 집요한 우상 숭배, 성품이 경건하지 못한 부분을 더 인식하게 된다. 우리 삶의 구석구석까지 굽이쳐 도는 죄의 미로는 주님과 동행할수록 더 잘 보이는 법이다. 모든 것을 꿰뚫어 보시는 거룩하신 하나님의 영광의 빛 앞에 서면 누구도 자만할 수 없다. 그 빛이 당신을 비추는 시간이 길어질수록 당신은 더 큰 소리로 은혜를 부르짖을 수밖에 없다. 그분의 거룩하신 보좌 앞에 서서 당신이 영적으로 이미 다 이루었다고 생각할 수는 없다. 이렇게 되는 것이 가장 바람직하지 않겠는가?

7. **사람은 누구나 거룩하신 하나님이 다스리시는 세상을 동경한다.** 모든 사람은 어떻게든 현실이 지금보다 나아지기를 원한다. 우리는 모두 정의가 공평하게 시행되는 세상에 살기를 원한다. 거리와 가정에서 폭력이 사라지기를 소원한다. 타인의 이기적 쾌락을 위해 납치되어 이용당하는 사람이 세상에 아무도 없기를 소원한다. 우리는 정부의 부패가 영원히 종식되었으면 좋겠다고 생각한다. 아동 학대와 여성 비하와 인종 차별에 다 같이 개탄한다. 굶어 죽는 사람이 없고, 끝없는 전쟁이 종식되기를 바란다. 병으로 목숨을 잃는 일도 더는 없기를 바란다. 구체적인 내용은 달라도 우리는 더 나은 무언가를 동경한다. 어떻게든 정의와 평화와 사랑과 안전과 의로운 통치가 이루어지는 세상을 동경한다. 우리는 모두 샬롬을 갈구한다. 우리는 모든 것이 제자리에서 창조주가 설

계하신 본연의 역할을 다하는 상태를 소망한다는 것이다.

이 동경은 모든 사람의 마음속에 있다. 본래 하나님이 우리를 지으시기를, 모든 면에서 항상 거룩하신 그분이 조성하시고 통치하시는 세상에 살게 하셨기 때문이다. 그분이 늘 거룩하고 선하시기에 우리는 장차 평화롭고 안전한 세상에 살 것을 확신할 수 있다. 죄가 샬롬을 망가뜨렸어도 우리의 동경은 그대로 있다. 이 동경이 실현될 수 있으려면 만물을 주관하시는 분이 거룩하고 선하셔야만 한다.

심히 거룩하지 못한 우리 삶 속에도 이처럼 거룩한 통치를 부르짖는 부분이 있다. 모순 같지만 사실이다. 인간은 모든 면에서 영화롭게 거룩하신 하나님의 존재와 통치 안에서 일상의 안전을 얻도록 지어졌다. 사람들은 하나님의 존재를 부정하고, 그분이 신성하게 지으신 것을 모독하며, 그분의 거룩한 명령을 짓밟을 수 있다. 하지만 여전히 그들은 그분의 거룩한 뜻과 거룩한 통치만이 줄 수 있는 것을 동경한다.

부모가 힘없는 어린 자녀를 학대하여 죽였다는 뉴스를 어느 날 천 명이 접한다면, 하나같이 다 진저리치고 분노하면서 다시는 그런 일이 없기를 바랄 것이다. 한 사람도 빠짐 없이 하나님의 거룩한 통치가 개입하기를 동경하는 셈이다. 정의와 평화와 안전을 부르짖는 소리는 거룩하신 하나님을 부르는 절규와도 같다. 만인이 소중하고 존엄하게 취급되어야 한다는 부르짖음도 결국은 거룩하신 하나님을 부르는 절규다. 당신은 그분을 부정할 수 있지만, 괴로운 눈물의 순간에는 당신도 그분의 거룩하신 임재와 통치만이 줄 수 있는 것을 부르짖게 되어 있다. 반드시 기억해야 할 사실이 있다. 인간이 알든 모르든 상관없이, 하나님의 거룩하심이야말로 모든 인간의 정서적, 신체적, 영적 행복의 필수 요소다.

8. 참된 의미와 목적은 하나님의 거룩하심에서 나온다. 우리의 인생 목적이 우리를 향한 하나님의 거룩한 목적에서 멀어졌다는 점을 알아야 한다. 하나님이 당신과 나를 위해 쓰신 이야기를 잠시 생각해보라. 은

혜로 하나님은 우리를 불러 자신께로 이끄셨다. 우리는 그분의 변함없는 사랑과 은혜를 받는 입양 자녀로서 영원히 그분과 연합되었다. 그분은 사랑으로 우리의 필요를 채워주시고, 우리가 제어하지 못하는 것을 제어하시며, 신성한 지혜와 능력으로 우리를 인도하신다. 또한 그리스도의 몸 된 교회를 우리에게 선물로 주신다. 거기서 우리는 참된 공동체를 경험하고 제자도를 꽃피우며 그분의 일에 힘쓸 수 있다. 그분이 보내주신 성령은 우리에게 권고하시고 죄를 깨닫게 하시며 능력을 입혀주신다. 또 하나님이 선물로 주신 말씀을 통해 우리는 하나님과 나 자신과 죄와 은혜를 알 수 있다. 어떻게 그분의 설계대로 살아야 하는지를 알 수 있다.

이 모두가 놀랍고 아름답지만, 우리 주님이 일부러 하지 않으신 일이 하나 있다. 우리가 그분께 나아와 자백하고 처음 믿을 때, 그분은 자신의 의도대로 돌아가지 않는 이 지독히 타락하고 망가진 역기능 세상에서 우리를 즉각 데려가지 않으신다. 회심할 때부터 본향에 갈 때까지 우리의 주소는 그분을 알기 이전과 똑같다. 잠시 멈추어 생각해보라. 하나님이 능력을 사용하셔서 당신에게 예측 가능하고 편안하며 쉬운 삶을 주시는 것이 그분의 뜻이라면, 흠 많은 당신을 흠 많은 세상에 두어 흠 많은 사람들과 늘 관계를 맺게 하신다는 것은 말이 되지 않는다. 우리는 안락과는 거리가 먼, 실망과 상처와 고통과 분노와 무력감과 당황과 동경이 버무려진 삶을 살아간다. 그런데 하나님은 왜 이런 계획을 세우실까?

답은 우리의 현주소가 본래 최종 목적지가 아니라는 것이다. 당신의 마음이 동경하는 낙원은 지금 여기가 아니다. 당신의 삶에서 낙원으로 바뀔 분야는 전무하다. 아무리 노력해도 소용없다. 우리가 살아가는 이곳은 본래 최종 목적지를 위한 준비 단계다. 우리 삶의 모든 요소에 당장의 쾌락과 즐거움보다 더 큰 목적이 있다는 뜻이다.

하나님은 당신 부부가 정의하는 행복한 결혼 생활 이상의 의미로 결혼을 계획하셨다. 직업도 재정 공급과 성공 이상의 목적을 위해 만드셨다. 우정의 목적도 주변에 편하게 지낼 사람들을 두는 것 이상이다. 교육에 대해서도 학업 성취와 학위 이상을 바라신다. 이 모두는 혼란스럽고 어렵다. 하나님이 당신을 두신 곳이 혼란스럽기 때문이다. 바로 이 혼란 덕분에 당신은 자기를 의존하고 자아에 매몰되며 세상을 사랑하는 데서 벗어나 그분께 더 의존하게 된다. 그뿐만이 아니다.

하나님은 지금 여기의 혼란을 변화의 도구로 쓰신다. 삶의 모든 분야는 당신을 미래에 맞게 준비시키도록 계획되었다. 영적으로 더 갈급하게 하고 더 성장하게 하는 도구인 셈이다. 하나님이 타락한 세상의 모든 역경을 통해 당신에게 이루어주시는 일은, 평생 당신 안에 이루어질 수 있는 가장 중요한 일이다. 곧, 그분이 거룩하시듯 당신도 점차 거룩해지는 것이다. 그렇게 점점 더 당신은 거룩함이 영원한 규범이 되는 최종 주소에 걸맞은 사람으로 준비된다. 바로 여기에 궁극의 의미와 목적이 있다. 하나님은 가장 힘든 일을 통해서도 가장 놀라운 결과를 내신다. 우리가 사는 세상은 이렇다 할 좋은 결과도 없이 무고히 나쁜 일들이 벌어지는 냉담하고 불합리한 곳이 아니다. 나는 의미와 목적이 계속 스러지는 듯한 절망 속에서 살아갈 필요가 없다. 주변 사람들과 사건들이 내게 뜻밖이자 부질없어 보이는 실망을 안겨줄지라도 말이다. 이 세상을 다스리시는 분은 전능하실 뿐 아니라 모든 면에서 항상 거룩하시다. 거룩하신 그분은 나보다도 더 내가 잘되기를 바라시며, 내 현주소를 통해 그 목적을 이루신다.

이렇게 모든 일에 거룩한 의미와 목적이 있으니 내 삶은 복되다. 그분의 자녀인 나를 향한 그분의 거룩한 통치와 거룩한 은혜와 거룩한 목적이 있기에 매사가 더 풍성해진다. 무의미한 상황, 목적 없는 환경, 무익한 시련은 없다. 물론 실생활에서는 삶이 늘 그렇게 보이지만은 않으며, 하나님의 신성한 목적이 있다 해서 내 삶에 고통과 고생이 없다는 뜻도 아니다. 그럼에도 확실히 나는 준비되는 중이며, 그 준비의 핵심은 바로 그분이 거룩하시듯 나도 점차 거룩해진다는 목적이다. 궁극의 의미는 하나님의 거룩하심에서 나온다. 인간의 의미는 모든 면에서 영화롭게 거룩하신 하나님의 존재와 계획에서 기원한다. 주님은 당신의 삶을 완전히 거룩한 방식으로만 계획하고 통치하며 인도하신다. 이것이야말로 당신이 안식하고 경축해야 할 이유다.

9. 모든 성경 공부와 신학의 목적은 거룩함이다. 인간에게 이성과 소통 능력이 주어진 궁극적 이유는 하나님을 알고 그분과 교제하게 하기 위해서다. 특히 그것은 지성을 사용하여 성경의 방대한 신학을 탐구하고 이해하는 부분에서 뚜렷한 방향성을 띤다. 우리가 공부하는 하나님의 말씀, 거기에 계시된 교리, 공부해서 얻는 지식 등에도 목적이 있다는 뜻이다. 내가 생각하기에, 지금 살펴보려는 본문은 그 목적을 이해하는 일에 관한 한 '모든 것을 말해준다.'

> **사 55:10-11, 13** 이는 비와 눈이 하늘로부터 내려서 그리로 되돌아가지 아니하고 땅을 적셔서 소출이 나게 하며 싹이 나게 하여 파종하는 자에게는 종자를 주며 먹는 자에게는 양식을 줌과 같이 내 입에서 나가는 말도 이와 같이 헛되이 내게로 되돌아오지 아니하고 나의 기뻐하는 뜻(목적)을 이루며 내가 보낸 일에 형통함이니라…잣나무는 가시나무를 대신하여 나며 화석류는 찔레를 대신하여 날 것이라 이것이 여호와의 기념이 되며 영영한 표징이 되어 끊어지지 아니하리라.

대대로 많은 신학자와 설교자와 성경 학도와 일반 신도가 이사야서의 이 약속을 소중히 여겼다. 무슨 약속인가? 하나님의 백성이 성령의 능력에 힘입어 그분의 말씀을 받으면, 그 말씀이 항상 목적을 이룬다는 약속이다. 이것이 이번 장의 핵심으로 연결된다. 내가 당신에게 다가가 "당신과 나 사이에서 내 목적을 항상 이루겠다"라고 말한다고 상상해보라. 당신은 즉시 어떻게 반응할까? 당신과 나의 관계에 대한 내 목적이 정확히 무엇인지 알고 싶을 것이다. "내 말은 항상 목적을 이루리라" 하신 하나님의 약속에 대해서도 당신은 즉시 이렇게 물어야 한다. "하나님 말씀의 목적은 무엇일까?" 이 물음은 그분이 목적하신 모든 성경 공부와 신학의 핵심과 맞닿아 있다. 학계에서 이루어지는 최고 수준의 학술 연구든 평범한 사람이 매일 하는 성경 공부든 관계없다. 하나님의 말씀을 왜 공부하는가? 신학을 왜 연구하는가? 그것을 통해 얻어야 할 결과는 무엇인가?

이사야의 은유는 더할 나위 없이 유익하다. 눈과 비가 식물의 양분이 된다는 은유다. 1장에서 보았듯이 내게 작은 가시나무가 있어 눈과 비를 양분으로 흡수한다면 어떻게 될까? 큰 가시나무가 될 뿐이다. 내가 아내에게 "여보, 비만 계속 오면 우리 가시나무가 잣나무로 변할 것 같소"라고 말할 일은 없다. 뒷마당의 찔레가 빗물을 받아먹고 화석류로 변할 일도 없다. 그런데 이사야의 은유는 그렇게 될 것이라고 말한다.

물질계의 자연 현상마저 뛰어넘는 이 선지자의 예화는 심오한 요점을 밝히기 위한 것이다. 하나님 말씀의 목적은 성경과 신학의 정보를 전파하는 것보다 깊다. 목표는 마음과 삶의 근본적 변화다. 하나님은 정보를 통해 변화를 이루신다. 성경 실력과 신학 지식은 본래 그 자체로 목표가 아니라 목표의 수단이다. 목표는 거룩한 성품이다. 완전히 거룩하신 하나님이 우리에게 거룩한 말씀을 선물로 주셔서, 우리는 스스로 벗어날 수 없는 죄에서 해방되어 점차 그분을 닮은 모습으로 변화시키신다. "내가 거룩하니 너희도 거룩할지어다." 이것이 하나님의 부르심이며, 그분의 말씀은 이 부르심대로 그분이 우리를 거룩하게 빚으시는 주요 도구다. 거룩하신 하나님이 말씀을 선물로 주셨기에 우리도 말씀을 통해 그분을 닮아 거룩해질 수 있다. 성경 공부와 신학에 대한 하나님의 목표는 바로 우리가 점차 경건한(거룩한) 모습으로 자라가는 것이다. 누가 어디서 공부하든 관계없다.

◾◆◾

지금까지 간략히 살펴본 하나님의 거룩하심 앞에서 우리는 울고 또 기뻐해야 한다. 완전히 거룩하신 하나님의 보좌 앞에 서면 울 이유도 있고 기뻐할 이유도 있다. 확신컨대 성경은 우리에게 이 두 가지 반응을 보이라고 명한다. 영적으로 건강한 삶에는 양쪽 모두가 중요한 요소다. 하나님의 말씀은 우리에게 애통할 것을 명하며, 애통하는 자를 실제로 복되다고 말한다(마 5:4). 거룩하신 하나님 앞에 서서 어떻게 자신의 마음 상태와 세상에 가득한 죄로 인해 울지 않을 수 있겠는가? 아울러 하나님의 말씀은 우리에게 기뻐하라고 명한다(살전 5:16-18). 거룩하신 하나님을 바라보면 기뻐할 이유가 있다. 당신의 기쁨은 얼마나 확고한가? 우리는 아침에 일어날 때마다 분명한 사실을 마주한다. 우리의 세상을 다스리시는 하나님은 모든 면에서 항상 완전히 거룩하실 뿐 아니라, 그 거룩하신 분이 은혜로 말미암아 우리의 아버지시다.

그러니 울라! 주님은 거룩하시다. 항상 기뻐하라! 주님은 거룩하시다. 슬프고도 기쁘게 살아가라. 하나님이 정해주신 거룩한 목표에서 멀어진 자신을 보며 애통하라. 동시에 새롭게 주어진 변화의 가능성으로 말미암아 기뻐하라. 거룩하신 그분이 당신을 만나주지 않으시고 은혜로 마음과 삶을 변화시켜주지 않으셨다면, 이런 변화를 꿈도 꾸지 못했을 것이다. 본향에 이르러 그분을 닮은 모습으로 영원히 그분과 함께 살 때까지 기쁨 섞인 눈물을 흘리라.

07
하나님의 주권에 대한 교리

영원 전부터 하나님은 장차 있을 모든 일을 자신이 뜻하신 지혜롭고도 거룩한 계획에 따라 자유롭고 불변하게 정하셨다. 그러나 그분은 죄의 창시자가 아니시고, 피조물의 의지를 침해하지도 않으시며, 부차적 원인의 재량을 없애기는커녕 오히려 보장하신다. 그분은 장차 있을 법한 일을 다 아시지만, 어느 것 하나라도 어차피 그렇게 될 것을 예지하고서 정하신 것은 아니다.

만물의 창조주이신 하나님은 지혜롭고 거룩한 섭리, 무오한 지식, 자신이 뜻하신 자유로운 불변의 계획에 따라 크고 작은 모든 피조물과 행위와 사건을 지탱하고 지휘하고 통치하셔서, 자신의 영화로운 지혜와 능력과 정의와 선하심과 자비를 찬송하게 하신다. 그분은 평범한 섭리 가운데 여러 수단을 활용하시지만, 원하시면 자유로이 수단을 뛰어넘고 거스르거나 수단 없이도 역사하신다. 다음 여러 구절을 참조하라. 창세기 8:22, 민수기 23:19, 욥기 38:11, 시편 135:6, 잠언 16:33, 이사야 46:10-11, 55:10-11, 다니엘 3:27, 4:34-35, 호세아 1:7, 마태복음 10:29-31, 요한복음 19:11, 사도행전 2:23, 4:27-28, 13:48, 15:18, 27:31, 44, 로마서 4:19-21, 9:11-18, 에베소서 1:3-14, 히브리서 1:3, 6:17, 야고보서

1:13, 요한일서 1:5.*

하나님의 주권에 대한 교리 이해하기

"왜?" 이것은 어린아이가 말을 배우고 주변 세상을 이해하기 시작하면서 던지는 질문이자 노년까지도 떠나지 않는 질문이다. 세상은 왜 이런가? 왜 이런 일이 벌어졌는가? 나는 왜 이것을 할 수 없는가? 왜 이 가정인가? 왜 이 질병인가? 왜 이 장소인가? 왜 이 상황인가? 하나님은 왜 이런 일을 허락하시는가? 선하신 하나님이 어떻게 가만히 계실 수 있는가? 정말 그분이 주관하시는가? 왜 그분은 나를 막지 않으셨는가? 왜? 이것이야말로 인간이 품을 수 있는 가장 깊고도 실제적인 질문 중 하나다. 우리와 이 세상은 통제되고 있는가? 하나님은 주권자이신가?

이 주제를 논한 책이 헤아릴 수 없이 많으며 분명히 앞으로도 더 나올 것이다. 바로 이 질문에 어떻게 답하느냐에 따라 당신이 세상을 해석하는 방식, 살아가는 방식, 마음의 소망과 평안의 성격이 결정되기 때문이다. 하나님이 주권자라는 성경의 가르침은 무슨 뜻인가? 그것은 그분의 통치에 아무런 괴리나 제약이나 간섭이나 방해도 없이, 세상만사를 그분이 절대적으로 주관하신다는 뜻이다. 모든 앞일을 그분이 정하시고 만사가 일어나는 경위도 그분이 관할하신다는 뜻이다. 하나님께는 결코 의문, 불시의 사건, 좌절, 불가사의, 신비, 아쉬움, 후회, 희망 사항, 기다림, 무력감, 풀 수 없는 난제, 당황할 일 등이 없다는 뜻이다. 아무도 그분을 궁지로 몰아넣을 수 없다. 그분은 억지로 떠밀려서 하시는 일도 없고, 윗선에 보고하실 일도 없다. 하나님은 자신이 원하시는 대로 하신다. 무엇이든 뜻대로 정하셔서 뜻대로 행하신다. 하나님이 주권자라는

---

* 웨스트민스터 신앙고백서 제3장에 나오는 하나님의 주권에 대한 교리를 내가 풀어 썼다.

말은 하나님이 하나님이며, 아무도 그분과 같지 않다는 뜻이다.

계절의 변화, 낮과 밤, 밀물과 썰물, 유년에서 노년까지 등 세상의 모든 일정한 질서는 하나님이 세상을 주권적으로 통치하시는 결과다. 그분은 세상을 어떻게 운행할지를 정하신 뒤, 정한 대로 다스리신다. 우리에게 무질서하고 혼란스러워 보이는 부분도 다 하나님이 세상을 주권적으로 통치하시는 결과다. 그분의 지혜가 우리에게 늘 지혜로워 보이지는 않는다. 우리가 보기에 최선인 것은 그분이 우리를 위해 정하신 '최선'이 아니며, 비참하게 통제 불능인 듯 보이는 것도 그분의 세심하고 부단한 통제를 받고 있다. 우리가 사는 세상이 하나님의 확고부동한 통치 아래 있음을 알면, 자신과 세상과 삶 자체에 대한 생각이 송두리째 달라진다.

하나님의 주권에는 두 가지 측면이 있다. 하나는 지시이고 또 하나는 섭리다. 우선 지시란 권위자의 결정 내지 명령이다. 하나님의 모든 지시는 그분의 영원한 계획에서 나온다. 그분은 장차 있을 일을 정하셨다. 모든 앞일을 자신의 영광을 위해 자신의 뜻대로 예정하셨다. 그분의 능력과 지혜는 무한하므로 그분의 지시도 영원불변하다. 하나님이 지시하신 일은 반드시 일어난다.

하나님 주권의 두 번째 측면은 섭리다. 그분은 세상 만사의 앞일을 지시만 내린 채 수수방관하지 않고 세상에 적극 참여하신다. 통치하고 지탱하며 실현하고 주관하신다. 장차 있을 일을 지시하실 뿐 아니라 진행 과정을 적극 지휘하신다. 하나님은 자신이 지으신 우주와 늘 소통하신다. 세상을 작동시킨 뒤 손을 떼시지 않는다. 하나님이 적극 붙들고 다스리며 통제하시는 결과로 우주가 작동한다. 그분은 우주의 가장 중대한 일에서부터 여간해서 눈에 띄지 않는 가장 사소한 일까지 다 통치하신다. 하나님은 우주라는 무대의 최고 배우로서 모든 피조물을 다스리신다. 주권자로서 앞일을 지시하시고, 주권자로서 피조물을 다스리신다.

하나님의 주권을 보여주는 성경의 여섯 가지 창

성경은 우리에게 하나님의 주권이 실행되는 광경을 보여준다. 말씀 속의 여러 상황과 장소와 관계에서 그것을 그림처럼 생생히 볼 수 있다. 지금부터 간략히 살펴볼 여섯 군데의 본문은 하나님의 주권적 통치를 각기 다르게 보여주는 창이다. 이를 통해 당신 안에 경외심이 불타올라 마음으로 예배하며 그분께 삶을 바치기를 기도한다.

1. 이집트에서 해방된 이스라엘 백성(출 7-12장): 하나님이 세상을 통치하시며 기꺼이 자기 백성을 위해 능력과 권한을 행사하신다는 사실에 조금이라도 의심이 든다면, 이 본문이 그 의심을 불식시켜줄 것이다. 하나님의 선민은 4백 년 동안 이집트에서 노예로 살았다. 이에 하나님은 자비로운 마음으로 자기 백성의 부르짖음을 들으시고 마침내 그들을 구원하신다. 출애굽기 7장 서두는 그분의 절대 주권을 보여주는 창이다. 하나님은 친히 세 가지를 하겠다고 공언하신다. 자기 백성을 속박에서 해방하시고, 이를 위해 이집트에 큰 심판을 내리시며, 그리하여 자신만이 주님 되심을 보이신다는 것이다.

보다시피 하나님의 선언에는 일말의 주저함도 없으며, 그분은 누구의 허락도 구하실 필요가 없다. 이렇게 선언하실 권리나 선언하신 대로 이루실 능력이 그분께 있는지 여부는 전혀 문제되지 않는다. 하나님은 주님이시다. 원하시는 일을 원하시는 때에 원하시는 대상에게 행하실 수 있다. 아무도 하나님을 막을 수 없다.

자신만이 주권자임을 이집트 백성에게 보이시겠다는 하나님의 선언은 빈말이 아니었다. 하나님은 창조된 물질계의 활동을 자신이 완전히 통제하고 있음을 이집트 백성과 자기 백성의 눈앞에 똑똑히 보여주신다. 여러 피조물에게 그들 본연의 임무가 아닌 일을 하게 하신 것이다. 이로써 그분은 물질계가 자신의 주권적 명령대로 움직인다는 사실을 예시하신다. 모든 재앙은 하나님이 이집트의 "신들"을 직접 치신 결과로 일어났다. 하나님은 노예였던 자기 백성의 해방을 통해 자신의 주권의 웅장하고도 무한한 영광을 드러내신다. 이집트 백성과 이스라엘 백성을 위해서만 아니라, 그 순간의 역사를 말씀으로 읽을 이후의 모든 세대를 위해서도 그리하신다.

하나님은 주님이시고 주권자시다. 그분이 지으신 세상 만물은 그분이 명하시는 대로 움직인다. 그분은 누구에게도 보고할 필요가 없으시고, 약한 곳이 없으시며, 권한과 능력이 무한하시다. 원하시는 때에 원하시는 대상에게 능력과 권한을 행사하시며, 이 주권의 영광조차도 자신의 영광을 위해 드러내신다. 하나님은 주님이시다. 그래서 하나님 백성의 소망은 늘 그분께 있다. 그분이 만물을 통치하시되 자기 백성을 위해 다스리시기에 그들은 안식과 용기를 얻는다. 무엇이든 그분이 하기로 작정하시면 아무도 막을 수 없다. "나를 여호와인 줄 알리라" 하신 말씀처럼, 자기 백성을 이집트에서 해방하심으로써 하나님의 주권이 만천하에 드러났다. 경외심에 젖어 예배하라. 바로 이분이 당신의 주님이시다.

2. 다니엘과 느부갓네살(단 4-5장): 당신이 정치와 선거를 어떻게 생각하든 상관없이, 때로 전혀 무의미해 보이는 것들의 의미를 찾으려면 하나님의 주권을 보여주는 이 창이 필요하다. 잠언 21장 1절은 "왕의 마음이 여호와의 손에 있음이 마치 봇물과 같아서 그가 임의로 인도하시느니라"고 했고, 시편 22편 28절은 "나라는 여호와의 것이요 여호와는 모든 나라의 주재심이로다"라고 했다. 또 다니엘 2장 21절에 "그는 때와 계절을 바꾸시며 왕들을 폐하시고 왕들을 세우시며"라는 말씀도 있다.

혼미한 인간 정부, 지도자들의 흥망, 그로 인한 우리의 좌절과 두려움 등은 겉모습일 뿐이고 그 배후에 주권자이신 주님이 계신다. 그분이 역사의 때와 시기를 주관하시며 "왕들"을 세우고 폐하신다. 인간의 어떤 권위도 최종 권위는 아니다. 모든 인간 지도자의 주권은 유한하며 기한도 정해져 있다. 인간의 모든 권위는 하나님의 권위 아래서 존재하고 유지된다. 이것을 단적으로 보여주는 실제 사례로 느부갓네살의 역사적 사건이 있다. 느부갓네살 왕은 대놓고 최종 권위자를 자처하면서 자신의 영광에 도취하여, 오직 하나님께만 합당한 예배와 섬김을 자신에게 바치게 했다. 그래서 만왕의 왕이요 만주의 주께서 일어나 느부갓네살과 이후의 모든 세대에게 누가 참으로 주권자인지를 보여주셨다. 머지 않아 느부갓네살은 자신의 권력이 오직 주님의 뜻과 명령에 의한 것이며, 하나님이 명하시면 자신은 한순간에 무력해져 굴욕을 당한다는 것을 배운다. 또 천지간의 모든 일을 다스리시는 분이 계서서 그분이 역사의 방향을 정하신다는 것과 지상 나라들이 그분의 뜻대로 흥하고 망한다는 것도 깨닫는다.

대통령과 국회의원과 각급 지자체장의 선출이나 통치 때문에 희망을 버리고 기도를 멈추고 타협에 굴하고 싶어질 때면, 하나님이 느부갓네살을 왕궁에서 풀밭으로 쫓아내시던 장면을 떠올려야 한다. 느부갓네살이 배웠듯이 인간 지도자는 누구도 자치권과 최종 권위가 없으며 독자적으로 다스리지 못한다. 만왕의 왕이 계셔서 모든 지도자를 주관하시고 역사의 방향을 정하신다. 주님만이 주권자시다.

3. 요나: 달아나는 선지자와 물고기의 자못 이상한 이야기가 왜 성경에 있는지 의아할 수 있다. 요나서는 예언서에 속해 있지만 예언이 거의 없다. 이 48개 구절의 이야기는 왜 성경에 포함되어 있을까? 내가 확신하기로는 요나서가 성경적 세계관 전체를 페이스북 게시물처럼 보여주기 때문이다. 우리는 이 이야기에서 장엄한 권능과 영광으로 세상을 주관하시는 하나님, 죄로 인해 처참히 망가진 세상, 우리가 자신보다 큰 것을 위해 살도록 지어졌다는 사실, 불굴의 은혜를 베푸시는 하나님의 임재와 능력 등을 접할 수 있다.

요나 이야기를 통해 제시되는 하나님의 영광은 만물을 통치하시는 그분의 주권이 구체적으로 나타난다는 점에서 영화롭다. 요나가 하나님을 피해 달아나자 그분이 "큰 바람을 바다 위에 내리시매 바다 가운데에 큰 폭풍이 일어"났다(욘 1:4). 생생한 표현에 주목하라. 그분은 바람을 한 움큼 집어서 정확히 요나가 피해 있던 배를 겨냥하여 던지신다. 그분이 바다를 어찌나 사나워지게 하셨던지 노련한 뱃사람들마저 겁에 질렸다. 하나님이 하신 일이다. 현대 과학의 냉소 때문에 여기서 당신의 생각이 막혀서는 안 된다. 하나님은 정말 바람과 파도를 주관하신다. 존재하는 만물에 대한 그분의 유효 통치권이 어느 정도인지 알고 싶은가? 바람과 파도도 그분의 명령에 순종한다. 그분은 언제 어디서 누구에게나 자신의 뜻대로 자연력을 부리실 수 있다. 그분은 주님이시다.

피조물을 주관하시는 하나님의 통치는 여기까지 전개된 이야기보다도 더 구체적이다. 요나 1장 17절은 "여호와께서 이미 **큰 물고기를 예비하사 요나를 삼키게 하셨으므로**"라고 묘사한다. 당신의 머릿속에 이 장면을 포착하여 상상으로 그려보라. 동물도 하나님의 주권적 통치 아래에 살면서 거기에 반응한다. 이 경우 물고기가 하나님의 명령에 순종한다. 분명히 말하지만 이 이야기는 결코 우화나 비유가 아니라 역사로 제시되었다. 요나서에 역사로 제시된 내용이 실제로 있었던 일이 아니라면, 어떻게 하나님 말씀의 역사성을 조금이라도 믿을 수 있겠는가?

정말 물고기가 있어서 정말 하나님의 명령에 순종하여 정말 요나를 삼켰다가 정말 바닷가에 토해냈다. 하나님은 동물을 예비하셔서 자신이 명하는 대로 하게 하신다. 그분은 주님이시다. 피조물을 주관하시는 하나님에 관한 요나 이야기의 구체성은 갈수록 흥미진진해진다. 요나는 니느웨에 말씀을 전한 뒤 성 밖에 앉아 투덜거린다. 그러자 하나님은 작정하고 실물 교육을 통해 그의 마음을 드러내신다. "하나님이 벌레를 예비하사…(요나를 그늘로 가려주던) 그 박 넝쿨을 갉아먹게 하시매"(욘 4:7). 벌레도 하나님의 명령에 순종한다! 벌레조차도 말이다! 그분은 땅속을 기어 다니는 미물까지 포함해서 만물의 주님이시다. 자신이 지으신 모든 것 하나하나의 주님이시다. 하나님이 명하시면 자연이 순종한다.

요나 이야기에서 하나님은 그저 어깨에 힘을 주시며 자신의 능력을 과시하시는 게 아니다. 물론 그분은 자신의 주권적 통치의 장엄한 영광을 우리에게 계시하신다. 하지만 여기서 놓쳐서는 안 될 것이 있다. 그분이 자신의 통치를 활용하시는 방식은 우리에게 놀라운 격려와 희망을 준다. 하나님이 내보이시는 능력과 통치는 은혜의 도구다. 폭풍과 물고기와 벌레가 다 은혜의 도구다. 하나님은 요나를 추적하신다. 도망치고 불평하고 나서 이야기가 끝날 때까지도 하나님은 여전히 이 선지자의 마음을 추적하신다. 하나님은 피조물을 통치하시는 주권을 활용하셔서 자신의 사람을 해방하시고 구속하신다. 이것이야말로 기쁜 소식이다.

4. 참새(마 10:29-30): "참새 두 마리가 한 앗사리온에 팔리지 않느냐 그러나 너희 아버지께서 허락하지 아니하시면 그 하나도 땅에 떨어지지 아니하리라 너희에게는 머리털까지 다 세신 바 되었나니." 작은 새의 죽음보다 더 평범하고 사소한 일이 있을까? 겉보기에 새의 죽음은 일정한 자연 주기처럼 보인다. 사실 이 본문을 읽다가 궁금해서 미국에서 매일 새가 얼마나 죽는지 검색해보았는데, 1,370만 마리라는 숫자에 깜짝 놀랐다! 1년이면 50억 마리다. 그런데 충격적인 사실이 있다. 예수님은 그중 단 한 마리의 새도 하나님의 개입 없이는 땅에 떨어지지 않는다고 단언하신다. 특별히 주목할 점은 예수님이 "너희 아버지께서 모르시게는"이라고 말하지 않으셨다는 것이다. 그분의 말씀은 그보다 훨씬 강도가 높다. "너희 아버지께서 허락하지 아니하시면"이라는 표현은 그분의 통치를 뜻한다. 일을 유발하시는 권한을 뜻한다. 피조물을 통치하시는 하나님의 주권을 얼마나 세밀하고도 강도 높게 보여 주는 표현인가.

이 본문에서 놓치면 안 될 것이 또 있다. 예수님은 이 주권자가 "너희 아버지"라고 밝히신다. 세상을 다스리시는 하나님의 권세가 막연하고 냉담하다는 관점은 이로써 힘을 잃는다. 세상을 다스리시는 분은 우리 아버지다. 그분은 아버지의 지혜로 자녀를 지키시고 돌보신다. 사랑과 은혜의 마음으로 다스리신다. 자녀가 하나님의 최선을 알아보지 못해도 그분은 늘 최선의 길로 행하신다. 하나님은 아버지로서 자녀를 위해, 자신의 권한을 버리거나 통제권을 남에게 내주거나 일손을 놓지 않으신다.

이 격려로도 아직 모자라다는 듯 예수님은 아버지의 통치의 놀라운 점을 하나 더 언급하신다. "너희에게는 머리털까지 다 세신 바 되었나니." 하나님은 자녀에게 일어나는 모든 일에 어찌나 깊이 개입하시는지 머리털의 수까지 늘 정확히 회계하신다. 그 일이 불가능하리라 지레짐작하지 말고, 마음을 열어 상상의 날개를 펴라. 그리고 자신에게 이렇게 말해주라. "이분이 나의 하나님이시며, 동시에 은혜로 말미암은 나의 아버지시다."

5. **이방인의 회심**(행 13:13-52): 바울과 바나바는 비시디아 안디옥에 있었다. 그들이 안식일에 회당에서 말씀을 전하자 무리가 길로 쏟아져 나와 다음 안식일에도 와달라고 청했다. 다음 안식일에 온 시민이 말씀 선포를 듣고자 모인 것으로 보아, 그들의 메시지가 특이하고 능력이 있다는 소문이 퍼진 것이 분명했다. 유대인들은 군중의 규모와 잘 받아들이는 반응에 위협을 느껴 어떻게든 이 복음 전도자들을 반박했다. 바울과 바나바는 겁내지 않고 계속 명확하고 담대하게 말씀을 전했다.

누가는 이 사건의 역사성을 상술한 뒤에 요약을 덧붙였는데, 이 요약은 하나님이 피조물을 어떻게 다스리시는지를 간략하면서도 신학적으로 풍부하게 잘 설명한 것이다. "이방인들이 듣고 기뻐하여 하나님의 말씀을 찬송하며 영생을 주시기로 작정된 자는 다 믿더라"(행 13:48). 누가는 하나님이 그들을 택하여 믿게 하셨다는 말로는 부족해서 더 깊이 들어갔다. 바울과 바나바가 그곳에 가서 명확한 복음의 메시지를 공공연히 전한 것과 이방인들이 듣고 기뻐하며 기꺼이 받아들인 것까지도 그분이 다 작정하셨다는 것이다. 하나님은 결과뿐만 아니라 그 결과에 이르는 과정까지도 일일이 다 주관하셨다.

하나님은 세상을 다스리시되 부차적 행위자의 중요성과 유효성을 침해하지 않으신다. 이 말은 무슨 뜻인가? 그분이 자신의 뜻을 성취하실 때 결코 우리를 로봇으로 전락시키지 않으신다는 뜻이다. 우리의 생각은 실제로 중요하고, 우리의 말에도 의미와 목적이 있다. 우리의 선택도 유효하다. 하나님은 자신이 정하신 일을 이루실 때 우리의 생각과 갈망과 행동과 선택과 경험과 관계와 장소를 다 수단으로 쓰신다. 따라서 하나님이 모든 일을 정하셨고 늘 매사를 주관하시므로 우리의 언행이 아무런 영향도 미치지 못한다는 말은 성립되지 않는다. 세상을 다스리실 때 그분은 우리의 선택과 행동을 유효하고 중요하게 여기신다. 그분은 목표와 수단을 다 주관하신다.

6. 아테네의 바울(행 17:16-33): 바울은 아레오바고에서 말씀을 전했다. 상대는 "종교심"은 많은데 신을 알 수 없다고 확신하는 철학자들이었다. 그들에게 바울은 하나님이 어떤 분이신지를 설득력 있게 명확히 제시했다. "인류의 모든 족속을 한 혈통으로 만드사 온 땅에 살게 하시고 그들의 연대를 정하시며 거주의 경계를 한정하셨으니 이는 사람으로 혹 하나님을 더듬어 찾아 발견하게 하려 하심이로되 그는 우리 각 사람에게서 멀리 계시지 아니하도다"(행 17:26-27). 바울의 말을 풀어 써보면 이렇다. 하나님은 우리 각자를 지으셨을 뿐 아니라 우리의 정확한 수명과 특정한 거주지도 정하셨다. 바울의 말처럼 이는 언제라도 우리가 손을 내밀어 그분께 닿을 수 있도록 우리와 가까이 계시기 위해서다.

바울이 묘사한 하나님의 주권은 내게 큰 위로와 기쁨을 준다. 그분이 세상을 다스리시는 방식에는 자신을 낮추시는 사랑과 애틋한 은혜가 있다. 우리는 대개 하나님의 주권을 초월적 속성으로 생각하지만, 바울은 내재적 주권의 신학을 설파한다. 그분이 주권적으로 우리 각자에게 늘 가까이 계시다는 것이다. 하나님은 당신의 세상과 떨어져 있거나 멀리 숨어 계시지 않는다. 하나님의 통치는 그분이 가까이 계심을 보증하며, 이는 당신과 내가 들을 수 있는 최고의 소식이다.

◆

하나님의 주권에 대한 신학은 늘 우리를 예수님께로 인도한다. 하나님은 주권적 통치를 통해 사상 최고의 놀라운 이야기를 쓰셨다. 인류 역사가 예수님의 강림 쪽으로 진행되는 데 필요한 모든 상황과 장소와 인물과 혈통을 그분이 주관하셨다. 족장 시대의 언약, 노예였던 백성의 해방, 율법과 제사 제도의 제정, 약속의 땅 점령, 왕들과 왕국들의 흥망, 유다 가문의 보전 등 예수님이 오시는 데 필요한 모든 것을 그분이 정하시고 준비하셨다.

예수님이 베들레헴에서 나신 것, 제자들을 모아 사역을 맡기신 것, 바리새인들의 박해, 빌라도의 타협도 다 하나님이 주관하셨다. 이 모두가 아들을 십자가에서 마지막 제물이 되게 하시기 위해서였다. 또 그분은 한 무덤을 택하여 빌리셨고, 금방 다시 비게 하셨다. 하나님이 정하신 대로 예수님은 부활 후 자기를 나타내시다가 아버지의 오른편으로 승천하셨다. 교회의 탄생과 확장, 복음이 세계에 전파된 것, 말씀의 기록과 보전도 다 하나님이 정하고 주관하셨다. 복음이 계속 전파되어 마침내 당신의 귀에 들리고 그것을 믿게 된 것도 하나님이 정하신 일이다. 하나님은 당신의 이야기가 예수님의 영광스러운 이야기에 접붙여지도록 정하셨고, 모든 관련자와 주변 환경을 주관하여 그렇게 성사시키셨다. 하나님의 주권이 세상에 예수님을 보내주었고, 그분의 은혜가 당신을 그 아들에게로 이끌었다. 하나님은 당신에게 예수님을 주신 이 이야기의 주인이시다. 이로써 당신의 영원한 운명은 물론이고, 그때까지 당신이 그분 안에서 그분과 함께 살 것도 보장되었다.

08
일상생활 속의 하나님의 주권

세상은 통제 불능인 듯 보인다. 생면부지의 사람은 물론이고 우리 자신과 주변의 사랑하는 이들에게도 힘든 일이 닥쳐오다 보니, 모든 면에서 완전하신 분이 세상을 절대적으로 통제하신다는 사실을 붙들기가 힘들다. 하나님의 주권은 여러모로 직관에 어긋나 보인다. 누구도 우리를 통치하는 것 같지 않고, 날마다 우리 마음대로 수많은 선택을 내리는 것 같다. 어떤 일은 통제 밖에서 발생하는 것 같고, 나쁜 일이 벌어져도 아무런 저지나 억제가 없는 것 같다. 그렇다면 언제 어디서나 하나님이 만사를 주권적으로 통제하신다는 진리를 믿는 삶은 어떤 모습일까? 지금부터 하나님의 주권이 일상생활과 어떻게 연관되는지 살펴보자.

세상을 신중하게 해석하라

신학은 성경의 책장 속에 펼쳐지는 진리를 정연하게 이해하는 길 이상을 의미한다. 신학은 곧 우리의 삶이다. 본래 성경의 진리는 삶과 관계와 세상의 의미를 찾는 수단이고, 모든 선택과 행동의 길잡이다. 당신의 현실관에 하나님의 주권이라는 개념이 없다면 삶과 세상과 일상사의 의미를 제대로 찾을 수 없다.

우리는 하나님의 형상대로 지어진 존재이므로 의미를 추구한다. 이성적 존재이므로 매사를 알고 이해하려는 욕구, 무의미한 상태에서 벗어나려는 욕구를 타고났다. 그래서 우리는 경험하는 사실 자체에 기초하여 살아가지 않고 그 사실에 대한 특정한 해석에 기초하여 살아간다. 당신의 삶에 가장 큰 영향을 미치는 사람은 당신이다. 다른 누구보다도 당신이 자신에게 가장 많이 말하기 때문이다. 날마다 자신에게 하는 말은 생활 방식을 형성하기 때문에 매우 중요하다.

우리의 세상은 통제를 벗어나 있지도, 운명이나 변칙에 놀아나지도 않는다. 능력과 지혜와 사랑의 화신이신 하나님의 자상한 통제 아래 놓여 있다. 정말 그렇게 믿는 사람은 평안한 마음과 확신과 희망을 품고 살아가게 된다. 이런 좋은 것을 얻을 더 나은 방법은 없다. 당신이 처해 있는 상황이나 장소와 관계 중 왕이신 그리스도가 다스리지 않으시는 영역은 하나도 없다. 정말 그렇게 믿으면 삶이 얼마나 달라 보일지 생각해보라. 우리는 끝없이 되풀이되는 역사의 순환에 갇혀 있지 않다. 우리는 하나님이 자신의 완전한 계획을 예정대로 점차 이루어가시는 세상에 살고 있다. 이렇게 믿으면 태도와 감정이 어떻게 달라질지 생각해보라.

평소 우리의 불안과 염려와 두려움과 낙심은 대부분 '내 통제를 벗어난 일이 곧 통제 불능이다'라는 생각에서 비롯된다. 하지만 성경은 사건을 수평적으로 제대로 이해하려면, 먼저 수직적으로 보아야 한다고 말한다. 여기서 내가 권하고 싶은 삶의 도구가 하나 있는데, 이것은 하나님의 주권 신학을 매일의 삶에 접목하면 얻을 수 있다. 나는 일상생활과 관련하여 사람들이 하나님의 주권에 함축된 실제적 의미를 알고 살아가도록 돕기 위해 이 도구를 개발했다.

내가 당신 앞에 종이 한 장을 놓았다고 상상해보라. 거기에 작은 원이 그려져 있고 바깥으로 훨씬 큰 원이 있다. 안쪽 원을 임무의 원, 바깥쪽 원을 관심사의 원이라 하자. 임무의 원은 하나님이 당신에게 명하신 일, 누구에게도 양도할 수 없는 일을 가리킨다. 그분이 정해주신 매일의 본분이다. 당신의 소명이라 해도 좋다. 안쪽 원에 대한 합당한 반응은 하나님이 주실 능력과 은혜에 의지하여 신중하고 충실하게 순종하는 것뿐이다.

그런데 살다 보면 당신의 임무가 아닌데도 당신의 주목을 끌고 생각을 사로잡으며 마음을 짓누르는 일이 많다. 당신의 능력으로 수행하거나 성취할 수 없는 이런 일은 바깥쪽 원인 관심사에 해당한다. 이런 관심사에 제대로 반응하려면 주님께 그것을 맡기는 수밖에 없다. 그분이 자신의 영광과 우리의 궁극적 유익을 위해 그 모든 일을 주관하신다. 그분께 맡길 수 있는 이유는 내 통제를 벗어난 일도 통제 불능이 아니라는 성경의 가르침 때문이다. 하나님이 모든 일을 계획하시고 정하신 대로 적극 다스리신다.

하나님이 부르신 대로 살려면 당신의 삶에서 어떤 일이 어떤 원에 해당하는지를 알아야 한다. 예컨대 부모는 자녀를 주의 교훈과 훈계로 양육하도록 부름받았다. 그러나 자녀의 마음속에 신앙을 만들어내는 것은 완전히 능력 밖의 일이다. 물론 그것이 부모의 관심사이자 마음의 무거운 짐이겠지만, 부모에게 신앙을 만들어낼 능력이 없음을 알아야 한다. 이것을 오해하면 부모로서 해서는 안 될 일을 하게 된다. 어떤 어머니가 내게 "할 수만 있다면 우리 아이들을 억지로라도 신자로 만들겠어요!"라고 말한 적이 있다. 그 순간 나는 '내가 당신의 자녀가 아니라서 다행이네요'라는 생각이 들었다. 자녀에게 신앙을 강요하는 부모는 자녀의 심령을 짓밟아 오히려 더 멀리 몰아낸다.

엄연히 하나님 소관인 일을 안쪽 원에 욱여넣는다면 이는 당신이 군림하고 지배하는 것이며, 결국 당신의 삶은 불안과 두려움으로 점철될 것이다. 하나님은 우리에게 일련의 임무를 주셨을 뿐 아니라, 또한 천국의 휘장을 걷어 그분의 주권적 보좌를 보여주신다. 덕분에 우리는 선한 청지기가 되어 내 소관으로 맡겨진 몇 가지 일에 충실함과 동시에, 내 소관 밖의 관심사는 하나님의 주권적 통제 아래 있음을 알고 안식할 수 있다. 자기 자신에게 이런 질문을 던져보라. "나는 삶에서 하나님이 내게 하라고 명하신 일과 그분께 기꺼이 맡기라고 하신 일을 명확히 구분하고 있는가?"

하나님의 주권을 믿으면 겸손과 기쁨이 싹튼다

잠시 멈추어 우리의 주권의 한계를 생각해보면 마음이 겸허해진다. 자신이 통제할 수 있는 일이 거의 없음을 우리는 기꺼이 인정해야 한다. 나는 자동차 열쇠와 휴대 전화와 이어폰을 간수하는 것만도 벅차다. 하나님의 주권 신학 앞에서 우리는 겸손해져야 한다. 이와 관련된 야고보의 말을 읽어보자.

> 약 4:13-15 들으라 너희 중에 말하기를 오늘이나 내일이나 우리가 어떤 도시에 가서 거기서 일 년을 머물며 장사하여 이익을 보리라 하는 자들아 내일 일을 너희가 알지 못하는도다 너희 생명이 무엇이냐 너희는 잠깐 보이다가 없어지는 안개니라 너희가 도리어 말하기를 주의 뜻이면 우리가 살기도 하고 이것이나 저것을 하리라 할 것이거늘.

자신의 통제권이 실제보다 큰 것처럼 행세하고픈 유혹은 솔깃하다. 스스로 이루지 못했을 성과의 공로를 가로채고픈 유혹도 달콤하다. 삶을 내 뜻대로 제어할 수 있다고 생각하거나, 하나님을 찬양해야 할 상황에서 자만심에 취하고픈 유혹도 매력적이다. 그런데 사실 우리는 내일 일도 모른다. 내일을 계획하거나 통제하는 일은 우리 소관이 아니라 오직 하나님의 소관이다. 성경이 가르치는 하나님의 주권 앞에서 우리는 겸손해져야 한다. 좋은 성경 신학은 하나님이 누구신지를 밝혀줄 뿐 아니라 우리의 정체성도 하나님의 자녀로 새롭게 규정한다. 하나님의 주권이 가르쳐주듯이, 우리는 삶의 무대에서 독립된 배우가 아니라 늘 그분께 의존한다. 하나님이 우리 삶의 모든 일을 계획하시고 날마다 주관하신다.

일례로 당신이 사업체를 운영한다고 생각해보라. 아무리 열심히 일하고 재능을 잘 관리해도 당신이 모든 경제 상황을 통제할 수는 없다. 성공하려면 당신 회사의 전 직원과 모든 상황이 협조해야 하는데, 이 또한 당신의 통제 밖에 있다. 루엘라와 함께해온 지난 수십 년의 결혼 생활을 떠올려본다. 어떤 장엄한 주권의 존재가 우리의 이야기를 하나로 엮지 않고서야 어떻게 쿠바 출신의 소녀와 오하이오주 출신의 소년이 같은 시간에 같은 장소에서 만날 수 있었겠는가? 물론 우리도 좋은 부부가 되려고 열심히 노력했지만, 여태 우리가 함께 걸으며 건강한 결혼 생활을 누릴 수 있었던 것은 수없이 많은 요소가 요긴하게 맞아들었기 때문이다. 하나님의 주권을 망각하는 사람은 결코 스스로 이루거나 거두거나 통제하지 못했을 성과의 공로를 자꾸 가로챈다. 스스로 하지 못했을 일의 공로를 가로챈다면, 이는 마땅히 공로를 인정받으셔야 할 분을 찬양하지 않는 것이다.

요컨대 하나님의 주권은 우리를 아주 겸손하게 한다. 겸손한 마음은 예배하는 마음이고 감사하는 마음이다. 겸손한 마음은 순종하는 마음이고, 사랑하며 섬기는 마음이다. 하나님의 주권을 마음에 품으면 당신의 삶에 선한 열매가 풍성히 맺힌다.

또한 하나님의 주권이라는 진리는 우리 안에 결코 흔들리지 않는 기쁨을 낳는다. 우리가 살아가는 세상은 냉담한 우연과 혼돈의 장이 아니다. 이 세상은 하나님의 자비로운 통치 아래 놓여 있고, 통치하시는 그분은 은혜로 말미암아 당신의 아버지시다. 이 사실을 아는 것보다 더 큰 위안과 기쁨을 주는 일은 별로 없다. 어디를 가든 당신의 아버지가 다스리신다. 삶에 무슨 일이 닥치든 당신의 아버지가 다스리신다. 다스리시는 아버지가 또한 당신의 기도를 들으신다. 놀라운 은혜로 그분은 능력과 권한을 행사하여 당신이 잘되게 하신다. 이 글을 읽고도 당신 안에 기쁨이 샘솟지 않는다면 무엇이 당신을 기쁘게 할지 모르겠다.

지난 몇 년 동안 나는 몸이 아파서 많이 고생했다. 지금은 회복되었지만 질병과 노쇠는 죽는 날까지 나를 따라다닐 것이다. 고통이 극에 달했던 순간일수록 내 안의 기쁨도 흔들림 없이 깊었다. 고통을 즐겼다는 말이 아니다. 아플 때마다 내가 부르짖는 대상이 이 병치레까지도 속속들이 다 주관하시는 분임을 나는 알았다. "주님, 도와주세요"라고 탄식할 때마다 내 주권자이신 아버지가 들으심을 알았고, 그분이 내 기도에 응답하실 의향도 있고 능력도 있으심을 알았다. 부르짖을 대상, 즉 응답하실 능력이 있는 분이 없다면 이런 시간을 어떻게 견딜지 막막하다.

똑같은 고통을 다시 겪을 일은 아마 없겠지만, 나는 기쁨이 녹아들어 있던 그 시간으로 말미암아 감사한다. 내 아버지가 만왕의 왕이요 만주의 주이심을 아는 데서 오는 기쁨이 내 안에 가득하다.

하나님의 주권에 대한 합당한 반응은 순복뿐이다

구속사에서 가장 놀라운 순간 중 하나로 가보자. 영화에 나올 법한 극적인 장면이다. 하나님 백성의 신앙생활은 바알 숭배로 더럽혀져 있었다. 문화가 영적 분열증에 걸려 백성이 하나님을 '예배'하는 동시에 바알을 떠받들었다. 하나님은 엘리야를 세워 이 무도한 패역에 맞서게 하셨다. 이스라엘을 향한 엘리야의 도전은 오늘날의 우리 각자에게도 적용되도록 보존되어 있다. "너희가 어느 때까지 둘 사이에서 머뭇머뭇하려느냐 여호와가 만일 하나님이면 그를 따르고"(왕상 18:21). 이어 엘리야는 바알 선지자들에게 누가 참 하나님인지를 증명할 대결을 제의했다. 이 영적 드라마의 무대는 갈멜 산이었다. 바알 선지자 450명은 제단을 쌓고 제물을 올려놓은 뒤 몇 시간 동안 소리를 지르고 춤추며 자신들의 몸을 상하게 했다. 그런데 응답이 없었다. 아무 일도 일어나지 않고 침묵만 흘렀다.

엘리야도 제단을 쌓고 제물을 올려놓은 뒤 그 위에 물을 흠뻑 붓고 간단히 기도했다. 그 기도는 이런 말로 끝난다. "여호와여 내게 응답하옵소서 내게 응답하옵소서 이 백성에게 주 여호와는 하나님이신 것과 주는 그들의 마음을 되돌이키심을 알게 하옵소서"(왕상 18:37). 즉시 하늘에서 불이 내려와 제물만 아니라 제단의 돌과 물까지 다 살랐다. 그 이유는 엘리야가 기도한 대상이 천지를 주관하시는 주님이기 때문이다. 하나님은 자신이 지으신 세상의 모든 구성 요소를 다스리시고, 자기 백성의 유익을 위해 권능을 행사하신다. 그분만이 만유의 주님이시다. 이로써 승부가 결판나고 논쟁이 종료되었다.

주님의 주권적 통치에 대한 엘리야의 반응은 "여호와가 만일 하나님이면 그를 따르고"(왕상 18:21)였다. 하나님의 주권이라는 진리에 걸맞은 반응은 순복뿐이다. 즉, 당신의 전 존재와 모든 소유를 그분께 드려야 한다. 순복은 우리 안팎에서 벌어지는 영적 전쟁의 구심점이다. 이스라엘 백성이 대놓고 표리부동했던 것같이 우리도 은근히 겉과 속이 다를 수 있다.

말로는 하나님의 주권을 믿는다지만 막상 당신의 결혼 생활과 일과 자녀 양육과 정체성과 신앙생활을 빚어내는 것은 갖가지 우상 숭배일 수 있다. 창조주 대신 피조물을 숭배하고 섬기려는 유혹이 드는 부분은 어디인가? 주님만이 주관하셔야 할 당신의 마음을 실제로 지배하고 있는 사람이나 장소나 사물은 무엇인가? 당신의 생각과 갈망과 선택과 말과 행동을 주님이 다스리고 계신가? 주님이 하나님이라면 그분을 따르라. 하나님의 주권을 믿는다면서 자원하여 순복하지 않는다면 그것은 성경적 믿음이 아니다.

신비와 혼란은 늘 남아 있다

당신과 나는 하나님의 비밀 회의에 배석하거나 그분에게서 앞일을 통보받는 존재가 아니다. 그래서 늘 혼란과 신비와 예기치 못한 일에 부딪힐 수밖에 없다. 하나님의 주권을 믿는다고 해서 당신의 삶에서 그런 요소가 사라지지는 않는다. 문제는 하나님이 우리에게 지성과 사고력을 주셨기 때문에 우리에게 매사를 알고 이해하려는 욕구, 삶의 의미를 찾으려는 욕구가 있다는 것이다. 우리는 혼란에 빠지거나 허를 찔리는 것을 싫어한다. 풀리지 않는 신비를 안고 살아가는 것도 싫어한다.

그러나 우리는 창조주와 피조물 사이에 넘을 수 없는 선이 있음을 기꺼이 받아들여야 한다. 어떤 것은 하나님이 우리에게 말씀해주지 않으셨고 앞으로도 말씀해주지 않으실 것이다. 끝내 우리가 다 이해하지 못할 부분이 있다는 뜻이다. 풀 수 없는 신비가 삶에 들어앉아 우리의 생각을 괴롭힐 것이다. 하나님이 우리가 알고 싶은 대로 다 말씀해주지 않으신다는 사실은 그분이 아버지로서 우리를 자상하게 사랑하신다는 한 징후다.

우리 아이들이 어려서 삶과 여러 위험을 잘 몰랐을 때는 나도 그냥 안 된다고만 말해야 했던 때가 많았다. 이유를 말해도 아직 아이들이 알아들을 수 없었기 때문이다. 아이들이 속상해서 "아빠, 왜요? 왜요?"라고 물으면 나는 이렇게 말하곤 했다. "아빠도 이유를 말해주고 싶지만 지금은 말해도 네가 알아듣지 못해. 아빠가 너를 사랑하지? 네가 잘되기를 바라지? 너를 안전하게 지키려는 거지? 그럼 아빠를 믿어. 네 방으로 가면서 혼자 이렇게 말해보렴. '왜 안 된다는 건지는 모르겠지만 나는 아빠가 나를 사랑한다는 걸 알아.'"

잠시 생각해보라. 자녀의 안식은 모든 답을 아는 데 있지 않고, 답을 아는 부모를 믿는 데 있다. 기본적으로 안식은 이치를 이해하는 데 있지 않고, 당신이 알고 싶은 모든 것을 주관하시는 하나님의 존재와 능력과 권한과 지혜와 사랑을 신뢰하는 데 있다. 마음의 안식은 늘 인격적이고, 영혼의 평안은 늘 관계적이다. 하나님이 자신의 주권적 계획을 우리에게 세세히 공개하지 않으심은 그만큼 우리를 사랑하시기 때문이다. 그분은 우리의 짧은 생각과 약한 마음으로 감당할 수 없는 것들에서 우리를 보호하신다. 자녀를 사랑하는 부모라면 누구나 그렇게 한다. 재정이 쪼들릴 때 당신은 자녀를 사랑하기에 그 아찔한 짐에서 자녀를 보호한다. 부부 사이가 힘들 때도 당신은 자녀를 사랑하기에 자녀에게 부담이 가지 않게 한다. 부모가 사랑으로 자녀를 보호하는 이유는 바로 자녀가 알아도 그 무게를 감당할 수 없기 때문이다.

하나님은 매사를 알고 이해하려는 우리의 욕구를 채워주실 때, 답을 주시기보다는 자신을 주신다. 자신의 존재와 통치와 지혜와 신실하심과 사랑을 우리에게 계시하신다. 덕분에 우리는 고통스러운 신비에 맞닥뜨려서도 마음의 평안과 안식을 누릴 수 있다. 그분을 더 알고 사랑으로 돌보시는 그분의 성품을 더 깨달을수록 안식도 더 깊어진다. 그러니 오늘 당신의 삶이라는 방으로 돌아가면서 이렇게 말하라. "내가 이해하지 못하는 게 많지만 내 아버지께서 주관하고 계심만은 안다. 그분이 지혜롭고 선하시며 나를 사랑하심도 안다." 이 말을 자꾸 되뇌어야 한다. 신비에 싸여 마음에 고통만 줄 뿐 무의미해 보이는 일이 앞으로도 많을 것이기 때문이고, 하나님이 하나님이고 당신은 하나님이 아니기 때문이다. 결국 안식의 출처는 지식이 아니라 신뢰다. 왜 그런 일이 있었는지 자문자답해서는 안식이 보장되지 않지만, 매사를 누가 주관하시는지를 떠올리면 안식이 찾아온다.

하나님의 통제가 늘 명확하지는 않다

하나님 말씀의 신학을 진지하게 대하는 사람이라면 누구나 부딪히는 실제적인 문제가 있다. 무엇이 진리인지 늘 명확하지는 않다는 것이다. 그래서 삶의 기초를 주변이나 넓은 세상에서 벌어지는 일에 대한 당신의 해석에 두지 말고, 하나님이 계시해주신 그분의 성품과 계획에 두는 것이 중요하다. 성경에 선포되어 있듯이 하나님은 자신이 창조하신 세상, 역사의 진행, 자신의 형상대로 지으신 인간을 항시 적극 통제하신다. 하지만 우리 눈앞의 세상은 의롭고 지혜로운 통제 아래 있지 않은 듯 보일 때가 많다. 아침에 눈을 뜨면서부터 가정에서 웬만큼 혼돈을 경험하며, 인터넷으로 접하는 소식들은 온 세상의 잘못되고 통제 불능인 요소로 가득 차 있다. 아무도 통제하고 있는 것 같지 않다. 적어도 당신이 굳이 예배할 만한 존재의 통제는 없어 보인다.

신자들에게는 어느 세대에나 이 문제가 있었다. 이스라엘 노예들에게 이집트의 세계가 하나님의 통제 아래 있어 보였던가? 이스라엘을 악한 왕들이 다스리던 때나 예루살렘과 성전이 파괴되었을 때, 하나님이 통제하시는 것 같던가? 로마가 철권통치 시절에 하나님이 통제하시는 것 같던가? 무서운 자연재해로 인명 피해가 클 때나 부패한 정치에 자유가 짓밟힐 때나 질병이 수백만의 목숨을 앗아갈 때, 하나님이 통제하시는 것 같은가? 비신자인 이웃은 잘만 사는 것 같은데 그분을 따르려는 당신에게는 고난이 닥쳐올 때, 하나님이 통제하시는 것 같은가? 인종차별과 폭력과 전쟁이 끝없어 보이면, 아무리 그것을 하나님의 통치라는 문맥 속에서 보려 해도 잘 납득되지 않는다. 하나님이 선포하신 진리도 우리의 경험으로는 불명확할 때가 많다.

우리 모두가 이 긴장을 품고 살아간다. 히브리서 저자는 예수 그리스도의 주재권을 논하다가 이 긴장을 넌지시 내비쳤다. "만물로 그에게 복종하게 하셨은즉 복종하지 않은 것이 하나도 없어야 하겠으나 지금 우리가 만물이 아직 그에게 복종하고 있는 것을 보지 못하고"(히 2:8). 하나님의 주권 신학을 정립하는 근거는 수평적 관찰이 아니라 수직적 신앙이다. 세상이 '이미'와 '아직' 사이에 있기에 지금은 하나님의 완전한 통제대로 움직이는 것 같지 않지만, 장차 새 하늘과 새 땅이 임하면 그 통제가 명확해진다. 그래서 지금 이 땅에서는 우리의 재주로 관찰하고 해석하며 결론짓는 쪽보다 자신을 계시해주신 하나님의 말씀을 믿는 쪽이 무한히 더 확실하다. 하나님은 자신이 누구시고 무슨 일을 하시는지를 정확하고 확실하며 믿을 만하게 말씀하셨다. 그분의 말씀을 확신하는 근거를 당신이 관찰한 주변 세상에 두어서는 안 된다. 요컨대 당신이 안심하고 하나님의 주권을 확신할 수 있는 이유는 바로 그분이 말씀 속에 자신의 주권을 거듭 명확히 밝히셨기 때문이다. 그래서 우리는 기꺼이 이 긴장을 품고 살아야 한다. 즉, 하나님이 선포하신 그분에 대한 진리를 늘 당신의 눈으로 보고 머리로 이해할 수 없다는 것이다.

우리는 관찰하고 해석하는 능력을 받았다. 그러나 부모나 배우자나 학생이나 이웃이나 직장인이나 시민이나 그리스도의 몸 된 교회의 지체로서 우리에게 필요한 것이 그런 능력뿐이라면, 하나님이 굳이 자신을 계시하신 말씀을 지휘하고 보존하여 우리에게 전달하지 않으셨을 것이다. 하나님이 자신에 대해 선포하신 내용은 그분의 주권적 통제가 불명확해 보일 때도 여전히 진리다.

하나님의 주권의 참뜻(롬 8:28-29)

하나님이 모든 일을 주관하신다는 진리에 걸맞은 삶이란 실제로 무엇을 의미할까? 그것을 논하려면 신약에서 가장 많이 오해하는 본문 하나를 살펴보지 않을 수 없다. 많은 진실한 신자가 이 본문을 오해해서 하나님께 비현실적인 기대를 품었다가 그로 인한 실망과 회의로 힘들어한다. 이 본문에서 바울은 하나님의 주권을 모든 신자의 삶과 희망에 중요하게 적용한다. 문제는 그 적용이 많은 사람의 해석과 다르다는 것이다. 고난이나 역경에 부딪힌 사람에게 이 본문을 말해주는 이들을 수없이 보았다. 의도는 소망을 주려는 것인데 결과는 정반대다.

그 본문은 바로 로마서 8장 28절이다. "우리가 알거니와 하나님을 사랑하는 자 곧 그의 뜻대로 부르심을 입은 자들에게는 모든 것이 합력하여 선을 이루느니라." 이 말씀을 문맥에서 떼어내면, 하나님의 자녀에게는 삶의 모든 일이 결국 잘된다는 말처럼 보인다. 많은 그리스도인이 이 구절을 삶의 힘겨운 일도 결국은 해피엔딩을 맞는다는 뜻으로 해석한다. 선의의 그리스도인들이 힘들어하는 사람에게 "모든 일이 합력하여 선을 이룰 테니 포기하지 마세요"라는 말을 자주 한다.

나는 이것을 해피엔딩 신학이라 부른다. 이는 나쁜 일을 통과하는 하나님의 자녀에게 그분이 좋은 결말을 약속하셨다는 신념인데, 교회가 이것에 감염되었다.

본문의 문맥을 보자. 바울이 18절부터 거론하는 주제는 고난이다. 우리는 죄로 망가진 세상에 살고 있기에 누구나 고난에 부딪히며, 세상은 탄식하며 속량을 기다리고 있다. 이어지는 내용은 '이미'와 '아직' 사이에 베푸시는 하나님의 은혜에 대한 고찰이다. 바울이 독자들에게 깨우치려는 것은 그들에게 닥쳐오는 어떤 일도 하나님의 구속 계획의 진전을 막거나 그들을 그분의 사랑에서 끊을 수 없다는 진리다.

말씀을 잘 살펴보면 28절 이후의 내용은 이 주제를 보강하기 위해 쓰였다. "하나님이 미리 아신 자들을 또한 그 아들의 형상을 본받게 하기 위하여 미리 정하셨으니 이는 그로 많은 형제 중에서 맏아들이 되게 하려 하심이니라 또 미리 정하신 그들을 또한 부르시고 부르신 그들을 또한 의롭다 하시고 의롭다 하신 그들을 또한 영화롭게 하셨느니라"(롬 8:29-30). 28절에 약속된 "선"이 29-30절에 설명되어 있다. 그것은 상황적 선, 관계적 선, 재정적 선, 장소적 선이 아니다. 이것은 행복한 가정, 멋진 결혼 생활, 사회적 성공, 대단한 교회, 건강한 몸, 편안한 은퇴 생활 등에 대한 약속이 아니다.

여기에 약속된 "선"은 가장 놀라운 선이고 사람이 누릴 수 있는 최고의 복이다. 우리가 얻어내거나 자격을 갖추거나 꿈꿀 수 있는 그 무엇보다도 더 좋다. 그 선은 바로 하나님이 은혜로 우리를 해방하고 용서하고 변화시키고 구원하신다는 것이다. 자신이 택하신 이들의 삶 속에서 은혜로 역사하시는 하나님을 아무것도 막을 수 없다. 그분은 자신이 시작하신 일을 반드시 이루신다. 무슨 일이 있어도 결국 그분의 은혜가 이긴다. 바울이 격려해주듯이 하나님이 장차 우리에게 주실 것이 우리가 바라는 해피엔딩보다 더 좋다. 아파하고 힘들어하는 이에게 하나님은 자신을 주신다. 하나님은 우리 안에 계시고, 우리과 함께하시며, 우리를 위하신다. 계속해서 우리에게 모든 선물 중 최고의 선물을 주신다. 바로 구속의 은혜다.

물론 하나님은 약속대로 우리의 유익을 위해 주권적 권한과 능력을 행사하신다. 나쁜 일을 통해서도 선을 이루신다. 하지만 그것이 상황적 해피엔딩은 아니다. 하나님이 약속하신 선은 무엇에도 굽히거나 꺾이지 않는 그분의 은혜다. 우리가 하나님의 주권을 경축할 수 있는 이유는, 그것이 행복하고 편안한 삶을 보장해서가 아니라 그분과 우리를 이어주기 때문이다. 하나님의 끊을 수 없는 사랑과 막힘없는 은혜라는 경이로운 사실과 이어주기 때문이다. 로마서 8장 28절을 오해하면, 당신이 누릴 혜택이 하나님이 실제로 약속하신 내용보다 작다는 문제가 생긴다. 오히려 그렇게 곡해하면, 안타깝고 비참하게도 혜택이 훨씬 줄어든다. 이 탄식하는 세상에서 계속 불편하게 사는 동안, 모든 독자가 이 구절에 약속된 참된 영광을 되찾기를 기도한다.

하나님의 주권은 아침에 일어날 이유를 준다

많은 사람이 경험하듯이 아침에 일어나기 힘든 날이 있다. 눈을 뜨면 전날 밤의 온갖 고민이 밀물처럼 밀려온다. 남편과 나눴던 끔찍한 대화, 방황하는 듯한 십 대 아들, 실직한 당신에게 다가오는 월세 납기일, 양성으로 나온 건강 검진 결과 등에 대한 걱정이다. 아침부터 심신이 피곤하거나, 돌이킬 수 없는 선택이 후회될 수도 있다. 당신이 목사라면 일어나자마자 생각보다 훨씬 힘든 사역의 현실에 부딪힐지도 모른다. 잠에서 깨어나 몸을 일으킬 때마다 예전 같지 않게 늙어가는 자신을 실감할 수도 있다.

우리 중 많은 사람은 좀처럼 기대감을 품고 기쁘게 일어나기가 쉽지 않다. 삶의 여러 고초가 문 안으로 들어와 나갈 줄을 모르기 때문이다. 이불을 뒤집어써 현실을 도피하려 해도 헛수고다. 성질 급하게 투덜거려 봐야 자신에게도 좋지 않고 당연히 주변 사람들에게도 이로울 것이 없다. 하지만 바로 이럴 때일수록 하나님의 주권 신학이 큰 도움과 격려가 되며 회복에도 유익하다.

이 진리가 일깨워주듯이 하루하루 어떤 시련이 닥쳐오든 당신이 아침에 맞이하는 세상은 지혜롭고 의로운 통제 아래에 놓여 있다. 이 교리가 일깨워주듯이 통제하시는 분은 당신의 아버지시다. 그분이 당신의 삶을 다스리시며 아버지의 사랑으로 돌보신다. 당신의 삶을 세세한 것까지 다 주관하시기에 그분은 손에 닿을 정도로 가까이 계신다. 성경을 보면 통제하시는 그분은 자상하시다. "여호와는 마음이 상한 자를 가까이 하시고 충심으로 통회하는 자를 구원하시는도다"(시 34:18). 아침에 눈을 떠서 세상을 맞이할 때 하나님의 주권 아래 있는 당신은 어떤 상황에서도 혼자가 아니다. 당신의 지혜와 능력으로 혼자 알아서 해야 하는 상황에 놓이지도 않는다.

하루를 시작할 때 하나님의 주권이라는 진리가 우리에게 주는 혜택은 그뿐만이 아니다. 지금 겪는 일이 영원하지 않을 것을 알기에 당신은 평안하고 안심할 수 있다. 당신의 영원한 미래는 보장되어 있다. 하나님은 당신을 버리지 않으시고, 지치지 않으시며, 당신에게 노하여 떠나지도 않으신다. 죄와 질병과 고난이 없는 본향에 당신이 다다를 때까지 하나님이 은혜로 당신을 품고 가신다. 그때 영원의 저편에서 되돌아보면, 그토록 가혹하고 불가능한 일로 가득해 보이던 삶이 눈 깜짝할 사이처럼 짧아 보일 것이다.

하나님의 주권은 아침에 일어나서 다시 부모로서 사랑하고, 다시 충실한 배우자가 되며, 다시 기쁘게 일하고, 다시 관계를 봉합하며, 다시 고난 중에 용기와 희망을 품고, 다시 너그러이 손을 내밀 이유를 준다. 그리고 이 모든 일을 이튿날에도 되풀이할 이유를 준다. 당신은 혼자가 아니다. 당신의 아버지 하나님이 이 세상을 다스리고 계시며, 당신은 상상할 수조차 없이 놀라운 곳으로 가는 중이다. 그곳에 이를 때까지 아버지가 당신과 동행하시며 오늘과 이후의 모든 날을 맞이하는 데 필요한 은혜를 베푸신다.

우리는 다 주권자가 되고 싶어 한다

우리는 매사를 마음대로 좌우할 능력이 없다 보니 쉽게 좌절한다. 이것이 우리가 내면적, 관계적, 상황적으로 고뇌하는 원인이다. 그래서 우리는 도로 위에서 다른 운전자들에게 또는 마트에서 카트에 물건을 한가득 싣고 내 앞에 줄 서 있는 사람에게 분노한다. 휴가지에서 실망한다든지, 사랑하는 사람이나 친구에게 너무 성급히 반응하는 이유도 그래서다. 우리 마음 깊은 곳에는 세상이 내 주권적 계획대로 돌아가고 주변 사람들이 내가 시키는 대로 움직이기를 바라는 욕망이 있다.

창세기 3장으로 돌아가 아담과 하와가 유혹받고 불순종한 기사를 살펴보면 알겠지만, 그들은 달콤하고 탐스러운 열매에 낚인 것이 아니다. 열매는 "너희가…하나님과 같이 되어"라는 더 매력적인 목표의 수단에 불과했다. 그들은 독립과 자급과 자율과 주권을 얻으려 했다. 창조주의 통치에 의존하고 복종할 필요가 없는 삶을 원했다. 뱀의 끔찍한 거짓말은 인간이 주권을 소유할 수 있다는 것이었다. 모든 죄의 근원은 우리도 하나님처럼 되어 그분이 가지신 것을 갖고, 그분만이 하실 수 있는 일을 척척 해내려는 욕망이다. 우리는 다스릴 능력도 없으면서 매사를 다스리려 한다. 삶의 관계와 상황이 하나님의 뜻대로 돌아가는 데 분개한다. 내 뜻대로 되었으면 좋겠다는 것이다.

남편이 화나는 이유는 아내가 자기 뜻에 따라주지 않기 때문이다. 아내는 아내대로 남편을 더 휘어잡으려 한다. 부모가 종종 자녀에게 실망하여 부모로서 해서는 안 될 행동을 하는 이유는, 양육의 사명을 받았는데 자녀의 반응을 통제할 수 없기 때문이다. 우리가 지금의 교회를 못 견디며 다른 교회를 또 '쇼핑'해야 할지 고민하는 이유는 내게 권한이 있다면 교회가 이 모양이 아닐 것이기 때문이다. 우리가 직장에 낙심하는 이유는 일터가 내 소관이라면 하나님이 나를 두신 이 상황 속에 남아 있을 마음이 없기 때문이다.

　건전한 성경 교리는 하나님이 누구신지를 밝혀줄 뿐 아니라, 우리의 정체성도 하나님의 자녀로 새롭게 규정해준다. 이것이 이 책의 주제 중 하나다. 좋은 신학을 통해 규정되는 우리의 모습이 격려와 희망을 줄 때도 있지만, 좋은 신학은 우리 마음의 어두운 부분을 드러낼 때도 있다. 좋은 신학은 늘 위로하면서 잘못도 지적한다. 좋은 신학은 우리 안에 기쁨과 슬픔을 함께 낳아야 한다. 좋은 신학은 우리가 주님에게서 빗나가기 쉬운 부분과 그 결과 함께 살고 함께 일하는 이들을 잘 사랑하지 못하는 부분을 들추어낸다. 주권자가 되려는 자신의 욕망을 부인한 채 마음속에 방치한다면, 유일한 주권자이신 그분께 자신을 의탁하기가 어려워진다.

　우리가 인정해야 할 중요한 사실이 있다. 우리가 이런저런 부분에서 스스로 하나님처럼 통치하려 할 뿐 아니라, 그 결과 나쁜 열매를 거둔다는 것이다. 당신의 삶에서 주권자가 되려는 욕망이 흉측한 고개를 쳐드는 부분은 어디인가? 그 욕망에 굴할 때 당신의 말과 행동으로 나타나는 죄는 무엇인가? 우리 각자가 이것을 매일의 기도 제목으로 삼아 이렇게 기도하면 유익할 것이다. "아버지, 사람도 일도 다 아버지 소관인데 제가 주관하려 할 때가 많음을 자백합니다. 오늘도 제게 은혜를 주셔서 그런 욕망을 물리치게 하시고, 제 삶과 주변 사람과 일을 다 아버지께 의탁하게 하소서. 아버지와 사람들에게 지은 죄를 자백하고 아버지의 용서 안에서 안식합니다." 기도를 마치고 나서 당신이 주권의 짐에서 벗어난 것과 그 보좌에 당신의 아버지께서 앉아 계심에 감사하라.

하나님의 주권은 그분의 약속의 신빙성을 보장한다

하나님은 당신을 해방하고 보호하며 채워주고 변화시켜줄 풍성한 은혜를 약속하셨다. 그분의 모든 약속으로 말미암아 감사하는가? 그렇다면 당신은 매일의 삶 속에서 그분의 주권을 경축해야 한다. 하나님의 약속이 당신에게 의욕과 용기와 풍성한 소망을 주는가? 그렇다면 당신은 영원히 흔들리지 않는 그분의 통치를 기뻐해야 한다. 연약하거나 낙심하거나 불안하거나 두려운 순간에 두 손을 내밀어 하나님의 약속을 붙드는가? 그렇다면 당신은 하나님이 우주의 보좌에 앉아 무한한 능력과 권한으로 만사를 주관하심에 감사해야 한다.

당신이 엄마나 아빠, 남편이나 아내, 직장인이나 학생, 젊은이나 노인, 부자나 가난한 사람으로서 형편이 좋을 때든 나쁠 때든 하나님의 약속에 의지하려면, 그분의 통치를 기뻐하지 않고는 불가능하다. 그 이유는 하나님 약속의 신빙성이 그분의 통치 범위 안에서만 유효하기 때문이다. 우리의 약속도 자신이 통제하는 상황과 장소에서만 이행이 보장된다. 우리 가정은 다분히 내 소관이므로 거기서는 내가 당신에게 약속을 지킬 것을 장담할 수 있지만, 이웃집은 내 소관이 아니므로 똑같이 확언할 수 없다.

하나님이 약속을 지키실 수 있을지 당신이 의아해할 필요가 전혀 없다. 약속이 성취되어야 할 모든 상황과 장소와 관계를 그분이 전적으로 주관하시기 때문이다. 당신의 삶에 하나님의 통제권을 벗어나 있는 부분이 없기에, 그분의 약속이 당신에게 이루어지지 못할 부분도 없다. 하나님은 자신의 약속이 성취되어야 할 우리의 모든 상황을 다스리신다. 하나님이 다스리시기에 그분의 약속은 믿을 만하고, 이루어질 것이 확실하다.

하나님의 주권은 기도하는 우리에게 진정한 소망을 준다

어떤 이들은 하나님이 모든 일을 완전히 주관하시니 기도할 필요가 없다고 말한다. 그분은 만사의 시작과 중간과 끝을 주관하신다. 그분이 뜻하시면 그대로 된다. 마치 우리가 어떻게 기도하든 그분이 결과를 이미 정해놓으신 것처럼 보인다. 그러니 기도가 무슨 소용인가? 하지만 성경은 결코 이런 생각을 조장하지 않는다. 성경은 기도를 명하고 반긴다. 예수님은 우리에게 기도의 모범을 가르쳐주셨다. 성경에는 하나님이 자신의 백성의 기도에 응답하신 사연들이 기록되어 있다. 야고보는 의인의 기도가 "역사하는 힘이 큼이니라"(약 5:16)고 말한다. 성경을 읽어보면 기도가 공허하고 무의미한 종교 행위라는 결론은 전혀 성립되지 않는다.

그렇다면 성경에 제시된 하나님은 어떻게 만사를 완전히 주관하심과 동시에 우리에게 충실한 기도를 명하실 수 있을까? 앞서 말했던 우리의 주도권과 하나님의 주권을 잊지 말라. 하나님은 목표(최종 결과)만 정하시는 것이 아니라 그 목표를 이룰 수단(최종 결과를 낳는 모든 행동과 반응과 대응)도 정하신다. 그분이 계획을 이루시고자 택하신 방법 중 하나가 바로 자녀들의 충실한 기도다. 당신의 기도는 그분의 주권적 계획 바깥에 있지 않고, 주권적 계획을 세상에 이루시는 과정의 중요한 일부다. 우리의 기도는 하나님의 주권적 통치의 필수 요소다.

만물을 주관하시는 하나님의 절대적 통치는 기도를 단념시키기는 커녕 기도하는 이에게 소망과 용기를 준다. 우리는 능력과 권한이 없는 존재에게 기도하는 것이 아니다. 할 수 있는 일이 제한된 존재에게 기도하는 것도 아니다. 우리는 모두 문제를 털어놓았다가 좌절한 경험이 있다. 이야기를 들은 상대가 우리를 걱정해주기는 하지만 권한이나 능력이 없어 아무런 도움도 주지 못하기 때문이다. 걱정해주는 것은 좋지만,

그것만으로는 우리가 처한 상황이 달라지지는 않는다. 하지만 하늘 아버지께 문제를 가져가면 결코 그럴 일이 없다. 그분은 영원한 사랑으로 우리를 사랑하시고, 새로운 자비로 맞아주시며, 아낌없이 은혜를 베푸신다. 또한 우리를 애태우고 짓눌러 자칫 무너뜨릴 수 있든 모든 문제까지도 주관하신다. 우리에게 닥쳐올 일 중 하나님의 권한이나 능력의 범위를 벗어나는 것은 하나도 없다. 게다가 하나님은 약속대로 능력을 행사하여 우리를 잘되게 하신다. 이렇듯 하나님의 주권은 기도를 가로막지 않는다. 오히려 우리에게 기도할 이유와 기도할 때 소망을 품을 이유를 준다.

나는 지치고 상한 마음으로 이번 장을 썼다. 온 세상을 강타한 코로나 팬데믹은 세계 경제를 마비시켰고, 이루 말할 수 없는 고통을 가져다주었으며, 미국에서만 이미 10만여 명의 인명을 앗아갔다. 미국의 도시들은 빗장을 걸어 올린 텅 빈 동굴로 변했다. 교회들은 두 달 넘게 모이지 못했고, 언제 다시 무사히 모일 수 있을지도 불투명하다. 이 비극에 더하여 지난 며칠 동안 우리는 휴대 전화로 촬영된 흑인 조지 플로이드의 죽음을 보아야 했다. 그는 한 경찰관의 무릎에 8분 이상 목이 눌려서 사망했다. 이 끔찍한 살해의 여파로 미국의 모든 주요 도시에서 시위가 벌어졌다. 평화롭던 시위가 폭력성을 띠면서 전국의 상가 지역을 파괴했다. 폭력은 우리가 사는 필라델피아의 센터 시티까지 아주 바짝 다가들었다. 우리는 무서운 밤들을 지내며 우리의 안전과 이 도시를 위해 기도했다. 그러는 동안 팬데믹과 대규모 경기 침체와 인종 폭동이 커지고 뭉쳐져 최악의 사회 혼란으로 치닫는 것을 지켜보았다. 내 인생에서 세상이 통제 불능인 듯 보였던 적이 있다면, 바로 이 글을 쓰고 있는 이 순간이다.

당신이 조금이라도 친절한 마음으로 이웃을 자신처럼 사랑하려는 사람이라면, 조지 플로이드가 살해되는 영상을 보며 의분으로 상심할 수밖에 없다. 또 팬데믹이 전 세계에 입힌 피해를 생각하면 어찌 울고 싶지 않겠는가? 내 마음도 무겁고 아프고 지쳤다. 이런 순간일수록 중요한 것은 당신이 지치고 괴로울 때 어떻게 하느냐는 것이다. 마음이 더는 버티지 못할 것 같을 때 당신은 어떻게 하는가? 이런 순간에 어디로 달려가는가? 나는 다윗처럼 "성전"으로 달려가 다시 한번 주님의 아름다움을 바라본다. 그분을 보노라면 이번 장의 주제가 떠오른다. 실생활이 내 눈에 어떻게 보일지라도 그분은 나를 혼란과 고뇌에 빠뜨리는 모든 상황과 장소를 주관하시는 주님이시라는 것이다. 내가 이해하지 못하는 것을 그분은 완전히 계획하고 이해하신다. 그 사실을 알기에 나는 안식한다. 내가 다스릴 수 없는 것을 그분이 다스리심을 알기에 평안을 누린다.

물론 죄로 망가진 이 세상에서 삶의 고통은 사라지지 않으며, 다시 내 앞에 어두운 순간이 닥칠 것이다. 그러나 완전히 지혜롭고 선하신 그분이 주관하시기에 나는 당황하지 않을 수 있다.

힘들 때든 평탄할 때든 우리가 아닌 하나님이 다스리신다는 것을 알면 황홀하다. 이 세상이 아무리 무질서하고 혼란스러워 보여도, 통제 불능이 아니라 전능하신 주님의 지혜롭고 세심한 통제 아래에 있음을 알면 힘이 난다. 모든 일을 항상 다스리시는 그분이 은혜로 말미암아 우리 아버지심을 알면 만족이 차오른다. 하나님이 다스리시기에 그분의 은혜가 전진하여 생명을 낳고 죄를 이기는 것을 아무것도 막을 수 없음을 알면 위로가 된다. 이 땅의 불완전한 왕들 위에 더 위대하신 왕이 좌정해 계심을 알면 든든하다. 당신의 힘으로 변화시킬 수 없는 깊은 고민거리를 그분의 지혜로운 통치에 맡길 수 있음을 알면 어깨가 가벼워진다. 당신의 정신 건강이 모든 답을 아는 데 있지 않고 태초부터 영원까지 모든 답을 아시는 그분을 신뢰하는 데 있음을 기억하면 좋다. 아침마다 일어나 주권자이신 하나님을 예배하면 영적 건강에 좋다.

개사한 옛 찬송가로 이번 장을 마무리하는 것이 가장 적절한 듯하다. 가사를 읽으면서 성도의 합창을 들어보라. 오랜 세월 그들은 이 노래를 부르면서 새로운 소망과 용기를 품고 살아갔다.

주의 뜻은 다 의로우니
그 사랑 안에 나 거하네
행하시는 대로 잠잠히
주 인도 따라 나 살겠네
어둔 길 갈 때 날 붙들어
넘어지지 않게 하시니
내 모든 삶 주께 맡기네.

주의 뜻은 다 의로우니
거짓이 없으신 주시라
늘 바른 길로 이끄시며
내 곁을 떠나지 않으니
주신 은혜로 족하도다
내 슬픔 거두실 주의 날
인내로 그날 기다리네.

주의 뜻은 다 의로우니
그 뜻 안에 굳게 서겠네
슬픔과 죽음이 닥쳐도
날 버리지 않는 아버지
사랑으로 품고 붙들어
넘어지지 않게 하시니

내 모든 삶 주께 맡기네
주의 뜻은 다 의로우니
내 지금 마시는 이 잔이
약한 마음에 써 보이나
담대히 모두 마시겠네
참되신 주 매일 새롭게
충만한 위로를 주시니
고통과 슬픔 떠나겠네.*

---

* "Whatever My God Ordains Is Right," 원작 가사 Samuel Rodigast 1676년, 번역 Catherine Winkworth 1863년. 작곡 및 개사 Mark Altrogge © 2007년 Sovereign Grace Praise (BMI) (CapitolCMGPublishing.com 관리). All rights reserved. Used by permission.

09
하나님의 전능하심에 대한 교리

하나님은 전능하시다. 힘이 무한하시다. 능력을 행사하기로 작정하시면 언제 어디서고 힘들이지 않고 무슨 일이든 뜻대로 하실 수 있다. 이것이야말로 능력에 대한 최고의 정의다. 그분의 능력이 극도로 완전히 독보적이라는 뜻이다. 그분께 견줄 만한 힘은 천지에 아무것도 없다. 하나님의 힘은 한계가 없다. 자신의 거룩하신 뜻과 바람대로 그분이 능히 하지 못하실 일은 없으며, 그분의 능력 행사를 방해하거나 막을 수 있는 것도 없다. 다음 여러 구절을 참조하라. 창세기 17:1, 18:14, 민수기 11:23, 욥기 24:22, 41-42장, 시편 24:8, 115:3, 145:1-3, 이사야 14:24-27, 44:6-8, 45:5-18, 예레미야 32:17, 스가랴 8:6, 마태복음 19:6, 마가복음 14:36, 누가복음 1:37, 에베소서 3:20-21, 요한계시록 1:8.

하나님의 전능하심에 대한 교리 이해하기

작가로서 내 삶은 말의 힘에 의존한다. 말은 당신의 시야를 넓혀준다. 상상력을 자극하고 키워준다. 말은 당신이 생전 보지 못한 곳을 보게 해주고, 직접 경험하지 못한 일을 이해하게 해준다. 말은 경고하고 지적하며 위로한다. 두려움을 줄여주고 희망의 불씨를 댕긴다. 말은 당신을 겸손하게 할 수도 있고 교만하게 할 수도 있다. 말에는 위력이 있다. 나는 말을 좋아하며 날마다 말로써 일한다. 정말이지 생각과 말이 너무 많아서 탈이다. 지인들이 보기에 나는 할 말을 잃고 쩔쩔매는 사람이 아니다. 그런데 이번 장을 쓰려니 작가로서 어휘와 필력의 한계에 부딪힌다.

지금부터 내가 써야 할 내용은 묘사와 비교를 불허할 정도로 어마어마하게 영광스러운 것이다. 이번에 살펴볼 이 주제는 평소 우리가 생각하거나 경험한 모든 것에서 몇억 광년이나 떨어져 있다.

스포츠 아나운서인 내 아들이 어느 토요일 오후에 내게 문자를 보내왔다. 놀라운 일이 벌어지고 있으니 스포츠 채널을 틀어보라는 것이었다. 얼마 후 내가 본 광경은 정말 충격적이었다. 난생처음 보았고 사실 그런 일이 일어날 수 있는지 상상조차 못했다. 시청하고 나서도 정말 내 눈으로 보았나 싶을 정도였다. 텔레비전을 켜니 기자가 말하기를 한 역도 선수가 곧 501킬로그램을 들어올릴 거라고 했다. 굉장히 무거운 줄은 알겠는데 정확히 얼마나 무거운지를 몰라 얼른 검색해보고는 경악했다. 501킬로그램은 자그마치 1,104파운드였던 것이다. 전혀 불가능해 보였다. 그 역도 선수가 거구이기는 했지만, 그 정도의 무게면 무릎이 깨지거나 팔이 떨어져 나가거나 머리의 정맥이 터질 것만 같았다.

그가 단상에 올라 역기 앞에 섰을 때 솔직히 나는 약간 조마조마했다. 돌연 가슴을 치며 함성을 내지른 그는 몸을 굽혀 온 힘을 다해 그 엄청난 무게를 정해진 시간 내에 들어올렸다. 세계 기록을 경신한 운동선수를 축하하고 인정하는 환호와 갈채가 터져 나왔다. 나는 그의 팔이 바닥에 나뒹굴지 않고 무릎이 멀쩡한 것만으로도 안도하면서, 이 괴력에 대해 아들과 문자를 주고받았다.

그날 오후에 내가 본 광경은 놀라웠다. 앞으로 그런 것을 또 보게 될지 잘 모르겠다. 인간의 힘이 그 정도일 줄은 몰랐다. 이 남자는 힘이 셌고 자신도 그것을 알았다. 501킬로그램을 매단 역기 앞에서도 겁내거나 주눅 들지 않았다. 자신이 일반 사람들과는 다른 범주에 속한 사람이라는 걸 알았던 것이다. 그가 TV에 나오길 원했던 이유는 그 무게를 들어올려 부상 없는 승자가 될 것을 자신했기 때문이다. 과연 힘과 자신감이 어우러져 경탄을 자아냈다. 하지만 그 무게를 들어올리기까지는 피땀 흘리는 노력도 필요했다.

하나님의 전능하심을 묵상할 이번 장을 생각하다가 나는 그날 오후에 시청했던 역도 선수가 떠올랐다. 그런데 이번에는 경탄이 내게서 다 빠져나갔다. 내가 보았던 그는 세상의 최강자가 아니라 연약한 인간의 한계에 묶여 있었다. 그의 힘은 대단했지만 무한할 수는 없다. 더 훈련하면 역기의 무게를 높일 수 있겠지만 결코 전능하지는 않다. 작정만으로 그 일이 가능했던 것도 아니다. 그는 달이 가고 해가 가도록 매일 장시간씩 훈련했다. 연약함을 떨치고 힘을 기르려면 훈련해야만 했다. 연구하고 공부해야 했다. 다른 선수들에게 배워야 했다. 스포츠 생리학자들의 조언을 들어야 했고, 스포츠 영양사들이 정해준 엄격한 기준에 따라야 했다. 스포츠 심리학자들에게서는 두려움을 물리치는 법을 배워야 했다. 그는 역기의 물리학도 배워야 했다. 장기간에 걸쳐 근육량을 늘려야 했다. 다년간 역기의 무게를 점점 높여나간 후에야 마침내 자신감을 갖고 501킬로그램 앞에 설 수 있었다. 그가 이 모든 것을 해야만 했던 이유는 겉모습이나 행동과는 달리 그도 당신과 나처럼 연약하고 유한한 인간이기 때문이다.

하나님의 무한한 능력을 살펴보려는 우리를 방해하는 것이 있다. 우리가 경험한 범위 안에서는 모든 것이 유한하다는 사실이다. 우리가 아는 가장 강한 것도 힘에 한계가 있다. 무언가의 위력에 우리가 감동하는 이유도 그것이 통상적 한계선을 밀고 나갔기 때문이다. 힘을 생각하면 자연히 유한한 힘이 떠오른다. 자신의 힘으로 못할 일이 없다고 생각하는 사람이 있다면, 대번 그는 지독히 교만하거나 서글픈 망상에 빠졌거나 제정신이 아닌 것처럼 보일 것이다.

창조주와 피조물을 가르는 선을 그어보자. 피조물 쪽의 모든 것은 능력에 한계가 있다. 마음대로 무엇이든 할 수 있는 사람은 없고, 능력이 무한한 동물도 없다. 창조주와 피조물을 가르는 선의 이쪽에 있는 것은 다 연약하고 미력하고 유한하다. 하나님의 능력은 완전히 독보적이어서 비교 대상도 없고 그분을 넣을 만한 범주도 없다. 유추법도 다 소용없다. 하나님이 전능하시다는 말은 곧 하나님이 하나님이라는 말이다. 그분의 능력을 생각하다 보면 늘 "우리 하나님과 같은 이가 누구리요"라는 반어적 질문에 다다른다.

그래도 하나님의 전능하심을 믿는다는 의미가 무엇인지 생각해볼 가치가 있다. 우주의 보좌에 좌정하신 그분은 무엇이든 뜻대로 하실 수 있으며, 능력이나 노력은 문제가 되지 않는다. 지금부터 성경에서 하나님만의 능력을 규정하고 설명하는 두 가지를 살펴보려 한다. 바로 창조의 능력과 부활의 능력이다.

창조 교리는 11장에서 자세히 알아보겠지만, 여기서는 취지상 창조를 하나님의 전능하심의 공공연한 표출로 보려 한다. 당신이 성경을 믿는다면 이미 알고 믿겠지만 하나님은 이 세상을 무에서 창조하셨다. 그분의 뜻과 말씀의 능력으로 세상이 생겨났다. 여기서 우려되는 점이 두 가지 있다. 첫째, 대개 우리는 말로는 무언가를 믿는다면서 시간을 내서 그 의미를 풀어내지 않는다. 그러니 그것의 충만한 영광에 감동할 일도 없다. 둘째, 안타깝게도 하나님의 전능하심 같은 진리는 우리의 신학 개요에서 익숙한 조항이 된다. 그래서 예전처럼 우리를 감동시키지 못한다. 우리를 외경에 젖게 하는 것이 곧 우리 삶을 빚어내고 이끄는 법이다. 우리는 외경을 느끼도록 타고났다. 그래서 늘 무언가가 우리 마음의 외경 기능을 점령하게 되고, 그렇게 마음을 사로잡은 것이 사실상 우리를 지배한다. 설령 다른 이유가 없더라도 하나님 말씀의 신학을 공부하는 것은 중요하다. 하나님이 그것을 주요 도구로 삼아 우리 마음을 탈환하여 재설정하시기 때문이다.

창세기 1장을 통독하며 세상의 다양한 구성 요소와 피조물을 말씀으로 지으시는 하나님을 보노라면 놀랍기 짝이 없다. "빛이 있으라" 하시니 빛이 생겨났다. 이게 웬 말인가? "땅은 풀을 내라" 하시니 그렇게 되었다. 집중하며 읽고 있는가? "물들은 생물을 번성하게 하라. 땅 위 하늘의 궁창에는 새가 날으라" 하시니 하나님이 보시기에 좋았다. 경이롭다! 창조 사역은 우리 마음에 경이가 가득 차오르게 한다.

잠시 함께 생각해보자. 당신은 말로 무언가를 생겨나게 한 적이 평생 없었고 앞으로도 없을 것이다. 꽃다발과 빵과 가구는 우리가 명령한다고 불쑥 생겨나지 않는다. 그런데 하나님은 말씀만 하시면, 고유의 아름다움을 품고 온전하게 설계된 사물들이 물리적으로 생겨나 창조 질서 속에서 본연의 제구실을 다했다. 어떤 능력이기에 이 일이 가능한가?

또 그분은 땅에서 취한 한 줌의 흙 속에 생기를 불어넣어, 살아서 숨 쉬고 생각하며 관계 맺는 아담이라는 성인 인간을 창조하셨다. 상상의 날개를 펴서 그 순간으로 가보라. 알다시피 하나님의 호흡 한 번으로 흙이 변하여 영적, 육적 의미의 모든 기능을 완비한 인간이 되었다! 불가능을 가능으로 바꾸신 것이다. 이 순간은 무엇에도 비견될 수 없고, 독보적이며, 장엄한 능력의 신비한 불가사의에 속한다. 흙 속에 생기를 불어넣으시는 하나님과 같은 존재는 없다. 여기 능력의 최고 정의 중 하나가 있으니, 곧 생명이 없는 것 속에 생명을 불어넣으시는 능력이다.

우리 마음에 경이가 차오르는 동안 중요하게 구분할 점이 하나 있다. 인간은 창의적이지만 창조할 능력은 없다는 것이다. 우리가 '창조하는' 것은 다 원재료부터 시작된다. 배양 접시에 생명을 생성할 수 있다고 주장하는 미생물학자도 늘 화학 물질을 배합하는 것으로 그 과정을 시작한다. 그들은 실제로 무언가를 창조한 적이 없고, 이미 창조된 물질을 조작하여 새로운 것을 생성했을 뿐이다. 그들은 과학적으로 매우 능숙하고 창의적이지만, 자신에게 창조할 능력이 있다고 주장한다면 정직하지 못한 것이다. 전능성을 정의할 때, 원재료 하나 없이 세상을 창조하는 능력이라는 것보다 더 좋은 설명은 별로 없다.

창조는 우리에게 하나님의 전능하신 능력을 정의해준다. 그것을 놓치면 나쁜 일들이 벌어진다. 그래서 하나님은 사랑으로 시간을 들여 욥에게 창조주와 피조물이 어떻게 다른지를 설명해주신다. 덕분에 우리는 그분이 창조주로서 능력을 행사하시는 과정을 볼 수 있다. 그 서술의 취지는 우리의 사고에 맹타를 가해 마음을 겸손하게 하려는 것이다. 그래서 그 말씀이 우리를 위해 보전되어 있다.

욥기의 마지막 몇 장에서 하나님은 슬픔에 잠긴 욥을 거기서 확 끄집어내신다. 슬픔 때문에 자아에 매몰되어 자기밖에 모르던 그는 그분과 우주 일주를 하며 넋을 잃고 마음이 변화된다. 그런데 이 여행의 초점은 찬란한 우주가 아니라 우주를 창조하시고 자유자재로 부리시는 장엄한 능력의 하나님이다. 그림처럼 생생한 욥기 38-39장의 묘사는 사상 최고의 기상천외하고 아름답고 상상력을 넓혀주는 기록물에 속한다. 전능하신 주님의 창조 능력을 이만큼이나마 담아내는 데 이런 글이 필요했다. 덕분에 우리는 그 영화로운 능력을 조금이나마 깨달을 수 있다.

> **욥 38:4-11** 내가 땅의 기초를 놓을 때에 네가 어디 있었느냐 네가 깨달아 알았거든 말할지니라 누가 그것의 도량법을 정하였는지, 누가 그 줄을 그것의 위에 띄웠는지 네가 아느냐 그것의 주추는 무엇 위에 세웠으며 그 모퉁잇돌을 누가 놓았느냐 그때에 새벽 별들이 기뻐 노래하며 하나님의

아들들이 다 기뻐 소리를 질렀느니라 바다가 그 모태에서
터져 나올 때에 문으로 그것을 가둔 자가 누구냐 그때에
내가 구름으로 그 옷을 만들고 흑암으로 그 강보를 만들고
한계를 정하여 문빗장을 지르고 이르기를 네가 여기까지
오고 더 넘어가지 못하리니 네 높은 파도가 여기서
그칠지니라 하였노라.

"네가 어디 있었느냐"는 욥을 겸손하게 하기 위한 질문이다. 그와 하나님의 거대한 차이를 지적하기 위한 것이다. 그의 연약함을 드러내기 위한 것이다. 하나님이 욥에게 보여주셨듯이 우주 만물이 존재하고 지탱되는 것은 오직 그분의 능력 때문이다. 이 능력은 가능성이 문제 되지 않는다. 이 능력은 노력을 요하지 않는다. 이 능력은 지식과 명철이 부족하지 않다. 이 능력은 지시나 허락을 받을 필요가 없다. 이 능력은 도전자나 라이벌이 없다. 이 능력은 영화롭게 자율과 자급을 누린다.

<u>욥 38:34-41</u> 네가 목소리를 구름에까지 높여 넘치는 물이
네게 덮이게 하겠느냐 네가 번개를 보내어 가게 하되 번개가
네게 우리가 여기 있나이다 하게 하겠느냐 가슴 속의 지혜는
누가 준 것이냐 수탉에게 슬기를 준 자가 누구냐 누가 지혜로
구름의 수를 세겠느냐 누가 하늘의 물주머니를 기울이겠느냐
티끌이 덩어리를 이루며 흙덩이가 서로 붙게 하겠느냐
네가 사자를 위하여 먹이를 사냥하겠느냐 젊은 사자의
식욕을 채우겠느냐 그것들이 굴에 엎드리며 숲에 앉아 숨어
기다리느니라 까마귀 새끼가 하나님을 향하여 부르짖으며
먹을 것이 없어서 허우적거릴 때에 그것을 위하여 먹이를
마련하는 이가 누구냐.

이 본문의 "네가 …하겠느냐"라는 질문은 극도의 반어적 질문이며, 그 취지는 창조주와 피조물을 가르는 선을 붉은색 형광펜으로 굵직하게 긋기 위한 것이다. "욥아, 너는 내가 하는 일을 할 수 있느냐? 욥아, 나처럼 만물을 주관하는 능력이 네게 있느냐?" 합리적 답변은 이것뿐이다. "아닙니다. 저는 아무리 강한 순간에도 주님의 능력과는 우주만큼이나 거리가 멉니다. 오직 주님의 능력으로만 만물을 창조하여 제자리에 배치하시고, 다른 피조물과 조화로이 작동하도록 다 지탱하실 수 있습니다. 그래서 우주는 구제 불능의 혼돈에 빠지지 않습니다. 주님만이 전능하십니다."

창조에 기초한 논증은 명백하여 난공불락이다. 즉, 하나님의 전능하신 능력과 같은 능력은 없다는 것이다. 하나님께 우주 만물을 창조하고 주관하실 능력이 있다는 말은 곧 하나님이 하나님이라는 말이다. 그분 같은 존재는 없다. 말씀으로 피조물을 생겨나게 하는 능력이야말로 최상급 능력이다.

여기에 더해 성경에 하나님의 전능하신 능력이 기술되는 두 번째 방식이 있다. 성경은 하나님의 능력이 부활의 능력이라고도 말한다. 부활의 능력을 가까이 들여다보고 깨달을수록 우리는 더욱 외경과 경이에 젖어 말을 잃고 겸손해진다.

우리는 다 죽음의 최종적 성격에 익숙해져 있다. 어려서부터 배우듯이 사람이든 무엇이든 죽으면 그것으로 끝이며, 우리는 죽음 앞에서 속수무책이다. 죽은 것을 죽지 않았다고 하거나, 이미 발생한 죽음을 돌이키려 하는 사람은 미쳤거나 망상에 빠진 것이다. 우리 모두는 배운 대로 죽음을 받아들이는 수밖에 없다. 우리에게 죽음을 제어할 능력이 전혀 없기 때문이다. 그런 면에서 죽음은 정말 궁극의 원수다. 우리는 죽음을 이길 수 없을 뿐 아니라 피할 수도 없다. 우리가 살아가는 세상의 모든 생명체는 죽어가는 중이며, 우리는 무슨 수로도 그것을 막을 수 없다.

이렇듯 죽음 앞에서 우리는 연약하고 무력하다. 죽음은 우리의 힘이 얼마나 미미한지를 우리 앞에 들이민다. 매번 승리는 원수인 죽음의 몫이고 우리는 또다시 패자다. 우리의 힘을 다 끌어모아도 죽음을 당해낼 재간이 없기 때문이다. 어림도 없다.

우리 큰아들과 둘째 아들은 각각 겨우 다섯 살과 세 살 때 죽음이라는 현실에 부딪혔다. 우리 가족이 살던 펜실베이니아 주 스크랜턴의 동네에는 나무도 많고 새도 많았다. 하루는 두 아들이 마당에서 놀다가 새를 발견했는데 새는 병들고 다친 상태였다. 아이들이 도움을 청하기에 나는 일단 상자를 구해 그 안에 휴지를 깔고 새를 들여놓은 뒤 어떤 조치를 해줘야 할지 궁리했다. 그런데 두 녀석이 앉아서 지켜보는 중에 새가 죽었다. 아이들은 새가 움직이지 않는다며 내게 어떻게 된 거냐고 물었고, 애석하게도 나는 새가 죽었다고 말해주어야 했다. 두 녀석은 속상하고 슬픈 표정으로 나를 보면서도, 죽으면 끝이라는 것을 알았다. 이것만은 아빠도 어쩔 수 없는 일임을 어린 나이에도 본능적으로 알았던 것이다. 죽음이 나를 이기고 새를 데려갔다.

죽음을 이긴다는 것은 무엇일까? 굳이 우리가 공상할 필요가 없다. 그것이 무엇이며 얼마나 중요한지를 성경이 보여주기 때문이다. 사도 바울이 역설했듯이 죽은 자를 다시 살리는 부활의 능력이야말로 성경적 믿음의 핵심이다(고전 15장 참조). 부활이 없다면 예수님이 죽은 자 가운데서 다시 살아나신 일도 없으며, 그분이 다시 살아나지 않으셨다면 인간의 죄 문제가 해결되지 못했고 우리의 믿음도 헛되다. 하나님께만 있는 부활의 능력은 우리의 신학 개요에서 그저 또 하나의 조항이 아니라, 우리에게 새 생명과 장래의 소망을 주는 믿음의 핵심이다. 기독교는 부활의 종교고, 하나님의 은혜는 부활의 능력이다.

예수님의 부활이 얼마나 장엄한지 함께 생각해보자. 그분이 무덤에 계셨던 기간은 사망이 입증되기에 충분한 시간이었다. 확실히 절명하신 것이다. 사후에 다시 살아나셨다는 것은 그분 뇌의 신경연접부가 갑자기 신호를 보냈다는 뜻이다. 그분의 신경계를 타고 전하가 흘러나갔고, 심장 근육이 펌프질을 시작했다. 그분의 정맥에 다시 피가 돌았고, 근육이 순식간에 풀려 유연해졌다. 그분의 기관들이 가동되어 서로 조화로이 작동했고, 눈이 촉촉해지면서 초점이 잡혔다. 어느새 예수님은 숨 쉬고 냄새 맡고 맛보고 느낄 수 있게 되었다. 균형 감각과 방향 감각도 돌아왔고, 관계 맺고 소통하는 능력도 즉각 되살아났다. 순식간에 생각과 바람과 계획과 목적이 찾아들었다. 이것은 한꺼번에 일어난 모든 일 중에서 일부만 요약한 것이다. 그렇게 예수님은 벌떡 일어나 수의를 개켜 놓고 멀쩡히 살아서 무덤에서 걸어 나오셨다.

　그리스도가 다시 살아나시는 일에는 아무런 노력도 필요 없었다. 전능성이란 그런 뜻이다. 부활의 가능성 여부에 대한 고심은 없었다. 하나님의 생각 속에 한시도 일말의 의심조차 없었다. 차선책도 고려되지 않았다. 하나님은 하나님이기에 당초의 계획대로 부활을 이루실 능력이 있었다. 전능성이란 사망의 위력조차도 그분을 이길 수 없다는 것을 뜻한다. 전능하심이란 죽은 자를 살리는 일까지도 그분의 능력 범위 안에 든다는 뜻이다. 부활의 능력은 그분의 권능이 비할 데 없이 독보적이라는 뜻이다. 죽은 자를 살리는 능력이야말로 최상급 능력이다. 부활의 능력은 아무리 강한 피조물도 그분에 비하면 지극히 작고 한없이 약하다는 뜻을 내포한다. 전능성은 세상의 무엇이나 누구도 그분과 같지 않다는 뜻이다. 부활은 하나님의 전능하심을 가리켜 보이는 손가락이다. 부활의 능력으로 인해 하나님은 우리를 비롯한 나머지 모든 것과 구별되신다. 이미 죽은 것을 살려내시는 능력은 전능하신 하나님께만 있다.

　성경에 하나님의 능력이 많이 예시되어 있지만, 그 능력의 위력을 다 보여주기에는 부족할 때가 너무 많다. 하나님의 능력의 위력에 가장 근접하게 우리를 맞아주고 위로해주는 것이 바로 창조의 능력과 부활의 능력이다. 창조와 부활은 둘 다 창조주와 피조물 사이에 넘을 수 없는 선을 긋는다. 당신의 하나님을 보라! 그분은 창조하고 다시 살리는 전능자시다. 당신은 은혜로 말미암아 그분의 자녀다. 하나님이 당신의 유익을 위해 능력을 발휘하신다. 물론 당신은 자신의 무력함이라는 벽에 부딪히겠지만 주님께는 그런 벽이 없다. 무력한 우리에게 희망이 있음은 자비로우신 하나님이 연약한 우리를 그분의 힘으로 채워주시기 때문이다.

10
일상생활 속의 하나님의 전능하심

데비는 자녀를 기르는 일이 그렇게 힘들 줄 몰랐다. 진이 빠지고 낙심되었다. 자녀에게 바르게 살려는 마음을 심어주기에는 왠지 자신이 매일 무능한 것 같았다. 자녀 양육에 대한 최고의 기독교 서적을 다 읽었지만 그녀는 여전히 무력감에 시달렸다. 짐이 너무 무거워 감당하기 힘들 때도 있었다.

팀은 사업의 귀재이자 성공한 실력자였다. 그런데 사업을 확장할수록 자기 소관이 아닌 요인들의 방해도 더 커지는 것 같아 좌절감이 들었다. 정부 시책, 경기 침체, 기상 이변 따위로 인해 늘 자신이 저지르지도 않은 사고를 수습해야 했던 것이다. 큰 성공을 거둔 그에게도 여전히 순간순간 무력감이 찾아왔다.

론은 청빙을 수락하여 백 년도 더 된 교회의 목사가 되었다. 전성기는 옛말이고 쇄신이 필요한 교회였다. 이 교회가 다시 지역사회를 환히 비추는 복음의 등불이 되리라는 생각에 그는 마음이 부풀었다. 그러나 얼마 못 가서 교회에 대한 교인들의 고질적 사고와 적대적 태도라는 벽에 부딪혔다. 사역하다가 그렇게 센 저항에 부딪히기는 처음이었고, 자신이 이끄는 사역을 그렇게 많은 사람이 등지는 것도 처음 보았다. 그가 제시한 비전은 분명히 옳았고 소통도 잘 했으나, 교인들의 내면으로 들어가 마음과 생각을 바꾸어놓을 능력까지는 없었다. 목사로서 이전 어느 때보다도 무력감이 컸다.

'이미'와 '아직' 사이의 죄로 물든 세상에서 무력감은 인간 보편의 경험이다. 몸이 약한 사람도 있고 역기능 관계를 경험하는 사람도 있다. 문화적 혼돈을 절감하는 사람도 있고 자녀 양육이나 부부 관계에서 가장 무력감이 드는 사람도 있다. 우리는 일터나 교회 생활에서 또는 친구와 대가족을 대할 때 힘에 부친다. 과거를 정리하려다 잘 안 되는 사람도 있고 미래를 두려워하는 사람도 있다. 이상하게 우리 모두는 스스로 이루어낼 수 없는 변화나 절대로 소유하지 못할 통제권을 갈구한다. 누구나 어쩔 수 없는 슬픔이 있고, 누구나 자신이 부름받은 일은 일개 개인의 능력 밖에 있는 듯 보인다.

그래서 우리 모두가 중요하게 알아야 할 점이 있다. 하나님의 능력이 무한하다는 진리를 일상생활의 상황과 관계와 장소에 적용하면 거기서 위로를 얻고 소명을 발견할 수 있다. 이제 소개할 내용이 모든 것을 포괄하는 목록은 아니지만, 이 일곱 가지 진리는 하나님의 전능하심에 걸맞은 삶이 얼마나 유익한지를 이해하는 데 도움을 줄 것이다.

1. 하나님의 능력을 의심하려는 유혹은 누구에게나 찾아온다. 하나님은 우리에게 필요한 물질을 공급하시고, 우리 자녀의 마음속에 역사하시며, 부부 관계를 살려주시고, 솔깃한 유혹에서 우리를 보호하시며, 교회 지도자들의 영적 건강을 지켜주시고, 힘들지만 꼭 필요한 대화의 기회를 열어주신다. 그런데 우리 모두는 자신의 이런 필요를 전능하신 주님의 돌보심에 잘 의탁하지 못할 때가 있다. 분명히 말하지만 하나님의 능력을 신뢰하는 것은 수동적인 일이 아니다. 가만히 앉아서 그분의 개입을 기다리는 것이 아니다. 하나님은 늘 그분의 자녀를 위해 전능하신 능력을 적극 발휘하신다. 그 사실을 믿으면 희망을 품고 상황 속으로 과감히 들어갈 수 있다. 대개는 그런 상황 앞에서 무력해지거나 도피하기

쉬운데, 이런 고충은 당신에게만 있는 게 아니다.

사라와 아브라함은 하나님의 약속 하나에 인생 전체를 걸었다. 자신들이 아들을 낳고 그 아들을 통해 땅의 모든 민족이 복을 얻으리라는 약속이었다. 그런데 이제 둘 다 늙었고 사라의 가임기는 수십 년 전에 끝났다. 이 상황에도 하나님의 약속이 이루어질까 생각하니 그녀는 웃음이 났다. 그래서 하나님은 아브라함에게 "사라가 왜 웃으며 이르기를 내가 늙었거늘 어떻게 아들을 낳으리요 하느냐 여호와께 능하지 못한 일이 있겠느냐"(창 18:13-14)라고 말씀하셨다. 자기 힘으로 안 된다는 생각까지는 맞는데, 문제는 사라가 하나님의 능력을 믿지 않았다는 것이다. 그녀는 언약의 자손을 위해 능력을 행사하실 그분을 믿지 않았다.

하나님의 자손은 이집트에서 대대로 노예로 살았다. 마침내 그분은 그들의 부르짖음을 들으시고 구원하러 오셔서, 모세를 보내 이스라엘 백성에게 노예 해방의 약속을 전하게 하셨다. 그들이 마냥 좋아했을 것 같지만 그렇지 않다. "모세가 이와 같이 이스라엘 자손에게 전하나 그들이 마음의 상함과 가혹한 노역으로 말미암아 모세의 말을 듣지 아니하였더라"(출 6:9). 이스라엘은 두 가지에 막혀 하나님의 능력에 소망을 두지 못했다. 첫째는 그들의 처지였다. 고역스러운 노예 생활이 워낙 오래다 보니 그들은 상황이 달라질 수 있다는 희망을 접었다. 둘째는 그들의 마음이었다. 마음이 상했다는 성경의 표현은 그들의 낙심이 너무 깊어 털끝만큼의 희망조차도 긁어모을 수 없었다는 뜻이다. 우리 중에도 역경이 너무 오래 지속되어, 상황이 달라질 수 있다거나 달라지리라는 희망을 다 버린 이들이 있다. 마음이 상한 이들이 있다. 너무 낙심해서 기도도 더는 말이 되어 나오지 않는다. 그럴수록 이 책을 읽을 것을 간곡히 권한다. 당신의 신학을 무의미한 추상 개념으로 전락시키지 말라. 타락한 세상의 고달픈 삶 때문에 당신의 마음이 희망을 품을 수 없을 정도로 짓눌리지 않도록 싸우라. 하나님은 당신의 부르짖음을 들으신다.

당신의 처지를 이미 아시고 가장 놀라운 대책을 마련해놓으셨다. 계속 읽어보라.

하나님의 전능하신 능력을 믿는 것과 막상 일상생활의 상황과 관계와 장소에서 그 믿음대로 사는 것은 다르다. 당신을 위해 전능하신 능력을 발휘하실 하나님을 신뢰하지 않는다면, 자신의 힘으로 할 수 없다고 생각되는 일은 기피할 것이다. 또는 능력도 안 되는 일을 시도할 것이다. 성경에는 하나님의 능력과 관련하여 그분의 모든 자녀에게 들려줄 놀라운 격려의 말씀이 많이 있다. 하나님의 자녀라는 신분은 이제 당신이 자신의 능력이라는 제한된 자원에 갇혀 있지 않다는 뜻이다. 무슨 일이 닥쳐오든 꼭 기억해야 할 것이 있다. 하나님은 당신을 위해 능력으로 역사하시며 당신에게 신성한 능력을 선물로 주신다. 사도 바울이 한 격려의 말을 생각해보라.

> 엡 1:19-23 그의 힘의 위력으로 역사하심을 따라 믿는 우리에게 베푸신 능력의 지극히 크심이 어떠한 것을 너희로 알게 하시기를 구하노라 그의 능력이 그리스도 안에서 역사하사 죽은 자들 가운데서 다시 살리시고 하늘에서 자기의 오른편에 앉히사 모든 통치와 권세와 능력과 주권과 이 세상뿐 아니라 오는 세상에 일컫는 모든 이름 위에 뛰어나게 하시고 또 만물을 그의 발아래에 복종하게 하시고 그를 만물 위에 교회의 머리로 삼으셨느니라 교회는 그의 몸이니 만물 안에서 만물을 충만하게 하시는 이의 충만함이니라.

에베소서 1장 15-23절은 구원을 통해 얻은 소망을 신자들이 알게 해 달라는 기도다. 우리는 다 희망에 이끌린다. 엉뚱한 데 희망을 두었다가 고생하는 이들도 있고, 사실상 희망을 아예 버린 이들도 있다. 바울은 편지의 수신인인 에베소 교회 신자들이 우리처럼 힘들어하고 있음을 알았다. 그래서 하나님의 자녀인 그들에게 주어진 엄청난 소망을 그들이 깨닫게 해달라고 기도한다. 내가 보기에도 우리 중 수많은 이들이 낙심과 불안에 시달리며 살아간다. 주변을 잘 둘러보고 그들의 말을 들어 보면 알겠지만 소망에 문제가 있는 이들이 많다.

그렇다면 바울이 기도로 구한 이 소망은 무엇일까? 그것은 우리가 일상생활에서 부딪히는 여러 힘들고 실망스러운 일에 실제로 적용될까? **모든 신자의 소망은 지금 여기서 누리는 부활의 능력이다.** 그리스도의 시신에 생명을 불어넣으신 그 동일한 능력이 이제 하나님의 자녀인 당신 것이다. 바울이 알려주듯이 하나님의 능력은 신학적 추상 개념이 아니라 당신의 현재적 소망이다. 당신이 누구이고 지금 어떤 상황에 부딪혀 있든 관계없다. 그렇다. 이 책을 읽고 있는 바로 당신에게 그리스도를 죽은 자 가운데서 살리신 바로 그 능력이 지금 여기서 복으로 주어져 있다. 이것이야말로 최고의 능력이며, 안팎에서 당신에게 닥쳐오는 그 무엇보다도 크다.

자녀에게 바르게 살려는 마음을 심어줄 능력이 당신에게는 없지만 하나님께는 있다. 직장 상사를 변화시킬 능력이 당신에게는 없지만 하나님께는 있다. 무너진 당신의 마음에 용기를 북돋울 능력이 당신에게는 없지만 그분께는 있다. 부부 사이에 아늑한 평화를 이룰 능력이 당신에게는 없지만 하나님께는 있다. 특정 관계를 봉합할 능력이 당신에게는 없지만 하나님께는 있다. 능력으로 당신 안에 계시고 당신과 함께하시며 당신을 위하시는 그분을 믿는다면, 여태 자꾸 포기하고 희망을 버리던 부분들에서 이제 소망을 품고 살아가며 담대히 행동하게 된다.

바울이 알려주려는 점이 또 있다. 하나님은 당신에게 그분의 능력을 선물로 주실 뿐 아니라 당신을 위해 친히 능력으로 다스리신다. 당신이 다스릴 수 없는 것을 그분이 전능하신 능력을 사용하여 다스리신다. 그리하여 당신에게 필요한 것을 다 채워주신다. 당신은 능력이 부족하지만 그래도 무력하지 않다. 능력이 결코 부족하지 않으신 하나님이 약속대로 당신을 위해 임재와 통치의 능력을 발휘하시기 때문이다. 당신은 자신이 약하게 느껴질지 몰라도 하나님의 결심은 절대로 약해지지 않는다. 하나님은 결심한 대로 능력을 사용하셔서 일상생활의 상황 속에서 당신의 필요를 채워주신다.

그동안 당신이 포기하고 싶었던 부분은 어디인가? 하나님이 부르신 대로 선한 일을 하다가 아무것도 달라지지 않는 것 같아 그만둔 것은 무엇인가? 바로 지금 부활의 능력이 하나님의 자녀인 당신 것인데도, 그 능력보다 자신의 연약함에 근거하여 삶에 대응하는 부분은 어디인가?

2. 당신의 세계관과 하나님의 자녀라는 정체성을 반드시 그분의 능력에 기초하여 정립해야 한다. 우리 모두는 어느 한 영향력 아래 놓여 있어 거기서 벗어나기가 사실상 불가능하다. 이 영향력은 당신이 좋아하는 스트리밍 서비스로 몰아보는 모든 영상물 속에 존재한다. 당신 자녀의 공립학교나 당신이 다니는 세속 대학에도 있다. 트위터의 대화 속에도 존재한다. 각종 입법으로 우리 삶을 결정짓는 수많은 정치가의 세계관 배후에 깔려 있다. 이 영향력은 산업계와 기업체의 대다수 지도자의 인생관이며, 당신의 휴대 전화나 아이패드나 노트북을 통해 날마다 쉴 새 없이 쏟아져 나온다. 게다가 이 영향력은 이 책과 이번 장에서 하려는 모든 말을 완전히 부정한다.

피할 수 없는 이 영향력이란 무엇일까? 바로 과학적 자연주의다. 기억하다시피 이 책의 주제 중 하나는 주변에서 벌어진 일과 지금 벌어지는 일을 당신이 늘 해석하고, 거기에 의미를 부여한다는 것이다. 그렇게 부여하는 의미는 결정과 행동에 영향을 미친다. 당신은 또 자신에게 모종의 정체성을 부여하며, 그 정체성은 당신이 행동하고 반응하고 대응하는 방식에 영향을 미친다. 그래서 우리는 이 사실을 반드시 알아야 한다. 날마다 당신의 가정과 마음에 송출되는 문화 담론에는 성경적 세계관이 부재한다는 것이다. 성경적 세계관에서는 능력과 영광으로 다스리시는 전능하신 하나님이 모든 일의 중심에 계신다.

또 하나 알아야 할 것은 성경적 세계관이 부재한 정도가 아니라 삶에 의미를 부여하는 정반대 관점으로 대체되었다는 것이다. 오늘날을 지배하는 인생관은 삶 전체가 과학이나 자연주의로 설명된다고 말한다. 이것이 초등학교 1학년 때부터 우리 자녀들이 교육받는 인생관이다. 전공과 무관하게 세속 대학이나 국립대학 학생들이 배우는 내용도 과학적 자연주의에 기초해 있다. 저녁의 휴식 시간에 최신 인기 코미디나 드라마나 다큐멘터리나 리얼리티 쇼를 두 시간씩 보는가? 당신이 소비하는 콘텐츠의 작가와 연출자와 피디 중 절대다수의 인생관도 바로 과학적 자연주의에 기초한다.

시편 14편에 따르면 이런 관점은 단순히 대안이 아니라 철저한 어리석음의 극치다. 어리석은 자는 세상을 거꾸로 뒤집어서 본다. 자신이 아는 것에만 우쭐해할 뿐, 정작 알아야 할 가장 중요한 것은 자신이 모르는 줄도 모른다. 자기가 합리적이라고 우기면서 막상 실재를 부정한다. 어리석음이 당신을 좋은 데로 데려갈 일은 결코 없다. 어리석음은 당신의 삶 속에 좋은 결과를 내지 못한다. 어리석음은 해로울 뿐 아니라 결국 사망에 이른다. 그러므로 어리석은 자의 말에 선뜻 귀를 내주어서는 안 된다. 사도 바울이 고린도전서 1장에 한 말을 잘 보라.

> **고전 1:18-25** 십자가의 도가 멸망하는 자들에게는 미련한 것이요 구원을 받는 우리에게는 하나님의 능력이라 기록된바 내가 지혜 있는 자들의 지혜를 멸하고 총명한 자들의 총명을 폐하리라 하였으니 지혜 있는 자가 어디 있느냐 선비가 어디

있느냐 이 세대에 변론가가 어디 있느냐 하나님께서
이 세상의 지혜를 미련하게 하신 것이 아니냐 하나님의
지혜에 있어서는 이 세상이 자기 지혜로 하나님을
알지 못하므로 하나님께서 전도의 미련한 것으로 믿는
자들을 구원하시기를 기뻐하셨도다 유대인은 표적을
구하고 헬라인은 지혜를 찾으나 우리는 십자가에 못
박힌 그리스도를 전하니 유대인에게는 거리끼는 것이요
이방인에게는 미련한 것이로되 오직 부르심을 받은
자들에게는 유대인이나 헬라인이나 그리스도는 하나님의
능력이요 하나님의 지혜니라 하나님의 어리석음이 사람보다
지혜롭고 하나님의 약하심이 사람보다 강하니라.

이 본문이 경고하듯이 우리는 늘 "나는 누구의 '지혜'를 듣고 있는가?"라고 자문해야 한다. 실생활에서 누가 또는 무엇이 당신의 인생관을 빚어내는가? 성경은 당신의 사활이 걸린 소망이 하나님의 능력에 있다고 선포한다. 그분은 당신을 위해 능력으로 다스리시며, 자녀인 당신에게 능력을 선물로 주신다. 당신의 세상과 정체성에 의미를 부여하는 다른 모든 방식은 틀렸을 뿐 아니라 어리석다. 우리는 과학적 자연주의가 우리에게는 물론 특히 자녀들에게 미치는 지대한 영향을 우려해야 한다. 우리는 자녀를 작은 신학적 사상가로 길러내야 한다. 어려서부터 그들은 자신이 누구이며 세상이 어떤 곳인지를 배우고, 전능하신 하나님이 세상을 다스리신다는 관점에서 해석하도록 훈련받아야 한다. 우리가 자녀에게 줄 수 있는 선물 중 이보다 더 중요한 것은 별로 없다. 우리 자녀들이 기독교 가정에서 자랐는데 나중에 장성하여 어리석은 자처럼 생각하고 살아간다면, 즉 모든 사실 중의 궁극적 사실인 하나님의 능력과 영광을 부정한다면 슬프지 않겠는가?

3. 우리 모두는 하나님의 능력이 일상생활을 위한 것임을 알아야 한다. 이 책이 끝날 때까지 계속 말하겠지만, 신학은 단지 생각이 아니라 당신의 생활 방식이다. 믿음과 불신은 늘 알게 모르게, 의식적으로든 무의식중에든 생활 방식이라는 결과를 낳는다. 우리 삶은 늘 어떤 신앙의 산물이고, 우리의 생활 방식은 늘 어떤 소망의 표출이다. 당신과 나는 늘 삶을 모종의 구원자와 연결시킨다. 하나님의 능력도 마찬가지다. 이 진리는 하나님의 광활한 영광을 밝혀줄 뿐 아니라, 하나님의 자녀로서 당신의 정체성과 잠재력도 새로 규정한다.

당신이 그리스도인이라면 바로 전능하신 하나님의 자녀라는 뜻이다. 능력은 그분의 속성의 표현일 뿐 아니라 이제 그분의 자녀인 당신에게도 은혜의 선물로 주어져 있다. 잘 알겠지만 직장에서 모든 동료를 사랑하기란 거의 불가능하다. 무슨 이유로든 직장에는 사랑보다 짜증과 경멸을 불러일으키는 사람이 있다. 대가족이 있다면 알겠지만 집안에 평화가 오래 지속되기는 힘들다. 명절이나 모임 때면 대개 단합과 사랑보다 상처와 분열이 더 많이 남는다. 당신이 노인이라면 알겠지만 노년의 고독과 쇠약한 몸과 고생 속에서 행복하게 감사하며 자족하기는 힘들다.

부모라면 잘 알겠지만 하나님께 받은 권위를 자녀의 삶 속에 행사하면서 한결같이 인내와 친절과 온유와 연민과 사랑과 은혜로 대하기는 힘들다. 기혼자라면 알겠지만 희생하고 용서하며 인내하는 사랑으로 배우자를 사랑하기가 어려운 날도 있다. 당신이 대학생이라면 신앙이 존중되지 않는 환경에서 꿋꿋이 신앙대로 살아가기가 힘들고 희생이 따른다는 것을 절감할 것이다. 재정의 청지기 역할도 고되고, 날로 더욱 포르노로 물들어가는 문화 속에서 마음을 깨끗하게 지키기도 힘들다. 바쁘고 피곤한 현대 생활에서 개인의 성경 읽기와 기도와 예배에 충실하기도 힘들다.

'이미' 회심했으나 '아직' 본향에 이르지 못한 이 중간기의 삶은 힘들다는 말로도 부족하다. 그리스도인의 삶은 불가능하다. 그 사실을 알고 기꺼이 그렇게 고백해야 한다. 내 힘만으로는 하나님이 살라고 부르신 대로 살기가 불가능하다. 하나님이 사랑하라고 부르신 대로 사랑하기가 불가능하다. 하나님이 용서하라고 부르신 대로 용서하기가 불가능하고, 하나님이 섬기라고 부르신 대로 섬기기가 불가능하다. 내 생각을 간수하고 욕망을 제어하기가 불가능하고, 내 혀를 다스리거나 떠도는 시선을 다잡기가 불가능하다. 내 힘만으로는 이 모든 일이 불가능하다. 그러나 복음의 영광스러운 메시지는 우리에게 기쁜 소식을 전한다. 하나님이 나를 내 손에 맡겨두지 않으셨다는 것이다.

하나님의 은혜가 얼마나 놀라운지를 보여주는 다음 문장을 잘 읽어 보라. 하나님은 연약한 우리에게 능력을 베푸신다. 정말 그렇게 믿는다면 당신에게 소망이 생길 뿐 아니라 삶의 힘든 부분을 생각하고 대응하는 방식도 달라질 것이다. 하나님은 기껏 우리를 구원하여 가족으로 받아주신 뒤 "내가 거룩하니 너희도 거룩할지어다"라는 부르심의 성취를 우리 힘과 자원에 맡겨두시는 분이 아니다. 오히려 그분의 은혜 덕분에 우리의 연약함은 저주가 아니라 여태 몰랐던 큰 능력과 잠재력에 들어서는 관문으로 변한다. 그래서 바울은 "하나님이 우리에게 주신 것은 두려워하는 마음이 아니요 오직 능력과 사랑과 절제하는 마음이니"(딤후 1:7), "우리 가운데서 역사하시는 능력대로 우리가 구하거나 생각하는 모든 것에 더 넘치도록 능히 하실 이에게"(엡 3:20)라고 말했다. 바울이 본문에서 사용한 표현이 아주 중요하다. 전능하신 하나님의 독보적이고 무한한 능력이 그분의 자녀 하나하나의 마음속에서 지금 "역사하고" 있다.

지금 여기의 은혜는 이렇게 정의된다. 전능하신 아버지의 능력은 당신이 지치고 낙심하고 절망하여 금방 굴하거나 포기하려 할 때도 역사한다. 구원하고 보호하며 공급하시는 구주의 능력은 결코 수동적이거나 게으름을 피우지 않는다. 일하는 중에 잠을 자거나 포기하지도 않는다.

정말 그렇게 믿는다면 당신은 더는 불안과 염려에 지배당하지도, 두려움 속에서 살아가지도, 희망을 포기하지도 않는다. 주님의 전능하신 능력이 당신 안에서 역사함을 정말 믿는다면, 한때 피하던 힘든 자리로 들어가 의지적으로 사랑하고 힘써 용서한다. 그리고 이튿날 일어나 이 모든 일을 되풀이한다. 자신에게 능력이 있다고 생각해서가 아니라 죄인을 구원하신 하나님의 능력이 우리의 계산을 초월하기 때문이다. 이제 당신은 자신의 연약함에 갇혀 있지 않고 그 감옥에서 해방되어 우주 최강의 능력을 자원으로 받아 누린다.

연약한 그대로 하나님의 능력을 의지하고 나아갈 때 당신은 대대로 이어져 내려온 하나님의 자녀들과 하나가 된다. 성경 인물들은 강자의 명예의 전당이 아니다. 사실 성경의 모든 남녀는 당신과 같았고, 큰일을 해낸 이들도 마찬가지다. 연약함 덩어리인데 하나님의 능력이라는 은혜의 선물에 붙들려 강해졌다. 당신의 삶에서 연약함을 고백하며 당신 안에서 역사하는 하나님의 능력을 믿어야 할 영역은 어디인가? 새로운 헌신과 용기와 소망을 품고 걸음을 내디뎌야 할 부분은 어디인가?

4. 우리 모두는 자율과 자급이라는 망상을 버려야 한다. 에덴동산으로 다시 가보자. 아담과 하와가 뱀과 나눈 대화는 세상을 바꾸어놓았다. 그 기만과 유혹의 처참한 순간을 생각할 때 우리가 자주 놓치는 것이 있다. 뱀의 꼬임 속에는 인간이라면 누구나 곧잘 믿는 두 가지 거짓말이 도사리고 있다. 언제, 어디서, 어떻게 믿느냐만 다를 뿐이다. 뱀의 유혹의 본질적 요소와 하와의 반응을 잘 보라.

> 창 3:4-6 뱀이 여자에게 이르되 너희가 결코 죽지 아니하리라 너희가 그것을 먹는 날에는 너희 눈이 밝아져

> 하나님과 같이 되어 선악을 알 줄 하나님이 아심이니라
> 여자가 그 나무를 본즉 먹음직도 하고 보암직도 하고
> 지혜롭게 할 만큼 탐스럽기도 한 나무인지라.

뱀이 아담과 하와에게 던진 미끼가 보이는가? "너희가…하나님과 같이 되어"와 "지혜롭게 할 만큼 탐스럽기도 한 나무인지라." 이 두 거짓말은 오늘도 우리를 유혹한다. 뱀의 꼬임 속에 도사리고 있는 것은 자율과 자급이 가능하다는 거짓말이다. 우주에서 자율과 자급을 누리시는 분은 하나님뿐이다. 그런데 자율은 당신이 독립된 존재이고 인생을 당신 마음대로 살 권리가 있다고 말한다.

자율의 거짓말은 자녀 양육을 힘들게 한다. 이 거짓말 때문에 자녀는 시키는 대로 하기가 싫어 당신의 권위에 대들고, 이 거짓말 때문에 당신은 부모의 권위를 제멋대로 행사해도 된다고 생각한다. 자율의 거짓말은 직장에서 이래라 저래라 하는 상사로 인해 감사하기도 어렵게 한다. 윗사람과 부딪치는 모든 문제는 이 거짓말에서 기인하며, 우리 안에 죄가 살아 있는 한 거기에 굴하고 싶을 때가 있다.

자급의 거짓말은 당신이 본연의 존재가 되어 본연의 목적을 이루는 데 필요한 모든 것이 당신에게 있다고 말한다. 하와가 따 먹은 열매는 "지혜롭게 할 만큼 탐스럽기도" 했다. 그녀는 하나님께 의지할 필요가 없는 독자적 지혜를 탐했다. 우리가 길을 묻거나 남의 지도를 받거나 상담을 청하거나 지침에 따르는 것을 힘들어하는 원인이 이 거짓말에 있다. 전능하신 하나님에 대한 신학이 이 부분에서 큰 도움이 된다.

하나님이 자신의 전능하신 능력을 우리에게 거듭 계시하시는 이유는 바로 우리가 전능하지 않기 때문이다. 우리는 결코 독립적 존재로 창조되지 않았다. 아담과 하와는 완전한 세상에서 하나님과 완전한 관계를 맺으며 살 때도 그분께 의존하는 존재였다. 독자적 지혜나 독자적 힘

은 원래부터 그들에게 없던 능력이고, 이제는 죄 때문에 인간 고유의 의존성 위에 마음과 생각과 육신의 온갖 연약함까지 더해졌다. 하나님의 형상대로 지어진 우리의 각종 한계는, 본래 우리를 그분께로 이끌어 감사하는 마음으로 의존하고 기쁘게 복종하게 하기 위한 것이었다.

아담과 하와는 독자적 능력이 없어 어떻게 살아야 할지를 몰랐고, 하나님의 도움이 없이는 그분이 계시해주신 대로 바르게 살아갈 능력도 없었다.

하나님 외에는 누구도 자율과 자급에 이를 수 없다. 반대로 생각하고 행동하면 당신의 삶에 결코 좋은 결과가 따르지 않는다. 당신의 삶에서 하나님의 은혜는 의존에서 독립으로 흐르지 않고 독립에서 의존으로 흐른다. 은혜 안에서 자라 영적으로 성숙해질수록 당신은 더 자신의 연약함에 눈뜨고, 당신 안에서 은혜로 역사하는 하나님의 능력에 더 감사하며 의지하게 된다. 더 자원하여 의식적으로 하나님께 의존하기에, 당신 스스로 얻거나 이루지 못했을 성과의 공로를 더는 가로채지 않는다. 인간은 약하고 하나님은 강하시다는 복음은 성취를 자랑하는 그리스도인을 낳지 않는다. 복음이 낳은 사람은 겸손할 뿐 아니라 똑같이 연약한 주변 사람에게도 온유하게 인내한다.

자신의 연약함을 인정할수록 하나님을 더 의지하게 되고, 하나님을 의지할수록 그분의 도우심에 더 민감해지며, 그분의 도우심에 민감해질수록 겸손히 감사하는 생활 방식이 싹튼다. 교만하게 떠벌이며 자화자찬하는 자만심의 기독교는 결코 인간은 약하고 하나님은 강하시다는 복음의 산물이 아니다. 그것은 전하는 자를 속이고 듣는 자를 낙심시키는 거짓 복음이다. 성숙한 그리스도인은 연약한 중에도 담대하다.

여기 성숙한 신자의 소망이 있다. "피곤한 자에게는 능력을 주시며 무능한 자에게는 힘을 더하시나니"(사 40:29). 그 어떤 가면을 쓰고 있어도 자립의 복음은 주 예수 그리스도의 은혜의 복음이 아니다.

5. 우리의 믿음이 작아서 문제지 하나님의 능력에는 문제가 없다. 그분의 능력의 규모나 그 능력을 행사하여 우리를 잘되게 하시려는 의지에는 결코 문제가 없다. 문제는 우리가 살다가 신학적 사고를 잃는 듯한 순간이 있다는 것이다. 우리는 하나님이 어떤 분이신지를 망각하고, 그분의 자녀라는 정체성도 잊어버리는 것 같다. 그러면 삶의 문제는 더 커 보이고, 우리의 대응 잠재력은 스스로 보기에도 오그라든다. 당신의 상황이 하나님의 능력보다 더 클 때는 없으며, 당신 안에서 당신을 위해 역사하는 그분의 능력이 휴면하는 순간도 없다. 그런데 우리는 순간순간 기억 상실증에 걸린다. 하나님이 어떤 분인지를 잊고, 믿음으로 그분 안에서 안식한다는 의미를 잊는다. 그래서 의욕과 소망과 용기를 잃는다. 자신이 왜소하고 무능하게 느껴지는 낙심의 순간에도 하나님의 능력과 당신을 위해 능력을 행사하시려는 의지에는 문제가 없다. 문제는 그 능력 안에서 안식하려는 우리의 힘이나 의지가 부족해서 생활 방식이 달라지지 않는다는 것이다.

구약에 그와 같은 도발적인 사례가 나온다. 사무엘상 17장을 보면 이스라엘 군대가 엘라 골짜기에서 블레셋 군대와 대치해 있다. 이스라엘 군대는 전능하신 하나님의 군대다. 인간의 어떤 군대도 하나님을 이길 수 없다. 하나님은 이방 민족들을 그분 자손의 손에 넘겨주어 약속대로 땅을 소유하게 하겠다고 약속하셨다. 그러니 그들은 얼마든지 소망과 용기를 품고 전투에 대비할 이유가 있었다.

전투 첫날 거인 용사 골리앗이 이스라엘 군인들을 조롱했다. 이 블레셋 군인의 체구와 무기를 보고 쩌렁쩌렁한 목소리를 들은 그들은 두려워서 즉시 천막으로 물러나 40일 동안 나오지 않았다. 장장 40일이다! 그들의 반응은 무언가 크게 잘못되었다. 여기서 펼쳐질 드라마는 평범한 인간의 힘과 거인의 힘의 대결이 아니라, 약하고 유한한 거인과 하나님의 전능하신 능력의 대결이다. 어느 쪽이 이길지는 불을 보듯 뻔하다.

하나님이 어떤 분인지를 알고 자신이 그분의 자녀임을 아는 사람이라면 두려워서 40일 동안 천막에 숨어 있을 수 없다. 이스라엘과 함께하시고 그들을 위하시는 그분의 능력을 믿는다면 그런 반응이 나올 리가 없다.

이때 형들에게 물건을 전달하러 온 다윗이 등장한다. 상황을 파악한 그는 사실상 이렇게 말한다. "내가 저 거인 용사와 싸우리라." 제정신인가? 망상에 빠져 만용을 부린 것인가? 위협을 제대로 알아차리지 못한 것인가? 아니다. 다윗은 자신의 용기와 의욕이 어디서 오는지를 이렇게 밝혔다. "여호와께서 나를 사자의 발톱과 곰의 발톱에서 건져내셨은즉 나를 이 블레셋 사람의 손에서도 건져내시리이다"(삼상 17:37). 목동으로서 하나님의 능력이 역사하는 것을 보았다는 말이다. 그가 자기 능력 밖의 일을 능히 할 수 있었던 것은 전능하신 주께서 그와 함께하시고 그를 위하셨기 때문이다.

그래서 다윗은 갑옷도 입지 않고 고무줄 새총과 돌멩이 몇 개만 가지고 골짜기로 나섰다. 하나님이 능력을 발휘하여 자기 백성을 보호하고 돌보시리라는 믿음이 없었다면 결코 그에게 그만한 용기가 없었을 것이다. 다윗이 보기에 이 싸움은 왜소하고 미숙한 목동이 아무런 병기도 없이 힘센 거인 용사의 막강한 무기에 맞서는 것이 아니었다. 그는 전능하신 능력의 하나님이 골짜기로 함께 가실 것을 알았다. 그래서 용감하게 당당히 나아가 하나님의 능력으로 거인과 블레셋 군대를 무찔렀다.

이스라엘 병사 중 누구라도 다윗처럼 할 수 있었다. 그의 능력이나 재주나 무기가 다른 병사들보다 강력해서 나선 것이 아니다. 다윗의 다른 점은 하나님을 믿었다는 것이다. 장막에 숨어 있던 모든 군인도 말로는 그분을 믿는다고 했을 것이다.

타락한 세상의 삶은 고달프다. 달갑지 않은 힘들고 괴로운 일이 예기치 않게 당신의 문간으로 쓱 들어온다. 어느새 당신은 자신의 능력과 권한과 통제권 바깥의 일에 붙잡혀 걱정하고 있다. 그럴 때일수록 신학의 환대에 더욱 귀를 기울여야 한다. 그런 상황은 당신의 삶과 눈앞의 역경을 자신의 능력과 힘이라는 렌즈로 보지 말고, 주님의 임재와 전능하심의 렌즈로 보라는 초대장이다. 하나님의 능력은 우리를 위해 우리 안에서 역사하고 있다. 그분은 우리가 더는 이런 시련이 없는 곳에 이를 때까지 쉬지 않고 일하신다.

우리의 직장 생활을 하나님의 능력이라는 렌즈로 보아야 한다. 결혼과 가정과 우정도 하나님의 능력이라는 렌즈로 보아야 한다. 역경과 책임과 기회 등 우리 삶의 모든 면을 하나님의 능력이라는 렌즈를 통해 보아야 한다. 매사에 바르게 선택하려고 노력하는 가운데 우리의 영적, 신체적, 정신적 건강을 하나님의 능력에 의탁해야 한다. 그분은 약속대로 능력을 행사하여 우리에게 필요한 것을 다 채워주신다. 하나님의 능력을 믿는다고 고백하는 우리는 과연 그 믿음대로 살고 있는가?

6. 하나님이 능력을 행사하시는 방식이 늘 우리 마음에 드는 것은 아니다. 문제는 우리 유익을 위해 능력을 행사하실 하나님을 믿는 것에만 있지 않다. 막상 그분이 능력을 행사하실 때 우리가 그것을 좋아할지 여부도 중요하다. 하나님의 사람들은 그분이 택하신 능력 행사의 방식 때문에 그분의 선하심을 의심하면서 힘들어했다. 나도 이 부분이 힘들다. 틀림없이 당신도 그럴 것이다. 하나님은 늘 능력을 행사하시건만 우리는 그분이 하시거나 하지 않으시는 일에 불만족할 때가 많다. 우리의 유익을 위한 그분의 능력 행사가 우리에게 전혀 좋아 보이지 않을 때도 있다. 능력으로 하나님은 우리를 힘든 길로 인도하신다. 이는 그분이 우리에게 노하셔서가 아니라, 우리를 사랑하셔서 힘든 길을 도구 삼아 은혜로 구속하시기 때문이다. 내 생각에 우리가 자주 실망하고 망연자실하는 이유는 하나님이 역사하지 않으셔서가 아니라, 그분이 우리에게 능력을 행사하시는 방식이 우리의 바람에 어긋나기 때문이다.

이렇듯 하나님이 약속대로 능력을 발휘하여 우리를 잘되게 해주셔도 우리는 그분의 방식에 이의를 품을 수 있다. 민수기 11장에 단적인 사례가 나온다. 이스라엘 자손은 이집트에서 약속의 땅으로 가는 40년의 여정 중이었다. 한곳에 정착해 있었다면 작물도 심고 가축도 길렀겠지만 이동 중이라 그럴 수 없었다. 그들을 사랑하여 자녀로 삼으신 하나님은 능력을 행사하여 그들에게 먹을 것을 주신다. 이 상황은 성경 전체에서 하나님이 전능하신 능력을 발휘하여 자녀들의 필요를 채워주시는 가장 아름다운 장면 중 하나다. 그분은 정말 아침마다 식재료가 이슬처럼 내리게 하셨고, 덕분에 이스라엘 백성은 그것을 모아 과자로 구워서 배불리 먹었다. 이 장면에 하나님의 언약적 사랑이 어찌나 잘 드러났던지 예수님이 자신의 이름을 "만나"라고 하셨을 정도다. 예수님은 자신의 사람들에게 생명을 주시려고 하늘에서 내려온 떡이시다.

그런데 하나님의 자손은 사랑으로 전능한 능력을 행사하신 그분께 이렇게 반응했다.

> 민 11:4-9 그들 중에 섞여 사는 다른 인종들이 탐욕을 품으매 이스라엘 자손도 다시 울며 이르되 누가 우리에게 고기를 주어 먹게 하랴 우리가 애굽에 있을 때에는 값없이 생선과 오이와 참외와 부추와 파와 마늘들을 먹은 것이 생각나거늘 이제는 우리의 기력이 다하여 이 만나 외에는 보이는 것이 아무것도 없도다 하니 만나는 깟씨와 같고 모양은 진주와 같은 것이라 백성이 두루 다니며 그것을 거두어 맷돌에 갈기도 하며 절구에 찧기도 하고 가마에 삶기도 하여 과자를 만들었으니 그 맛이 기름 섞은 과자 맛 같았더라 밤에 이슬이 진영에 내릴 때에 만나도 함께 내렸더라.

만나가 최고급 음식은 아니었다. 과자를 만들면 기름 맛이 났다는

10. 일상생활 속의 하나님의 전능하심 **199**

말로 보아 분명히 맛도 별로였을 것이다. 하지만 이 밍밍한 음식은 하나님이 자녀들의 물리적 필요를 채워주시려고 무한한 능력을 유감없이 발휘하신 결과였다. 그래도 이스라엘 백성은 감사하지 않았고, 하나님이 능력으로 차려주신 식단이 싫다며 울고 불평했다. 그뿐만이 아니라 주목해야 할 그들의 행동이 또 있다.

그들은 하나님이 능력을 발휘하여 공급하신 방식에 불만족한 나머지 차라리 과일과 채소와 향료가 있는 이집트로 돌아가기를 꿈꾸었다. 하나님께 불만을 품으면 우리의 기억이 무섭도록 편향된다. 이 불평분자들의 말만 들으면 이집트는 고역과 고생과 종살이와 죽음의 땅이 아니라 대형 마트인 것처럼 들린다. 불평은 당신의 시야를 일그러뜨리고, 하나님이 당신을 위해 능력을 행사하신 방식에 의문을 품게 한다. 당신을 꾀어 정작 감사해야 할 것은 저버린 채 탐해서는 안 될 것을 탐하게 한다.

하나님이 내 삶 속에서 능력을 행사하시는 방식에 늘 만족한다면 얼마나 좋을까. 불평의 말은 없고 감사의 말만 한다면 얼마나 좋을까. 그분이 내 삶 속에서 능력을 행사하실 때 내가 그 배후의 지혜나 사랑을 한 번도 의심한 적이 없다면 얼마나 좋을까. 나도 불평할 때가 있다. 그럴 때면 다른 데서 만족을 찾고 싶어진다. 우리 삶의 드라마에서 관건은 하나님의 능력이나 그 능력을 사용하여 우리를 해방하고 채워주며 보호하고 변화시키시려는 그분의 의지가 아니다. 매일의 영적 드라마에서 중요한 것은 하나님이 능력으로 우리를 채워주시고 인도하실 때 우리가 감사와 불평 중에서 어느 쪽으로 반응하느냐는 것이다. 하나님이 택하시는 능력 행사의 방식에 그분의 사람들이 늘 만족한 것은 아니다. 당신은 어떤가?

7. 하나님의 능력은 그분이 아버지로서 우리를 돌보시는 데 꼭 필요한 요소다. 우리 집에 아이들이 태어나는 순간부터 내게 새로운 목적의식

이 생겼다. 내게 자녀 양육은 짐으로 느껴지지 않았다. 어느새 그것이 내게 중요한 가치가 되어 내 삶의 대다수 일보다 더 큰 동기로 작용했다. 자녀를 잘 양육하기 위해 열심히 일했고, 내 돈과 에너지와 재능과 시간을 투자하는 방식도 달라졌다. 아침에 눈뜨는 순간부터 잠자리에 들 때까지 그것이 내 머릿속을 떠나지 않았다. 밤잠을 제대로 못 잔 때도 많았다. 우리 아이들은 내가 자기들을 사랑한다는 것은 알았지만 얼마나 사랑하는지는 몰랐다. 이 한 가지 일이 얼마나 내 마음을 지배하며 의욕을 북돋는지는 더더욱 몰랐다.

아이들이 태어날 때부터 나는 아버지로서 내 능력을 다 동원하여 그들을 보호하고 부양하기로 결심했다. 아빠로서 내 능력이 독보적이고 무한할 리는 없었지만, 그래도 내게 있는 모든 것을 아이들의 당장의 유익과 영원한 유익을 위해 쏟아붓기로 작정했다. 물론 나는 다른 방식으로도 아이들 각자를 향한 내 사랑을 표현했다. 내가 그 사랑을 실천한 방법 중 하나는 내게 주어진 모든 능력으로 그들을 안전하게 지키고 매일의 필요를 채워주는 것이었다.

하나님은 말씀을 통해 자신의 정체를 알리시고 우리와의 관계를 규정하신다. 그중 우리에게 가장 힘이 되는 말씀 중 하나는 "나는 너의 아버지니라"는 놀라운 선언이다. 천지의 주님이 은혜로 말미암아 내 아버지시다. 우주의 보좌에 앉아 계신 전능하신 능력의 하나님이 내 아버지이시고 나는 그분의 자녀다. 불가능해 보이고 믿어지지 않지만 은혜가 나를 하나님의 자녀로 낳았고, 그분은 아버지로서 아낌없이 나를 돌보신다. 당신이 꼭 알아야 할 사실이 있다. 아버지로서 자녀를 돌보시는 하나님의 영광을 이해하는 최선의 길은 능력을 행사하여 우리를 보호하고 채워주시는 그분을 보는 것이다. 시편 103편 13절 말씀을 읽어보라. 이 말씀을 믿고 받아들이면 그것이 당신을 변화시킬 것이다. 이 말씀 안에서 살아가면 삶의 모든 분야에 대한 당신의 사고방식이 달라질 것이다.

시 103:13 아버지가 자식을 긍휼히 여김같이 여호와께서는 자기를 경외하는 자를 긍휼히 여기시나니.

본문의 "긍휼히 여김"에 해당하는 히브리어 라함(*racham*)은 정감을 불러일으키는 특이한 단어다. 이 말은 가족 간의 애정이 담긴 애틋하고 친밀한 정서를 전한다. 긍휼을 뜻하는 다른 단어도 많은데 시편 저자가 이 표현을 고른 데는 이유가 있다. 라함은 '모태'를 뜻하는 히브리어 단어에서 파생되었다. 그래서 이것은 자신의 태 안에 품은 아이를 향한 엄마 특유의 긍휼이다. 자녀 외에는 누구에게도 해당되지 않는 친밀하고 끈끈하며 뜨거운 부모의 사랑을 표현할 때 이 단어가 쓰였다. 이 사랑 때문에 엄마나 아빠는 자식을 잘되게 하려고 날마다 아침 일찍 일어나 밤늦게까지 깨어 있는다. 부모의 모든 보살핌이 거기서 비롯한다. 기저귀를 갈아주는 데서부터 십 대 자녀와 껄끄러운 대화를 나누는 데까지 그리고 그 사이의 모든 희생적 행동이 그에 해당한다. 젖 먹는 아기를 바라보는 엄마의 얼굴에서 또는 학교에서 괴롭힘 당한 아들을 위로하고 지켜주는 아빠의 애정에서 라함의 독특한 표현을 볼 수 있다. 이 단어 라함에는 부모의 모든 부양과 긍휼과 보호의 행위를 촉발하는 사랑이 담겨 있다.

시편 저자는 바로 그 아름다운 단어를 써서 우리에게 "하늘 아버지께서 당신을 이렇게 사랑하신다"라고 말한다. 우리는 은혜로 말미암아 하나님의 자녀이므로, 그분이 우리를 위해 우리 안에서 우리에게 행사하시는 능력의 배후에는 라함이 있다. 하나님은 자녀 된 우리를 귀히 여기시며 헌신적으로 우리의 모든 필요를 채워주신다. 아버지의 긍휼과 애정과 용서로 능력을 행사하신다. 그분이 우리에게 행사하시는 능력에는 다함없는 부성애가 담겨 있다. 하늘 아버지가 우리를 사랑하시며, 그분의 능력은 그 사랑의 도구다.

따라서 당신이 하나님의 자녀라면 당신은 결코 무력하지 않으며 사랑받지 못하는 존재가 아니다. 당신이 부모, 학생, 직원, 상사, 목사, 정치가, 교육자, 남자, 여자, 노인, 젊은이, 독신자, 기혼자 등 누구든 관계없다. 무슨 일이 닥치든, 기분이 어떠하든, 어디에 있든 관계없다. **하나님의 부성은 무한한 사랑과 무한한 능력이 만나는 자리다.** 그 결과는 끝없는 공급과 돌보심과 보호다. 이것이야말로 당신이 소망을 품고, 포기하지 않으며, 하나님이 부르신 대로 선한 일을 지속해야 할 이유다. 하늘 아버지가 당신을 사랑하여 당신의 유익을 위해 능력을 발휘하신다. 찬송가 "하늘 아버지의 자녀들"에 그것이 아주 잘 표현되어 있다.

> 하늘 아버지의 자녀들
> 그 품에 모여 안전하니
> 하늘의 별도 어린 새도
> 이런 피난처 알 수 없네.
>
> 친히 돌보아 기르시니
> 주의 집에서 형통하네
> 모든 악에서 지키시고
> 능하신 팔로 품으시네.
>
> 생사도 결코 주의 자녀
> 주와 갈라놓지 못하니
> 주가 은혜를 베푸시고
> 우리의 슬픔 아심이라
> 주실 때도 거두실 때도
> 그 자녀 버리시지 않고

오직 주 사랑의 뜻대로
거룩하게 지켜주시네.*

내게 위로와 소망을 주는 사도 바울의 말이 있다. 이 말씀이 일깨워주듯이 힘들 때도 나는 혼자가 아니다. 전능하신 구원자가 그 자리에서 나를 만나 사랑해주신다.

> 고후 12:7-10 여러 계시를 받은 것이 지극히 크므로 너무 자만하지 않게 하시려고 내 육체에 가시 곧 사탄의 사자를 주셨으니 이는 나를 쳐서 너무 자만하지 않게 하려 하심이라 이것이 내게서 떠나가게 하기 위하여 내가 세 번 주께 간구하였더니 나에게 이르시기를 내 은혜가 네게 족하도다 이는 내 능력이 약한 데서 온전하여짐이라 하신지라 그러므로 도리어 크게 기뻐함으로 나의 여러 약한 것들에 대하여 자랑하리니 이는 그리스도의 능력이 내게 머물게 하려 함이라 그러므로 내가 그리스도를 위하여 약한 것들과 능욕과 궁핍과 박해와 곤고를 기뻐하노니 이는 내가 약한 그때에 강함이라.

연약함에 대한 두려움에서 해방되면 행복하다. 강한 척해야 하는 부담에서 벗어나면 즐겁다. 당신의 능력보다 큰 것이나 당신의 힘보다 강한 것에 부딪칠 때마다 아찔해하던 데서 놓여나는 것은 선물이다. 연약함이 저주가 아니라 바로 그것을 통해 하나님이 우리 안에 참된 힘을 길러주신다는 것을 알면 후련하다. 참된 힘은 근육을 키우고 더 열심히

---

* Carolina V. Sandell Berg, "Children of the Heavenly Father," 1858년, 번역 Ernst W. Olson 1925년, *Trinity Hymnal* (Suwanee, GA: Great Commission Publications, 1990), 131장.

노력하는 데서 오지 않는다. 참된 힘은 자신에게 능력이 없음을 두려움 없이 고백할 때 찾아온다. 참된 힘은 강한 척하거나 약점을 숨기지 않는다. 연약함을 인정하는 것이 곧 참된 힘으로 가는 관문이다. 약점을 부인하던 것을 그만둘 때 비로소 나는 하나님 은혜의 가장 소중한 선물 중 하나에 의지하게 된다. 그것은 바로 내 안에서 역사하시는 그분의 능력이다.

바로 이 지점이 하나님의 전능하심에 대한 신학이 당신을 이끌어야 할 부분이다. 솔직히 우리 중 누구도 연약함을 부인할 수 없다. 그 연약함에 대한 반응으로 하나님은 우리에게 자신을 주신다. 우리에게 필요한 것은 바로 그분이다. 그분은 우리에게 오셔서 우리 안에 사시고, 우리의 약하고 무력한 부분에 능력을 부어주신다. 하나님의 창조의 능력과 부활의 능력이라는 진리는 냉담한 추상적 개념이 아니라 당신이 매일 품는 소망이다. 부활의 능력이 이제 당신 것이 되었다.

당신의 잠재력은 연약함에 구애받지 않는다. 이제는 당신이 (혼자) 사는 것이 아니라 당신 안에 그리스도가 (전능하신 능력으로) 사시기 때문이다(갈 2:20).

구원의 관건은 과거의 용서와 미래의 소망뿐만 아니라, 현재의 새로운 정체성과 새로운 잠재력이다. 우리가 살펴보고 있는 신학의 모든 교리는 하나님을 알고 이해하게 해주고, 하나님의 자녀로서 당신의 정체성과 잠재력도 규정해준다. 당신의 정체성은 무엇인가? 당신은 우주에서 가장 강하신 분의 아들과 딸이다. 당신의 아버지이신 그분이 부성애로 능력을 행사하여 당신을 돌보신다. 당신의 잠재력은 무엇인가? 전능하신 아버지의 능력이 지금 당신 안에서 역사하고 있다. 당신은 자신의 미력한 자원만 가지고 삶이라는 작은 드라마의 무대 위에 홀로 남겨지지 않았다. 전능하신 아버지 하나님이 가까이 오셔서 당신을 자녀로 입양하셨고, 당신의 유익을 위해 능력을 펼치시며, 내면의 능력을 복으로 주신다. 신성한 신학의 다른 모든 교리처럼 하나님의 전능하심에 대한 교리도 우리에게 놀라운 은혜를 전파한다.

하나님은 전능하시다.

그분은 우리 아버지시다.

은혜로 말미암아 그분의 능력이 우리 것이다.

그래서 우리는 소망이 있다.

11
창조에 대한 교리

태초에 성부, 성자, 성령 하나님은 기쁘게 유형무형의 모든 존재하는 것을 무에서 창조하시고 그 모든 피조물이 심히 좋다고 선포하셨다. 그렇게 하신 목적은 자신의 영원한 능력과 지혜와 선하심을 항시 드러내 누구나 볼 수 있게 하시기 위해서였다.*

창조에 대한 교리 이해하기

우주 역사상 딱 한 번 있었던 천지 창조의 불가사의를 한 문장이나 한 단락이나 한 장에는 고사하고, 책 한 권에라도 제대로 다 담아내기란 불가능하다. 당신과 나는 무엇 하나라도 만들려면 열심히 일해야 한다. 가구 전문 매장 이케아(IKEA)에서 조립식 가구를 사오면 모든 부품이 정확히 제작되어 있고 설명서까지 있는데도, 설명대로 조립해서 머릿속의 완제품을 만들려면 머리가 돌 지경이다. 어떤 제품이든 직접 만들자면 집중력과 손재주와 끈기가 요구된다. 우리는 늘 원재료와 설명서와 적합한 연장을 갖추고도 막상 만들려면 힘들어한다. 게다가 당신과 나

---

* 웨스트민스터 신앙고백서 제4장 1항에 나오는 창조에 대한 교리를 내가 풀어 썼다.

는 아무것도 창조한 적이 없다. 우리는 무에서 유를 만들지 못한다. C. S. 루이스(Lewis)는 그것을 이렇게 말했다. "하나님의 창조 행위가 인간에게는 늘 전혀 불가능할 수밖에 없다. 시인과 음악가와 발명가까지 포함해서 우리는 궁극적 의미에서 결코 창조하는 게 아니라 조립할 뿐이다. 조립할 원재료가 늘 주어져 있다."*

창조의 진리 앞에서 우리는 그 자리에 얼어붙어 외경과 경이에 가득 차서 겸손히 무릎 꿇어야 한다. 하나님은 오직 그분의 의지와 말씀으로만(전혀 과장된 표현이 아니다) 우주를 생겨나게 하셨다. 거대한 은하들과 작은 개미를 생각해보라. 흐르는 물줄기와 단단한 화강암 기둥을 생각해보라. 코끼리의 몸뚱이와 심해의 해구에서 헤엄치는 반투명 물고기를 생각해보라. 우뚝한 거목과 현미경으로만 보이는 유기체를 생각해보라. 우리의 눈이 얼마나 공학적으로 설계되었는지, 손에 얼마나 정교한 무늬가 새겨져 있는지 생각해보라. 음파와 화학 반응을 생각해보라. 창세기 1-2장을 무심하게 읽지 말라. 그 내용이 전하는 기막힌 영광을 포착하라. 창세기 1-2장은 우리의 경탄을 자아내기 위해 쓰였다. 숨이 멎을 정도가 되지 않는다면 당신이 본문을 제대로 대하지 않은 것이다. 창세기 1-2장은 당신의 제자리를 찾아주고, 당신의 마음과 삶 속에서 하나님을 제자리에 모시게 해준다. "태초에 하나님이 천지를 창조하시니라"는 말씀 속에 막연하거나 냉담하거나 당신의 삶과 동떨어져 있는 것은 하나도 없다. 이 말씀이 모든 것을 규정하고 설명한다. 당신에게 정체성과 존엄성을 부여하고, 삶의 의미와 목적을 규정한다. 창세기 1-2장에서 당신은 모든 것에 입문한다. 성경 이야기는 무대의 중심에 계신 하나님으로 시작된다. 거기서 그분이 하신 일은 어찌나 상상을 초월하는지, 그 의미를 풀어내고 광활한 영광을 다 이해하려면 영원이 소요될 것이다.

---

* C. S. Lewis, *Letters to Malcolm: Chiefly on Prayer* (1963; New York: HarperOne, 2017), 97. (『개인 기도』 홍성사 역간)

하나님이 우주 만물을 창조하셨다는 말은 곧 하나님이 하나님이라는 말이다. 그분께는 라이벌이 없다. 그 누구나 무엇도 그분께는 비할 바가 못 된다. 아무도 자신에게 그분과 같은 능력과 권위가 있다고 주장할 수 없고, 아무도 머릿속에 그런 지혜와 지식을 품을 수 없다. 설령 누가 세상의 창조를 용케 생각해냈다 해도 그 생각대로 실행할 능력이 전무할 것이다. 창세기 1-2장은 결정타다. 과연 하나님이 세상을 창조하셨다면 그 실재가 모든 것을 규정하며, 그분은 늘 우리의 외경과 복종과 순종을 받기에 합당하신 분이 된다.

그런데 우리 대부분에게 문제가 있다. 안타깝게도 창조 교리는 우리에게 너무 익숙해진 나머지, 마땅히 있어야 하고 한때 있었던 감동을 더는 자아내지 못한다. 하나님의 진리에 익숙해진다는 것은 좋은 일이다. 그만큼 우리에게 은혜가 임하여 해당 진리 앞에 우리 마음과 생각이 열렸다는 뜻이다. 하나님은 그런 진리를 통해 우리를 해방하고 구원하며 변화시키신다. 하지만 성경 진리에 익숙해지는 것은 위험한 일일 수도 있다는 점을 유념해야 한다. 무언가 익숙한 것에 부딪히면 우리 머리는 생각을 중단하고, 눈은 시선을 돌리고, 마음은 반응을 그치는 경향이 있다. 창조 교리의 공부가 지적인 활동일 뿐 더는 머리와 가슴에 경이와 예배가 차오르게 하지 않는다면 서글픈 일이다. 세상을 빚어 만물을 배치하시는 하나님의 일하시는 손을 보면서 어떻게 주목하여 감동하지 않고 그냥 지나갈 수 있는가? 여기 당신의 실재의 중심, 영성의 핵심, 인간성의 정수가 있다. 창세기 1-2장보다 더 중요한 것은 있을 수 없다. 그 의미와 경이를 축소하면 그것이 온갖 우상 숭배의 온상이 된다. 제대로 이해한다면 이 두 장에 기록된 내용은 당신을 하나님과 참자아에게로, 그리하여 결국 아들 예수님의 십자가로 인도한다.

눈을 뜨고 마음을 열어 주변 어디에나 널려 있는 영광을 보라. 모든 영화로운 피조물은 하나님이 설계하신 대로 그분의 영광을 가리켜 보이는 손가락이다. 우리는 영화로운 물체를 보거나 듣거나 맛보거나 만질 때마다 그 배후에 계신 영광의 하나님을 보게 해달라고 기도로 은혜를 구해야 한다. 물을 끓이거나, 감자를 으깨거나, 계란을 부치면서 어떻게 그분의 영광을 보지 않을 수 있는가? 아기를 품에 안고서 어떻게 창조주께 외경을 품지 않을 수 있는가? 시시각각 다채롭게 변하는 노을의 색조가 어떻게 우리 안에 그분을 향한 경탄을 자아내지 않을 수 있는가? 개울가의 올챙이를 보면서 어떻게 미소 지으며 예배하지 않을 수 있는가? 숲을 가르는 바람 소리가 어떻게 우리 마음속에서 하나님을 노래하는 찬송가가 되지 않을 수 있는가? 날마다 우리 시야를 가득 메우는 영광의 전시장에서 하나님을 보지 못한다면 우리는 심히 빈곤한 인간이다. 우리를 해방하여 눈을 뜨게 하시고 마음을 소생시켜주실 그분의 은혜가 절실히 필요하다.

이것이야말로 그리스도인인 당신이 믿는다고 말하는 모든 것의 구심점이다. 하나님이 세상 만물을 창조하지 않으셨다면 성경의 모든 신학과 역사가 무너진다. 그러면 하나님은 하나님이 아니고, 세상은 그분이 말씀하신 대로 존재하는 것이 아니며, 당신도 그분이 말씀하신 존재가 아니고, 진리인 줄 알았던 모든 것이 진리가 아니다. 하나님이 자신에 대해 사실과 다르게 말씀하셨다면 그분의 율법과 모든 약속은 어떻게 되는가? 복음과 영원한 소망은 어떻게 되는가? 은혜의 신빙성은 어떻게 되는가? 창조 교리는 기초와 같아서 그것을 없애면 성경의 신학이라는 집 전체가 무너진다. 그러면 당신은 하나님이 어떤 분이시고, 자신이 누구이며, 세상이 무엇이고, 어떻게 살아야 하는지를 모른다. 구심점을 잃은 우주에서 미아가 되는 것이다. 거기서는 이성 없는 비인격체 세력끼리 상호 작용하며 당신을 상대한다. 도덕성 여부나 좋고 나쁨을 떠나 의미와 목적 따위는 존재하지 않는다.

올바른 성경 신학은 창조 신학이다. 이 신학은 하나님으로 시작해서 그분을 중심으로 돌아간다. 이 신학을 이끄는 것은 진리를 정리하는 작업이라기보다 외경과 예배. 성경 이야기에 펼쳐지는 다른 모든 진리를 다루는 우리의 자세를 "태초에 하나님이 천지를 창조하시니라"는 말씀이 빚어낸다. 창조 신학은 겸손한 신학이다. 하나님의 것들을 다루는 만큼 우리는 예배하는 마음으로 임한다. 신성한 것을 다룰 수 있게 해주신 은혜가 놀라울 뿐이다.

창세기 1-2장의 취지는 창조 과정의 과학적 기술에 있지 않다. 분명한 것은 하나님이 세상을 창조하여 만물을 배치하실 때 벌어진 모든 일이 세세히 묘사되어 있지 않다는 것이다. 역사적 기본 사실이 나오기는 하지만 일부만 선별되어 시적으로 기록되어 있다. 창조 기사가 하나가 아니라 둘이라는 점을 생각해보라. 창세기 1장에서 하나님은 거대한 우주를 창조하시는 반면, 2장에서는 아담과 하와를 창조하시는 것이 그려진다. 그들은 하나님의 형상을 보유하고 있기에 만물과 구별된다. 창세기 1-2장은 상세한 과학 문헌이 아니라 간결하게 대략의 세목만 담고 있다. 문체도 과학적이기보다는 신학적이다. 창조 세계를 주관하시는 하나님의 중심성과 능력과 권위가 소개되고, 그분의 형상대로 지어진 인간의 본질과 목적이 소개된다. 하나님의 의도대로 이 두 장은 독자의 초점을 창조 과정이 아니라 그분 자신께 두게 한다. 두 장 모두 삶과 세상과 자아에 대한 우리의 모든 생각이 하나님을 지향하도록 이끌어준다. 창세기 1-2장에서 하나님이 규정하시는 실재는 이렇다. 즉, 그분은 친히 만물의 중심에 서서 우리를 독특하게 그분과 연결시키신다. 우리의 인생관은 모두 여기서 시작된다.

그렇다면 우리가 창조 교리에서 배워야 할 점은 무엇인가? 기독교 신학의 이 놀라운 교리에 담긴 더 깊은 의미는 무엇인가?

목적

내 부업은 화가다. 그림을 그린 지는 수십 년 되었다. 우리 집에서 몇 블록 떨어진 곳에 내 화실이 있다. 화랑에 전시할 준비가 될 때까지 거기서 열심히 작품을 그린다. 내 그림에는 특유의 화풍이 있고 늘 목적이 있다. 무작정 붓질부터 하면서 "꼭 멋진 작품이 나와야 할 텐데"라고 말할 때는 없다. 시작하기 전부터 머릿속에 내가 원하는 결과물에 대한 비전을 그린다. 그것을 염두에 두고 과정을 단계별로 구상한 뒤, 비전을 실현하는 데 필요한 물감과 화학 약품과 도구를 모은다. 나는 아름다운 작품을 창작하여 관객에게 무언가를 새로운 눈으로 보게 해주고 싶다. 내 그림을 구입하여 집이나 일터에 전시하고 싶은 생각이 들게 하는 작품이면 좋겠다. 창작에는 늘 목적이 수반된다.

최고의 예술가이신 하나님도 만물을 설계하실 때 염두에 두신 목적이 있었다. 피조물마다 그분이 의도하신 목적대로 세심히 고안되었다. 인간을 지으실 때도 목적을 염두에 두셨음은 물론이다. 그분은 우리가 어떤 존재가 되어 무엇을 하며, 어떻게 살아야 할지를 아셨다. 하나님과 인간과 전체 창조 세계가 더불어 어떤 관계를 맺어야 할지도 아셨다. 그러므로 우리 삶의 목표는 열심히 일해서 언젠가는 자신이 정의해둔 행복을 누리는 것이 아니다. 기어이 모든 사람에게 사랑받는 것도 아니다. 당신의 인생 목적은 물질적 성취와 성공과 부요가 아니다. 궁극적 목적은 권력과 통제권을 손에 넣는 것이 아니다. 날씬하고 예뻐지는 것도 아니고, 대중의 박수갈채도 아니고, 마침내 무조건 자신을 사랑하는 것도 아니다. 행복한 결혼 생활과 책임감 있고 성공한 자녀도 궁극적 목표는 아니다.

창조주가 계실진대 내 삶을 어떻게 투자할지 또는 무엇을 목적으로 삼을지를 정하는 일은 내 소관이 아니다. 어떻게 살아야 하고 삶 전체를 추동할 목적을 어디에 두어야 할지를 내게 지시하실 능력과 권한은 창조주 하나님께만 있다. 그분은 나를 특정한 목적에 맞는 특정한 존재로 지으셨다. 그래서 나를 향한 하나님의 목적을 곧 내 삶을 추동할 목적으로 삼는 것이 내 가장 깊은 동기가 되어야 하고, 그를 위해 한결같이 헌신해야 한다. 내가 누구이고 어디에 살든 관계없다. 창조 교리가 가르쳐 주듯이 우리는 목적을 자신에게서 찾지 말고 창조주에게서 찾아야 한다. 창조주는 우리를 세상에 보내실 때 신차에 딸려오는 것과 같은 '사용 설명서'도 함께 주셨다. 하나님이 주신 사용 설명서인 성경에는 우리를 향한 하나님의 목적이 제시되어 있다. 또한 그분의 목적을 버리고 내 목적을 취할 때 어떤 결과가 따르는지 그리고 그분이 어떻게 자신의 아들을 선물로 주셔서 그 아들의 은혜를 통해 우리를 구원하고 회복하시는지도 나와 있다.

소유권

완성된 내 그림은 내 소유다. 아무도 거기에 이의를 달지 않는다. 내 화실의 모든 그림은 내 것이다. 전시회에 출품된 내 그림도 누군가가 구입하기 전에는 다 내 것이다. 창작의 논리가 그렇다. 만든 사람이 주인이다. 하나님이 창조하신 세상 만물도 마찬가지다. 물리적 우주는 주님의 것이다. 하나님이 자신을 위해 창조하셨다. 로마서 11장 36절 말씀 그대로다. "이는 만물이 주에게서 나오고 주로 말미암고 주에게로 돌아감이라 그에게 영광이 세세에 있을지어다 아멘." 하나님은 만물의 정당한 소유주시다. 물질세계를 당신 것처럼 취급하여 당신 마음대로 한다면 결코 좋은 결과가 나오지 않는다. 나무와 꽃, 시냇물, 새와 각종 동물, 하늘과 공기, 바람과 비, 모래와 바다, 산과 골짜기, 들의 소 떼, 식탁 밑의 개는 다 주님의 것이다. 당신에게 소유권이 없음을 알면 겸허해진다. 당신은 입주 관리인일 뿐이다.

나의 부모님은 캘리포니아 주 남부로 이사하여 대규모 아파트 단지의 입주 관리인이 되었다. 입주한 아파트 집까지 포함해서 그들의 소유는 아무것도 없었다. 단지를 관리하는 일과 세입자들의 관리 상태를 감독하는 일을 맡았을 뿐이다. 모든 일은 소유주들의 지침에 따라 이루어졌다. 두 분은 그곳을 자기 것처럼 취급할 수 없었고, 경내에 마음대로 손대서도 안 되었다. 세입자들을 아무렇게나 대할 수 없었음은 물론이다. 소유주들의 계획과 목적과 규정대로 단지를 관리하도록 고용되었던 것이다.

동식물, 토지, 공기, 물 등 물리적 환경을 다루고 관리할 때 우리는 그것이 내 것이 아님을 겸손히 인정해야 한다. 우리는 주님이 그분의 영광을 위해 지어 능력으로 붙들고 계신 곳의 입주 관리인이다. 그래서 겸손과 감사와 헌신의 자세로 그분의 것을 잘 돌보아, 그분을 기쁘시게 하고 그분께만 공로를 돌려야 한다. 이런 청지기 역할은 물리적 환경만 아니라 서로를 대할 때도 적용된다. 우리는 하나님의 형상대로 지어진 모든 사람에게 그분의 사랑과 돌보심을 대변하도록 부름받았다. 따라서 그분의 입주 관리인으로서 그 사명에 진지하게 임하여, 그분의 사랑과 정의와 긍휼과 자비와 보호와 공급을 서로에게 대변해야 한다. 하나님의 소유권을 인정하는 가운데 헌신적인 청지기의 생활 방식으로 이웃을 대해야 하고, 고난이 더는 없는 곳에 이를 때까지 그 어떤 고난에도 등을 돌려서는 안 된다.

창조주 하나님의 소유권이 우리에게 주문하는 것이 하나 더 있다. 당신 자신도 당신 것이 아님을 아침마다 상기하며 살아야 한다. 인간이 마치 내 인생은 내 것이므로 무엇이든 내 마음대로 할 수 있는 것처럼 살면, 온갖 어둡고 부정한 일, 이기적이고 난폭한 행동, 수많은 상처와 파멸, 수많은 우상 숭배와 중독, 불행한 결말을 초래한다. 성폭력은 소유권 문제다. 배우자를 정서적으로 학대하는 것도 소유권 문제다. 인종 혐오와 타락한 정치도 소유권 문제다. 물질 만능의 탐욕과 건강을 해치는 나쁜 식습관도 소유권 문제다. 간음과 절도와 폭력도 소유권 문제다. 자원을 이기적으로 쓰는 것, 은근하거나 노골적인 여성 혐오, 혜택받지 못하고 억압당하는 이들을 돌보지 않는 것도 다 소유권 문제다. 스스로 삶의 주인이 되어 잠시라도 자기가 하고 싶은 대로만 한다면, 그때마다 당신에게 소유권 문제가 있는 것이다.

창조 교리는 내게 이런 말을 해준다. 내 이성과 영성과 성격과 감성과 신체와 심리와 재능과 의지는 내 것이 아니다. 나의 전체, 즉 함께 어우러져 나를 나 되게 하는 모든 것은 주님의 것이다. 나는 이 모두가 하나님의 소유로서 그분의 영광을 위해 존재함을 인정하면서 내 몸과 개성의 다양한 요소를 잘 관리해야 한다. 인생을 잘 살려면 내가 내 것이 아님을 알아야 한다.

여기서 잠시 멈추어 함께 숙고해야 할 실재가 있다. 하나님의 목적과 소유권을 염두에 두는 삶은 우리 본성에 어긋난다. 모든 생각과 갈망과 선택과 말과 행동을 하는 순간 내가 내 것이 아님을 기억하는 것은 본성에 반한다. 당신의 모든 책임과 관계를 하나님의 목적에 맞추는 것도 본성과 반대된다. 본성에 맞는 쪽은 내 갈망을 좇아 살면서, 무조건 나를 행복하게 해준 날을 좋은 날로 규정하는 것이다.

그래서 창조 교리는 우리를 예수님의 은혜 쪽으로 이끈다. 제대로 이해한다면 창조 교리는 우리를 십자가로 인도한다. 거기서 나는 창조주를 망각한 모든 순간과 모든 이기적인 소유권 행위를 용서받는다. 거기서 나는 본성을 거스르는 이 길을 가도록 도와달라고 부르짖을 수 있다. 거기서 나는 자아에서 해방되어 나보다 훨씬 큰 목적과 무한히 크신 그분을 위해 살도록 임명받는다. 거기서 나는 자신의 영광을 위해 살려는 짐에서 벗어나 그분의 영광을 위해 사는 자유를 얻는다. 거기서 나는 "너희 안에서 행하시는 이는 하나님이시니 자기의 기쁘신 뜻을 위하여 너희에게 소원을 두고 행하게 하시나니"(빌 2:13)라는 실재를 되새긴다. 창조 교리는 나를 예수님께로 떠민다. 그분이 내 안에 계시고 나와 함께하시며 나를 위하신다는 이유로 나는 하나님의 소유권에 순복하고 그분의 목적대로 살아갈 수 있다. 내가 너무 지치고 낙심하여 싸울 수 없을 때도 그분은 나 혼자 쩔쩔매도록 두지 않으시고 나를 위해 싸우신다.

권위

나의 부모님은 아파트 관리인으로서 권한이 있었고 세입자들도 그것을 알았다. 두 분은 매일 다양한 방식으로 권한을 행사했다. 권한이 환영받을 때도 있었고 저항에 부딪힐 때도 있었지만, 그들은 필요한 대로 충실히 권한을 활용했다. 그들에게 없었던 것은 자율적 권위였다. 아파트 단지가 그들의 소유가 아니다 보니 권한을 자기 마음대로 행사할 권리는 없었던 것이다.

권위에 관한 한 창조 교리는 이렇게 귀결된다. 하나님이 세상의 창조주이자 소유주인 만큼 만물을 주관할 최종 권위는 그분께 있다는 것이다. 그래서 인간의 독자적 권위란 존재하지 않는다. 권위의 지위에 있는 사람은 다 권위를 대행할 뿐이다. 인간의 모든 권세는 대사의 성격을 띤다. 즉, 하나님의 권위를 눈에 보이게 대변하기 위한 것이다. 바울은 그것을 이렇게 표현했다. "각 사람은 위에 있는 권세들에게 복종하라 권세는 하나님으로부터 나지 않음이 없나니 모든 권세는 다 하나님께서 정하신 바라"(롬 13:1).

당신이 부모, 배우자, 교사, 상사, 정치가, 경영자, 판사, 목사, 기타 어떤 권위의 자리에 있든, 하나님은 당신을 그분의 권위의 대리자로 그 자리에 두셨다. 당신은 권력과 지위를 마음대로 휘두를 권리가 없다. 인간의 모든 권위 행사는 하나님의 가치관과 목적과 성품을 대변해야 한다. 부모가 이를 행한다면 가정이 더 안전해지고 사랑이 넘치지 않겠는가? 교사가 이것을 안다면 교실이 더 잘 운영되지 않겠는가? 상사가 이렇게 이끈다면 일터가 더 평화롭고 생산성도 높아지지 않겠는가? 모든 선출직 공직자가 자신을 선거 구민들의 대리자일 뿐만 아니라 더 중요하게 하나님의 대리자로 본다면, 정부가 시민의 유익을 위해 더 잘 일하지 않겠는가? 최종 권위는 하나님께 있다. 다른 모든 권위의 성격과 목적은 그분에게서 나온다.

잊지 말아야 할 점이 있다. 인간 지도자는 아무리 권력이 막강할지라도 그 자신도 권위 아래 살아가는 사람이다. 제아무리 통치 범위가 넓고 최고의 권세를 소유했더라도 마찬가지다. 가장 위대한 지도자도 만왕의 왕 앞에 엎드려 기꺼이 그분의 권위에 복종하도록 부름받았다. 인간의 권위 중 하나님께 책임지지 않아도 되는 권위는 없다. 그래서 우리는 안식할 수 있다. 우리를 지배하는 인간 권세가 선하고 자비롭고 지혜로워서가 아니다. 최종 권위가 창조주이신 우리 주님께 있고, 그분이 모든 면에서 거룩하시고 사랑이 무한하시기 때문이다.

예배

성경을 펴면 놀랄 만큼 충격적이고 매혹적인 창조 기사가 맨 먼저 나오는데, 거기에는 그만한 이유가 있다. 성경은 무한한 영광의 하나님을 우리에게 곧장 대면시키는 방식으로 기록되어 있다. 처음부터 독자는 누구도 흉내 내지 못하고 다시는 반복되지 않을 일을 행하시는 하나님을 목격한다. 시간과 물리적 우주가 존재하기 전부터 존재하신 그분은 말씀으로 만물을 창조하신다. 그분이 말씀하시면 무엇이든 생겨난다. 그분의 영화로운 능력과 지혜와 권위는 한순간도 숨겨져 있지 않고, 모든 독자에게 보이도록 성경의 첫 소절에서부터 집중 조명을 받는다. 크고 영화로우신 하나님이 능력으로 역사하여 실재를 지배하신다. 만물 위에 뛰어나신 그분이 이처럼 놀랍도록 위대하게 전시되어 있으니, 그 앞에서 우리는 자신이 작고 연약하게 느껴질 수밖에 없다.

영광을 총천연색으로 구현하여 보고 들을 뿐 아니라 다감각으로 경험하게 해주는 이 말씀은 우리를 놀라게 하고 압도하여 변화시키기 위해 쓰였다. 이 말씀이 보전되어 있는 이유는, 우리 안에 인간의 가장 중요하고 친밀하며 심오하고 결정적인 기능인 예배를 불러일으키기 위해서다. 이 기사는 사람이 창조된 본연의 목적 쪽으로 우리를 이끌기 위한 것이다. 그것이 기록된 목적은 당신을 인간성의 본령으로 데려가 거기서 참된 정체성을 찾아주기 위해서다. 이것은 당신을 홀리고 유혹하며 사로잡을 만한 다른 모든 것을 마음의 구석으로 몰아내기 위한 것이다. 참 생명을 얻을 유일한 곳으로 인도하여 우리가 다시 정신을 차리게 하기 위한 것이다. 우리를 제자리에 돌려보내 자신이 누구이며, 본래 어떻게 살도록 지어졌는지를 정확히 알려주기 위한 것이다. 이 말씀이 기록된 목적은 한없이 크신 하나님 앞에 당신이 무릎 꿇고 경외와 예배에 젖게 하기 위해서다. 동시에 이 말씀은 놀라우신 그분이 조합하신 이 우주에서 당신의 정체성과 본분을 깨우쳐주기 위한 것이다. 창조 기사는 우리를 특정한 행동 이상을 하도록 부른다. 그보다 훨씬 차원이 깊다. 이렇듯 영광이 우리 앞에 전시되어 있는 것은 우리가 올바른 정체성을 받아들이게 하기 위함이다.

예배는 영적인 종교 활동 이상이다. 예배는 곧 우리의 정체성이다. 우리는 바로 그것을 위해 지어졌다. 창세기 1-2장에 놀랍도록 영화롭게 제시된 하나님은 우리 마음의 예배하고자 하는 본능과 예배하는 능력을 받기에 합당하신 유일한 분이다. 무엇을 예배하든 그 대상이 우리의 모든 언행을 빚어내게 마련이다. 예배는 우리의 가장 깊은 갈망들을 조탁하고 가장 강한 동기들을 지배한다.

창조 때 딱 한 번 세상에 전시된 하나님의 놀라운 능력 앞에서, 이렇듯 당신과 나는 그분을 발견할 뿐 아니라 마침내 자아도 발견한다. 우리는 그분을 대면해야만 한다. 그 위엄의 광채를 피할 수 없고 그 권능의 그림자에서 벗어날 길도 없다. 본문은 우리에게 달아나거나 숨을 곳을 남겨두지 않는다. 워낙 압도적으로 크신 분이라서 도저히 그분을 피할 수 없다. 우리는 무대가 내 것이라 생각했을지 모르지만, 그 무대는 하나님의 영화로운 위엄으로 충만하다. 하나님은 태초부터 우리를 불러 그분을 알고, 그 위엄을 경험하며, 유일하게 합당한 반응인 예배에 헌신하게 하셨다. 이 예배는 우리 삶의 종교적인 부분에만 한정되지 않는다. 예배는 하나님께 삶 전체를 드리는 것이다. 그분만이 우리를 영화로운 영광을 보는 목격자의 자리로 인도하신다.

겸손

창조 교리는 우리를 자아의 굴레에서 해방한다. 자기중심이라는 감옥에서 풀어주고 환대한다. 창세기 1-2장이 일깨워주듯이 우리는 나중에 목격자가 되었을 뿐이지 창조에 동참하지는 않았다. 세상은 우리에게서 시작되거나 우리가 창시한 것이 아니다. 전체 우주 이야기의 시발점은 우리가 아니다. 사상 최고의 놀라운 그 일은 우리 없이 발생했다. 위대하신 창조주가 말씀으로 세상을 창조하실 때 설령 우리가 그곳에 불려갔다 해도, 우리는 지극히 작은 일 하나도 거들 수 없었을 것이다.

놀랍도록 엄위하고 영화로우신 그분이 인류가 첫 숨을 쉬기도 전부터 그곳에 계셨다.

창조 교리는 내가 실재의 중심이 아님을 일깨워준다. 하나님은 삶이라는 이야기의 위대한 작가이실 뿐 아니라 주인공 배우시다. 무대를 장악하여 우리의 주목을 끄시는 대스타시다. 모든 것이 그분에게서 와서 그분을 가리키고 그분께로 이어진다. 스포트라이트와 박수갈채와 각종 수상은 다 그분의 몫이다. 하나님의 영화로운 빛 가운데 서면 누구나 다 낮아진다. 논공행상이 있을 수 없다. 아무도 진심으로 자신과 하나님이 동급이라고 주장할 수 없다. 모든 피조물이 그분의 위엄 앞에 엎드린다.

은혜가 우리를 낮추는 과정은 이렇게 시작된다. 중심 되신 그분 앞에 엎드려 자신이 작고 의존적인 존재임을 고백하면, 그때부터 당신은 자신을 대단하게 여기는 위험한 망상에서 해방된다. 그때부터 자신의 지혜와 능력에 의지하던 마음을 버리고, 자신의 이야기를 직접 쓰려던 것도 그만둔다. 그때부터 자신의 영광에 집착하던 데서 벗어나고, 내가 옳아야 하고 통제해야 하며 박수를 받아야 한다는 집요한 욕구에서 해방된다. 그때부터 규정을 제멋대로 정하지 않고, 인생을 스스로 계획해도 될 만큼 자신이 똑똑하다는 생각도 버린다. 사랑과 자비의 하나님은 그렇게 당신을 불러 자백하고 순복하게 하신다.

모든 믿는 자의 소망인 위대하고 놀라운 복음 이야기는 예수님이 인류 무대에 등장하실 때 시작된 것이 아니다. 구원의 은혜는 창세기 1장에서부터 흐른다. 거기에 하나님의 영광이 전시됨과 동시에 그분의 자비가 흠뻑 부어진다. 그것은 자기영광이 초래하는 역기능과 재앙에서 당신을 구해내 그분께 순복함으로써 생명을 얻게 한다. 하나님의 사랑은 당신을 맞아들여 역사상 가장 영화롭게 전시된 위엄을 보게 하신다. 우리 힘만으로는 결코 이 전시회의 입장권을 구할 수 없다. 그 사랑은 우리가 하나님을, 즉 크시고 가장 강하여 만물 위에 뛰어나신 분을 대면하게 해준다. 하나님은 당신을 낮추시어 은혜를 베푸신다. 창조 기사는 그분의 영광을 위해서만이 아니라 당신의 영원한 유익을 위해 기록되었다. 하나님은 구원의 은혜를 베풀기로 계획하셨기에 창조 장면을 우리에게 밝히 보여주셨다.

12
일상생활 속의 창조

신앙이란 머리로만 믿는 것이 아니라 우리의 생활 방식까지 빚어낸다. 그래서 창조 교리의 진리에 걸맞은 삶은 무엇인지 살펴보는 작업이 중요하다. 이 기본 진리에 입각한 삶은 진화론을 배격하는 것을 훨씬 뛰어넘는다. 이 진리는 세상의 기원에 대한 우리의 입장을 바로 세울 것을 요구할 뿐 아니라, 어떤 식으로든 일상생활의 모든 차원과 맞닿아 있기도 하다.

창조 교리는 아무것도 우리 것이 아님을 알고 살아가게 한다

소유권의 문제를 더 자세히 들여다보자.

우리 부부의 첫 집은 작은 오두막이었다. 사우스캐롤라이나주의 그 셋집은 식민지 시대풍 저택의 호젓한 경내에 있었다. 신혼부부가 살기에 딱 좋은 곳이었다. 저택 전체의 정원 일을 내가 도맡아 하는 조건으로 집주인이 월세를 대폭 깎아주었다. 아름드리 고목과 울창한 수풀과 갖가지 꽃이 지천에 널려 있었다. 나무들 사이로 햇빛이 비쳐들면 사방이 온통 한 폭의 수묵화로 변했고, 새들의 노랫소리만이 고즈넉한 적막을 깨뜨렸다. 집주인은 다른 곳에도 집을 소유하고 있어 그쪽에는 거의 오지 않았다. 아름다운 그곳을 우리가 독차지했지만, 나는 그 집의 어떤 것도 내 것이 아님을 잘 알았다. 나야 그 모두를 누리면서 관리하는 소임을 맡았을 뿐이지 주인은 따로 있었다.

하나님은 진심으로 이렇게 말씀하신다. "땅과 거기에 충만한 것과 세계와 그 가운데에 사는 자들은 다 여호와의 것이로다"(시 24:1). 창조 교리는 기원의 문제만이 아니라 우리가 삶 전반을 어떻게 생각하고 접근하느냐의 문제이기도 하다. 하나님의 소유인 우리는 하나님의 세상에 살면서 하나님의 것들을 다룬다. 대다수 사람의 생활 방식과는 근본적으로 다르게 산다. 본능적으로 사람들은 인생이 자신의 것이고 자신의 행복이 인생 최대의 목적이라고 생각한다. 그러나 하나님은 이렇게 말씀하신다. "아니다. 온 세상만이 아니라 너도 내 것이다."

창조 교리를 믿는다는 것은 우주의 기원에 대해 올바른 견해를 갖는 것 이상을 의미한다. 이 진리는 우리를 불러 전 존재와 모든 소유를 실소유주인 주님께 내어드리게 한다. 그렇게 하면 모든 것이 달라진다. 루엘라와 내가 그 작은 오두막에 살 때, 집과 그 안의 모든 것이 집주인의 소유라는 인식이 우리의 모든 행동에 영향을 미쳤다.

자신이나 배우자나 결혼이 당신 것이 아님을 믿으면 부부 관계가 어떻게 달라질지 생각해보라. 안타깝게도 소유 의식이 대다수 부부를 지배하면서 결혼 생활에서 많은 문제를 일으킨다. 결혼하기를 원하는 젊은 남녀는 대부분 자신에게 잘 맞고 자신을 행복하게 해줄 생의 반려자를 물색한다. 그렇게 결혼해서 함께 살기 시작한다. 문제는 둘 다 주인 행세를 하다 보니 어쩔 수 없이 서로 걸림돌이 된다는 것이다. 남자는 자신의 행복을 위해서라면 여자가 무엇이든 해주기를 바라지만, 그러면 여자는 행복하지 않다. 반면 여자가 남자에게 바라는 역할은 그의 성격에 어긋나는 데다 그가 원하는 바도 아니다. 그래서 돈, 결정, 성생활, 일정, 교회 등의 문제로 작은 말다툼이 벌어진다. 세상의 기원을 어떻게 보든 관계없이, 결혼할 때 양쪽 다 더 큰 목적은 별로 생각하지 않고 인생을 자신의 것으로 보았다는 데 문제가 있다.

성경에 명백히 밝혀져 있듯이 창조 때 제정된 결혼은 주님의 것이다. 결혼은 그분의 목적과 우리의 유익을 위한 것이다. 하나님이 계획하신 결혼은 인간의 문화를 구성하는 기본 단위다. 인간성의 공동체적 성격이 거기서 가장 온전히 표현된다. 우리 삶에서 하나님과의 관계를 제외하고 그분이 언약의 언어로 표현하신 관계는 결혼뿐이다. 또한 하나님은 그리스도와 그분의 신부인 교회의 관계를 보여주기 위해 결혼을 설계하셨다. 아름다운 영적 실재를 가시적으로 담아내신 것이다. 나아가 하나님은 우리를 아들 예수님의 형상대로 빚으시는 지속적인 과정에서 결혼을 주요 도구로 사용하신다.

하나님이 창조하고 설계하신 결혼의 의미와 목적은 일차로 인간의 행복이 아니다. 결혼이란 기초 공동체로서, 구원하시는 사랑의 표상이고 성화시키시는 은혜의 도구다. 부부라면 누구나 기복이 있게 마련인데, 하나님의 설계에 순응하면 그런 기복에 대한 태도와 대응법이 완전히 달라진다. 결혼의 핵심은 하나님의 것(결혼)을 그분의 방식대로 다루는 법을 배우는 데 있다. 그것을 배우면 당신은 백년해로하는 알찬 결혼생활에 들어선 것이다. 결혼을 창조하신 그분이 무엇이 최선인지를 어련히 아시기 때문이다. 부부 관계에서 결혼이 당신 것인 양 살아가기 때문에 겪고 있는 문제는 무엇인가?

통장에 있는 돈을 떠올려보라. 하나님이 돈을 창조하셨고, 돈은 그분이 지으신 세상에서 살아갈 때 필요한 중요한 요소다. 워낙 중요해서 성경에도 자주 거론된다. 틀림없이 대다수 신자는 하나님이 돌려달라고 하시는 적은 부분을 제외하고는 내가 버는 돈은 내 것이라고 생각한다. 하지만 바울이 우리의 돈벌이에 대해 뭐라고 말하는지 읽어보라. "도둑질하는 자는 다시 도둑질하지 말고 돌이켜 가난한 자에게 구제할 수 있도록 자기 손으로 수고하여 선한 일을 하라"(엡 4:28). 우리 생각 같아서는 바울이 이렇게 말할 것 같다. "도둑질로 먹고살던 것을 그만두고 취직해서 자기 손으로 수고하여 생계를 조달하라." 그러나 바울이 이렇게 말하지 않았다는 데 주목해야 한다.

바울의 재물관은 사뭇 달랐다. 그는 우리의 돈이 주님의 것이며 우리는 관리자임을 알았다. 그래서 우리는 이렇게 자문해야 한다. "창조주가 내 손에 들려 있는 그분의 돈으로 무엇을 하기를 원하실까?" 이 질문에 대한 바울의 대답은 뜻밖이다. 돈의 주요 목적은 우리의 생계를 유지하기 위한 것만이 아니다. 당신의 생계는 당신의 창조주가 책임지신다. 우리가 소유한 돈의 주목적은 베푸는 것이다. 돈을 통해 당신은 이 땅에서 하나님의 베푸시는 사명에 동참할 수 있다. 성경의 이야기는 하나님이 베푸시는 이야기다. "하나님이 세상을 이처럼 사랑하사…주셨으니"라는 말씀 속에서 그것을 포착할 수 있다. 물론 그분은 당신의 일을 통해 필요한 것을 공급하신다. 그러나 하나님이 바라시는 결정적 목적은, 당신에게 맡겨진 그분의 돈이 그분의 나라를 위해 더 크게 쓰이는 것이다. 그래서 잠언 3장 9절은 "네 재물과 네 소산물의 처음 익은 열매로 여호와를 공경하라"고 교훈한다. 당신의 돈이 당신 것이 아님을 정말 믿으면 경제생활이 근본적으로 달라진다. 당신이 돈을 생각하고 취급하는 방식이 창조 교리에 부합하게 달라져야 할 부분은 어디인가?

우리 중 많은 사람에게 섹스는 좌절과 상처와 실망과 유혹과 고민의 분야다. 확신컨대 성적 역기능과 유혹과 상처와 고충은 우리 몸이 우리 것이라는 생각에서 시작된다. 그러니 자연히 섹스도 내 것이고 내 행복을 위한 것이라고 생각하게 된다. 그러나 과연 섹스가 그것을 지으신 분의 것일진대, 성생활의 최고 목표는 내 쾌락이 아니라 창조주의 즐거움이다. 이것은 이상한 신학적 성관념이 아니라 지극히 실제적인 것이다.

내 몸과 섹스가 내 것이라고 생각한다면, 나는 벌거벗은 몸으로 다른 사람과 함께 있을 때(가장 취약한 상태에서 가장 친밀하게 이루어지는 대인 소통) 상대의 몸을 내 만족의 도구로 이용할 것이다. 그러나 섹스가 창조주의 것임을 믿는다면, 내 섹스 상대가 누구이고 내가 그 사람을 어떻게 대하는지가 한없이 중요해진다. 섹스가 주님의 것이면 내가 바라는 것은 단지 성적 흥분과 만족이 아니라 내 성생활의 모든 생각과 갈망과 말과 행동을 통해 하나님을 기쁘시게 하는 것이고, 또 내가 창조주께 사랑받고 보호받듯이 상대도 똑같이 사랑받고 보호받는다고 느끼게 해주는 것이다. 당신의 몸을 당신 것으로 생각하면 그때부터 당신은 온갖 성적 역기능과 죄의 길로 직행한다.

이런 대화를 삶의 모든 영역으로 넓혀갈 수 있다. "땅과 거기에 충만한 것[은]…다 여호와의 것이로다"라고 참으로 믿으면 모든 것이 달라지기 때문이다. 창조 교리는 아무것도(당신 자신까지도) 당신 것이 아님을 알고 살아가게 한다. 그렇게 살 때 우리는 거기서 삶의 최고의 기쁨을 얻는다. 창조주가 설계하신 대로 살아가기 때문이다. **당신의 몸이 당신 것이라는 생각 때문에 그동안 성적 유혹과 문제에 빠진 부분은 어디인가?**

창조 교리는 삶이 영광 탈취전임을 일깨워준다

해 질 무렵 해변에서 차를 몰아 귀가하면서 나는 하늘을 물들인 황혼에 매료되었다. 세상 최고의 화가가 분홍과 노랑과 주황과 파랑의 색조로 온 하늘에 찬란하게 붓질을 해놓으셨다. 얼른 휴대폰을 꺼내 인스타그램에 올릴 사진을 찍었다. 우리는 오래된 멋진 호텔 식당의 야외석을 이제 막 떠난 참이었다. 거기서 주위의 아름다운 정원을 감상하며 훌륭한 식사를 천천히 음미했다. 불과 몇 걸음 떨어진 바다에서 끝없이 파도 소리가 들려왔다. 즐거운 날이었고, 집으로 향하는 우리는 배부르고 행복했다.

하나님은 세상을 즐거운 곳으로 만드셨고, 우리를 지으실 때 그런 쾌락을 감상하고 누릴 능력을 주셨다. 창조 세계의 즐거운 영광을 누리는 것은 죄가 아니다. 그러나 쾌락 자체에 또는 쾌락의 출처에 지배당하는 것은 죄다. 주님이 창조하신 영광스러운 세상에서 우리 마음이 죄 때문에 길을 잃는 바람에 삶은 영광 탈취전이 되었다. 날마다 우리 마음속에서 이 불가피한 싸움이 벌어진다. 우리 모두는 어떤 식으로든 창조주 대신 피조물을 예배하며 섬기고 싶어진다. 우리 내면의 생각과 갈망을 사실상 통제하는 영광이 무엇이든, 그것이 늘 우리 삶을 빚어낸다.

이 싸움에 대한 요한복음의 말씀이 내게 큰 도움을 준다. 예수님이 한 소년의 점심 도시락으로 큰 무리를 먹이신 이야기를 기억할 것이다. 사람들은 이 기적에 한껏 감동하여 그분을 왕으로 삼으려 했다. 얼핏 그들이 제대로 짚은 것처럼 보인다. 예수님이 과연 왕이 되려고 오셨으니 말이다. 그런데 그분은 이 절호의 기회에 선뜻 나서신 게 아니라 오히려 따로 숨어 무리를 혼란에 빠뜨리신다. 마침내 예수님을 찾아낸 사람들은 그분이 왜 피하셨는지 궁금하여 그분께 언제 여기로 오셨느냐고 묻는다. 그러자 예수님이 의미심장한 대답을 하신다. "내가 진실로 진실로 너희에게 이르노니 너희가 나를 찾는 것은 표적을 본 까닭이 아니요 떡을 먹고 배부른 까닭이로다"(요 6:26). 사실상 그들이 떡만 먹었지 표적(표지판)을 보지 않았다는 말씀이다. 그 떡은 훨씬 더 필요하고 만족스러운 다른 무엇을 가리켜 보였다. 하나님이 창조하신 이 놀랍도록 아름다운 세상도 마찬가지다. 창조 세계 자체도 창조주의 의도대로 영광스럽고 만족스럽지만, 사실 세상은 그보다 더 영광스럽고 만족스러운 다른 무엇을 가리켜 보이는 표지판이다.

· 가족 휴가를 가다가 목적지까지 남은 거리를 알려주는 표지판 밑에

차를 세우고 짐을 푼다면, 당신은 제정신을 잃고 망상에 빠진 것이다. 목적지에서 즐길 여러 활동을 표지판이 제공하기를 바란다면, 가족들은 그런 당신이 실성했다고 생각할 것이다. 다 함께 즐거운 시간을 보내지도 못한다. 물론 표지판은 아주 중요한 용도가 있다. 가려는 방향을 가리켜 보이는 것이다. 표지판은 중요하지만 목적지는 아니므로, 그것이 당신의 목표가 되어서는 안 된다.

실없는 예화인 것 같지만, 꼭 그렇지만은 않을 수도 있다. 내 생각에 우리도 일상생활에서 자꾸만 표지판 앞에서 멈추어, 표지판에게 본래 그것의 역할이 아닌 일을 해내라고 조른다. 그 결과 우리 안팎에 온갖 실망과 중독과 망가진 모습이 넘쳐난다. 우리는 창조주만이 주실 수 있는 것을 피조물에 의지하여 얻어내려 한다. 그러다 실망하면 저만치 가서 다른 표지판 앞에 또 진을 친다.

표지판은 목적지를 가리켜 보일 뿐 목적지가 아니다. 성경에 누누이 나와 있듯이 창조 세계의 핵심 역할은 우리에게 창조주를 가리켜 보이는 것이다. 물질세계의 모든 영광은 그것을 지으신 분의 영광을 가리키기 위한 것이다. 주님이 주님을 위해 우리를 지으셨으므로 우리 마음의 가장 깊은 갈망은 어떤 피조물로도 채워질 수 없다. 음식으로 마음을 채우려 하면 비만으로 건강이 나빠진다. 섹스로 당신의 갈급한 마음을 채우려 하면 결국 집착과 일탈에 빠진다. 배우자로 마음을 채우려 하면 요구와 비판과 불만을 끝없이 늘어놓게 된다. 물건으로 마음을 채우려 하면 쉴 새 없이 사들이고 소유하느라 빚만 늘어난다. 건강한 몸으로 마음을 채우려 하면 질병과 노화의 방해로 실망할 수밖에 없다. 일로 마음을 채우려 하면 일 중독자가 되어 관계를 파괴하는 행동을 하게 된다. 요점은 이것이다. 이 땅은 결코 당신의 구주가 될 수 없다.

하나님은 자신을 위해 당신과 나를 지으셨다. 사랑으로 그분은 우리를 아름다운 세상에 두셔서, 어디를 보나 그분의 영광이 보이게 하셨다.

그분 안에서만 생명을 얻을 수 있음을 상기하게 하셨다. 그런데 우리는 우상 숭배의 죄에 빠져 엉뚱한 데서 생명을 얻으려 한다. 창조주만이 하실 수 있는 일을 피조물이 해주기를 바라는 것이다. 우리 마음속에서 창조주만의 자리를 피조물에게 내주면 좋을 게 하나도 없다. 우리 마음속에서 하나님의 영광이 피조물의 영광으로 대체되면 결과가 좋지 않다. 영원의 이편에서는 당신의 마음속에서 여전히 영광 탈취전이 벌어지고 있음을 늘 기억하라. 이 싸움은 당신의 생각과 갈망과 말과 행동을 무엇이 지배할 것이냐의 싸움이다. 영광 탈취전은 당신이 시간과 에너지와 돈을 투자하는 방식, 주변 사람들을 대하는 방식, 일을 생각하고 추구하는 방식을 결정짓는다. 소유물에 대한 당신의 태도를 빚어낸다. 우리 삶의 모든 것을 모종의 영광이 빚어내기 마련이다. 당신의 삶을 지배하는 것은 하나님의 영광인가 아니면 피조물의 영광인가? 일생을 통틀어 이보다 중요한 질문은 거의 없다.

하나님은 영광 탈취전에서 우리가 승리할 수 있는 길이 하나뿐임을 아셨다. 그래서 구원 계획을 세우셨다. 그 계획을 담아낸 아름다운 말씀이 있다.

> 요 1:14-17 말씀이 육신이 되어 우리 가운데 거하시매 우리가 그의 영광을 보니 아버지의 독생자의 영광이요 은혜와 진리가 충만하더라 요한이 그에 대하여 증언하여 외쳐 이르되 내가 전에 말하기를 내 뒤에 오시는 이가 나보다 앞선 것은 나보다 먼저 계심이라 한 것이 이 사람을 가리킴이라 하니라 우리가 다 그의 충만한 데서 받으니 은혜 위에 은혜러라 율법은 모세로 말미암아 주어진 것이요 은혜와 진리는 예수 그리스도로 말미암아 온 것이라.

얼마나 놀라운 계획인가. 예수님은 여태 우리가 보지 못했던 방식으로 우리에게 하나님의 영광을 계시해주시려고 피조물의 영광을 입으셨다. 덕분에 우리는 충만하신 그분을 보고 은혜 위의 은혜를 간구할 수 있다. 창조 세계가 결코 줄 수 없는 그 은혜가 우리 모두에게 필요하다. 하나님 앞에 나아가라. 만족스러운 삶은 하나님 손안에 있다. 그분은 당신의 마음이 다른 어떤 영광에도 지배당하지 않도록 능력으로 당신을 기꺼이 보호해주실 것이다.

가장 실제적인 최고의 질문을 계속 던지라

하나님을 천지 만물의 창조주로 인정하면 자연히 따라오는 질문이 있다. 지금 여기서(회심한 뒤부터 예수님을 직접 뵐 때까지의 이 중간기에) 자신에게 던질 수 있는 가장 실제적인 최고의 질문이다. 바로 이것이다. ○○○에 대한 하나님의 목적은 무엇인가? 이 질문은 세상에서 당신의 본분이 무엇인지를 일깨워준다. 당신은 설계자나 궁극의 장인이 아니라 장인이신 하나님의 작품이다. 그래서 늘 이렇게 물어야 한다. 나는 무엇을 위해 지어졌으며, 내 삶에 이런 것들이 주어진 이유는 무엇인가? 그분은 은혜와 자비와 지혜의 하나님이시므로 매번 이 질문에 성경 말씀으로 응답해주시며, 구체적인 부분까지도 그분만의 지혜로 명확히 짚어주신다. 앞에서 목적에 대해 잠깐 살펴보았지만, 여기서 더 실제적으로 자세히 설명하고 싶다. 목적을 묻는 질문의 결정적 중요성을 보여주는 예가 있다.

고통은 인생에서 누구나 겪는 가장 힘든 일 중 하나다. 대개 아무렇게나 불시에 닥쳐오는 듯 보인다. 고통은 좋은 쪽으로든 나쁜 쪽으로든 늘 변화를 가져오며, 고통을 겪는 방식도 결코 중립적이지 않다. 그래서 이 질문이 중요하다. '내 고난에 대한 하나님의 목적은 무엇인가?' 사노라면 누구나 한 번쯤은 던지는 이 질문은 우리를 낙심에 빠뜨리는 수수께끼가 아니다. 성경에 답이 명확히 밝혀져 있기 때문이다.

하나님은 우리 몸을 지으실 때 통증을 일으키고 전달하는 능력을 심어주셨다. 우리의 감정도 아픔을 경험하고 평가하도록 지어졌다. 고통을 느끼는 능력(촉각, 신경계, 이성, 감정 등)은 고난이 존재하기도 전부터 인간 안에 구비되어 있었다. 하나님이 우리에게 고통을 경험하는 능력을 갖추어주신 데는 그만한 목적이 있다.

우선 고통은 보호하는 역할을 한다. 몸의 통증은 무언가가 어긋나 있다는 경고다. 고장 났거나 병든 부분에 주의가 필요하다는 알람이다. 정서적 고통도 내 안팎의 무언가가 망가졌거나 역기능을 보이므로 도움이 필요하다는 경고다. 양심의 고통인 죄책감도 좋은 것이다. 덕분에 내 죄를 직시하고 하나님의 용서와 능력과 은혜를 구할 수 있기 때문이다.

고통은 또한 변화를 낳는다. 성경에 밝혀져 있듯이 하나님은 삶의 힘들고 괴로운 일을 통해 우리 마음을 들추어내고 성숙하게 변화시키신다(롬 5:1-5, 약 1:2-4, 벧전 1:3-9). 나빠 보이는 일도 그분의 손에 들리면 구속의 도구로 변한다. 하나님이 굳이 우리를 지금 이 세상에 두어 고통을 통과하게 하시는 이유는 우리를 잊었거나 덜 사랑해서가 아니라 아직도 우리를 빚으시는 중이기 때문이다.

고통은 자격을 길러주기도 한다. 고린도후서 1장 4절을 보면 하나님은 고난을 통해 우리를 준비시켜, 우리가 고난의 때에 받은 복음의 위로를 다른 사람들에게 전하게 하신다. 우리의 고난은 자신의 구속과 성장과 유익을 위한 것만이 아니라, 이 타락한 세상에서 괴로운 일을 겪고 있는 주변 사람들에게 복음의 위로를 전할 자격을 우리에게 길러주기 위한 것이기도 하다.

하나님은 세상의 이야기가 어디로 향해 가는지를 아셨기에 우리 안에 고통을 인식하고 느끼는 역량을 심어주셨다. 고통이 힘들기는 하지만 고통을 느끼는 능력은 하나님이 선한 목적을 염두에 두고 창조하신 것이다. 아픈 몸을 치유해달라거나 괴로운 상황에서 구해달라고 부르짖는 게 잘못이라는 말은 아니다. 다만 고통을 하나님이 우리를 잊으셨거나 우리에게 등을 돌리셨다는 증거로 해석해서는 안 된다는 말이다. 우리는 고통을 그분의 지혜롭고 자비로운 목적과는 전혀 무관하게 아무렇게나 닥쳐오는 냉담한 일로 생각해서는 안 된다. 하나님이 나를 지으실 때 고통을 견디는 능력을 주신 데는 그만한 목적이 있다.

하나님은 모든 것을 창조하실 때 목적을 염두에 두셨다. 내가 만일 널빤지와 목공 연장과 철물과 접착제와 마무리 화학 약품을 챙겨서 작업실에 들어간다면, 무작정 톱질과 망치질부터 하면서 "이걸로 무언가를 만들어야 할 텐데"라고 말하지는 않는다. 작업실에 들어갈 때부터 생각해둔 목적이 있다. 내가 거기서 하는 모든 일은 애초에 목적했던 기능을 수행할 수 있는 물건을 제작하기 위한 것이다.

하나님이 세상 만물을 만드셨기에, 나는 내 삶의 모든 요소에 대한 그분의 목적이 무엇인지를 늘 물어야 한다. 아래의 질문에 어떻게 답해야 그것이 당신의 선택과 결정과 말과 행동의 길잡이가 되겠는가?

다음 각 항목에 대한 하나님의 목적은 무엇인가?

- 나의 배우자
- 나의 소유물
- 나의 자녀
- 나의 사고력
- 나의 몸
- 나의 소통 능력
- 나의 관계

- 내가 타고난 재능
- 내가 속한 민족
- 나의 성별
- 나의 가정
- 나의 교회
- 나의 재정적 자원
- 나의 성생활
- 나의 신앙
- 내 주변의 물질세계
- 나의 ○○○(다른 영역을 대입해보라).

하나님은 목적을 두고 내 삶의 모든 요소를 창조하셨다. 따라서 창조 교리에 걸맞은 삶이란 삶의 모든 영역에서 하나님의 목적을 내 목적으로 삼는다는 뜻이다. 내 뜻을 그분의 뜻에, 내 계획을 그분의 계획에, 내 목적을 그분의 목적에 맞춘다는 뜻이다. 물론 이것은 당신과 나의 본성에 어긋난다. 그래서 이 부분에서 그분이 은혜로 우리를 해방하시고 능력을 입혀주신다.

무언가를 활용하고 그에 대응할 때, 우리는 그것에 대한 창조주의 본래 목적을 따라 행하려고 힘쓴다. 실생활 차원의 모든 목적을 창조주이신 우리 주님의 목적과 일치시키려고 늘 애쓴다.

우리는 하나님이 지으신 세상을 돌보도록 창조되었다

하나님이 아담과 하와를 창조하신 후 사용하신 특정한 단어가 있다. 그 대목을 읽을 때 이 단어가 지면에서 튀어나와야 한다. 근간을 이루는 듯한 이 단어를 얼른 지나치거나 넘어가서는 안 된다. 그것은 새로 지어진 우주에서 자신이 누구이고 자신의 역할이 무엇인지를 아직 모르던 두 사람에게 주신 위임장이자 직무 설명서였다. 창세기 1장 28절에 이런 말씀이 나온다. "하나님이 그들에게 복을 주시며 하나님이 그들에게 이르시되 생육하고 번성하여 땅에 충만하라, 땅을 정복하라, 바다의 물고기와 하늘의 새와 땅에 움직이는 모든 생물을 다스리라 하시니라."

우리의 주목을 끌어야 하는 단어는 바로 "다스리라"는 말이다. 아담과 하와는 그저 하나님이 지으신 많은 피조물 중 하나가 아니라 전체 창조 세계에서 독특한 지위와 중요한 역할을 부여받았다. 즉, 나머지 피조물을 다스려야 했다. 다스린다는 말은 지도자의 위치에서 대상을 통제하며 권위를 행사한다는 뜻이다. 창세기 2장 15절 말씀을 떠올려보라. "여호와 하나님이 그 사람을 이끌어 에덴동산에 두어 그것을 경작하며 지키게 하시고." 아담과 하와의 다스리는 임무가 어떤 것인지를 여기서 더 구체적으로 볼 수 있다. 시편 115편 16절은 "하늘은 여호와의 하늘이라도 땅은 사람에게 주셨도다"라고 묘사한다. 이런 본문을 종합하면 하나님이 창조하신 물질세계를 돌보는 인간 고유의 사명이 그 윤곽을 드러낸다. 하나님은 인간에게 이렇게 말씀하신다. "내가 너희를 내가 창조한 세상의 관리자로 위임하니, 너희는 거기에 충만하여 그것을 통제하고 경작하고 지키라."

당신과 내가 창조 교리를 진지하게 대하면서, 하나님이 지으시고 우리에게 관리를 맡기신 이 놀라운 세상의 물리적 안녕에 대해 수동적이거나 무관심한 태도를 취하는 것은 어불성설이다. 환경 운동은 좌익 진영의 범신론 비슷한 이상한 집착이 아니라 바로 당신과 나의 사명이다. 창조 교리를 믿는 우리보다 더 물리적 환경의 상태와 건강과 형통에 관심을 기울여야 할 사람은 없다. 창조주 하나님이 우리에게 세상을 돌보도록 위임하신 때가 창조 직후였음을 감안할 때, 교회가 이 사명에 수동적인 현실은 부끄러울 따름이다.

우리의 죄 때문에 다음과 같은 일이 벌어졌다. 우리는 하나님이 다스리라고 명하신 대로 창조 세계를 돌보고 지키기는커녕 오히려 물질세계를 정복하고 착취해왔다. 세상을 만족과 쾌락을 위한 우리의 소비품으로 본 것이다. 그래서 하나님이 창조하신 물은 오염되었고, 토양은 천연 영양소를 다 잃었으며, 거대한 삼림이 벌목되었고, 대기 중에 독성 물질이 퍼져나갔다. 동식물과 지하수면과 습지대와 농경지에 미칠 영향을 고려하지 않고 대규모 난개발이 성행한다. 대형 공장에서 쏟아져 나오는 폐수 때문에 강과 바다에 의존하는 생명체가 병들어 죽어간다.

지금도 주변 세상은 우리의 끝없는 욕심에 짓눌려 신음하고 있다.

물질세계의 상태와 관련하여 창조 교리는 우리에게 수동적이거나 무관심한 태도를 허용하지 않는다. 착취하고 소비한 뒤 무심히 외면할 수 있는 여지를 남기지 않는다. 창조주가 우리에게 우리의 처소인 물리적 환경을 돌보도록 위임하셨다. 거기에 충만하여 그것을 통제하고 경작하며 지키라고 명하셨다. 주변을 둘러보면 알겠지만, 우리는 이 사명을 다하지 않아서 많은 비참한 결과를 겪고 있다. 어떻게 환경 운동이 하나님을 모르거나 그분을 만물의 창조주로 인정하지 않는 사람들의 활동이 되었는가? 왜 하나님의 사람들은 하나님의 창조 세계를 지키는 일에 선두로 나서지 않는가? 어떻게 우리는 다스리라는 하나님의 명백한 명령에 거의 혼연일체로 등을 돌려 왔는가? 왜 교회는 이 책임에 대한 메시지를 좀처럼 설교하거나 가르치지 않는가? 하나님께 임명받은 창조 세계의 관리자로서 우리의 사명을 다하려면 어떤 변화가 필요하겠는가?

창조 교리는 독립이 우리의 목표가 아님을 일깨워준다

어떤 식으로든 우리는 자신에게 독립적으로 살아갈 능력이 있다는 망상을 믿는다. 부모가 먹이려는 음식을 내치는 유아에게서 그것을 볼 수 있다. 십 대 아이의 반항에서 그것을 볼 수 있다. 애정이 담긴 아내의 지적을 물리치는 남편에게서 그것을 볼 수 있다. 도움이 필요하다고 설득하려는 가족들을 밀어내는 노인에게서 그것을 볼 수 있다. 그러나 창조 교리는 우리의 독립 추구가 말 그대로 망상임을 드러낸다.

창조된 아담과 하와를 잘 살펴보면 한 가지 분명한 사실을 알 수 있다. 그들은 독립과는 거리가 멀었다. 그들을 창조하신 직후에 하나님이 무엇을 하시는지 보라. 그들에게 말씀하신다. 그들은 완전한 세상에서 하나님과의 완전한 관계 속에서 살아가는 완전한 존재였다. 그런데 자신이 누구인지, 어떻게 살아야 하는지를 전혀 몰랐다. 그래서 하나님이 그들에게 지혜를 전수하신다. 그분의 지혜로운 권고 속에 담겨 있는 의미와 목적, 두 사람이 맺어야 할 관계의 구조, 그분과 맺은 관계의 성격, 삶의 도덕적 틀, 힘써야 할 일과에 대한 설명 등을 알려주셨다. 아담과 하와가 살아가려면 외부의 깊고 실제적인 지혜에 철저히 의존해야만 했다. 우리에게 하나님의 진리의 신학적, 구조적, 실제적 내용이 필요한 것은 죄의 결과가 아니라 인간 됨의 산물이다. 아담과 하와는 하나님이 필요한 존재이자, 그분만이 채워주실 수 있는 것들이 필요한 존재로 창조되었다. 그들이 본연의 삶을 지속하려면, 계속 자원하여 창조주께 의존하는 관계 속에서 살아가야만 했다.

아담과 하와는 또한 공동체로 서로 의존하며 살도록 지어졌다. 아담 혼자 사는 것이 좋지 않다는 하나님의 선언은, 외롭다는 아담의 불평에 대한 반응이 아니라 자신이 지으신 인간을 알고 하신 말씀이다. 하나님이 지으신 남자는 필요한 것을 다 자급하면서 독자적으로 살도록 만들어지지 않았다. 그가 온전히 완성되어 제구실을 다하려면 하나님의 형상을 보유한 타인과 더불어 살아야만 했다. 아담과 하와는 상호 의존하는 공동체로 살도록 지어졌으므로, 그 공동체를 떠나서는 본연의 모습이 될 수 없었고 위임받은 사명도 잘 감당할 수 없었다.

　인간의 독립은 참으로 위험한 망상인데, 하나님이 위험하다 하신 그것이 죄 때문에 솔깃해 보인다. 그래서 우리 모두는 자신의 독자적 지혜와 힘과 의를 믿으려 한다. 능력도 없으면서 혼자 할 수 있다고 자신을 다그치려 한다. 스스로 이루거나 거두지 못했을 성과의 공로를 가로채려 한다.

　바울이 고린도후서에서 구원의 은혜를 어떻게 말하는지 잘 보라. 우선 그는 자기중심이 죄의 DNA임을 상기시킨다. "그가…죽으심은 살아 있는 자들로 하여금 다시는 그들 자신을 위하여 살지 않[게]…하려 함이라"(고후 5:15). 죄는 우리를 속여 자기 지향의 독립적 삶이 실제로 통한다고 믿게 만든다. 바울이 뒤이어 일깨우듯이 예수 그리스도의 복음은 명백히 우리를 불러 "너희는 하나님과 화목하라"(고후 5:20)고 명한다. 복음은 우리를 자기밖에 모르고 스스로를 속이는 독립의 삶에서 불러내, 즐거이 자원해서 하나님을 예배하고 의존하는 쪽으로 이끈다. 아담과 하와가 처음부터 그렇게 지어졌다.

　바울의 말마따나 하나님의 은혜는 의존에서 독립으로 흐르지 않고 정반대로 흐른다. 당신의 마음속에서 은혜가 역사하는 시간이 길어질수록 당신은 독자적 고립이 더 두려워지고, 수직적이고 수평적인 의존의 삶을 더 자원하게 될 것이다. 당신은 어떤가? 대학, 직장, 결혼 생활, 자녀, 이웃, 교회, 친구, 재정, 성생활, 여가와 오락 시간, 혼자만의 시간 등의 영역에서 당신은 스스로 삶의 주인이 되어 마치 하나님의 지혜와 보호와 능력과 은혜가 필요 없는 것처럼 행동하는가? 배우자나 자녀나 친구나 주 안의 형제자매가 당신의 잘못된 태도나 행동을 사랑으로 지적해주려 할 때 겸손히 선뜻 받아들이는가? 아니면 도움이 필요 없는 것처럼 행동하는가?

창세기 1-2장에 이른바 지상 계명의 씨앗이 있다. 삶을 규정짓는 두 계명은 예수님이 팔레스타인에서 새로 창시하신 게 아니라 에덴동산에서부터 인간이라는 직물 자체에 짜여 있었다. 인간은 수직적, 수평적 사랑의 공동체 안에서 살도록 지어졌다. 누군가 당신에게 모든 인간의 근원적 갈망이 무엇이냐고 묻는다면, 답이 명백하므로 많이 생각할 필요가 없다. 모두가 사랑받기를 원한다. 어떻게 하면 인간 공동체가 잘 돌아갈 수 있을까? 역시 답은 명백하다. 공동체가 잘 돌아가려면, 공동체 구성원들이 자기가 사랑받고 싶은 대로 서로를 헌신적으로 사랑해야 한다. 그런데 자기가 사랑받고 싶은 대로 이웃을 능히 사랑할 사람은 다른 무엇보다 하나님을 더 사랑하는 사람뿐이다. 소중한 피조물인 우리를 그분이 바로 그렇게 살도록 지으셨다.

창조 교리는 독립하고자 하는 욕망에 맞서 우리를 다시 의존의 삶으로 부른다. 그것이 하나님의 형상대로 지어진 인간이 받은 그분의 규범이다. 그것은 우리가 자원하여 하나님 및 타인과 더불어 살아야만 가능한데, 우리는 자꾸 독립하려 한다. 이 유혹을 물리치는 데 필요한 해방과 보호와 자원과 능력도 역시 하나님이 은혜로 베풀어주신다.

창조 교리는 우리의 한계를 인정하고 받아들일 것을 요구한다

하나님이 창조하신 모든 것은 유한하게 지어졌다. 물고기는 풀밭에서 숨 쉴 수 없고, 양은 호수에서 살 수 없다. 코끼리는 힘센 동물이지만 하늘을 날지는 못한다. 바람과 물과 땅은 다 물리적 속성이 다르게 지어졌고 이로써 역할도 제한된다. 하루의 시간이나 한 주의 날수도 한정되어 있다. 하루가 37시간이거나 한 주가 15일일 수는 없다.

에덴동산에서 무한한 존재는 창조주이신 전능하신 주님뿐이었다. 아담과 하와는 성별과 힘과 지혜와 재능 면에서 유한하게 지어졌다. 모든 인간은 신체적, 영적으로 유한하다. 창조 교리를 일상생활에 적용할 때 중요한 일면은, 창조주가 정해주신 당신의 한계를 인정하고 그 속에서 살아가는 것이다. 시간을 예로 들어 생각해보자.

창조주가 제정하신 시간의 한계를 창세기 1-2장에서 똑똑히 볼 수 있다. 하루의 틀은 저녁과 아침으로 지어졌고 한 주의 틀은 엿새와 안식일로 지어졌다. 하나님은 역사상 존재했던 모든 인간을 이런 시간의 틀 안에 묶어두셨다. 우리의 모든 헌신과 가치관과 책임과 기회는 지혜로운 창조주가 정해놓으신 시간의 제약 속에서 구현되어야 한다. 그분이 창조하신 시간의 틀 바깥에는 시간이 존재하지 않는다.

그렇기에 새로운 기회를 매번 덥석 수락하는 것이 가장 경건한 최선의 선택은 아니다. 보기에 아무리 영적인 일일지라도 말이다. 당신은 가정과 직장과 교회에 충실하되 하나님이 허락하신 시간의 한계 내에서 해야 한다. 일을 닥치는 대로 수락하면 한 분야에서 확장해나갈 수는 있으나, 그래 봐야 하나님이 설계하신 주 7일 하루 24시간을 벗어날 수는 없다. 그 너머의 시간이란 존재하지 않기 때문이다. 그래서 한 분야에 과도히 몰입하면 다른 분야의 책임에는 덜 충실해질 수밖에 없다.

우리는 그리스도의 몸 된 교회의 사역에 헌신해야 하지만, 이때도 반드시 시간의 한계를 기억해야 한다. 많은 사역자가 사역의 기회를 계속 수락하다가 부모나 배우자로서는 부재자가 된다. 때로 직장에서 여러 프로젝트에 뛰어들면, 자신의 영적 건강을 돌보고 교회 봉사에 힘쓰는 데 제약을 받기도 한다. 중요하고 가치 있는 일이라도 대개는 거절하는 것이 영적으로 지혜롭다. 제한된 시간 속에 자꾸 일을 추가하면 당신 삶의 다른 가치 있는 일들에 피해가 갈 수밖에 없기 때문이다. 창세기

1-2장은 우리를 불러 시간의 한계를 겸손히 인정하면서 창조주의 가치관대로 살아가게 한다. 창조주는 우리에게 가장 유익한 것을 아시기에 한계를 주셨다.

창세기 2장에 제정된 안식일은 우리의 신체적 한계와 영적 한계를 둘 다 일깨워준다. 몸과 영혼이 무한정 건강할 수 없기에, 우리는 매일의 노동을 중단하고 양쪽 다 재충전해야 한다. 하나님은 힘과 시간이 무한하시지만 우리는 유한하다. 그분은 지혜와 통제권이 무한하시지만 우리는 유한하다. 그분은 늙지 않으시지만 우리는 늙는다. 그분은 지식과 거룩함도 무한하시지만 우리는 유한하다. 그분은 신체적 제약도 없으시지만 우리는 제약이 많다. 하나님은 아무런 한계도 없으시지만 우리는 한계가 많다.

창조 교리는 우리를 불러 자신이 대단하다는 망상에서 벗어나, 창조주가 선견지명의 지혜와 보호하시는 사랑으로 정해놓으신 한계를 훈련을 통해 즐거이 받아들이게 한다. 하나님은 우리를 이끌어, 겸손과 의존과 감사와 순종과 예배의 자세로 나아와 그분을 의지하게 하시기 위해 한계를 정해놓으셨다. 한계 덕분에 우리의 영광은 줄어들고, 우리를 지으신 엄위하신 그분의 무한한 영광이 밝히 드러난다.

제대로 이해한다면 창조 교리는 우리를 십자가로 인도한다

창조주의 위엄과 그분이 지으신 아름다운 세상을 읽고 묵상할 때 당신은 행동하는 샬롬(*Shalom*)을 보는 것이다. 샬롬이라는 단어는 단지 평화의 의미를 뛰어넘어 우주의 포괄적 질서를 뜻한다. 샬롬은 만물이 제자리에서 정확히 본연의 소임을 다한다는 뜻이다. 모든 것이 다른 모든 것과 조화롭게 협력하는 상태다. 샬롬은 관현악단의 모든 악기가 완벽한 조화와 총체적 화음을 이룸으로써, 각기 독주할 때보다 다른 악기들과 합주할 때 모든 악기 소리가 더 좋아지는 것과 같다. 샬롬은 인체의 모든 조직과 기관이 질병이나 역기능 없이, 다른 모든 조직과 기관으로 더불어 완벽하게 협응하는 것과 같다. 건강과 기능이 완벽한 상태다. 샬롬은 아름답고 영화로운 것이다. 하나님이 창조하신 우주는 샬롬의 상태였다. 완전한 위엄과 능력과 지혜를 갖추신 하나님만이 그런 세상을 창조하실 수 있다.

그러나 굳이 아주 멀리 보거나 아주 오래 살거나 통찰력이 뛰어나지 않더라도 알 수 있듯이, 하나님이 창조하신 샬롬은 죄 때문에 망가졌다. 죄로 오염되기 이전의 찬란한 창조 세계를 돌아보면서, 우리는 사방 도처의 망가진 모습을 보며 애통해야 한다. 물론 아직도 볼 만한 아름다움이 있지만, 이 세상은 고장 나서 더는 창조주가 의도하신 대로 작동하지 않는다. 바울이 로마서 8장에 말한 대로 우리가 살고 있는 세상은 탄식하고 있다. 망가진 제 모습에 짓눌려 탄식한다. 주변의 물질세계까지도 애타게 속량을 기다린다(롬 8:18-25).

에덴동산의 아름다운 샬롬에서부터 성문 밖 언덕 위의 그 참혹한 십자가까지는 직선으로 이어져 있다. 샬롬을 회복하시려는 구원자가 오랜 역사에 걸쳐 그 선을 세심히 그으셨다. 장차 그분이 만물을 새롭게 하실 것이다. 이를 위해 그분은 우리에게 아들 예수님을 보내주셨다. 예수님은 우리가 결코 살지 못할 완전히 의로운 삶을 사셨고, 우리의 죗값을 치르고자 죽으셨으며, 죄와 죽음을 이기고 다시 살아나셨다. 그분의 삶과 죽음과 부활을 통해 샬롬의 회복이 확보되었고 그날의 도래가 보장되었다. 그날이 오면 우리는 모든 것이 제자리에 있어 다른 모든 것과 완벽하게 맞물려 작동하는 곳에서, 완전한 존재가 되어 하나님과 완전한 관계를 맺으며 살아갈 것이다. 소망 중에 우리가 그날을 내다보며 살기를 기도한다.

▶◆◼

창조 교리에서 중요한 것은 우주의 기원뿐만 아니라, 또한 우리가 누구이고 지금 여기서 어떻게 살도록 지어졌느냐는 것이다. 창조 교리는 우리를 불러 하나님과 화목하게 한다. 우리는 그분을 위해 지어졌다. 창조 교리는 그분이 창조하신 찬란한 샬롬을 죄가 망가뜨렸을 때 잃은 모든 것, 그것의 회복을 고대하게 한다. 창조주이신 우리 주님을 찬양하는 시편 65편 말씀으로 이번 장을 마치고 싶다.

시 65:5-13

우리 구원의 하나님이시여
땅의 모든 끝과
먼 바다에 있는 자가 의지할 주께서
의를 따라 엄위하신 일로 우리에게 응답하시리이다
주는 주의 힘으로 산을 세우시며
권능으로 띠를 띠시며
바다의 설렘과
물결의 흔들림과
만민의 소요까지 진정하시나이다
땅 끝에 사는 자가 주의 징조를 두려워하나이다
주께서 아침 되는 것과 저녁 되는 것을 즐거워하게 하시며
땅을 돌보사 물을 대어
심히 윤택하게 하시며
하나님의 강에 물이 가득하게 하시고
이같이 땅을 예비하신 후에
그들에게 곡식을 주시나이다

주께서 밭고랑에 물을 넉넉히 대사
그 이랑을 평평하게 하시며
또 단비로 부드럽게 하시고
그 싹에 복을 주시나이다
주의 은택으로 한 해를 관 씌우시니
주의 길에는 기름방울이 떨어지며
들의 초장에도 떨어지니
작은 산들이 기쁨으로 띠를 띠었나이다
초장은 양 떼로 옷 입었고
골짜기는 곡식으로 덮였으매
그들이 다 즐거이 외치고 또 노래하나이다.

13
인간 안에 깃든 하나님의 형상에 대한 교리

하나님은 다른 모든 피조물을 지으신 후에 사람을 남자와 여자로 창조하셨다. 그들에게 이성적인 불멸의 영혼을 주셨고, 자신의 형상을 따라 지식과 의와 참된 거룩함을 부여하셨다. 아담과 하와는 마음에 하나님의 율법이 새겨져 있었고 율법을 지킬 능력도 받았으나, 범죄할 가능성도 있었다. 그들에게 주어진 자유 의지가 변할 수 있었기 때문이다. 마음에 새겨진 율법 외에도 하나님은 그들에게 선악을 알게 하는 나무의 열매를 따 먹지 말라고 명하셨다. 그들은 이 명령에 순종하는 동안에는 하나님과 교통하는 가운데 행복했다. 다음 여러 구절을 참조하라. 창세기 1:26-27, 2:7, 3:6, 5:3, 9:6, 전도서 7:29, 사도행전 17:26-28, 로마서 2:14-15, 8:29, 고린도전서 11:7, 고린도후서 3:18, 에베소서 4:23-34, 골로새서 3:10, 야고보서 3:9.[*]

---

[*] 웨스트민스터 신앙고백서 제4장 2항에 나오는 인간 안에 깃든 하나님의 형상에 대한 교리를 내가 풀어 썼다.

인간 안에 깃든 하나님의 형상에 대한 교리 이해하기

루엘라와 나는 우리의 어린 딸을 맞이할 날을 고대했었다. 태어날 때부터 우리에게 입양되기로 정해져 있었으나 막상 아기를 품에 안기까지 4개월이나 기다려야 했다. 공항의 탑승구 근처에 따로 자리가 지정되었다. 입양 기관 담당자가 신생아를 안고 통로를 걸어오던 장면이 지금도 잊히지 않는다. 아기와 우리가 서로를 볼 수 있도록 아기 얼굴이 앞쪽을 향해 있었다. 담당자는 내게 다가와 그 작디작은 인간을 내 품에 안기고는 멀어져 갔다. 우레가 쾅 울리던 순간이었다. 내게 넘겨진 아기는 정말 살아 있는 인간이었다. 내가 사랑하고, 양육하며, 가르치고, 지도하며, 부양하고, 보호해야 할 하나님의 형상이 내 손안에 놓여 있었다. 아기에게 사랑한다고 말하는데 내 뺨에 눈물이 주르르 흘렀다. 몸집만 작을 뿐 나머지 모든 피조물과 대비되는 독특한 존재임을 실감하며 흠칫 숙연해지기까지 했다. 그 거룩한 순간에 나는 무방비 상태의 의존적인 어린 딸을 안은 채로 서 있었다. 하나님의 형상이 찍혀 있기에 아기는 한없이 존엄하고 소중하고 귀해 보였다. 이 모든 것을 마음으로 흡수하는 동안 내 손이 떨렸다.

지금 하려는 말이 우스꽝스럽게 보일 수 있으나 요점은 중요하다. 우리 집에는 토케이 게코 도마뱀부터 잭 러셀 테리어 강아지까지 애완동물이 많았다. 동물을 집에 새로 데려오는 순간은 늘 놀라웠다. 새로운 애완동물에게 정들고 그들의 성장을 지켜보는 일은 재미있었다. 하지만 그런 경험은 공항에서 맞이한 그 믿기 어려운 순간과는 전혀 달랐다. 누가 굳이 말해주지 않아도 그 순간은 유례없이 신비롭고 영화로우며 거룩했다. 하나님의 형상대로 독특하게 지어진 이 작은 여자아이는 우리의 마음을 온통 장악하고 감정까지 사로잡았다.

"우리의 형상을 따라 우리의 모양대로 우리가 사람을 만들고." 이것은 놀라운 선언이고 심오한 발표다. 바로 하나님이 아담과 하와를 창조하실 때 그렇게 선언하셨다. 하나님은 이 말씀을 통해 그들의 정체성은 물론이고, 그들과 자신의 지극히 독특한 관계까지도 규정하셨다. 아담과 하와는 단지 하나님이 지으신 수많은 피조물 중 하나가 아니라 만물의 영장으로서 특별한 존재였고, 다른 모든 것과 구별되는 존엄성으로 세례를 받았다. 인간이 누구인가에 대한 이 기본 정의를 결코 잊어서는 안 된다. 하나님은 인간의 내재적 가치를 말씀으로 표현하셨다. 이 가치는 결코 우리가 얻어낼 수도 없고 빼앗길 수도 없다. 인간은 하나님의 형상을 품고 있기에 존엄하고 가치 있는 존재다.

인간의 가치는 성공이나 성취를 통해 얻어지는 것이 아니다. 인종의 산물도 아니다. 인간의 가치는 재물이나 권력이나 권세나 지배권을 축적한 결과가 아니다. 건강과 매력에 달려 있는 것도 아니다. 인간의 가치는 학식이나 운동 실력이나 예술성과 무관하다. 성격이나 재능의 문제도 아니다. 이런 것들을 통해 인간의 가치를 얻어낼 수 있다고 생각하면 나쁜 일이 벌어진다. 하나님의 형상 보유자인 만인의 존엄성을 망각하면, 결국 우리는 서로에게 해서는 안 될 짓을 하게 된다. 항상 기억해야 하거니와 형상 보유자를 미워하면 곧 하나님을 미워하는 것이고, 형상 보유자에게 폭력을 행사하면 곧 그분께 폭력을 행사하는 것이다. 하나님의 형상대로 지어진 사람을 욕되게 하면 곧 창조주를 욕되게 하는 것이다.

세상에서 가장 막강한 권력자와 세상에서 가장 비천한 사람은 둘 다 하나님의 형상대로 지어졌다. 남자와 여자, 소년과 소녀도 똑같이 그분의 형상을 공유하고 있다. 완벽한 몸매의 운동선수와 노쇠한 할머니도 하나님의 형상대로 지어졌다는 면에서는 똑같다. 길을 잃고 반항하는 십 대 아이, 출중한 성적의 대학생, 자의식에 찬 중학생도 다 하나님의 형상을 보유했다. 인종 차별주의자와 민권 운동가도 이 기본 정체성만은 똑같다. 의사와 환자, 직원과 상사, 노숙인과 부자, 목사와 교인, 파리 거주자와 안데스 출생자에게도 다 영원히 하나님의 형상이 찍혀 있다. 언제, 어디서, 누구의 얼굴을 보든 당신이 아는 확실한 사실을 기억하라. 상대에게는 하나님의 형상이 찍혀 있다. 사람들에 대한 당신의 모든 생각과 그들을 대하는 모든 방식은 "우리의 형상을 따라…사람을 만들고"라고 말씀하신 하나님의 선언을 통해 빚어져야 한다.

하나님이 자신의 형상대로 지으셨다는 이 말씀이 우리가 누구인가에 대한 기본 정의를 이룬다. 인류의 이야기 및 본연의 존재와 행위는 모두 이 말씀으로 시작된다. 인간의 정체성, 인간의 의미와 목적, 인간의 원래 기능에 대한 정의, 인간의 운명의 방향성 등이 그 말씀 속에 담겨 있다. 인류의 이야기가 몽땅 담겨 있는 셈이다. 여기 모든 것을 아우르고 피할 수 없는 인간의 정체성이 있다. 창조주가 모든 인간에게 그것을 도장처럼 찍어놓으셨다. 그분의 선하고 지혜로운 뜻에 따라 우리를 그런 존재로 정하신 것이다. 정체성의 다른 모든 요소는 부차적이고 '하나님의 형상'이 으뜸이다. 역사상 존재했던 모든 인간에 대한 말로 이보다 더 기본적인 사항은 있을 수 없다.

그런데 문제가 있다. 하나님의 형상에 대한 그분의 선언만 있고 명확한 정의는 없다는 것이다. 이 놀라운 정체성을 선언하신 뒤에 하나님은 돌아보며 "너희가 내 형상대로 지어졌다는 말은 정확히 이런 뜻이다"라고 부연하지 않으셨다. 그래서 우리는 이 용어가 등장하는 다른 본문들을 읽어야 한다. 우리가 누구이고, 어떻게 살도록 지어졌는지를 말하는 성경의 다른 본문들을 풀어내야 한다. 그러면 정체성에 대한 이 신기한 말씀의 의미를 웬만큼 종합해낼 수 있다. 하나님의 형상대로 지어졌다는 것이 어떤 의미인지를 다섯 단어로 설명해보겠다.

관계

나를 작가나 연단의 강사로만 아는 대다수 사람은 짐작하지 못했겠지만, 나는 천성적으로 수줍음을 잘 탄다. 우리 부부가 파티에 참석하면 루엘라는 10분 만에 아무하고나 친해지는데, 나는 아무도 말을 걸어오지 않기를 바라며 구석에 떨어져 있다. 약간 과장된 표현일 수는 있지만 이로써 우리 둘이 관계 면에서 서로 어떻게 다른지를 알 수 있다. 다행히 그동안 나는 하나님이 인간을 혼자 고립되어 살도록 짓지 않으셨다는 진리를 꾸준히 들어왔다. 굳이 아주 멀리 가지 않더라도 알 수 있듯이, 관계는 창조주가 완벽하게 설계하신 인간의 필수 요소다. 태초에 하나님이 아담과 하와를 자신의 형상과 모양대로 지으셨다고 선언하시던 때로부터 그것을 볼 수 있다. 하나님은 본래 관계적 존재시다. 그분께 우리와의 관계가 필요하다는 뜻은 아니다. 그분은 스스로 충족하여 외부의 아무것도 필요하지 않으신 분이다. 내 말은 하나님이 공동체시라는 뜻이다. 성부와 성자와 성령은 서로 완벽하게 교통하는 관계 속에 거하신다. 요한복음 17장 20-23절에서 예수님이 자신을 따르는 이들을 위해 기도하면서 우리에게 알려주신 사실이 있다. 삼위일체 하나님의 연합과 교제가 그분이 자신을 따르는 이들에게 바라신 연합의 밝고도 찬란한 기준이라는 것이다. 그분은 "이는 우리가 하나가 된 것같이 그들(예수님을 따르는 이들)도 하나가 되게 하려 함이니이다"(요 17:22)라고 기도하셨다.

하나님의 형상대로 지어졌다는 말은 우리도 공동체를 위해 지어졌다는 뜻이다. 우리는 자원해서 하나님과 타인에게 의존하는 관계 속에 거하도록 지어졌다. 하나님의 형상대로 지어졌다는 말씀 속에 두 가지 지상 계명의 씨앗이 담겨 있다. 창조주가 내게 도장처럼 찍어놓으신 그 형상대로 온전히 살아가려면, 하나님을 다른 무엇보다도 더 사랑하고 이웃을 내 자신처럼 사랑해야만 한다.

그런데 죄 때문에 그것이 우리 모두의 본성에 어긋나게 되었다. 우리는 관계적 존재인데도 자기밖에 모르며 살아간다. 하나님을 예배하기는커녕 자신이 하나님 자리에 올라서고, 사람을 사랑하기는커녕 사람을 이용하여 자신이 좋아하는 것을 얻어낸다. 어떤 식으로든 우리 모두가 그렇게 한다. 이것이야말로 거꾸로 뒤집힌 삶이며, 죄의 어리석음에 대한 정의다.

하나님 형상의 관계적 성격은 우리에게 예수님의 은혜의 복음이 필요함을 설파한다. 하나님과 화목한 예배 공동체와 이웃을 위해 희생하는 사랑 공동체 안에 동시에 거하려면, 하나님이 끊임없이 은혜로 우리를 해방하시고 능력을 입혀주셔야 한다. 마침내 죄와 분열이 없는 그곳에 이를 때까지 말이다.

인간 안에 깃든 하나님의 형상에 대한 교리는 그분이 우리에게 부여하신 최고의 가치 중 하나로 관계를 꼽는다. 그래서 삶의 성공은 성취나 권력이나 명예나 돈이나 소유물 따위의 규모로 측정되지 않는다. 성공의 기준은 훌륭한 교육, 좋은 직장, 큰 집, 근사한 휴가, 안락한 은퇴 생활도 아니다. 나는 예수님을 따른다고 말하는 많은 신자가 성공의 세상적 기준을 받아들였다고 본다. 우리도 똑같은 꿈들을 추구하고, 그런 희망과 꿈을 자녀에게 전수한다. 그러느라 가정이 망가져 많은 이들이 지독히 외로워진다. 우리는 교회에서도 참여자보다 혜택의 소비자로 앉아 있다. 또 지금 여기의 물질적 성공의 꿈이 무산될까 봐 늘 불안해하며 살아간다.

자신이 하나님의 형상대로 지어진 존재임을 정말 믿으며 사는 것의 핵심은 바로 수직적, 수평적으로 사랑하는 것이다. 그래서 바울은 이렇게 썼다.

고전 13장 내가 사람의 방언과 천사의 말을 할지라도

사랑이 없으면 소리 나는 구리와 울리는 꽹과리가 되고
내가 예언하는 능력이 있어 모든 비밀과 모든 지식을 알고
또 산을 옮길 만한 모든 믿음이 있을지라도 사랑이 없으면
내가 아무것도 아니요 내가 내게 있는 모든 것으로 구제하고
또 내 몸을 불사르게 내줄지라도 사랑이 없으면 내게
아무 유익이 없느니라 사랑은 오래 참고 사랑은 온유하며
시기하지 아니하며 사랑은 자랑하지 아니하며 교만하지
아니하며 무례히 행하지 아니하며 자기의 유익을 구하지
아니하며 성내지 아니하며 악한 것을 생각하지 아니하며
불의를 기뻐하지 아니하며 진리와 함께 기뻐하고 모든
것을 참으며 모든 것을 믿으며 모든 것을 바라며 모든
것을 견디느니라 사랑은 언제까지나 떨어지지 아니하되
예언도 폐하고 방언도 그치고 지식도 폐하리라 우리는
부분적으로 알고 부분적으로 예언하니 온전한 것이 올
때에는 부분적으로 하던 것이 폐하리라 내가 어렸을 때에는
말하는 것이 어린아이와 같고 깨닫는 것이 어린아이와 같고
생각하는 것이 어린아이와 같다가 장성한 사람이 되어서는
어린아이의 일을 버렸노라 우리가 지금은 거울로 보는
것같이 희미하나 그때에는 얼굴과 얼굴을 대하여 볼 것이요
지금은 내가 부분적으로 아나 그때에는 주께서 나를 아신
것같이 내가 온전히 알리라 그런즉 믿음, 소망, 사랑, 이 세
가지는 항상 있을 것인데 그중의 제일은 사랑이라.

   당신의 남편이나 아내는 당신이 사랑의 관계들을 최고의 가치로 여긴다고 말하겠는가?
   당신의 자녀는 그렇게 말하겠는가?

당신의 친구들은?

당신과 함께 일하는 동료들은?

당신의 이웃들은?

당신의 상사는?

당신의 팀원들은?

당신의 학우들은?

당신의 직장 동료들은?

당신의 부모는?

당신의 대가족은?

근처 가게나 식당에서 당신을 응대하는 사람들은?

하나님이 설계하신 모든 요소는 곧 우리의 소명이기도 하다. 하나님이 목적하신 바 있어 우리를 관계적 존재로 지으셨으니, 그분의 설계를 진지하게 대하려면 우리를 향한 그분의 목적을 삶의 목적으로 삼아야 한다. 우리는 하나님처럼 연합과 사랑의 공동체 안에서 살아가도록 지어졌다. 이 책을 읽는 모든 이가 겸손히 이기심을 자백하고 그런 삶에 필요한 은혜를 구하기를 기도한다.

도덕성

아담과 하와는 참된(온전한) 의와 거룩함 면에서도 하나님처럼 지어졌다. 생각해보면 깜짝 놀랄 일이다. 우리의 경험과는 너무 동떨어진 개념이라 아무리 상상력을 발휘해도 그 의미를 가늠하기 어렵다. 우리는 흠 많은 인간이며 어느 모로 보나 완전하지 못하다. 함께 살거나 주변에 있는 사람들도 흠이 많기는 마찬가지다. 우리의 생각은 상충되고, 갈망은 요동치며, 의견은 변하고, 동기는 뒤죽박죽이다. 늘 바르게 생각하지도 갈망하지도 선택하지도 못한다. 옳은 길이라고 늘 멋있어 보이지도 않고, 때로는 잘못된 길이 아름다워 보인다. 아직도 우리 마음속에 건재한 죄는 온갖 해로운 우상 숭배의 온상이다. 사람에 따라 "참 착한 여자다", "훌륭한 남자다"라는 평은 가능할지 몰라도, 그 누구에 대해서도 "저 사람은 완전하다"라고 말할 수는 없다.

아담과 하와는 하나님의 지혜롭고 자애로운 명령에 반항하기 전까지는 그분처럼 온전히 의롭고 거룩했다. 이 말에는 하나님이 인간을 도덕적 존재로 창조하시고, 그들 마음속에 그분의 율법을 새겨두셨다는 것이 내포되어 있다. 그래서 그들은 본능적으로 옳고 그름의 기준을 지향했고 도덕의식에 따라 행동했다. 인간의 온전한 모습은 에덴동산에서 반항하던 순간에 망가졌지만 도덕 본능은 지금도 존재한다. 이런 의문이 들지 모른다. '도덕 본능이 어디에 존재한단 말인가? 어디를 보나 도덕성은 죽은 것 같은데!'

예를 들어보겠다. 복잡한 백화점에서 쇼핑 중인 당신 앞으로 한 할머니가 지팡이를 짚고 힘들게 걸어가고 있다고 하자. 이때 갑자기 한 아이가 군중을 뚫고 돌진해 오더니 할머니를 쓰러뜨리고 지갑을 낚아채 달아난다. 군중 속의 모든 사람이 똑같이 '할머니에게 저런 나쁜 짓을 하다니'라고 생각할 것이다. 아이를 추격하는 사람도 있을 것이고, 할머니를 도와 안심시키려는 사람도 있을 것이다. 하나님이 설계하신 도덕의식이 그 순간에 작동한 것이다. 물론 완전한 수준은 아니지만 그것은 여전히 존재한다.

사람은 다 자기 나름의 도덕 기준이 있어 옳고 그름을 생각한다. 모든 사람이 모종의 도덕법을 따른다. 누구나 일련의 규율대로 살고, 타인에게도 그 규율을 적용한다. 자신이 따르는 삶의 도덕 기준을 어디서 얻느냐가 다를 뿐이지, 모든 인간의 행동에는 도덕이 반영되어 있다. 무엇이나 다 옳고 아무것도 틀리지 않다고 생각하는 사람은 없다. 삶에 아무런 후회가 없거나 실패를 생전 인정하지 않는 사람도 거의 없다. 우리는 다 도덕적 존재다.

인간 안에 하나님 형상의 도덕적 성격이 깃들어 있다 보니 거기서 우리의 서글픈 현주소가 나온다. 즉, 온전한 도덕성은 망가졌는데 도덕 본능은 여전히 존재하는 세상에서 살아야 한다는 것이다. 그래서 우리는 스스로 지어낸 규율에 따라 살아가고 타인을 판단한다. 그렇기에 대다수 사람의 생활 규율은 창조주의 완전히 거룩한 지혜와는 아예 거리가 멀다. 물론 앞서 본 백화점의 예처럼 도덕의식이 잘 작동하는 순간도 있다. 그러나 하나님의 율법을 거부하고 우리의 어휘에서 죄의 개념을 없앤 채 스스로 법을 지어낸다면, 우리는 잘될 리가 없다. 따라서 인간 안에 깃든 하나님의 형상에 대한 교리도 여태 살펴본 다른 모든 교리처럼 우리에게 예수님의 십자가를 가리켜 보인다. 예수님은 우리를 위해 율법에 온전히 순종하셨고, 우리의 죗값을 대신 치르셨으며, 십자가에서 우리에게 주실 새로운 마음과 회복된 생각으로 사셨다. 이제 그분의 은혜에 힘입어 우리도 순종할 수 있다. 그분이 이루신 일은 장차 우리도 그분처럼 변화되어 온전한 의와 거룩함 가운데 영원무궁토록 그분과 함께 살 것을 보장해준다. 지금 우리 안의 망가진 모습이 그때는 은혜로 온전히 회복될 것이다.

영혼

불과 생후 4개월 된 딸이 우리 품에 안기던 그날 아침, 우리는 경이감과 막중한 책임감에 압도되었다. 만감이 교차했다. 그런데 우리의 경이와 눈물은 우리 손안에 놓인 몸 때문만은 아니었다. 몸도 특별하고 아름다웠지만, 우리가 할 일이 그 물리적 존재만 돌보는 것은 아니었다. 물론 몸을 돌보는 일도 우리에게 중요했지만, 정말 우리를 압도한 것은 하나님이 우리를 이 어린것의 영혼을 돌보도록 부르셨다는 사실이었다. 이 아기는 그분의 형상대로 지어진 영적 존재였다. 자의식이나 종교심이야 아직 없었지만 본질 자체가 하나님처럼 영적 존재였다.

하나님은 그 아기를 지으실 때 능히 그분을 알고, 그분과 관계 맺으며, 그분을 사랑하고, 그분과 대화하며, 그분을 예배할 수 있게 하셨다. 아담과 하와가 이런 역량 때문에 나머지 피조물과 구별되었듯이 내 품 안의 어린 딸도 마찬가지였다. 이 아기도 하나님을 위해 지어졌고, 그분과 함께 살도록 지어졌으며, 그분의 음성을 듣도록 지어졌고, 그분께 순종하도록 지어졌으며, 외경과 경이와 예배로 그분께 마음을 드리도록 지어졌다. 인간이 누구이고, 왜 지어졌으며, 어떤 동기로 살아가야 하는지의 핵심은 바로 인간의 영혼에 있다. 인간은 다양한 영적 역량을 지닌 존재로 지어졌다. 사고력, 언어로 소통하는 능력, 폭넓은 감정(사랑에서 미움까지와 그 사이의 모든 것)을 느끼는 능력 등을 다 하나님이 설계하셨다. 인간이 하나님을 힘입어 "살며 기동하며 존재"(행 17:28)하도록 지어졌기 때문이다.

이런 면에서 모든 인간은 종교적이다. 우리가 다 하나님의 형상대로 지어졌고 그분을 지향하는 역량을 부여받았기 때문이다. 그래서 우리는 힘써 하나님을 예배하든지 아니면 그분의 피조물을 숭배하든지 둘 중 하나를 하게 되어 있다. 모든 인간은 하나님을 찾고 있는데 대다수가 그 사실을 모를 뿐이다. 인간의 실망과 낙담과 분노와 절망은 다분히 우리가 하나님만이 하실 수 있는 일을 피조물에게 요구하기 때문에 생겨난다. 우리는 영적 존재이다 보니 하나님 아닌 것들을 '신'이라 부른다. 예배하는 존재이다 보니 늘 자신의 소망과 꿈을 무언가와 연결시킨다. 타고난 상상력으로 우리는 이 '신'이 내 기대에 부응할지를 계산하면서 삶이 어떻게 풀릴지를 그려본다. 아이, 남편과 아내, 학생, 시급 노동자,

직장인, 목사, 모든 교인 등이 다 그렇게 한다. 누구나 영적으로 무언가를 추구하는 중이며, 이 추구가 삶에 지대한 영향을 미친다. 아무도 예외가 없다.

하나님을 떠나면 우리는 이런 영성에 떠밀려 이래저래 사실상 제정신을 잃는다. 각종 신을 전전하면서 실망만 거듭하는데도 또 다른 피조물에 애착을 품는다. 피조물이 결코 해줄 수 없는 일을 또 다시 바라는 것이다. 우리는 서로 간에도 신에게나 품을 법한 기대를 품고는 그 부담에 눌려 허덕인다. 우리가 자꾸 피조물에게 바라는 일을 피조물은 아예 해줄 역량이 없다. 그런데도 우리는 하나님만이 베푸실 수 있는 것을 피조물에게서 받으려 한다.

우리가 가장 깊고 아름다우며 신비로운 여러 능력을 받은 것은 하나님과 교제하고 그분을 예배하기 위해서다. 우리가 소통하도록 지어진 것은 그분과 대화하기 위해서이고, 이성과 해석 능력이 주어진 것은 그분의 말씀을 숙고하여 일상생활에 적용하기 위해서다. 감정이 주어진 것은 그분을 사랑하고 그분께 사랑받는 그 기쁨을 누리면서, 그분이 미워하시는 것을 미워하기 위해서다. 예배하는 역량을 타고난 것은 우리 마음이 감사와 경이와 찬양을 통해 주님께로 끌리게 하기 위해서다. 이 모든 역량이 우리 것인 이유는 우리가 하나님의 형상대로 지어진 영적 존재로서 그분을 지향하여 살도록 창조되었기 때문이다.

이런 역량이 하나님과 괴리되어 있으면 위험하게 변질된다. 죄인인 우리는 안타깝게도 이런 능력을 이용하여 타인을 조종하고 유혹하며 압제할 때가 많다. 또 그것을 이용하여 어떻게 하나님께 불순종할지를 계획하고, 불순종한 후에는 이를 은폐한다. 다른 사람을 깎아내리고 자신을 돋보이게 할 때도 마찬가지다. 이런 영적 역량의 오용 자체가 우리에게 예수 그리스도의 성육신과 십자가와 부활이 꼭 필요하다는 방증이다.

남편이여, 당신이 아내를 볼 때 이 사실을 기억해야 한다. 소통하고 해석하며 느끼는 아내의 역량은, 일차적으로 당신을 알고 사랑하라고 지어진 것이 아니라 하나님을 알고 사랑하기 위한 것이다. 그런 역량이 마치 당신 것인 양 행동해서는 안 된다. 사실 아내를 향한 당신의 깊은 사랑을 표현하는 가장 높고 순결한 방법은 창조주를 더 깊이 인정하고 사랑하도록 아내를 돕는 것이다. 물론 아내는 당신을 사랑해야 하지만, 결혼의 최종 목표는 인간의 사랑으로 서로를 만족시키는 것이 아니다. 결혼의 목표는 결혼 생활에 힘입어 하나님을 사랑하고 예배하는 마음이 날로 더 깊어지는 것이다. 아내여, 당신에게도 똑같이 말해주고 싶다. 나아가 우정도 마찬가지다.

부모여, 자녀를 당신의 성공을 장식할 트로피로 보아서는 안 된다. 당신의 자녀는 하나님의 트로피. 그들이 존재하는 목적은 당신에게 정체성을 부여하거나, 자존감을 세워주거나, 대외적 평판을 높여주기 위해서가 아니다. 당신의 자녀는 하나님을 지향하여 살도록 그분을 위해 지어졌다. 부모로서 당신이 하는 모든 일의 목표는 자녀에게 하나님을 가리켜 보이는 데 있어야 한다. 하나님이야말로 그들의 가장 강한 동기의 구심점이고 가장 깊은 사랑의 대상이시다.

우리의 감정과 이성과 소통 능력을 단지 만족스러운 인간관계를 가꾸는 수단으로 보아서는 안 된다. 물론 좋은 인간관계는 복이며 그런 능력을 통해 가능해진다. 그러나 본래 하나님은 이런 역량을 목표의 수단으로 주셨다. 그 목표란 바로 기쁨과 감사와 예배로 그분과 교제하는 것이다.

대변자

창세기 1장 26절의 흐름을 주의 깊게 살펴보라. "하나님이 이르시되 우리의 형상을 따라 우리의 모양대로 우리가 사람을 만들고 그들로…다스리게 하자 하시고." 하나님의 형상대로 지어졌다는 의미의 가장 직접적이고 명확한 정의는 바로 "다스리는" 것이다. 그분의 형상대로 지어졌다는 것은 곧 통치하도록 지어졌다는 것이다. 하나님은 설계자로서 자신의 설계의 목적을 알려주신다. 따라서 분명히 인간은 독자적으로 통치하도록 창조되지 않았다. 이 장면에서 아담과 하와는 나머지 피조물에 대해 조금이라도 권력을 행사하고 싶다고 스스로 결정하지 않았다. 하나님이 이렇게 말씀하신다. "내가 너희를 이렇게 설계했고 이를 위해 창조했으니 너희는 그대로 하라."

인간의 통치 능력과 갈망과 사명은 하나님과 밀접하게 얽혀 있다. 이 통치는 그분에게서 왔고, 그분께 힘입어 시행되도록 설계되었으며, 그분께 순종하는 행위여야 한다. 그래서 하나님의 형상을 보유한 인간의 통치란 곧 이 땅에서 그분의 마음과 뜻을 대변하는 것이다. 하나님은 자신의 보이지 않는 통치를 가시화하기로 하셨고, 그러려면 남녀 인간이 하나님과 서로와 나머지 피조물을 대하는 방식이 그분의 가치관을 통해 빚어져야 한다. 따라서 우리의 통치 방식이 하나님을 기쁘시게 할 수 있으려면, 우리가 그분께 순복하고 그분을 예배하며 살아야 한다.

우리는 단지 창조 세계의 일부가 아니라 독특한 지도자 역할을 하도록 지어졌다. 인간 삶의 모든 영역에서 잘 다스림으로써, 우리를 창조하시고 그 일을 위임하신 하나님의 존재와 가치관을 대변해야 한다. 우리가 서로를 대하고, 기관을 세우며, 문제를 해결하고, 나머지 피조물을 관리하는 방식을 이 문화 명령이 규정하고 빚어내야 한다. 이 내용만으로도 따로 책을 쓸 수 있을 정도다. 하나님은 우리를 나머지 피조물의 소비자로 지으신 것이 아니라, 늘 청지기의 사명을 의식하며 살도록 지으셨다. 우리는 하나님이 지으신 세상을 고갈시키거나 방치하지 말고 통치하고 돌보아야 한다.

하나님의 형상이 모두에게 도장처럼 찍혀 있으므로 우리는 다 그 일을 위임받았다. 솔직히 나는 아침에 일어날 때마다 그날 하루의 모든 상황과 장소와 관계 속에서 어떻게 하나님의 마음과 이야기와 계획을 대변할지를 궁리하지는 않는다. 오히려 중요하다고 여겨지는 수많은 일로 온통 다급해한다. 마무리하고 싶은 업무, 성취하고 싶은 계획, 즐기고 싶은 재미있는 일 등으로 머릿속이 가득 찬다. 잊기 쉽지만, 하나님은 나를 '대변자'로 지명하셨다. 그것이 내 정체성이자 본연의 삶이다. 그래서 나를 해방하시고 능력을 입혀주시는 그분의 은혜가 내게 끊임없이 필요하다. 당신도 그럴 것이다.

훼손

죄가 인류 공동체를 두루 파괴하여 인간의 모든 면이 악에 물들었지만, 그래도 하나님이 우리에게 도장처럼 찍어놓으신 그분의 형상과 모양이 소멸되지는 않았다. 아무리 고매한 사람이든 타락한 사람이든, 살아 숨 쉬는 인간치고 그 형상을 품지 않은 존재는 없다. 다만 우리가 보유한 형상의 그 어떤 측면도 이제 그분이 의도하신 대로 작동하지 않는다. 모든 부분이 죄로 인해 휘어지고 비뚤어졌다. 인간은 여전히 도덕의식이 있지만, 하나님의 율법을 사랑하지 않고 저마다 자신의 법대로 살아간다. 우리는 여전히 놀라운 사고력과 해석 능력을 지녔지만, 삶 전반을 이해하고 판단할 기준인 하나님의 계시를 버렸다. 여전히 마음으로 살아가는 영적 존재이지만, 더는 마음으로 하나님을 예배하지 않는다. 대변자의 역량도 건재하지만, 왕이신 그분의 대사로 살지 않고 스스로 왕이 되었다. 사랑하고 미워하는 감정의 능력도 그대로 있지만, 감정의 구심점인 하나님을 사랑하는 마음과는 거리가 멀다. 우리 위에 찍혀 있는 하나님의 영광이 보이기는 하지만, 죄로 더럽혀지고 훼손되어 희미하게만 반사될 뿐이다.

공항에서 딸을 받아 안았을 때 우리에게 그 어린것의 영광이 충만하게 느껴졌다. 하늘 아래 인간의 영광 같은 영광은 다시 없다. 아이를 보거나 성장 과정을 지켜볼 때, 아이 안에 깃든 영화로우신 하나님의 형상에 감격하라. 마음 깊이 서로 통하는 연인의 사랑을 볼 때, 거기서 하나님의 형상을 보라. 색색의 물감들로 아름답게 창조되는 화폭을 화가의 눈으로 볼 때, 거기서 하나님의 형상을 보라. 당신의 동전을 받으려고 손을 내미는 노숙인을 볼 때, 그에게 새겨진 하나님의 형상을 보라. 곱게 차려입고 보행기를 밀며 천천히 길을 걷는 할머니를 볼 때, 하나님의 형상 보유자로 보라. 단골 식당에서 당신을 응대하는 직원의 눈을 들여다볼 때, 하나님의 형상을 보라. 법정에서 수갑을 차고 선고를 기다리는 절도범을 볼 때, 창조주의 형상을 품고 있는 한 인간을 보라.

그 형상은 일그러지고 파이고 더럽혀지고 훼손되었을망정 여전히 건재하다. 역사상 존재했던 모든 사람이 그 존엄성과 가치와 소중함을 지녔다. 이것은 우리가 얻어내는 것이 아니라 창조주이신 주님이 친히 새겨놓으신 것이다. 죄의 위력조차도 이 형상을 완전히 지워 없앨 수는 없다. 누구나 다 하나님의 형상대로 지어졌다. 이것이야말로 모든 인간의 기본 정체성이다.

그런데 이 영광이 훼손되었으니 우리는 애통해야 한다. 인간의 영광이 곧 하나님의 영광임을 알기 때문이다. 모든 인간은 일그러짐과 얼룩이 없는 투명한 창이 되어 창조주의 눈부신 영광을 보여주어야 한다. 인간의 모든 영화로운 면은 완전하신 영광의 주님을 우리에게 가리켜 보여야 한다. 그런데 지금은 훼손된 상태다. 어떤 때는 하나님의 형상이 거의 보이지 않을 정도로 훼손이 심해 보인다. 그래서 인간 안에 깃든 하나님의 형상에 대한 교리도 다른 모든 교리처럼 우리로 하여금 구속과 회복과 치유와 해방의 은혜를 간구하게 한다. 우리는 정말 그리스도 예수 안에서 재창조되어야 한다. 우리는 정말 탄식하면서 마침내 우리가 완전히 다시 새로워질 그날을 기다린다. 다행히도 구속의 은혜로 말미암아 우리가 날마다 새로워지고 있다는 것에 감사해야 한다. 은혜 위의 은혜가 점차 본래의 영광을 회복하고 있다. 최후의 새로워질 그날을 기다리는 동안, 우리는 지금 우리 안에서 역사하는 동일한 은혜를 모든 훼손된 형상 보유자가 받아들이기를 간절히 바라며 복음 사역에 헌신해야 한다.

14
일상생활 속의 인간 안에 깃든 하나님의 형상

우리 주변에는 관계의 어려움과 그로 인한 슬픔이 가득하다. 이는 우리가 서로를 하나님의 형상대로 지어진 사람으로 대하며 더불어 산다는 의미를 놓쳤기 때문이다. 하나님이 우리를 어떤 존재로 지으셨는지를 인식하지 않는 한 인간 공동체는 본래 그분이 의도하신 대로 작동할 수 없다. 놀이터에서 일어나는 괴롭힘, 인터넷 스토킹, 잔혹한 폭행 등이 그 단면이다. 타인의 얼굴을 볼 때 거기서 하나님의 얼굴을 본다면, 그 사람을 향한 당신의 행동이 달라질 수밖에 없다. 이 진리를 적용하는 내용의 책은 여러 권이라도 쓸 수 있겠지만, 그중 몇 가지만 살펴보고자 한다.

정체성

우리는 모두 자신과 타인에게 모종의 정체성을 부여한다. 그러면 삶의 의미를 찾는 데 도움이 된다. "나는 누구인가?" "당신은 누구인가?" 이보다 더 삶에 영향을 미치는 질문은 별로 없다. 이 질문에 어떻게 답하느냐에 따라, 주변 모든 것과 모든 사람에 대한 당신의 생각과 행동과 반응이 달라진다. 당신이 어디에 있든 관계없다. 그런데 안타깝게도 정체성에 관해 우리 대부분이 잘못 알고 있는 것 같다.

조쉬는 어려서부터 자신이 대수롭지 않고 쓸모없는 존재라고 확신했다. 이 집에서 저 집으로 옮겨야 하는 이유를 전혀 모른 채 그는 위탁 가정을 전전했다. 생모가 누구인지 몰랐고 아버지에 대해서는 생각해본 적도 없었다. 대부분의 위탁 부모는 함께 사는 아이들 중에서 조쉬가 유별나다고 보았고, 그중 많은 가정에서 그는 모종의 학대를 당했다. 학습 장애가 있다 보니 학교에서도 자신이 걸리적거리며 대수롭지 않은 존재라는 인식이 굳어졌다. 그래서 스스로 외톨이라고 믿고 정말 외톨이처럼 살았다. 조시의 이야기는 너무 복잡하고 비참해서 여기에 다 말할 수 없다. "우리의 형상을 따라…사람을 만들고"라는 하나님의 말씀은 인간에게 가치를 부여한다. 그 가치의 의미를 조쉬가 충분히 배웠다면 그의 삶은 완전히 달라졌을 것이다.

샘은 오로지 출세만을 목표로 삼고 살아왔다. 부모처럼 가난해지고 싶지 않았다. 체육 특기생으로 대학 장학금을 받은 그는 열심히 공부해서 운동뿐 아니라 학업에도 두각을 드러냈다. 그에게 졸업이란 정말 하고 싶은 일을 하기 위한 통과 의례라는 사실 외에는 별 의미가 없었다. 바로 돈을 버는 일이 궁극적 목표였다. 물질적 성공을 통해 정체성을 찾으려 한 그는 큰 집, 비싼 차, 골프장 회원권, 호화로운 휴가, 미모의 아내 등 모든 것을 원했다. 그 무엇도 자신을 방해하게 두지 않을 것이다.

샘은 결혼해서 자녀를 낳았으나 전혀 만족감이 없었다. 아무리 성공해도 충분하지 않았다. 물질적 성공이라는 정체성은 야비한 상전처럼 결코 약속을 지키지 않았다. 그는 사업에는 크게 성공했으나 사생활은 엉망이었다. 결국 아내는 떠났고 아이들도 커가면서 그를 회피했다.

세라는 어느새 또 쌓인 후줄근한 빨랫감을 보며 '내가 이런 사람이었나?' 하는 의문이 들었다. 대학 성적도 좋고 장래가 촉망되던 그녀에게 남편 팀은 꿈을 이루어줄 사람처럼 보였다. 졸업하자마자 결혼한 그녀는 한동안 직장에 다녔으나 곧 아이가 차례로 넷이나 태어났다. 여섯 살 이하의 네 자녀를 돌보자니 일이 끊이지 않았다. 아침마다 전날 녹초가 되었던 몸을 질질 끌며 일어났고, 항시 아이들을 돌봐야 했기에 자신을 돌볼 겨를은 아예 없었다. 거울을 보기도 싫었고, 매일 반복되는 단조로운 가사 노동도 썩 즐겁지 않았다. 텔레비전에 나오는 예쁜 여자들을 보면 자신이 별로 가치가 없다고 느껴졌다.

조디는 어렸을 적 엄마와 함께 소아과 병원에서 나오면서 자기도 커서 의사가 되고 싶다고 선언했다. 그때가 몇 년도였는지는 잊었지만 아주 어렸을 때였던 것은 기억한다. '의사'라는 정체성이 학창 시절 내내 그녀의 집중력과 노력을 부채질했다. 특정 대학과 생물학 전공을 택한 것도 그래서였다. 그 후 4.0의 학점으로 자신이 택한 의대에 진학한 그녀는 마침내 소아암 전문 레지던트가 되었다. 아침마다 자신의 이름과 진료 과목이 새겨진 의사복을 입을 때면 자부심이 끓어올랐다. 드디어 의사가 된 것이다!

그러나 개업한 지 5년 만에 그 짜릿한 정체성은 사라졌다. 근무 시간이 긴 데다 퇴근한 후에도 녹초가 되어 있다 보니 동료 의사들 외에는 친한 친구가 별로 없었다. 교회와도 사이가 멀어졌고, 다년간 수련에 집중하느라 가족들과도 이미 소원해진 후였다. 일에 너무 집중한 탓에 연애할 시간도 없었다. 지친 모습으로 집에 돌아오면 달랑 혼자뿐인 상황이 조디는 지긋지긋해졌다. 의사가 되기는 했는데 그 정체성이 더는 이전처럼 그녀를 채워주지 못했다. 문제는 의사라는 직업이 아니라 그녀가 거기에 걸었던 무리한 희망이었다.

조쉬와 샘과 세라와 조디는 비록 삶은 아주 달랐지만 똑같은 실수를 저질렀다. 자신의 가치를 수평적 차원에서 찾으려 한 것이다. 조쉬는 남들이 자신을 대하는 방식을 보고 자신에게 가치가 없다고 결론지었다.

샘은 물질적 성공이 자신에게 가치를 가져다줄 줄로 확신했다. 세라는 가사 노동의 삶이 자신의 가치를 앗아갔다고 생각했다. 조디가 의사라는 직업에서 얻기를 기대했던 가치는 물거품이 되었다. 그들은 다 똑같은 행동을 했다. 결코 얻을 수 없는 데서 인간의 기본 가치와 소중함과 존엄성을 얻으려 한 것이다.

우리는 이 사실을 꼭 기억해야 한다. 안정된 정체감은 오직 수직적 차원에서만 찾을 수 있다. 인간의 기본 가치와 소중함도 마찬가지다. 자신이 누구인지 알려면 첫째로 태초의 창조를 보고, 둘째로 십자가를 보아야 한다(정체성과 십자가에 대해서는 18장에서 살펴볼 것이다). 그러므로 부모, 자녀, 남편과 아내, 학생, 사업가, 직원, 이웃, 시민, 목사, 정치가, 교육자, 그리스도의 몸 된 교회의 지체 할 것 없이 누구에게나 인간에 대한 탄탄한 신학이 필요하다. 인간에 대한 성경적 신학의 기초는 "우리의 형상을 따라 우리의 모양대로 우리가 사람을 만들고"(창 1:26)라는 말씀 속에 있다.

이 말씀이 부여하는 가치와 존엄성을 망각하면 엉뚱한 데를 기웃거릴 수밖에 없다. 자신의 정체성만 아니라 가치와 소중함까지도 다른 곳에서 찾으려 하는 것이다. 관계, 즉 사람들이 당신을 대하고 반응하는 방식은 결코 정체성을 찾을 안정된 기반이 아니다. 일이나 직업이라는 목적도 당신에게 정체성과 가치를 가져다주지 못한다. 자녀를 통해 정체성을 얻으려는 부모는 반드시 실패한다. 자녀에게도 그것은 감당 못할 부담으로 작용한다. 미모와 운동 실력은 당신에게 영구적인 자아 정체감을 줄 수 없다. 성공을 정체성의 출처로 삼으면 계속 더 성공해야 하고, 아무리 성공해도 마음이 안식할 수 없다. 재물과 소유물은 정체성의 표지가 될 수 없다. 재산을 아무리 축적해도 정체성의 출처로서는 역부족이다. 이 중 그 어느 것도 인간성의 풍부한 의미를 담아내지 못한다.

역사상 존재했던 모든 인간의 가치와 독특성과 중요성과 불가침성은 오직 "우리의 형상을 따라 우리의 모양대로 우리가 사람을 만들고"라는 말씀 속에만 있다. 따라서 어떤 인간도 평가 절하, 모독, 침해, 압제, 가해, 무시, 배척, 파괴 등의 대상이 되어서는 안 된다. 그 사람이 누구든 관계없다. 사람은 누구나 창조주의 형상을 품고 있기 때문이다.

사업주는 직원들을 그저 성공에 필요한 수단으로 보아서는 안 된다. 직장인은 직장 동료들을 자신의 승진을 막는 걸림돌로 보아서는 안 된다. 정치가는 선거 구민들을 기껏해야 정치권력을 얻는 도구로 보아서는 안 된다. 목사는 맡겨진 교인들을 결코 사역의 명성과 성공을 얻는 수단으로 생각해서는 안 된다. 부모는 자녀를 즐거운 한 주간을 방해하는 문젯거리로 전락시켜서는 안 된다. 코치는 이끄는 선수들을 좋은 성적을 내주는 기계로 보아서는 안 된다. 누구도 다른 사람을 대상화해서는 안 된다. 다르다는 이유만으로 누구도 타인의 가치를 문제 삼아서는 안 된다.

누구의 얼굴을 들여다보든 거기서 하나님의 얼굴을 보라. 인간의 존엄성은 거룩한 것이다. 인간의 가치는 우리가 얻어내는 것이 아니다. 인간의 중요성은 사람끼리 서로 부여하거나 박탈하지 못한다. 당신의 가치를 성취나 관계나 외모로 살 수도 없다. 당신은 하나님의 형상대로 지어졌기에 이미 가치 있는 존재다. 정체성의 확실한 정의와 안정된 정체감은 오직 창조주의 손에만 있다. 그분이 흙을 취하여 자신의 형상을 불어 넣으시니 아담과 하와가 나왔고, 또 그들의 후손인 우리가 나왔다.

그래서 타인을 욕되게 하는 모든 행위는 곧 하나님을 욕되게 하는 행위다. 형상 보유자에게 폭력을 가하면 곧 그분께 폭력을 가하는 것이고, 어떤 인간이든 배척하면 곧 그분을 배척하는 것이다. 타인을 학대하는 것은 하나님을 대적하는 것과 같고, 상대가 누구든 그를 대상화할 때마다 하나님의 계획과 목적과 성품을 모독하는 것과 같다. 그런 의미에서 밧세바를 강압하여 간음한 다윗이 하나님께 범죄했다고 고백한 말은 옳다(시 51편 참조). 형상 보유자를 취하여 능욕하는 것은 그분의 설계와 영광을 대적하는 악한 행위다.

　인류 문화의 허다한 문제는 개인의 인격을 말살하는 일에서 비롯되었다. 창조주가 만인에게 도장처럼 찍어놓으신 거룩한 가치를 우리가 망각하거나 부정하면 좋은 결과가 하나도 나오지 않는다. 하나님은 인간을 특별하고 독특하게 창조하시고 존엄성과 가치를 부여하셨다. 우리는 자신과 타인을 이미 창조주께 존엄성과 가치를 부여받은 존재로 인식하고 대하라는 사명을 받았다. 그 사명에 반하여 살면 하나님을 욕되게 하고, 온갖 문화적 혼돈과 인간 살육이 끝없이 그 뒤를 이을 뿐이다.

　잊지 말아야 할 것은 모든 인간의 이야기가 어디선가 아무개의 자녀로 태어나는 데서 시작되지 않는다는 것이다. 모든 인간의 이야기는 창조주의 거룩하고 영원히 중요한 설계에서부터 시작된다. 그때 이미 하나님이 우리 각자에게 자신의 형상을 도장처럼 찍으셨다. 사람의 뿌리는 창조주가 에덴동산에서 하신 말씀에 있다. 그 뿌리를 망각한 채 상대의 이야기를 이해하려 하면 그가 누구이고 어떻게 살아야 하는지를 오해하게 된다. 어떤 인간의 이야기든 창세기 없이 읽으면, 마치 명작 소설을 읽다가 가장 중요한 설명이 나오는 장을 건너뛰는 것과 같다. 그렇게 해서는 결코 책을 제대로 이해할 수 없다.

　우리는 자신의 이야기와 주변 사람들의 이야기에 관해 누구의 말을 들을지 분별해야 한다. 인간 이야기의 첫 장은 흙이 하나님의 형상으로 변모되었다고 전한다. 이 첫 장을 놓치면 결국 인간을 평가 절하할 수밖에 없고, 타인을 제대로 보고 대하는 부분에서 하나님의 명령에 반항할 수밖에 없다. 성경을 진지하게 대하는 우리는 그보다 나을 수 있고 나아야 한다.

정의

성경을 읽다 보면 정의를 중시하시는 하나님의 마음에 맞닥뜨리지 않을 수 없다. 사실 성경의 이야기는 곧 정의의 이야기라 할 수 있다. 하나님의 정의에 대한 성경 본문 일부를 각주에 모아놓았다.* 이 목록이 전부는 아니지만, 성경의 중요한 주제인 정의를 잘 대변하는 구절들이다. 하나님은 정의를 소중히 여기실 뿐 아니라 우리에게도 그것을 소중히 여기라고 명하신다. 그래서 성경의 이 두드러진 주제의 근원을 이해하는 것이 중요하다. 거기에는 우리가 서로를 어떻게 보고 대해야 하는지도 함축되어 있다.

인간의 법은 정의를 충실히 규정하고 그에 따라 판결을 내려야 하지만, 정의의 근원은 인간의 법이 아니다. 정의의 근원은 시내 산에서 주신 하나님의 율법도 아니다. 모든 인간을 위한 정의는 에덴동산에서 그분이 모든 인간을 그분의 형상으로 물들이실 때 이미 제정되었다. 창세기 9장 6절에서 그것을 알 수 있다. "다른 사람의 피를 흘리면 그 사람의 피도 흘릴 것이니 이는 하나님이 자기 형상대로 사람을 지으셨음이니라." 인간은 동물이 아니라 하나님의 형상 보유자이므로 살인은 불의의 극치다. 상대가 누구든 인간의 존엄성을 어떤 식으로든 공격하면 곧 하나님을 공격하는 것이다.

성경에서 정의를 다루는 본문들을 연구하다 보면, 장차 완전한 정의가 다시 편만해지리라는 약속이 위안을 준다. 그런데 정의의 본문들에는 하나님이 계획하신 우리의 본분도 제시되어 있다. 하나님은 불의를 당하는 이들에게 정의의 사람들을 보내 정의를 실현하게 하심으로써, 자신의 보이지 않는 정의를 가시화하기로 계획하셨다. 그뿐만이 아니다.

---

* 시편 9:7, 10:17-18, 25:8-10, 33:5, 36:5-6, 82:3-4, 89:14, 103:6, 146:5-9, 잠언 18:5, 21:3, 29:26, 이사야 1:16-17, 9:7, 56:1, 58:6-10, 61장, 예레미야 22:3, 에스겔 18:27, 호세아 12:6, 아모스 5:24, 미가 6:8, 스가랴 7:9, 마태복음 12:18, 23:23.

정의는 성경적 활동을 넘어 복음의 활동이기도 하다.

복음은 은혜의 이야기이자 정의의 이야기다. 예수 그리스도의 십자가에서 하나님의 은혜와 하나님의 정의가 서로 만난다.

미가 6장 8절에서 그것을 볼 수 있다.

> 사람아 주께서 선한 것이 무엇임을 네게 보이셨나니
> 여호와께서 네게 구하시는 것은 오직 정의를 행하며 인자를
> 사랑하며 겸손하게 네 하나님과 함께 행하는 것이 아니냐.

하나님이 모든 자녀에게 구하시는 것은 무엇인가? 정의와 인자(자비)와 겸손이다. 성경에 성품의 자질이 하고많은데 왜 이 셋을 고르셨을까? 답은 전체 구원 이야기가 정의와 자비와 겸손으로 압축되기 때문이다. 하나님은 죄로 망가진 세상을 보시고 의분을 느껴 정의를 실현하기로 결심하셨다. 서로를 잔혹하게 대하는 인간의 악을 보시고, 죄가 그분의 형상대로 지어진 인류에게 불러온 폐해를 바로잡기로 하신 것이다. 그런데 이를 위해 하나님은 인류에게 진노를 쏟으시지 않고 오히려 자비를 부으셨다. 자비가 그분의 정의에 어긋나지 않으려면 완전히 의로운 대속자, 즉 죄에 대한 희생 제물로 완전히 받아들여질 만한 분이 필요했다. 그래서 예수님은 십자가에서 죽기까지 겸손히 순종하셨다. 이 도발적인 세 단어에 담긴 하나님의 구원 계획은, 에덴동산의 죄라는 '이미'와 새 하늘과 새 땅이라는 '아직' 사이에서 그분이 우리에게 맡기신 사명이기도 하다.

우리는 자비와 정의, 두 영역에서 하나님의 대사로 부름받았다. 그분은 자비로 구원하실 뿐 아니라 정의로 악을 바로잡고 압제를 물리치신다. 정의가 없이는 은혜도 없고, 은혜가 없이는 정의도 없다. 이는 구원 이야기에 아주 명백히 드러나 있는 사실이다. 그런데 많은 신자가 이

것을 모르는 것 같다. 우리는 자비로 구원하시는 하나님의 대변자로서 헌신할지 모르나, 불의가 있는 곳에서 정의를 중시하시는 그분의 마음을 품으려는 열정은 그에 못 미치는 것 같다.

내 경험을 나누어볼까 한다. 나는 어언 몇 년째 다음의 문장을 사명 선언문으로 삼아왔다. '우리를 변화시키는 예수 그리스도의 능력을 일상생활에 접목하기.' 내 집필과 교육 사역의 목표는 모든 것을 창세기부터 요한계시록까지의 복음 이야기라는 렌즈로 보는 것이다. 내가 섹스, 돈, 자녀 양육, 중년, 결혼 생활, 의사소통, 상담, 리더십 등의 주제에 복음의 렌즈를 접목하면 사람들이 감사를 표한다. 그런데 인종 간의 불의라는 주제로 똑같은 일을 하면 사람들은 화를 낸다. 그동안 나는 사회주의자와 마르크스주의자로 불렸고 복음을 버렸다는 비난도 받았다. 내게 "폴 트립, 다시는 보지 맙시다"라고 말한 사람도 있다.

내가 인종 간의 불의를 화제로 삼으면 대개 "그럼 이건 어떤가?"라는 식의 반응이 돌아온다. 사람들이 "그럼 낙태는 어떤가?", "성매매는 어떤가?", "폭력 시위는 어떤가?"라고 되묻는 것이다. 물론 그것도 다 하나님 보시기에 죄이고, 그분의 사람들이 이 모두에 맞서 목소리를 내고 행동해야 한다. 하지만 "그럼 이건 어떤가?"라는 반응은 정의의 문제를 물타기 하거나 무효화하려는 방어 기제로 보인다. 내가 만일 간음의 해악에 대한 짤막한 동영상을 게시한다면 사람들이 "그럼 도둑질은 어떤가?", "거짓 증언은 어떤가?"라고 반응하지 않을 것이다. 도대체 인종 간의 불의라는 주제가 어때서 이렇게 방어적이고 분노에 찬 반응을 유발하는 것일까? 하나님이 은혜와 정의 양쪽 모두에 후하실진대, 우리도 마땅히 그래야 하지 않겠는가?

나는 우리가 바리새인들과 똑같은 오류에 빠진 것이 아닌가 하는 의문이 든다. 그리스도의 말씀을 들어보라. "화 있을진저 외식하는 서기관들과 바리새인들이여 너희가 박하와 회향과 근채의 십일조는 드리되 율법의 더 중한 바 정의와 긍휼과 믿음은 버렸도다 그러나 이것도 행하고 저것도 버리지 말아야 할지니라"(마 23:23). 정의와 긍휼과 믿음을 "율법의 더 중한 바"라 칭한 사람은 무슨 사회 정의의 전사가 아니다. 이런 가치 판단을 내리신 분은 바로 우리 구주요 왕이신 예수님이다.

하나님의 가치 체계에서 정의는 높은 가치다. 어떤 식으로든(인종적, 정치적, 성적 등) 불의를 당하는 사람을 위해 정의를 실현하려는 노력은 우리가 받은 사명의 일부다. 성경은 우리를 불러 "복음만 전하라"고 하지 않고, 지치지 말고 복음을 전하되 또한 하나님의 대변자로서 지치지 말고 자비와 정의를 실천하라고 한다. 하나님의 형상을 지닌 사람이 모욕이나 압제나 일상적 불의를 당하며 사는데 우리가 침묵할 수는 없다. 모든 인간이 하나님의 형상을 지녔기에, 모든 불의한 행위는 그분의 명예와 권위를 대적하는 죄다.

언젠가는 이 땅에 샬롬이 회복되어 완전한 정의가 끝없이 통치할 것이다. 대상화나 압제나 학대나 모욕이나 인종 차별이 다시는 없을 것이다. 완전한 의가 모든 사람의 삶과 관계를 빚어낼 것이다. 그날을 사모하며 기다리는 동안, 우리는 수동적으로 기다리지 않는다. 기다림조차도 우리를 행동으로 부른다. 기다리면서 우리는 대사로서 왕의 가치를 받들어, 그분의 거룩한 정의와 자비로운 마음이 필요한 곳이라면 어디서나 그분을 대변한다. 거기에 못 미치면 우리는 복음의 부름에 합당한 삶에서 중요한 일면을 저버리는 것이다.

찰스 스펄전은 정의로 부름받은 교회의 사명을 이렇게 요약했다.

> 불신앙을 교화하려고 존재하는 교회, 오류를 척결하고 거짓을 막으려고 싸우는 교회, 가난한 자 편에 서서 불의를 규탄하고 의를 떠받치려고 존재하는 교회, 이런 교회가 아니라면 존재할 이유가 없습니다. 그리스도가 자신을

위해 존재하지 않으셨듯이, 교회도 자신을 위해 존재하지 않습니다.*

여성

컴퓨터를 켜거나, 넷플릭스를 시청하거나, 극장에 가거나, 대중음악을 들으면, 거의 매번 여성을 대상화하고 부정하며 착취하는 문화에 맞닥뜨린다. 우리 사회는 여성의 가치를 미모와 결부시키거나 여성을 성적 쾌락의 대상으로만 본다. 하나님의 형상을 보유한 여성이 도처에서 비하되고 있다. 왜 여성 팝 스타는 은연중에 도발적인 옷차림을 강요당할까? 왜 패션은 여성의 몸을 가리기 위해서가 아니라 드러내기 위해 디자인될까? 왜 무수히 많은 여성에게 일터가 성적으로 위험한 곳으로 느껴질까? 왜 여성의 두뇌보다 가슴이 더 중시될 때가 많을까?

대중 매체는 그야말로 성형 수술을 통해서만 도달할 수 있는 미의 기준으로 여성을 압박한다. 우리는 하나님의 형상 보유자인 여성의 존엄성에서 얼마나 멀리 떨어져 있는 것일까? 그 형상의 가치와 존엄성과 중요성과 독특성은 남성과 여성에게 대등하게 도장처럼 찍혀 있다. 이 말씀을 다시 들어보라. "하나님이 자기 형상 곧 하나님의 형상대로 사람을 창조하시되 남자와 여자를 창조하시고"(창 1:27). 여성을 몸매로 전락시키면 여성만이 아니라 하나님을 욕되게 하는 것이다. 여성을 모욕하거나 폄훼하거나 대상화하는 행위도 마찬가지다. 여성도 하나님의 형상을 보유한 입주 관리인인 만큼, 그분께 받은 여성의 재능과 협력의 가치를 부정해서는 안 된다.

---

* Charles Spurgeon, *Spurgeon's Sermons on the Death and Resurrection of Jesus* (Peabody, MA: Hendrickson, 2004), 294.

하나님의 형상을 지닌 여성의 재능을 평가 절하하는 문제가 교회 바깥에만 있다고 말할 수 있다면 좋겠지만 그렇지 않다. 물론 나는 그분이 교회 안에서 남녀가 서로 다른 역할을 하도록 설계하셨다고 믿는다. 목사, 장로 직분은 하나님의 설계에 따라 남성의 역할임이 성경에 명시되어 있다고 생각한다. 그러나 동시에 나는 하나님이 여성에게 주신 꼭 필요한 은사를 우리가 과소평가하고 적잖이 사장해왔다고 확신한다. 성경은 여성의 주된 역할이 가정에 있다고 가르치지 않는다. 성경은 여성의 신앙이 남편을 거쳐서 온다고 가르치지 않는다. 성경은 결혼해야만 여성의 삶이 완성된다고 가르치지 않는다. 성경은 여성이 고등 교육을 받고 전문직에서 성공하는 것을 금하지 않는다. 성경은 정치와 교육과 기업의 장에서 여성이 남성을 이끄는 것을 막지 않는다.

이런 진리가 어떻게 그리스도의 몸 된 교회의 건강한 삶으로 연결되는지를 두 가지 예로 살펴보자. 우리 교회의 한 여성은 인근 대학에서 흑인 역사를 가르치는 교수다. 여태 하나님은 역사가이자 신학자이기도 한 그녀를 사용하셔서, 우리 교회가 인종 문제를 숙고하고 헤쳐 나올 수 있게 해주셨다. 격동의 시기마다 그녀는 자신의 소중한 재능으로 우리 교회의 건강에 기여해왔다. 역사에 대한 전문 지식과 복음에 대한 깊은 통찰을 겸비한 그녀는 하나님이 교회에 주신 선물이다. 다만 중요하게 주목할 점은 우리 회중이 그런 유익과 복을 누리기 위해서는, 지도자들이 여성의 재능을 인정하고 발언권을 주어야 한다는 것이다.

여러 해 전에 나는 필라델피아 근교에 있는 어느 교회의 목사였다. 거기서 매년 한 차례씩 부부 동반으로 장로 수련회에 갔는데, 식사와 기타 순서는 다 함께했으나 교회 일을 의논할 때가 되면 남자들만 따로 모여 대화하고 여자들은 다른 방에서 자식 키우는 이야기를 하거나 요리법을 교환했다. 사랑하는 아내 루엘라는 그게 이상하고도 불편하게 느껴졌다. 그래서 내게 일깨워주기를, 지혜롭고 경건한 여인인 그들 각자의 교회 경험은 장로들의 경험과는 다르므로 그들의 말을 들어보면 유익할 것이라고 했다. 여성 장로를 세우자는 말이 아니라, 여성의 재능과 경험을 중시하고 그들에게 표현의 기회를 주자는 것이었다.

그래서 한번은 아침식사를 마친 토요일 오전에 여자들도 합류하여 남자들과 함께 교회 일을 의논했다. 장로들로서는 여태껏 가장 중요하고 배울 것이 많은 대화였다. 우리 교회의 삶과 문화와 사역에 대해서는 물론이고, 우리 자신에 대해서도 이런 자리가 아니고서는 결코 몰랐을 부분을 알게 된 것이다. 애정이 담긴 여성들의 말을 통해 우리의 약점과 실패가 얼마간 드러났다. 그때부터 우리는 여성을 아내와 어머니로만 보지 않고, 하나님의 형상과 은사를 받은 존재, 교회의 건강한 삶에 중요하게 기여하도록 하나님이 세우신 존재로 보았다. 그리고 그 후로 수련회 때마다 아내들과 함께 대화하는 시간을 일정에 넣었다.

여성 교인이 목사를 찾아와 교회 일을 걱정하거나, 설교에 대해 질문하거나, 지도자의 태도나 결정에 우려를 표할 때, 이를 무시하거나 부당하게 비난하거나 일축하거나 입막음해서는 안 된다. 결혼하지 않은 여성이나 직업을 갖지 않은 여성을 비판해서도 안 된다. 기혼 여성을 남편의 부속물로 볼 것이 아니라, 결혼한 상태로 그리스도의 몸 된 교회에 기여하도록 하나님이 부르시고 은사를 주신 지체로 보아야 한다. 여성은 남성과는 다르게 교회를 경험한다. 여성은 남성이 보지 못하는 부분을 본다. 여성은 진리를 소통하는 방식도 남성과는 다르다. 그리스도의 몸 된 교회가 가장 건강한 때는, 가정에서뿐만 아니라 교회에서도 여성이 존중받고 여성의 은사가 높이 평가되는 때다. 실력을 갖춘 여성 신학자들이 교회에 필요하다. 교회는 복음을 소통하는 은사를 받은 여성들에게 발언권을 주어야 한다. 복음을 깊이 깨달은 여성들에게 글을 쓸 것을 권해야 한다. 거기에 못 미치면 우리는 존엄하게 창조된 여성을 존엄하게 대하지 않는 것이다.

이렇듯 우리는 교회에 없어서는 안 될 여성의 은사를 귀히 여겨야 한다. 그런 문화를 가꾸는 방법 중 하나는 성경에 전개되는 하나님의 구원 계획에서 여자들이 맡았던 막중한 역할에 주목하는 것이다. 성경 역사를 훑어보면 분명히 알 수 있듯이, 하나님의 일은 남자만의 영역이 아니라 남녀에게 똑같이 주어진 사명이다. 사라, 리브가, 미리암, 라합, 드보라, 룻, 한나, 에스더, 안나, 마리아, 엘리사벳, 막달라 마리아, 뵈뵈는 하나님이 구원 계획을 진행하시는 데 사용하신 여성들 중 일부에 불과하다. 남자와 여자는 공히 그리스도의 제자와 도구와 대변자와 메신저로 부름받았다.

우리는 이 역사를 남녀 아이들에게 가르쳐야 한다. 남아들은 자라나 교회에서 여성의 존재와 은사를 중시하는 남성이 되어야 하고, 여아들은 장차 자신의 소명을 분명히 깨닫고 하나님께 받은 은사를 마땅히 연마해야 한다.

모든 사람 안에 깃든 하나님의 형상에 대한 신학은 우리가 여성을 보고 대하는 방식에 근본적인 영향을 미쳐야 한다. 하나님은 여성을 남성과 같이 그분의 형상을 지닌 존재로 지으셨다. 이 신학은 우리를 불러, 여성을 모욕하고 대상화하는 데서 벗어나 하나님의 형상을 보유한 존재로 존중하게 한다. 그래서 우리는 여성의 은사를 존중해야 하고, 여성 특유의 경험을 표현하게 해주어야 하며, 여성을 훈련하여 세상을 향한 하나님의 대변자이자 교회에 꼭 필요한 지체로서 일할 수 있게 해야 한다. 스펄전의 말을 함께 읽어보자.

> 여자들에게 "여러분은 주님을 섬길 수 있는 일이 없으니 집에 가시오"라고 말해서는 안 됩니다. 천만의 말입니다. 오히려 우리는 마르다와 마리아와 루디아와 도르가 등 빈부와 노소를 떠나 모든 택함받은 자매에게 청하여, 하나님께 배운

대로 다른 사람들에게 가르쳐달라고 해야 합니다. 젊은이와 노인은 물론이고 주님을 사랑하는 아이까지도 남자와 여자가 함께 예수님을 칭송하면서 날마다 그분의 구원을 알려야 합니다.*

존중

우리 모두에게 하나님의 형상이 찍혀 있음을 아는 지식은 우리의 기본 정체성을 형성해줄 뿐 아니라, 서로를 보고 대하며 반응하고 더불어 사는 방식도 빚어낸다. 서로 사랑하고 모든 사람을 존중하며 악을 악으로 갚지 말라는 성경의 명령은, 인간 안에 깃든 하나님의 형상이라는 진리의 토양에서 싹텄다. 우리는 원수의 얼굴이나 혐오하는 사람의 얼굴을 볼 때도 거기서 하나님의 형상을 보도록 부름받았다. 그래야만 부름받은 대로 서로를 사랑하고 존중하며 높이고 선대할 수 있다.

지금 우리는 존중이 격노로 대체된 문화 속에 살고 있다. 관대한 문화는 거의 자취를 감추었다. 의견이 다른 이들을 대할 때 우리는 한없이 매정하게 반응하며 비난한다. 상대가 틀렸다 싶으면 그냥 동의하지 않는 정도가 아니라 그를 해치거나 제거하려 할 때가 많은 듯하다. 우리는 정중하게 대화하는 능력, 절제하고 존중하며 품위 있게 의견을 교환하는 능력을 상실한 것 같아 보인다. 상대의 말만 비평하는 게 아니라 숨은 동기까지 비판해도 된다고 생각하는 것 같다. 우리는 너무 성급히 말하고, 너무 성급히 분노로 반응한다. 그래서 공적, 사적, 정치적, 문화적, 교회적 소통이 아주 어렵다 못해 어떤 때는 아예 불가능해진다.

---

* Charles Spurgeon, "All At It," 설교 2044번, 1888년 9월 16일, *Christian Classics Ethereal Library*, www.ccel.org/.

인간을 일련의 의견이나 신념이나 철학이나 정치적 입장이나 신학이나 사회적 구성 개념으로 전락시킨다면, 우리에게 문제가 있는 것이다. 의견이 다르다는 이유로 상대의 인격을 말살하고 그 의견 배후에 하나님의 거룩한 형상대로 지어진 사람이 있음을 망각한다면, 우리에게 문제가 있는 것이다. 상대의 글이 내 마음에 안 든다고 해서 그를 일련의 문장으로 전락시켜서는 안 된다. 내 댓글이 가할 수 있는 피해를 생각해야 한다. 피해를 입는 것은 글 자체가 아니라 그 입장을 표명한 인격체다.

이런 문제가 바깥 문화에만 있고 교회에는 없다고 말할 수 있다면 좋겠지만 그렇지 않다. 날마다 나는 트위터 게시물을 읽다가 그리스도 안의 형제자매들이 서로 가혹하고 매정하며 무례하게 비판하고 조롱하는 분노의 댓글을 볼 때마다 서글퍼진다. 합세하여 누군가를 악평할 기회를 즐기는 것처럼 보일 때도 많다. 하나님은 우리에게 온유할 것과 원수도 사랑할 것과 모든 사람 특히 하나님의 권속을 선대할 것을 명하시건만, 이런 격노는 그분의 명령을 전혀 인정하지 않는 셈이다.

신학과 사랑은 결코 양자택일의 문제가 아니다. 우리는 사랑으로 진실을 말하도록 부름받았다(엡 4:15). 진실을 저버린 사랑은 사랑이 아니며, 사랑으로 말하지 않는 진실은 다른 속셈 때문에 휘어지고 비뚤어져 순수성을 잃는다. 좋은 신학은 결코 교만하게 화내고 무례하게 괴롭히는 유해한 격노를 낳지 않는다. 온유하게 인내하고 존중하는 사랑을 낳지 않는 신학은, 하나님의 진리를 어떻게 다루어 어떤 열매를 맺어야 하는지에 대한 그분의 기준에 미달된다. 성경에 충실한 신학과 그 열매인 좋은 관계는 "우리의 형상을 따라…우리가 사람을 만들고"라는 하나님의 말씀에서 기원한다.

서로를 대하고 더불어 사는 방식에서 다음 본문들의 명령을 실천하지 않으면서 말로만 인간 안에 깃든 하나님 형상의 신학을 믿는다고 해서는 안 된다.

잠 15:1 유순한 대답은 분노를 쉬게 하여도 과격한 말은 노를 격동하느니라.

잠 24:17 네 원수가 넘어질 때에 즐거워하지 말며 그가 엎드러질 때에 마음에 기뻐하지 말라.

마 5:43-48 또 네 이웃을 사랑하고 네 원수를 미워하라 하였다는 것을 너희가 들었으나 나는 너희에게 이르노니 너희 원수를 사랑하며 너희를 박해하는 자를 위하여 기도하라 이같이 한즉 하늘에 계신 너희 아버지의 아들이 되리니 이는 하나님이 그 해를 악인과 선인에게 비추시며 비를 의로운 자와 불의한 자에게 내려주심이라 너희가 너희를 사랑하는 자를 사랑하면 무슨 상이 있으리요 세리도 이같이 아니하느냐 또 너희가 너희 형제에게만 문안하면 남보다 더하는 것이 무엇이냐 이방인들도 이같이 아니하느냐 그러므로 하늘에 계신 너희 아버지의 온전하심과 같이 너희도 온전하라.

롬 12:14-21 너희를 박해하는 자를 축복하라 축복하고 저주하지 말라 즐거워하는 자들과 함께 즐거워하고 우는 자들과 함께 울라 서로 마음을 같이하며 높은 데 마음을 두지 말고 도리어 낮은 데 처하며 스스로 지혜 있는 체하지 말라 아무에게도 악을 악으로 갚지 말고 모든 사람 앞에서 선한 일을 도모하라 할 수 있거든 너희로서는 모든 사람과

더불어 화목하라 내 사랑하는 자들아 너희가 친히 원수를
갚지 말고 하나님의 진노하심에 맡기라 기록되었으되
원수 갚는 것이 내게 있으니 내가 갚으리라고 주께서
말씀하시니라 네 원수가 주리거든 먹이고 목마르거든 마시게
하라 그리함으로 네가 숯불을 그 머리에 쌓아 놓으리라
악에게 지지 말고 선으로 악을 이기라.

갈 6:10 그러므로 우리는 기회 있는 대로 모든 이에게 착한
일을 하되 더욱 믿음의 가정들에게 할지니라.

엡 4:26 분을 내어도 죄를 짓지 말며 해가 지도록 분을 품지
말고.

엡 4:29 무릇 더러운 말은 너희 입 밖에도 내지 말고
오직 덕을 세우는 데 소용되는 대로 선한 말을 하여 듣는
자들에게 은혜를 끼치게 하라.

빌 4:5 너희 관용을 모든 사람에게 알게 하라 주께서
가까우시니라.

딛 3:1-2 너는 그들로 하여금 통치자들과 권세 잡은 자들에게
복종하며 순종하며 모든 선한 일 행하기를 준비하게 하며
아무도 비방하지 말며 다투지 말며 관용하며 범사에
온유함을 모든 사람에게 나타낼 것을 기억하게 하라.

약 1:19-20 내 사랑하는 형제들아 너희가 알지니 사람마다

듣기는 속히 하고 말하기는 더디 하며 성내기도 더디 하라
사람이 성내는 것이 하나님의 의를 이루지 못함이라.

벧전 2:23 [예수님은] 욕을 당하시되 맞대어 욕하지
아니하시고 고난을 당하시되 위협하지 아니하시고 오직
공의로 심판하시는 이에게 부탁하시며.

벧전 3:9 악을 악으로, 욕을 욕으로 갚지 말고 도리어 복을
빌라 이를 위하여 너희가 부르심을 받았으니 이는 복을
이어받게 하려 하심이라.

부모들이여, 자녀에게 부모 형제와 친구와 이 문화의 사람들을 대하는 법을 가르칠 때 그냥 당신이 시키는 대로만 하게 하지 말라. 하나님의 형상대로 지어졌기에 누구나 품고 있는 정체성과 존엄성과 가치, 그것을 자녀에게 일찍부터 가르치라. 자녀에게 신학을 심어주라. 처음에는 알아듣지 못하겠지만, 점차 전체적 관점이 길러지면서 자녀가 이를 바탕으로 삶을 해석하고 결정을 내리며 생활 방식을 선택하게 될 것이다. 좋은 신학이 꼭 자녀의 인생관의 기초가 되게 해주라. 인간 안에 깃든 하나님의 형상은 그 신학의 중대한 요소이고 실생활에도 유익하다.

학생들이여, 인간이 하나님의 형상대로 지음받았다는 진리는 당신에게 학교나 대학에서 의견이 다른 이들을 어떻게 대해야 할지를 알려준다. 고용주들이여, 이 진리는 당신에게 사원들을 어떻게 돌보아야 할지를 말해준다. 직원들이여, 여기 상사와 직장 동료를 어떻게 대해야 할지에 대한 지침이 있다. 시민 지도자들이여, 여기 다른 진영 사람을 어떻게 대해야 할지에 대한 지침이 있다. 부부들이여, 여기 부부간의 갈등을 어떻게 해결해야 할지에 대한 지침이 있다. 목사들이여, 여기 신학과 선

교에 대한 교회 내의 이견에 어떻게 대처해야 하는지에 대한 명령이 있다. 더불어 우리 모두는 마땅히 SNS 게시물 배후에 하나님이 그분의 형상대로 빚으신 인격체가 있음을 기억해야 한다.

예수님

제대로 이해한다면 성경 신학의 모든 교리는 우리를 예수 그리스도의 십자가로 인도한다. 이런 의문이 들 수 있다. "'우리의 형상을 따라… 우리가 사람을 만들고'가 어떻게 갈보리 언덕으로 연결되는가?" 하나님의 형상이 하나님의 아들이자 사람의 아들이신 예수 그리스도를 통해 가장 생생히 표현되고 가장 온전히 드러나기 때문이라고 답할 수 있다. 이 땅에 육체로 계실 때 그분은 최고의 형상 보유자로 우리 앞에 서셨다. 그분 안의 그 형상은 조금도 패이거나 훼손되지 않았다. 그분에게서 보이는 하나님의 형상은 모든 결정, 모든 말씀, 모든 생각, 모든 갈망, 성품의 모든 면을 통해 완전하게 표현되었고 전부 흠 없이 의로웠다. 예수님의 그 놀랍고도 소중한 모습이 우리 삶을 변화시킨다.

복음서를 읽으며 예수님을 보고 그분의 말씀을 들을 때, 우리 안에 감격이 북받쳐야 한다. 그분의 모습이 바로 장차 은혜로 말미암아 우리가 입을 모습이기 때문이다. 예수님의 삶의 특성이야말로 그분의 자녀인 우리에게 예비된 삶의 예고편이다. 그날이 오면 우리는 영원히 그분과 함께 있을 뿐 아니라 그분처럼 변화된다. 하나님의 형상이 온전히 회복되어 우리 안에 거하면서 영원히 완전하게 표현된다. 예수님은 육체로 계실 때 우리 앞에서 우리의 영원한 소망으로서 사셨다. 우리를 위해 복음서에 보전되어 있는 예수님의 모습은, 세상에 비참하게 죄가 들어오기 이전의 본연의 하나님 형상을 가장 잘 보여준다.

우리는 예수님이 하나님의 아들로서 하나님이 어떤 분이신지를 계시해주셨다는 점을 강조한다. 예수님은 "나를 본 자는 아버지를 보았거늘"(요 14:9)이라고 말씀도 하셨다. 우리를 지극히 사랑하셔서 아들을 보내 우리에게 하나님 자신을 더 알려주신 그분의 영광을 풀어내는 일은 바람직하다. 그러나 예수님이 하나님이실 뿐 아니라 또한 온전한 인간이셨음을 인식하는 것도 중요하다. 인간 예수님은 인간 안에 깃든 하나님의 형상이 죄로 훼손되지 않았을 때는 어떤 모습인지를 완전무결하게 보여주셨다. 예수님 덕분에 형상 보유자의 모든 특성을 오염되지 않은 완전한 상태로 관찰할 수 있다니 얼마나 놀라운가!

메시아이신 인간 예수님에게서 하나님 형상의 지고한 표현을 관찰하면서 우리는 열정과 소망으로 충만해져야 한다. 그분은 장차 우리가 입을 모습의 살아 있는 화신이다. 그날에는 죄의 짐이 완전히 벗겨지고, 하나님의 형상이 모든 면에서 항상 우리 안에 온전히 구현될 것이다. 인간 예수님을 통해 완전하게 표현된 하나님의 형상을 보면서 우리는 또한 억장이 무너져야 한다. 죄가 불러온 폐해로 말미암아 애통해야 한다. 날마다 우리는 그런 폐해를 안팎 어디서나 대면한다. 우리에게 도장처럼 찍혀 있는 하나님의 형상은 아직은 본연의 상태가 아니다.

그렇다면 우리는 어떻게 서글픈 현재에서 즐거운 미래로 옮겨갈 것인가? 역시 답은 예수님이다. 그분은 최고의 형상 보유자이신 동시에 우리의 대속자로 오셨다. 우리는 하나님의 거룩한 기준에 결코 부합할 수 없지만, 완전히 의로우신 예수님은 거기에 부합하신다. 예수님은 우리를 위해 우리 대신 하나님 율법의 요구를 완전히 충족시키셨다. 그로써 그분은 흠 없는 희생 제물, 곧 하나님의 어린양이 되실 수 있었다. 예수님이 우리의 죗값을 치르고 죽으셨기에 우리는 아버지께 용서받고 자녀로 입양될 수 있으며, 성령이 우리 안에 내주하면서 우리를 점차 아들 예수님의 형상으로 변화시키실 수 있다.

최고의 형상 보유자이신 예수님의 삶과 죽음과 부활을 통해, 하나님은 모든 믿는 자 안에 그분의 형상을 회복하시는 과정에 착수하셨다. 예수님이 우리를 위해 이루신 일은 장차 우리 안에 하나님의 형상이 완전히 회복된다는 약속이자 보증이다. 그날이 오면 우리는 예수님의 은혜로 말미암아 이전 어느 때보다도 더 온전한 인간이 될 것이다.

그때까지 우리는 믿음으로 예수님을 따르고, 그분처럼 살 수 있는 은혜를 구하며, 은혜로 죄를 깨닫게 하시고 해방하시며 변화시켜달라고 부르짖고, 최고의 형상 보유자이신 그분을 바라본다. 그 형상을 회복하는 작업이 언젠가는 완성되어 우리도 영원히 그분처럼 변화될 것을 굳게 믿기 때문이다.

이렇듯 하나님 말씀에 담긴 신학의 요점들은 당신을 예수님께로 인도하고, 예수님의 삶은 당신을 십자가와 부활로 인도한다. 그리고 예수님의 십자가와 부활은 당신을 이끌어, 현세를 사는 동안 소망과 기쁨을 굳게 붙잡고 앞으로 올 하나님나라를 내다보게 한다.

15
죄에 대한 교리

우리의 시조는 사탄의 간교한 유혹과 거짓에 속아 하나님이 금하신 열매를 먹음으로써 죄를 지었다. 이 죄 때문에 그들은 본래의 의를 잃고 하나님과 교제가 단절되었으며, 그 결과 죄로 죽고 영과 육의 모든 기능과 요소가 전적으로 타락했다.

아담은 인류의 조상이므로 그의 죄책은 통상적 방식으로 태어난 모든 후손에게 전가되었고, 죄로 인한 죽음과 타락한 본성도 유전되었다.

이 근본적 타락으로 인해 우리는 선을 행할 마음도 전혀 없고 능력도 없이 모든 선을 대적하며, 오히려 전적으로 악을 행하는 성향만 있다. 모든 범죄 행위는 이 근본적 타락에서 비롯한다.

현세를 사는 동안 이 타락한 본성은 하나님의 은혜로 중생한 이들 안에 계속 남아 있다. 이 본성은 예수 그리스도를 통해 용서받고 죽임당했지만, 타락한 본성과 거기서 나오는 모든 행동은 여전히 죄다.

원죄와 자범죄는 다 하나님의 의로운 율법에 어긋나는 위반 행위다. 모든 죄는 본질상 죄책을 유발하므로 죄인은 하나님의 진노와 율법의 저주를 받을 수밖에 없다. 그래서 인간은 결국 사망에 이르며, 거기에 영적 불행과 현세의 불행과 영원한 불행이 수반된다. 다음 여러 구절을 참조하라. 창세기 2:16-17, 3:12-13, 6:5, 욥기 14:4, 시편 51:1-5, 전도서

7:20, 예레미야 13:23, 17:9, 에스겔 14:1-5, 마태복음 5:28, 15:19, 누가복음 6:43-45, 로마서 1:28-32, 3:9, 23, 5:12-19, 6:20, 7:18-23, 8:7, 고린도전서 6:9-10, 15:21-22, 45-49, 고린도후서 11:3, 갈라디아서 5:19-21, 에베소서 2:1-3, 골로새서 1:21, 3:5, 데살로니가전서 1:10, 디도서 1:15, 히브리서 2:14-15, 야고보서 1:14-15, 4:17, 요한일서 1:8.*

죄에 대한 교리 이해하기

지금부터 살펴볼 성경 진리는 기독교 교리의 구심점을 이룬다. 이 진리는 하나님의 존재와 더불어 세계관의 중요한 분수령이다. 성경이 말하는 죄가 존재하지 않는다고 믿는다면 당신에게는 하나님의 도덕법, 성경의 지혜, 하나님께 의존하는 삶, 해방하시는 구원자의 은혜, 교회 사역, 밝고 영원한 희망 등도 필요 없어진다. 인간의 드라마에 관한 한 정말 딱 두 부류의 사람만 존재한다. 인간의 구원 방식들에 희망을 두는 부류와 인간에게 희망이 있으려면 구원자가 필요하다고 보는 부류다.

죄의 서글픈 결과 중 하나는, 도처의 평범한 죄인에게 죄에 대한 인식이나 이해나 죄책감이 전혀 없다시피 하다는 것이다. 사람들의 생각 속에나 우리 문화에나 죄라는 범주가 더는 존재하지 않는다. 죄는 인간의 동기나 행동을 설명해주는 도구로 여겨지지 않는다. 대학의 철학 과목이나 심리학 과목도 죄의 개념을 가르치지 않는다. 법 집행을 보는 관점에도 죄라는 범주는 빠져 있다. 인간의 죄성이라는 진리는 인종 간의 불의, 전체주의, 학대 등에 대한 대다수 사람의 사고방식에 영향을 미치지 못한다. 결혼 생활과 자녀 양육의 난관을 이해하려는 상담자들에게도 죄의 교리는 대개 쓸모없게 여겨진다. 죄는 점차 포르노로 물들어가

---

* 웨스트민스터 신앙고백서 제6장에 나오는 죄에 대한 교리를 내가 풀어 썼다.

는 대중 매체의 배후 세력으로 인식되지 않는다. 정치와 정부의 부패가 죄와 상관 있다고 생각하는 사람은 거의 없다. 이렇게 죄라는 범주를 배제하고 나면 인간의 비참한 실상을 다른 방식으로 설명해야 한다.

죄의 참혹성과 보편성을 믿지 않는다면 당신은 인간의 힘으로 인간을 고칠 수 있다고 생각하게 된다. 그래서 교육, 정치, 철학, 심리학, 의학 등에 희망을 둔다. 이 모두가 유익하기는 하지만, 그것들은 죄가 만인에게 퍼부은 어둠과 기만과 파멸과 죽음에서 우리를 구할 능력은 전혀 없다. 반면 모든 인간의 근원적 문제가 죄이고 누구도 거기서 벗어날 수 없다고 믿는 사람은, 인간이 아무리 힘을 모아도 스스로 구원할 수 없음을 안다. 모든 사람의 마음속에 죄라는 것이 살고 있다면 하나님의 개입만이 우리의 희망이다.

죄로 얼룩진 이 세상의 모든 사람은, 망가지고 위험하며 실망스럽고 고달프며 불의한 삶 앞에서 절규한다. 사실 그것은 하나님과 그분의 구원과 해방, 회복하시는 은혜를 부르짖는 절규다. 부르짖는 본인이 그 사실을 모를지라도 말이다. 죄의 교리는 인류의 희망이 인간에게서는 결코 나올 수 없고 오직 하나님의 은혜로운 개입을 통해서만 온다고 말해 준다. 이 진리는 정말 거대한 분계선 중 하나다. 이 진리를 그대로 믿는다면 자신과 자신에게 필요한 것, 삶의 의미와 목적, 옳고 그름, 진리와 거짓 등을 보는 관점이 근본적으로 달라진다. 위안과 힘을 어디서 찾을지, 자신에게 중요한 것과 그렇지 않은 것이 무엇인지, 참되고 견고하며 영원한 희망을 어디서 얻을 수 있는지에 대한 생각도 달라지게 마련이다. 죄가 궁극의 암일진대, 자비로이 개입하여 은혜로 구원하시는 그분을 벗어나서는 치료책을 찾을 수 없다. 죄가 문제라면 우리의 희망은 하나님뿐이다.

그래서 우리가 믿는다고 말하는 죄의 교리가 어떤 의미인지를 아는 것이 중요하다. 죄의 교리를 정의한 이번 장 첫머리를 다시 읽노라니 내게 깊은 슬픔이 밀려온다. 죄의 비참한 실상이 한없이 끔찍해서 숨이 턱 막힌다. 인간의 의가 완전히 무너져 하나님과 교제가 단절된 것을 생각하면 한순간 영적으로 우울해진다. 마치 산산이 부서진 샬롬을 공포 영화로 보며 괴성으로 듣는 것 같다. 죄는 가는 곳마다 파괴의 흔적을 남기는 궁극의 폭탄이다. 죄는 모든 사람을 감염시켜 병들게 하는 궁극의 전염병이다. 죄는 모든 사람에게 사망을 선고하는 궁극의 저주다. 죄는 끝없는 거짓말과 지키지 못할 약속을 늘어놓는 궁극의 기만이다. 죄는 인류의 이야기를 영원히 변질시키는 궁극의 훼방꾼이다.

에덴동산에서 우상 숭배를 선택한 아담과 하와의 이기적인 반항은 당신과 나를 포함한 후세의 모든 인간에게 저주를 불러왔다. 그것을 생각하면 당신도 숨이 턱 막힐 것이다. 재앙은 그들이 죄를 짓고 벌을 받은 것과 죄로 인해 완전히 다른 사람이 된 것이다. 말과 생각과 행동이 온전히 의로웠던 그들이 이제 모든 면에서 타락했다. 하나님과 그분의 율법을 사랑하던 그들이 이제 그분과 멀어져 그분 보시기에 악한 것 쪽으로 이끌렸다. 그리고 이 모두는 자자손손 이후의 모든 세대에 전수되었다. 죄는 인류 역사의 비참하고도 가슴 아픈 드라마다. 죄는 샬롬을 파괴했고, 지금도 우리는 그 끔찍한 결과를 날마다 상대하고 있다.

죄의 재앙과 그것이 우리 모두에게 미치는 영향을 충분히 이해하려면, 에덴동산에서 발생한 최초의 죄를 풀어내는 작업이 중요하다.

> **창 3:1-7** 그런데 뱀은 여호와 하나님이 지으신 들짐승 중에 가장 간교하니라 뱀이 여자에게 물어 이르되 하나님이 참으로 너희에게 동산 모든 나무의 열매를 먹지 말라 하시더냐 여자가 뱀에게 말하되 동산 나무의 열매를 우리가 먹을 수 있으나 동산 중앙에 있는 나무의 열매는 하나님의 말씀에 너희는 먹지도 말고 만지지도 말라 너희가

죽을까 하노라 하셨느니라 뱀이 여자에게 이르되 너희가 결코 죽지 아니하리라 너희가 그것을 먹는 날에는 너희 눈이 밝아져 하나님과 같이 되어 선악을 알 줄 하나님이 아심이니라 여자가 그 나무를 본즉 먹음직도 하고 보암직도 하고 지혜롭게 할 만큼 탐스럽기도 한 나무인지라 여자가 그 열매를 따먹고 자기와 함께 있는 남편에게도 주매 그도 먹은지라 이에 그들의 눈이 밝아져 자기들이 벗은 줄을 알고 무화과나무 잎을 엮어 치마로 삼았더라.

에덴동산에서 아담과 하와가 보인 불순종을 이해하기 위해 두 가지에 집중하려 한다. 이는 죄의 본질을 이해하는 데도 도움이 된다. 우선 사탄의 허위 선전을 알아야 한다. "그것을 먹는 날에는 너희 눈이 밝아져 하나님과 같이 되어 선악을 알 줄 하나님이 아심이니라." 사탄은 하나님이 차려주신 식단보다 더 좋은 것이 아니라 자율과 자급으로 유혹했다. 그의 선전은 '너희도 하나님처럼 될 수 있다'는 것이었다. 역사상 참된 자율과 자급을 누리시는 존재는 하나님뿐이다. 그분은 스스로 존재하시므로 무엇이든 자신의 기쁘신 뜻대로 하실 수 있다. 어떤 법에도 지배받지 않으시며, 누구에게도 보고하실 의무가 없다. 완전히 자급자족하시므로 아무것도 필요 없고, 누구의 도움과 지원도 필요 없다. 그분은 배우지 않고도 모든 것을 아시며, 훈련이나 도움 없이도 무엇이든 다 하실 수 있다. 요점은 사탄이 하와에게 선전한 말 속에 오히려 하나님의 속성이 밝혀져 있다는 것이고, 인간은 그렇게 될 수 없다는 것이다. 하와를 유혹하는 미끼는 달콤한 과일 이상이었다. 바로 하나님 급의 자율과 자급이었다.

또 하나 중요하게 알아야 할 점은 하와가 무엇에 혹했느냐는 것이다. "여자가 그 나무를 본즉 먹음직도 하고 보암직도 하고 지혜롭게 할 만큼 탐스럽기도 한 나무인지라 여자가 그 열매를 따 먹고." 하와를 덮친 솔깃한 덫은 과일 자체가 아니었다. 그것도 눈길을 끌기는 했지만 여태 그녀가 본 중 가장 예쁜 과일은 아니었다. 하와를 자석처럼 끌어당긴 것은 "지혜롭게 할 만큼 탐스럽기도 한 나무"였다. 이 문구에 주목해야 한다. 하와는 모든 지혜의 궁극적 근원이신 분과 완전한 관계를 맺고 있었는데 왜 지혜를 탐냈을까? 왜 하나님의 지혜로 만족하지 못했을까?

하와를 매혹한 것은 그냥 지혜가 아니라 자율의 지혜, 즉 하나님께 의존하고 복종할 필요가 없는 지혜였다. 역사상 스스로 지혜로우신 분은 하나님뿐이다. 교사나 상담자나 멘토나 길잡이가 전혀 필요 없는 존재는 하나님뿐이다. 그분만이 모든 것을 속속들이 아신다. 창조주는 자신의 창조 세계가 어떻게 돌아가도록 설계되었는지와, 자신의 형상대로 지어진 피조물이 어떻게 살도록 만들어졌는지를 아신다. 그분은 지혜의 궁극적 근원이시다. 그런데 하와는 하나님의 자리를 탐했다. 하나님께 의존하기 싫어서 그분이 되려 했다. 그 순간 그녀는 세상의 한복판에 올라가 스스로 삶의 중심이 되었다. 인류 타락의 기사를 읽으며 그 비참한 순간에 하와를 매혹한 것이 무엇인지를 보노라면, 바울이 고린도후서 5장 15절에 한 말이 생각난다. "그가 모든 사람을 대신하여 죽으심은 살아 있는 자들로 하여금 다시는 그들 자신을 위하여 살지 않[게]…하려 함이라." 에덴동산의 하와는 그 순간 자신을 위해 살았다. 그래서 하나님께 불순종하고 그분이 금하신 열매를 먹었다.

바울이 이 구절에서 우리에게 하는 말은 죄의 DNA가 이기심이라는 것이다. 죄는 정말 나를 삶의 중심에 놓는다. 죄 때문에 세상은 내 소원과 내 욕구와 내 감정의 크기로 오그라든다. 유진 피터슨(Eugene Peterson)은 죄로 인해 우리가 성 삼위일체 하나님을 새로운 삼위일체로 대체한다고 말했다. "성부, 성자, 성령의 세 위격은 내 거룩한 소원, 내 거룩한 욕구, 내 거룩한 감정이라는 지극히 개인화된 나만의 삼위일체에 밀려

난다."* 죄는 자아에 매몰되어 자기밖에 모르는 자아도취와 이기심이다. 이 모든 단어의 가장 본질적인 의미에서 그렇다. 죄 때문에 우리는 내 방식을 고집하고, 규율을 스스로 지어내려 하며, 그 무엇의 방해나 누구의 지시도 받고 싶어 하지 않는다. 죄는 우리 모두를 하나님만의 정당한 지위를 탐하는 영광 도둑으로 만든다.

자아라는 우상은 궁극의 우상 숭배다. 그 우상에서 다른 모든 형태의 우상 숭배가 흘러나온다. 자아를 숭배하면 당신이 예배하고 섬기는 대상이 하나님에서 피조물로 바뀐다. 안락과 쾌락의 우상 앞에 절하게 된다. 자아를 숭배하면 당신의 마음을 권력욕과 통제 욕구가 지배한다. 사람의 칭찬에 갈급해진다. 인간의 각종 역기능은 우상이 된 자아에서 발원한다. 모든 죄는 우상 숭배다. 내가 하나님의 보좌에 앉아 내 삶을 주관하며 내 기쁜 뜻대로 행하기 때문이다. 그래서 다윗이 하나님께 "내가 주께만 범죄하여 주의 목전에 악을 행하였사오니"(시 51:4)라고 고백한 것은 맞는 말이다.

그 순간 에덴동산에서 하와는 난생처음 하나님이 아닌 것을 예배했다. 그녀가 마음으로 그분 대신 숭배한 대상은 지혜가 아니라 하와 자신이었다. 자아를 사랑하는 마음이 하나님을 사랑하는 마음을 밀어냈다. 하와가 하나님의 명확하고 지혜로우며 자애로운 명령에 반항하여 금단의 열매를 먹은 것은 그 마음에서 비롯한 결과였다. 하나님 대신 자아를 사랑하면 거기서 끝없는 악이 뒤따라 나온다. 바울의 말마따나 예수님은 우리를 외부의 악에서 구하러 오셨다기보다 우리 자신에게서, 즉 우리 안의 악에서 구하러 오셨다. 자아라는 우상의 덫에 갇혀 있으면 거기서 벗어날 길이 없다. 상황과 장소와 관계에서는 헤어날 수 있으나 나에게서는 헤어날 수 없다. 죄가 우상 숭배일진대, 내 소망은 나라는 굴레

---

* Eugene Peterson, *Eat This Book: A Conversation in the Art of Spiritual Reading* (Grand Rapids, MI: Eerdmans, 2006), 31. (『이 책을 먹으라』 IVP 역간)

에서 나를 해방하실 의향과 능력을 겸비하신 권능의 구주께만 있다.

다윗의 고백인 시편 51편으로 다시 돌아가보자. 죄가 무엇이고, 어떤 작용을 하는지에 대한 성경 최고의 정의가 이 고백에 담겨 있기 때문이다. 여기서 죄의 근본적 정의는 도발적인 세 단어로 표현된다.

> **시 51:1-3** 하나님이여 주의 인자를 따라 내게 은혜를 베푸시며 주의 많은 긍휼을 따라 내 죄악을 지워주소서 나의 죄악을 말갛게 씻으시며 나의 죄를 깨끗이 제하소서 무릇 나는 내 죄과를 아오니 내 죄가 항상 내 앞에 있나이다.

다윗이 자신의 죄를 슬퍼하며 쓴 세 단어에 죄라는 것의 본질이 담겨 있다. 바로 **죄악**과 **죄**와 **죄과**이다. 각 단어마다 독특한 뉘앙스가 있어, 죄가 무엇이고 어떤 작용을 하는지를 이해하는 데 살을 입혀준다. 우선 죄악이라는 단어부터 살펴보자. 죄악이란 도덕적으로 부정하다는 뜻이다. 이 단어는 우리에게 죄가 행동의 차원만이 아니라 그보다 깊다는 사실을 환기한다. 물론 죄는 하나님 보시기에 잘못된 행동으로 귀결되지만, 죄가 행동으로 시작되지는 않는다. 죄는 상태다. 하나님의 권위에 반항하여 그분의 율법을 어기게 만드는 불가피한 존재 상태다.

이어지는 고백에 나오는 다윗의 표현을 잘 보라. "내가 죄악 중에서 출생하였음이여 어머니가 죄 중에서 나를 잉태하였나이다"(시 51:5). 이 고백처럼 문제는 그의 악한 행위만이 아니라 더 중요하게 그가 죄인이라는 사실에 있다. 내가 이제 하려는 말에 잘 주목하라. 다윗은 잘못을 저지를 때만 죄의 문제가 있었던 것이 아니라, 죄가 그의 본성 자체의 일부였다. 생물학적 남성이라는 사실이 그의 본성의 일부인 만큼이나 죄도 그가 태어날 때부터 그의 본성의 일부였다. 그는 가끔씩 남자답게 행동해서 남자가 아니라, 본성이 남자라서 남자만 할 수 있는 일들을 한 것이다. 다윗은 자신이 출생할 때부터 죄의 상태를 물려받았다고 고백한다. 부모에게 물려받은 신체 특성이 그의 육적 체질의 일부인 만큼, 죄도 그의 영적 체질의 일부였다.

예레미야의 말을 생각해보라. "구스 인이 그의 피부를, 표범이 그의 반점을 변하게 할 수 있느냐 할 수 있을진대 악에 익숙한 너희도 선을 행할 수 있으리라"(렘 13:23). 이 말씀에는 다음 선언에 함축된 의미가 생생히 담겨 있다. 즉, 죄는 그냥 잘못된 행동이 아니라, 죄가 인간 본성의 문제라서 잘못된 행동이 따라 나오는 것이다. 검은 피부의 구스 사람은 하나님이 아름답게 설계하신 외모를 능히 바꿀 수 없다. 이와 똑같이 나도 내 체질의 일부인 죄에서 벗어날 수 없다. 표범이 작정한다고 해서 반점을 없앨 수 없듯이, 본성이 죄인인(즉, 죄악의) 사람이 (하나님의 개입 없이) 그분 보시기에 선해지기란 불가능하다. 표범의 털을 깎아 가죽만 남겨 놓아도 새로 자라는 털에는 반점이 찍혀 있다. 반점은 표범이 타고난 본성이므로 스스로 없애려 한다면 절망뿐이다. 비참한 죄도 마찬가지다. 죄는 단지 행위가 아니라 우리의 본성이다.

방금 나는 '절망'이라는 표현을 썼다. 죄가 인간의 본성이라는 성경의 개념은 우리를 절망하게 할 수밖에 없다. 우리는 죄를 제어하거나 지배하거나 줄이거나 모면할 능력이 전혀 없다. 죄는 그저 간헐적 행위가 아니라 우리의 본성이기 때문이다. 그런데 죄의 상태에 관한 한 절망은 희망의 유일한 관문이다. 아들 예수님을 통해 우리에게 해방과 용서와 변화와 구원을 주시는 하나님의 은혜를 구하고 누리려면, 우리 힘으로 죄를 이길 수 있다는 희망을 모조리 버려야 한다. 특정 행동을 잠시 억제할 수는 있겠지만, 본성의 일부인 죄악을 스스로 정화할 능력은 우리에게 없다. 우리는 가끔씩만 죄를 짓는다거나 자력으로 쇄신하고 개혁할 수 있는 존재가 아니다. 우리는 죄인이다. 사랑으로 개입하여 구원하시는 하나님의 놀라운 은혜가 아니고는 절망적으로 죄악의 덫에 갇혀 있을 수밖에 없다.

　죄를 설명해주는 또 다른 단어는 죄과 또는 위반이다. 위반이란 법으로 정해놓은 선을 알면서 일부러 넘어가는 것이므로, 죄과란 하나님이 본래 가지 말라고 하신 곳을 침범하는 것이다. 당신이 번잡한 도로에서 주차 공간을 찾는다고 상상해보라. 빈자리가 보여서 가보니 '주차 금지'라는 팻말이 붙어 있다. 거기에 주차하면 당신은 법을 위반한 것이다. 이렇듯 죄과라는 단어는 독단적인 반항 죄를 지칭한다. 죄는 하나님의 권위와 율법을 거부하고, 우리가 권좌에 올라 법을 스스로 지어내는 것이다. 죄과는 하나님을 사랑하고 섬기며 순종하는 것보다 더 중요한 무언가가 있기에, 일부러 그분께 불순종하는 것이다.

　그래서 죄는 하나님이 하달하신 일련의 추상적 규정을 어기는 것 이상이다. 죄는 하나님과의 관계를 망가뜨린다. 그리고 이것은 그분의 명령을 어기는 것으로 이어진다. 죄는 우선 관계적 죄과이고, 그것이 늘 도덕적 죄과를 낳는다. 하나님을 다른 무엇보다도 더 사랑한다면 그분의 명령을 지키게 마련이다. 십계명을 생각해보라. 첫 세 계명의 주제는 하나님을 공경하고 예배하는 것이다. 요점은 당신이 첫 세 계명을 지키지 않는다면 나머지 일곱 계명을 지키게 해달라는 기도도 하지 않으리라는 것이다. 성경이 말하는 죄과는 단지 도덕률에 대한 반항이 아니라 하나님께 반항하는 것이다. 사실 성경은 반항의 심각성을 깨우쳐주기 위해 우리의 반항을 영적 간음으로 규정한다. 선지자 예레미야를 통해 이스라엘의 죄를 지적하시는 하나님의 강경하고도 날카로운 말씀을 읽어보자.

> **렘 3:6-10**　요시야 왕 때에 여호와께서 또 내게 이르시되 너는 배역한 이스라엘이 행한 바를 보았느냐 그가 모든 높은 산에 오르며 모든 푸른 나무 아래로 가서 거기서 행음하였도다

> 그가 이 모든 일들을 행한 후에 내가 말하기를 그가 내게로 돌아오리라 하였으나 아직도 내게로 돌아오지 아니하였고 그의 반역한 자매 유다는 그것을 보았느니라 내게 배역한 이스라엘이 간음을 행하였으므로 내가 그를 내쫓고 그에게 이혼서까지 주었으되 그의 반역한 자매 유다가 두려워하지 아니하고 자기도 가서 행음함을 내가 보았노라 그가 돌과 나무와 더불어 행음함을 가볍게 여기고 행음하여 이 땅을 더럽혔거늘 이 모든 일이 있어도 그의 반역한 자매 유다가 진심으로 내게 돌아오지 아니하고 거짓으로 할 뿐이니라 여호와의 말씀이니라.

이 본문은 날것 그대로여서 읽기가 힘들다. 모든 죄는 수직적 외도 행위다. 죄는 마음속 심연에서 벌어지는 간음이다. 우리는 창조주와 평생 헌신적인 사랑의 관계를 맺으며 살도록 지어졌다. 그리고 그 관계는 우리의 모든 생각과 갈망과 선택과 말과 행동을 빚어낸다. 죄는 하나님을 향한 충절을 버리고, 우리 마음의 가장 깊은 충절을 다른 애인들에게 바치는 것이다. 요한일서 2장 15절에 그것이 잘 담겨 있다. "이 세상이나 세상에 있는 것들을 사랑하지 말라 누구든지 세상을 사랑하면 아버지의 사랑이 그 안에 있지 아니하니." 무언가에 대한 사랑은 늘 우리 마음을 다스리고 우리 삶을 빚어낸다. 게다가 굳이 말하자면 영적 간음은 꼭 나쁜 것들을 사랑하는 것만도 아니다. 좋은 것을 사랑해도 그것이 우리 마음을 지배하면 나쁜 것으로 변한다.

죄과가 심히 부도덕한 이유는 우리가 하나님의 율법의 선을 고의로 넘어가서만은 아니다. 더 중요하게 우리 마음의 사랑을 하나님이 아닌 것들에게 내주기 때문이다. 그래서 결국 우리는 그분의 명령에 불순종한다. 죄과는 단지 법률상의 반항이 아니라 가장 깊은 차원에서 벌어지는 도덕상의 외도다. 하나님께 배역한(영적 간음) 이스라엘에 대한 예레미야의 노골적 묘사에 그것이 아주 분명히 나타나 있다. 안타깝게도 이렇게 배역하는 기질이 모든 죄인의 마음속에 살아 있다. 우리는 다 도덕적 죄과를 범했고 영적으로 간음했다. 하나님께 완전히 정절을 지킨 사람은 아무도 없다. 우리 모두가 다른 애인들을 쫓아다니며 이래저래 마음을 내주었다. 우리가 다 하나님의 율법의 선을 넘어간 이유는 그분보다 다른 무언가를 더 사랑하기 때문이다.

이스라엘을 향한 하나님의 고발은 우리에게도 해당한다. 그래서 우리는 그분 앞에서 유죄다. 우리의 죄과는 포르노를 보는 눈일 수 있다. 세금 조작일 수 있다. 배우자를 용서하지 않는 독한 마음일 수 있다. 식탐의 버릇일 수 있다. 다른 인종에 대한 은근한 적개심일 수 있다. 탐욕과 물질주의일 수 있다. 험담하는 습관일 수 있다. 각종 폐해를 남기는 성공 숭배일 수 있다. 우리 중 자신이 죄과를 범하지 않았고, 하나님께나 그분의 도덕법에 배역하지 않았다고 말할 수 있는 사람은 아무도 없다. 그래서 우리 모두의 희망은 결코 자신의 이력에 있지 않고 오직 하나님의 은혜에만 있다. 그분은 우리를 위해 모든 면에서 온전히 정절을 지키셨다. 그분의 의와 용서만이 우리의 희망이다.

다윗이 시편 51편의 고백에 죄의 뜻으로 쓴 마지막 단어는 죄라는 말 그 자체다. 죄의 대중적 정의는 '과녁을 빗맞히는 것'이다. 과녁을 겨냥한 궁수의 화살이 매번 좌우로 빗나간다는 은유다. 내 생각에는 궁수의 모든 화살이 과녁에 못 미친다고 보는 것이 죄에 대한 더 성경적이고 더 좋은 정의다. 과녁 앞쪽에 수북이 쌓여 있는 화살은 바람직한 기준에 도달하려 했으나 번번이 미치지 못한 수많은 시도를 상징한다. 그러다 문득 분명해지는 사실이 있다. 아무리 의지가 불타거나 솜씨가 뛰어난 궁수가 활시위를 당겨도 이 과녁만은 결코 맞힐 수 없다는 것이다. 그는 자신이 하고자 하는 일을 도저히 해낼 수 없다. 목표가 그의 능력과 바람을 벗어난다. 도달할 수 없는 기준에 부딪힌 것이다. 완전히 불가능하다.

사도 바울은 그것을 이렇게 표현했다. "모든 사람이 죄를 범하였으매 하나님의 영광에 이르지 못하더니"(롬 3:23). 죄라는 단어는 우리가 도덕적으로 미련해서 하나님의 거룩한 기준에 부합할 수 없음을 뜻한다. 죄의 상태 때문에 우리는 하나님을 제대로 사랑할 수 없고 그분이 명하신 대로 살 수 없다. 죄와 관련해서 우리는 **옳은 길을 가려 하지 않을(반항) 뿐 아니라 갈 수도 없다(무능)**. 죄가 우리에게 전인적 영향을 미치기에 우리는 하나님이 설계하신 대로 살 능력을 잃었다. 죄의 영향이 전인적이라고 해서 지금 우리가 최대한 악해질 수 있는 만큼 악하다는 뜻은 아니다. 다만 죄의 폐해가 우리의 존재와 인격의 모든 면에 두루 미친다는 뜻이다. 죄 때문에 우리는 불구가 되어 다리를 절고, 시각과 청각을 잃었으며, 이성에 어긋나게 미련해졌고, 병들어 죽어간다. 거기서 스스로 헤어날 능력도 없다. 우리는 죄의 폐해를 되돌릴 수 없다. 베데스다 못가에서 38년째 쇠약해져가던 불구의 병자만큼이나 우리도 무능하다. 그는 하나님의 개입이 없이는 자리에서 일어날 가망이 없었다. 예수님이 "일어나 네 자리를 들고 걸어가라"고 말씀하지 않으셨다면, 그는 평생 누운 채로 상태가 더 악화되었을 것이다(요 5:1-15). 그에게 육체적 치유의 은혜가 절실히 필요했듯이 우리에게도 영적 치유의 은혜가 필요하다. 죄 때문에 우리는 성하지 못하다. 도덕적으로 연약해져서 인간 본연의 존재와 행실에 이를 수 없다.

▶◆◼

지금까지 쓴 내용은 지면에 담을 수 있는 내용 중에서 가장 슬프다. 그래서 마음이 무겁다. 죄 때문에 우리는 부정해지고 정죄당하며 무능해졌다. 우리는 연약할 뿐만 아니라 유죄이고, 능력뿐만 아니라 의향조차 없으며, 무력할 뿐만 아니라 간음했다. 죄는 인류의 가슴 아픈 드라마다. 성경이 여기서 끝난다면 사상 최고로 슬픈 이야기일 것이다. 인간에게 임한 저주 가운데 죄의 저주보다 더 끔찍한 것은 없다. 지금까지 살펴본 내용이야말로 발생 가능한 최악의 일이다.

그러나 성경 이야기의 마지막 장은 그렇게 끝나지 않는다. 성경은 발생 가능한 최악의 일 앞에서 발생 가능한 최고의 일을 우리에게 제시한다. 하나님이자 인간이신 예수 그리스도가 무대에 등장하신 것이다. 그분은 둘째 아담으로 오셔서 우리를 위해 첫째 아담이 하지 못한 일을 하셨다. 하나님께 온전히 충절을 다하고 모든 면에서 온전히 순종하셨다. 우리의 죄를 담당하고 우리의 벌을 받으셨다. 죄와 사망을 이기신 그분은 죽은 자들에게 생명을 불어넣으신다. 예수님은 우리의 의와 구원이시며, 은혜로 우리에게 능력을 주신다. 참혹한 죄의 유일한 해답이고 죄인들의 유일한 소망의 근거시다. 덕분에 이제 죄인에게 구원의 길이 열렸다. 발생 가능한 최악의 일이 이야기의 결말이 아니니, 이것이야말로 지금부터 영원까지 경축할 만한 일이다.

16
일상생활 속의 죄

어디를 보나 죄가 있어 하나님이 창조하신 선한 것들을 변질시키고 일그러뜨린다. 굳이 심층 분석을 하지 않아도 죄의 문제는 우리 안팎 어디서나 보인다. 우리가 남들의 문제로는 심히 우려하면서 자신의 문제는 축소하는 것도 죄의 영향 탓이다. 죄는 당신 안에 악하고 이기적인 분노를 낳지만 어떤 때는 의분의 원인이 되기도 한다. 죄가 존재하기에 당신은 사방의 유혹에 이끌리기 쉽다. 죄 때문에 젊은 세대는 자기 방식을 고집하다가 길을 잃는다. 죄는 각종 기관을 부패시키고, 사회 불안을 야기하며, 국가 간의 전쟁을 촉발하고, 가정과 교회를 각각 갈라놓는다. 죄는 허위의 발판이며, 미련한 길마저도 솔깃한 유혹으로 둔갑시킨다. 마지막 나팔이 울려 우리의 해방을 알릴 때까지 죄는 우리 곁을 떠나지 않을 것이다. 그날이 오면 전쟁의 상흔을 입고 지칠 대로 지친 우리에게서 여태 몰랐던 기쁨이 터져 나올 것이다. 이렇듯 죄는 참으로 인류 최악의 질병이고, 암울한 딜레마이며, 비통한 저주다.

죄가 없다면 결혼 생활이 얼마나 쉬워질지 상상해보라. 부부의 연합과 이해와 사랑이 훼손되지 않았을 때의 기쁨을 상상해보라. 잡다한 동기와 외도 가능성과 이기적 대립 없이 백년해로한다고 상상해보라. 전혀 이기적이거나 불순하지 않은 섹스를 상상해보라. 돈에 홀리거나 돈 때문에 싸울 일이 없다고 상상해보라. 그늘과 폭력이 없는 부부 관계를 상상해보라. 충성 경쟁을 조장하지 않는 대가족을 상상해보라. 죄에 물들지 않은 사랑이 평생 가는 것을 상상해보라.

자녀를 철들도록 지도하는 동안 죄의 방해가 없다면 어떨지 상상해보라. 어떤 식으로든 학대받는 자녀가 하나도 없다고 상상해보라. 당신이 항상 인내하며 자녀를 너그러이 대한다고 상상해보라. 자기 방식대로 살려는 유혹에서 벗어나 늘 마음으로 순종하며 옳은 길을 자원하는 자녀를 상상해보라. 가족 간에 온전한 협력과 섬김과 사랑만 있다고 상상해보라. 자녀 때문에 속 썩을 일이나 자녀에게 잘못해서 죄책감에 빠질 일이 없다고 상상해보라. 자녀가 어떤 선택을 하든 부모로서 지극히 안심이 되는 세상을 상상해보라. 자녀가 밖에 나가 무슨 짓을 할지 걱정할 필요가 없다고 상상해보라. 자녀와의 관계에 생전 분노와 반항은 끼어들지 않고 사랑뿐이라고 상상해보라.

친구 사이에 갈등이 전혀 없는 관계를 상상해보라. 사소한 불화나 이기적 질투나 당연시하는 요구가 없다고 상상해보라. 늘 자진해서 섬기고 베푼다고 상상해보라. 걸핏하면 화내는 사람도 없고, 오해가 끼어들지도 않는 상태를 상상해보라. 자백과 용서와 화해와 회복이 아예 필요 없다고 상상해보라.

당신의 직장이나 직업이 죄의 영향을 입지 않는다면 어떻겠는가? 모든 상사의 동기가 각 직원을 사랑하고 그들의 복지를 위해 힘쓰는 것이라고 상상해보라. 이기적 경쟁, 험담, 시기, 속임수, 비품 절도 등이 없는 일터를 상상해보라. 돈보다 사람이 중요하고, 성공보다 사랑이 높이 평가되며, 순수한 동기로 결정을 내리는 작업 환경을 상상해보라. 출근이 전혀 지겹지 않고, 직장에서 정서적으로 소진되지 않으며, 막연히 이직을 꿈꾸지도 않는다고 상상해보라. 일터가 늘 평안하고 즐거운 곳이라면 얼마나 좋을지 상상해보라.

부패한 정부가 없는 세상을 상상해보라. 모든 정치가가 정직하고, 믿을 만하며, 이타적이라고 상상해보라. 모든 공무원이 권력보다 사람을 더 사랑한다고 상상해보라. 모든 시민이 돌봄과 보호를 받으며, 두려움 없이 살아가는 사회를 상상해보라. 국가적 비리가 없고, 사악한 의도를 품은 시민도 없으며, 그 어디에도 폭력이 없다고 상상해보라. 각급 정부를 운영하는 사람들이 늘 옳고 선한 일만 한다고 상상해보라.

전 지구적 팬데믹이 없고 아무 곳에도 빈곤과 질병과 기근이 없다고 상상해보라. 난민촌, 전쟁으로 파괴된 도시, 부모 없는 아이가 없다고 상상해보라. 전쟁, 핵 교착 상태, 테러 위협이 없는 세상을 상상해보라. 어디든 항상 평화로운 세상을 상상해보라. 민족 간의 적개심, 인종 간의 증오, 구조적 불의가 없는 세상을 상상해보라. 모든 사람이 하나님의 형상 보유자로 존중받는 세상을 상상해보라. 태어나기도 전에 생명을 빼앗기는 아기가 없다고 상상해보라. 독재자, 무정부주의 단체, 국제 불안이 없다고 상상해보라. 온 세상의 교실마다 학생들에게 진리만 가르치고 지혜를 길러주는 학교를 상상해보라. 동식물, 육지, 바다 등 하나님의 모든 피조물이 창조주의 영광을 위해 잘 관리된다고 상상해보라. 창조 세계의 유익을 위해 그리고 하나님의 형상대로 지어진 만인의 복지를 위해 전 세계가 협력한다고 상상해보라.

항상 진실과 미담만 보도되는 언론을 상상해보라. 개발되는 기술마다 지구의 유익과 인간의 형통을 위해 쓰이는 사회를 상상해보라. 모든 사람이 하나님을 다른 무엇보다도 더 사랑하고 이웃을 자신처럼 사랑한다고 상상해보라. 어디에나 평화와 조화가 넘치는 세상을 상상해보라. 거짓은 생전 말하지도 않고, 믿지도 않는다고 상상해보라. 세상에 편만한 샬롬을 상상해보라. 우리네 세상에 죄가 없다고 상상해보라.

당신의 삶과 마음과 이력을 점검해보라. 죄에 물들어 비뚤어지지 않았다면 당신의 이야기와 삶과 관계는 어떤 모습일까? 매사에 하나님을 사랑하고 예배하는 순전한 마음으로 임한다고 상상해보라. 한 번도 부당하게 화내지 않는다고 상상해보라. 듣는 이에게 은혜를 끼치려는 사랑에서 비롯한 말 외에는 일절 삼간다고 상상해보라. 전혀 주목받으려 하지 않는다고 상상해보라. 하나님이 그으신 선 너머 저쪽으로는 아예 마음이 끌리지 않는다고 상상해보라. 늘 진리를 사랑하고 진실만 말한다고 상상해보라. 두려움과 실망과 낙심이 없는 삶을 상상해보라. 가슴 아플 일이 없다고 상상해보라. 남을 해치거나 상처를 입히는 행동은 생전 하지 않는다고 상상해보라. 늘 온유하고, 너그러우며, 인내심이 많다고 상상해보라. 하나님의 말씀을 대하는 시간이 늘 즐겁고, 그분과 교제하는 기도 시간이 마냥 행복하다고 상상해보라. 늘 즐거이 하나님과 사람들의 종이 된다고 상상해보라. 당신의 삶이 의로 가득한 이야기라고 상상해보라. 죄 없는 삶을 상상해보라.

안타깝게도 우리는 죄로 물든 세상에 너무 익숙해진 나머지 죄가 우리 삶 전반을 망쳐놓았다는 사실을 놓친다. 그런 세상이 아예 우리의 평소 일상생활의 일부가 되어버렸다. 슬프게도 우리는 매일 비참한 현실 속에 살면서도 거기에 무디어졌다. 끔찍하게도 우리는 죄 때문에 우리 삶 전반이 하나님의 의도와 달리 더 힘겹고 위험해진다는 것을 망각한다. 가슴 아프게도 우리는 심히 난감해해야 할 죄를 전혀 난감해하지 않는다. 안타깝게도 본래 없어야 할 죄가 이제 당연하게 여겨진다. 우리의 주목을 끌어야 할 가슴 아픈 죄가 이제는 일상이 되어 여간해서 더는 주목을 끌지 못한다. 슬프게도 우리는 개탄하며 질색해야 할 죄와 공존하는 법을 배운다. 안타깝게도 우리는 안팎의 죄에 너무 친숙해져서 죄를 제대로 두려워하거나 슬퍼하지 않는다.

죄의 비참한 결과를 무시하거나 축소하면 하나님의 구원과 화목하게 하시는 은혜를 평가절하하게 된다. 죄의 결과가 그냥 우리 삶의 일부가 되어버리면 죄 없는 세상을 동경하는 마음도 사라진다. 그러나 죄의 폐해를 가슴 아파하면 구원하시는 하나님의 사랑보다 더 아름다운 것은 없다. 죄가 당신의 삶에 불러온 폐해를 인정하고 자백하면 능력으로 해방하시는 하나님의 은혜보다 더 놀라운 것은 없다. 죄의 폐해와 위험을 인식하고 살면 구주 예수님의 임재와 약속과 능력에 깊이 감사하게 된다. 죄의 유해성을 염두에 두고 살면 당신도 죄의 결과를 맞이한 이들에게 정의와 자비와 긍휼을 베푸시는 하나님의 도구가 되고 싶어진다. 죄를 축소하면 하나님의 은혜를 평가절하할 수밖에 없고, 그러면 구원자의 손에 들린 은혜의 도구가 되어야 할 당신의 사명도 퇴색한다.

그래서 죄에 대한 성경의 교리를 일상생활과 연결하여 생각하는 것이 중요하다. 이 성경 교리에 함축된 의미를 여기서 다 추적할 수는 없다. 그것만으로도 방대한 분량의 책이 될 것이다. 여기서는 성경이 말하는 죄를 믿는 사람이라면 누구나 일상생활에 접목해야 할 몇 가지 진리를 살펴보려 한다.

죄는 마음의 문제다

죄인의 소망은 오직 구원자이신 예수 그리스도의 인격과 사역에만 있다. 죄는 행동의 문제이자 마음의 문제이기 때문이다. 인간의 문제가 단지 잘못된 행실에 불과하다면, 행동을 관리하고 통제하며 개혁하는 다양한 방식으로 문제를 해결할 수 있을 것이다. 하지만 죄는 실로 마음의 문제이므로 사람의 행동이 영원히 변하려면 늘 마음의 경로를 거쳐야 한다.

안타깝게도 많은 그리스도인 부모가 죄에 대한 성경적 신학이 없다 보니, 기독교적 양육은 자녀의 행동을 관리하고 통제하는 치밀한 장치로 전락한다. 그들의 자녀 양육은 율법과 심판과 처벌의 일상화라고 할 수 있다. 복음을 소중히 여긴다고 고백하는 그들이 자신도 모르게 복음에 어긋나는 방식에 희망을 거는 것이다. 복음에 따르면, 율법이 우리 마음을 구원하여 변화시킬 능력이 있다면 예수님은 오실 필요가 없었다. 복음에 따르면, 우리 스스로 하나님의 율법을 지킬 능력이 있다면 예수님의 의로운 삶과 대속의 죽음은 필요 없었다. 율법은 자녀의 죄를 드러내고 생활 지침을 제시할 뿐, 마음을 근본적으로 변화시킬 능력은 없다. 그런 변화는 예수님의 은혜로만 가능하다. 부모들이여, 만일 자녀에게 똑바로 경고하고 언성을 높이고 규칙을 엄격히 시행하기만 해도 된다면 복음의 이야기는 필요 없었을 것이다.

결혼도 마찬가지다. 많은 그리스도인의 결혼이 율법에 얽매인 채 규칙과 기대와 실망과 처벌의 주기를 반복한다. 부부들이 결혼 생활의 변화에 대한 희망을 규칙과 결과에 두는 것이다. 아내는 자신에게 남편을 변화시킬 권한을 부여하고, 남편도 아내를 상대로 똑같이 한다. 그러나 죄와 구원에 대한 성경의 신학에 따르면 인간은 누구도 타인을 변화시킬 능력이 없으며, 사람의 마음과 삶은 늘 하나님이 은혜로 개입하셔야만 변화된다. 결혼의 기초가 은혜라고 해서 서로 무엇이나 다 허용하는 것은 아니다. 은혜는 결코 틀린 것을 옳다고 하지 않기 때문이다. 은혜로 살아가는 부부는 결혼 생활의 문제를 다룰 때, 서로 배우자의 삶 속에서 하나님의 도구가 되고자 한다. 은혜로 해방하시고 변화시켜주시는 분은 하나님이기 때문이다. 죄의 교리를 진지하게 대하는 이가 결혼 생활에 일련의 올바른 규칙만 있으면 된다고 생각할 수 없다.

그래서 죄의 신학은 늘 마음의 신학을 요한다. 시편 51편에 나오는 다윗의 고백을 다시 읽어보자.

시 51:6-10 보소서 주께서는 중심이 진실함을 원하시오니 내게 지혜를 은밀히 가르치시리이다 우슬초로 나를 정결하게 하소서 내가 정하리이다 나의 죄를 씻어주소서 내가 눈보다 희리이다 내게 즐겁고 기쁜 소리를 들려주시사 주께서 꺾으신 뼈들도 즐거워하게 하소서 주의 얼굴을 내 죄에서 돌이키시고 내 모든 죄악을 지워주소서 하나님이여 내 속에 정한 마음을 창조하시고 내 안에 정직한 영을 새롭게 하소서.

다윗이 죄를 자백하면서 자신의 마음을 언급하지 않기란 불가능했다. 자신의 마음의 생각과 갈망 속에 죄의 문제가 있음을 알았기 때문이다. 거기가 문제의 진원지임을 알기에 그는 마음을 정결하게 해달라고 기도했다. 마음이 이미 다다른 데까지만 행동도 따라갈 수 있음을 그는 알았다. 다윗이 죄에 빠진 것은 환경 때문도 아니고, 밧세바가 근처에 있어서도 아니고, 왕의 권력이 너무 막강해서도 아니었다. 이 자백의 주인공이 잘 알았듯이, 그가 끔찍한 일을 저지른 것은 외부 요인 때문이 아니라 자기 내면의 상태 때문이었다.

그래서 새 언약에는 새 마음을 주시겠다는 황금빛 찬란한 약속이 나온다. 돌같이 굳은 마음은 제거되고, 살같이 부드러운 마음으로 대체된다. 이 은유는 매우 유익하다. 새 마음은 완성된 마음이 아니라 새로워질 수 있는 마음을 뜻한다. 손에 돌을 들고 힘을 다해 꼭 쥐면 아무 일도 일어나지 않는다. 돌은 단단해서 변화에 저항하기 때문이다. 그러나 살같이 유연한 물체는 물렁물렁해서 어떤 모양으로든 뜻대로 변형된다. 새 언약에 약속된 것은 마음의 변화다. 마음이 변하지 않고는 죄를 이길 수 없다.

예수님은 마음의 죄가 중요함을 그분의 가장 긴 가르침인 산상수훈에서 지적하셨다. "또 간음하지 말라 하였다는 것을 너희가 들었으나 나는 너희에게 이르노니 음욕을 품고 여자를 보는 자마다 마음에 이미 간음하였느니라"(마 5:27-28). 보다시피 그분이 정하신 간음죄의 반경은 행동에 국한되지 않고 마음까지 아우른다. 간음 행위는 늘 마음으로 간음한 결과다. 행동의 죄는 늘 마음의 죄의 열매다. 하나님이 정하신 반경 너머로 마음을 내보내놓고 행동만 안쪽에 남아 있기를 바랄 수는 없다.

이렇듯 죄 문제의 핵심은 마음이다. 성경에 그것을 일깨워주는 본문이 많은데, 그중 몇 가지만 살펴보자.

> **창 6:5** 여호와께서 사람의 죄악이 세상에 가득함과 그의 마음으로 생각하는 모든 계획이 항상 악할 뿐임을 보시고.

> **잠 20:9** 내가 내 마음을 정하게 하였다 내 죄를 깨끗하게 하였다 할 자가 누구냐.

> **마 5:28** 나는 너희에게 이르노니 음욕을 품고 여자를 보는 자마다 마음에 이미 간음하였느니라.

> **마 15:18-19** 입에서 나오는 것들은 마음에서 나오나니 이것이야말로 사람을 더럽게 하느니라 마음에서 나오는 것은 악한 생각과 살인과 간음과 음란과 도둑질과 거짓 증언과 비방이니.

> **막 7:20-23** 또 이르시되 사람에게서 나오는 그것이 사람을 더럽게 하느니라 속에서 곧 사람의 마음에서 나오는 것은 악한 생각 곧 음란과 도둑질과 살인과 간음과 탐욕과 악독과 속임과 음탕과 질투와 비방과 교만과 우매함이니 이 모든 악한 것이 다 속에서 나와서 사람을 더럽게 하느니라.

> **눅 6:43-45** 못된 열매 맺는 좋은 나무가 없고 또 좋은

열매 맺는 못된 나무가 없느니라 나무는 각각 그 열매로 아나니 가시나무에서 무화과를, 또는 찔레에서 포도를 따지 못하느니라 선한 사람은 마음에 쌓은 선에서 선을 내고 악한 자는 그 쌓은 악에서 악을 내나니 이는 마음에 가득한 것을 입으로 말함이니라.

약 1:13-15　사람이 시험을 받을 때에 내가 하나님께 시험을 받는다 하지 말지니 하나님은 악에게 시험을 받지도 아니하시고 친히 아무도 시험하지 아니하시느니라 오직 각 사람이 시험을 받는 것은 자기 욕심에 끌려 미혹됨이니 욕심이 잉태한즉 죄를 낳고 죄가 장성한즉 사망을 낳느니라.

죄가 늘 마음에서 기원하기에, 이런저런 자체 개혁에 대한 우리의 희망은 물거품이 된다.

"다음에는 더 잘해야지."
"한순간 마음이 약해졌을 뿐이야."
"나도 그때보다는 더 똑똑해졌으니까."
"다음번에는 어떻게 해야 할지 알 것 같아."
"이번에 교훈을 얻었으니 앞으로는 이런 일이 없겠지."

죄가 늘 마음에서 비롯하기에, 근본적 문제가 우리 외부에 있다는 말도 성립되지 않는다.

"내 상사가 어떤 사람인지 몰라서 그래."
"한 달 내내 힘들었거든."

"몸 상태가 좋지 않았어."

"그 여자가 먼저 접근해 왔다니까."

"남편이 자꾸 내 속을 긁잖아."

"우리 아이들을 만나보면 생각이 달라질걸."

죄에 관한 한 바로 자신이 가장 큰 문제임을 겸손히 고백해야 한다. 우리가 잘못된 길로 빠지는 것은 주로 외부 요인 때문이 아니라, 자기 마음의 생각과 갈망과 동기와 욕심과 선택 때문이다. 내 마음이든 다른 누구의 마음이든 내게 그것을 변화시킬 능력이 전혀 없음을 고백하려면 겸손해야 한다. 영원한 변화는 언제나 하나님의 은혜로만 가능하다. 그래서 우리는 구주께 나아가 그분만이 주실 수 있는 해방과 변화를 구한다. 남편, 아내, 부모, 자녀, 친구, 이웃, 그리스도의 몸 된 교회의 지체, 목사, 상사, 직원으로서 중요하게 알아야 할 것은 죄 때문에 고장 난 타인의 마음을 우리 힘으로는 고칠 수 없다는 것이다. 그래서 우리는 늘 이렇게 자문해야 한다. "어떻게 하면 내가 이 사람의 삶 속에서 하나님의 변화의 도구가 될 수 있을까?" 죄가 마음의 문제이기에 변화의 확실한 주체는 하나님뿐이다. 우리는 그분의 손에 들린 도구일 뿐이다. 하나님이 능력과 은혜로 구속하신다.

죄는 우리를 눈멀게 한다

죄의 아주 지독히도 위험한 위력 중 하나는 속이는 능력이다. 나는 주변 사람들의 죄는 잘도 보면서 내 죄가 드러나면 놀랄 때가 있다. 이 영적 역동은 양파 껍질처럼 겹겹으로 싸여 있다. 우선 죄는 거짓말쟁이다. 죄는 우리에게 지키지도 않을 약속을 남발하고, 이루어질 수 없는 희망을 심어주며, 금방 물거품이 되어버릴 꿈을 제시하고, 무산될 흥정을 붙여 온다.

죄가 기만적인 이유는 하나님이 추하다고 하시는 것을 아름답게 포장하기 때문이다. 햄버거를 세 개째 먹을 때 당신은 식탐의 위험을 보지 않고, 촉촉한 고기와 녹아내리는 치즈와 부드러운 빵의 쾌감을 맛본다. 여자에게 음욕을 품을 때 당신은 그로 인해 파괴되는 자신의 마음을 보지 않고, 우선 당장 공상의 쾌락을 즐긴다. 물질주의에 이끌려서 있지도 않은 돈으로 필요하지도 않은 물건을 살 때, 당신은 탐욕과 절도의 위험을 느끼지 않고 새로운 소유물에 취해 쾌재를 부른다.

죄는 당신의 절친한 친구로 위장한 악한 괴물이다. 죄는 해방자로 위장한 노예 무역상이다. 죄는 생명수로 위장한 독극물이다. 죄는 만족으로 위장한 파멸이다. 죄는 빛으로 위장한 어둠이다. 죄는 지혜로 위장한 우매함이다. 죄는 치료약으로 위장한 질병이다. 죄는 선물로 위장한 덫이다. 어떤 옷을 입고 당신 앞에 나타나든, 죄는 겉보기와는 전혀 다르며 결코 약속을 지키지 않는다.

죄가 기만적인 이유는 우리를 꾀어 죄과를 축소하게 하기 때문이다. 우리는 자신의 분노가 사소하고, 작은 거짓말 정도야 대수롭지 않으며, 자신의 험담이 아무에게도 상처를 입히지 않고, 성질이 급한 것도 별 문제가 아니며, 누구나 가끔은 시기심을 품는다는 쪽으로 생각한다. 죄에 대해 자신과 나누는 끝없는 대화는 둘 중 한 방향으로 이루어진다. 그런 내면의 대화를 통해 죄의 심각성을 깨달을 수도 있고, 아니면 자신의 죄가 별로 악하지 않다고 애써 믿을 수도 있다.

죄가 우리를 속여 눈멀게 하기에, 우리 안에 아직 죄가 살아 있는 한 영적으로 눈먼 상태도 잔존한다. 히브리서 저자는 이 서글픈 현실 속에서 이렇게 살라고 가르친다. "형제들아 너희는 삼가 혹 너희 중에 누가 믿지 아니하는 악한 마음을 품고 살아 계신 하나님에게서 떨어질까 조심할 것이요 오직 오늘이라 일컫는 동안에 매일 피차 권면하여 너희 중에 누구든지 죄의 유혹으로 완고하게 되지 않도록 하라"(히 3:12-13). 이 본문은 "너희는 삼가"라는 경고로 시작된다. 어떤 정황이나 문맥에서든 성경이 "삼가"라고 할 때는 말 그대로 삼가야 한다. 이 경우 우리가 삼가야 할 것은 무엇인가? 답은 바로 죄의 유혹이다.

경고에 뒤이어 우리가 죄의 유혹에 어떻게 속는지 묘사된다. 그 과정은 악→믿지 않음→떨어짐→완고해진 마음이다. 우선 나는 하나님이 악하다고 말씀하시는 것(정욕, 분노, 탐심, 험담 등)을 마음에 들여놓는다. 그러면 양심이 찔려 둘 중 하나를 택해야만 한다. 내 죄를 인정하고 하나님께 나아가 잘못을 자백하든지, 아니면 내 죄가 덜 악해 보이도록 변명의 논리를 지어내는 것이다. 여기서 이 과정의 두 번째 단계인 불신이 끼어든다. 나는 죄를 명백히 지적하시는 하나님의 말씀을 밀어내며, 그 말씀이 내게는 해당하지 않는다고 부정한다. 괴로운 양심을 불신으로 억누르는 것이다.

죄와 관련하여 하나님 말씀의 명백한 도덕적 기준을 밀어내는 일은 생각보다 자주 일어난다. 우리는 죄책감을 무마하려고 무조건 말씀의 내용이 자신에게 적용되지 않는다고 우긴다. 이로써 기만 과정은 세 번째 단계에 이른다. 본래 하나님은 성경을 도덕적 닻으로 주셨다. 따라서 내 행동에 대한 성경의 판결을 밀어내는 데 익숙해지면, 그 결과로 나는 늘 그분에게서 더 멀리 떨어진다. 도덕적 닻의 밧줄을 끊고 도덕적으로 표류하는 것이다. 결국 그 끝에는 완고해진 마음이 자리 잡는다. 한때 민감하고 부드럽고 유연했던 내 마음이 더는 그렇지 않다. 그래서 한때 양심에 찔리던 죄가 더는 괴롭게 느껴지지 않는다.

히브리서 본문의 첫 문구를 잊지 말라. "형제들아, 너희는 삼가." 형제들이라는 단어는 우리에게 이 말씀의 대상이 신자라는 사실을 환기한다. 정말 주님을 아는 사람들, 진정으로 그분의 은혜로 해방되고 그분의 피로 구원받아 성령으로 충만해진 이들에게 쓴 글인 것이다. 신자의 마음이 어떻게 끝내 완고해질 수 있을까? 본문의 답은 명백히 "죄의 유혹"이다. 하지만 과정을 다시 잘 살펴보라. 히브리서 저자는 우리까지 죄의 유혹에 동참해서는 안 된다고 경고한다. 물론 우리는 몰라서 고집을 부릴 때도 있지만, 일부러 눈을 질끈 감을 때도 있다. 그럴 때는 스스로 협력자로 나서서 자신의 마음을 속이는 것이다. 다음과 같이 할 때 우리는 영적으로 눈먼 상태를 자초한다.

- 자신을 하나님의 말씀에 비추어보지 않고 다른 사람들과 비교한다.
- 자신의 이력을 속인다.
- 자신의 잘못을 축소한다.
- 겉으로 착한 모습을 내보여 자신의 죄를 숨긴다.
- 다른 문제나 다른 사람에게 책임을 떠넘긴다.
- 종교 활동에 참여하여 자신을 위장한다.
- 다음에는 더 잘하리라고 혼잣말한다.
- 성경 지식과 신학 지식을 영적 성숙으로 착각한다.
- 자신의 마음을 성찰하지 않는다.
- 사랑으로 지적하는 다른 사람들의 말을 거부한다.

이제 "매일 피차 권면하여"라는 본문의 명령에 주목해보자. 피차 권면하려면 아주 겸손해져야 한다. 우리는 너무도 쉽게 영적 소경이 되기 때문에 매일 누군가가 개입해주어야 한다. 우리 삶을 살펴줄 도구가 필요하다. 내게 보이지 않는 것을 보도록 도와줄 타인의 눈이 필요하다. 시각 장애인은 자신의 신체적 결함을 잘 알고 있지만, 영적 맹인은 자신이 맹인임을 모른다. 죄는 우리를 속일 때 속임수를 쓴다는 사실까지 감춘다. 나보다 나를 더 잘 아는 사람은 없다고 확신할지 모르지만 절대 그렇지 않다. 그렇게 생각하는 사람은 자신이 미처 보지 못한 자신의 모습을 다른 이가 지적해주어도 거기에 저항한다. 사실 우리 안에 죄가 살아 있는 한, 자신을 보는 우리의 눈은 속절없이 부정확할 수밖에 없다. 그래서 하나님은 은혜로 우리에게 그리스도의 몸 된 교회를 주어 서로 자비롭게 개입하게 하셨다. "만물보다 거짓되고 심히 부패한 것은 마음이라 누가 능히 이를 알리요마는"(렘 17:9).

당신의 삶에서 가장 큰 문제는 배우자, 이웃, 친구, 부모, 자녀, 교회, 문화, 정부, 질병, 빠듯한 재정, 상사, 직장 동료, 무신론자 교수, 유혹하는 매체 등이 아니다. 가장 큰 문제는 당신 안에 살고 있다. 바로 잔존하는 죄와 그 죄의 속이는 위력이다. 하지만 당신의 구주는 당신을 혼자 두지 않으시고 말씀으로 깨우쳐주신다. 성령을 통해 죄를 깨닫게 하시고 능력을 입혀주신다. 또 당신의 삶을 살펴줄 교회 지체들을 주신다. 그분이 은혜로 주시는 말씀과 성령과 교회 지체들, 그 앞에서 당신의 마음을 열라. 그러면 눈멀게 하는 죄의 위력을 능히 막아낼 수 있다.

죄는 우리를 중독자로 만든다

처음에는 정말 무심코 벌어진 일이었다. 샘은 성적으로 순결하게 살기로 헌신한 27세 청년인데, 인터넷으로 자료를 조사하던 중에 우연히 반라의 여자들이 기구를 사용하여 운동하는 웹사이트가 떴다. 얼른 화면을 닫고 검색을 중단했으나 잔상을 뇌리에서 떨칠 수 없었다. 이튿날 밤 혼자 아파트에서 그는 두근거리는 마음으로 그 웹사이트에 들어가 자기와 아무런 상관도 없는 영상을 한 시간이나 보았다. 얼마 후부터는 날마다 보았고, 더 짜릿한 성적 쾌감을 가져다줄 사이트들을 뒤졌다.

몇 달 사이에 샘은 더 야하고 강렬한 포르노에 빠져들었고, 그럴수록 자꾸 더 노골적인 영상을 봐야만 욕구가 채워졌다. 혼자 노트북을 쓸 때마다 또 다른 포르노 사이트를 열지 않기가 갈수록 어려워졌다. 성욕을 더는 제어하지 못하고 오히려 거기에 지배당한 것이다. 그는 중독자였다. 헤어나지 못하는 노예였다. 그런데 죄책감과 수치심 때문에 자신의 중독을 숨겼고, 실제로 노예처럼 살면서도 자신을 속였다. 샘은 자기가 통제할 수 없는 것을 통제하려 했다. 이 죄는 그의 마음을 야금야금 갉아먹으면서 날로 더 그의 삶을 지배했다.

앤드리아는 한 집안에서 운영하는 중소기업의 경리였다. 그녀는 그 일을 좋아했고, 사장에게 인정도 받았다. 상사는 회계 장부를 그녀에게 일임하고 별로 간섭하지 않았다. 그 주에 그녀는 뜻밖의 지출이 늘어나 다음 월급날까지 버티기가 힘들었다. 그래서 방도를 궁리한 끝에 공금을 1백 달러만 당겨쓰되 회사 앞으로 차용증을 써서 책상 서랍에 넣어두기로 했다. 분명히 아무도 모를 테고, 또 월급을 받으면 돌려놓을 참이었다.

첫 '대출금'은 정말 돌려놓았지만, 알고 보니 회사 돈을 빌리기가 너무 쉬웠다. 다음에는 금액이 5백 달러로 늘었고 차용증도 쓰지 않았다. 기억하고 갚겠다고 혼잣말했지만 결국 갚지 않았다. 몇 달 동안 가욋돈을 써야 할 일이나 쓰고 싶은 일이 자꾸 생겼고, 매번 그녀는 공금을 쓰거나 자신에게 '환급금'을 지급했다. 절도범이 되다 못해 아예 중독된 것이다. 결국 상사가 장부를 점검하다가 자신이 믿던 직원 앤드리아가 수천 달러의 공금을 횡령했음을 알게 되었다. 안타깝게도 이 과정 내내 그녀는 자신을 전혀 절도범으로 생각하지 않았다. 매번 돈을 갚겠다고 되뇌었고, 늘 이번이 마지막이라고 다짐했으며, 자신이 중독된 상태임을 부인했다.

죄 문제 중에서 우리가 충분히 거론하지 않는 일면은 바로 우리를 노예로 삼는 죄의 위력이다. 죄에 그런 능력이 있기 때문에 우리는 하나님

은혜의 해방하는 능력을 구하고 경축하는 것이다. 앞서 보았듯이 죄는 단지 나쁜 행실이 아니라, 우리를 노예로 부리는 노예주다. 삶 속에 죄를 들여놓으면 사악한 위력으로 당신을 예속시킨다. 죄는 어떻게든 우리 모두를 중독자로 만든다. 사람에 따라 무엇에 중독되는지만 다를 뿐이다.

예수님의 말씀을 들어보라. "진실로 진실로 너희에게 이르노니 죄를 범하는 자마다 죄의 종이라"(요 8:34). 바울도 비슷하게 말했다. "너희 자신을 종으로 내주어 누구에게 순종하든지 그 순종함을 받는 자의 종이 되는 줄을 너희가 알지 못하느냐 혹은 죄의 종으로 사망에 이르고 혹은 순종의 종으로 의에 이르느니라"(롬 6:16). 잠언의 이 말씀도 생각해보라. "악인은 자기의 악에 걸리며 그 죄의 줄에 매이나니"(잠 5:22). 죄는 하나님이 추하다고 여기시는 것을 아름답게 포장해서 매력을 풍길 뿐 아니라 중독성까지 있다. 죄의 쾌락은 금방 지나가지만 죄가 당신을 지배하는 힘은 끈질기다.

중독을 낳는 죄의 위력에는 지성적 효과도 있다. 즉, 죄는 우리의 생각을 변질시킨다. "하나님을 알되 하나님을 영화롭게도 아니하며 감사하지도 아니하고 오히려 그 생각이 허망하여지며 미련한 마음이 어두워졌나니"(롬 1:21). 또한 죄는 우리의 갈망을 변질시키고 뒤틀어놓는다. "여호와께서 사람의 죄악이 세상에 가득함과 그의 마음으로 생각하는 모든 계획이 항상 악할 뿐임을 보시고"(창 6:5). 그 결과는 "사람들이 자기 행위가 악하므로 빛보다 어둠을 더 사랑한 것"으로 나타난다(요 3:19).

죄 때문에 변질된 생각은 미련해지는데, 그 극치는 하나님의 존재를 부정하는 것이다. 철학적 또는 신학적 부정이 아니라, 마치 하나님이 존재하지 않으시는 양 살아가는 것일 수도 있다. 그분이 존재하지 않으시는 양 살아가는 사람은 지금 여기 현세의 사람과 장소와 사물과 경험에서 생명을 얻으려 한다. 그래서 자칫 죄의 거짓말을 곧이듣고 허망한 약속을 받아들이기가 쉬워진다. 하나님 바깥의 무언가가 마음의 열망을 채워주리라 믿는 것이다. 그러면 죄에 중독되고 예속되는 것은 시간문제다.

죄는 하나님이 추하다 하시는 것을 아름답게 포장하면서 당신에게 순간의 쾌락을 안겨준다. 그래서 그분이 금하신 것을 손에 넣고 싶어 한다. 하지만 쾌락은 금방 사라진다. 피조물은 당신의 마음을 채워줄 수 없기에 당신은 더 갈급해져서 다시 손을 내민다. 더 얻으려고 손을 내밀 때마다, 전보다 더 많아야만 당신이 탐하는 쾌락을 채울 수 있다. 식탐, 포르노, 물질주의, 험담, 절도, 권력과 통제권의 우상, 인정과 성공 욕구 등 어제 당신을 잠시 채워주었던 것이 무엇이든 간에 오늘은 채워주지 못한다. 그래서 수위가 점점 더 높아져야 한다. 더 원할 뿐 아니라 당장 원하며, 그리하여 머잖아 그 악한 욕망의 대상을 뇌리에서 떨칠 수 없게 된다. 그것이 도에 지나치게 생각과 갈망을 장악한다. 한때 당신이 무해하며 통제 가능하다고 확신했던 그것이 이제 당신을 지배하면서 마음과 삶에서 소중한 것들을 앗아간다. 하나님이 금하신 것에 중독된 것이다. 그런데도 당신은 어떻게든 그렇지 않다고 믿을 것이다. 죄는 결코 무해하지 않다. 죄는 당신의 마음을 납치하여 삶을 지배하려는 비정한 노예주다.

중독과 예속을 낳는 죄의 위력 앞에서 우리 각자는 "포로 된 자에게 자유를, 갇힌 자에게 놓임을 선포"하시는(사 61:1) 메시아 예수님의 권능에 감사해야 한다. 우리가 죄의 막강한 굴레에서 벗어날 수 있는 소망은 오직 그분께만 있다.

지금 멈추어 죄가 당신의 삶을 지배하고 있는 부분이 어디인지 점검해보라. 당신이 거부하기 어려운 유혹은 무엇인가? 통제를 벗어난 갈망은 무엇인가? 당신을 지배할 만한 죄의 위력을 축소하는 부분은 어디인가? 당신의 삶에 비밀인 부분이 있는가? 자신과 남들에게 숨기고 부인하는 행동이나 습관이 있는가? 은혜로 굴레를 벗겨주실 구주를 의지해야 하지 않겠는가? 능력과 의향을 겸비하신 그분은 결코 당신을 외면하지 않으신다.

죄는 우리의 모든 관계를 꼬이게 하는 요인이다

어떤 식으로든 관계에 실망해본 적 없는 사람이 왜 아무도 없겠는가? 왜 우리가 인간의 가장 깊은 사랑을 경험하는 곳이 또한 가장 쓰라린 상처를 맛보는 곳이기도 한가? 왜 우리의 관계에 오해와 갈등이 이토록 많은가? 왜 우리는 자신이 사랑하는 이들에게 걸핏하면 성질을 부리거나 짜증을 내는가? 왜 인간관계는 그늘과 폭력과 학대로 얼룩지는가? 왜 우리는 사이좋게 지내기가 이렇게 어려운가?

이런 의문을 야고보서 4장 1-4절보다 더 직접적으로 다룬 본문은 없다.

> 너희 중에 싸움이 어디로부터 다툼이 어디로부터 나느냐 너희 지체 중에서 싸우는 정욕으로부터 나는 것이 아니냐 너희는 욕심을 내어도 얻지 못하여 살인하며 시기하여도 능히 취하지 못하므로 다투고 싸우는도다 너희가 얻지 못함은 구하지 아니하기 때문이요 구하여도 받지 못함은 정욕으로 쓰려고 잘못 구하기 때문이라 간음한 여인들아 세상과 벗된 것이 하나님과 원수 됨을 알지 못하느냐.

야고보가 우리에게 해주는 말을 생각해보라. 관계가 어려워지고 갈등에 빠지는 것은 우리의 악한 정욕(욕심) 때문이다. 그래서 바울은 고린도후서 5장 15절에서 예수님이 오신 목적이 "살아 있는 자들로 하여금 다시는 그들 자신을 위하여 살지 않[게]…하려 함이라"고 말했다. 죄의 DNA는 이기심이다. 죄 때문에 우리는 내 소원과 내 갈망과 내 감정을 삶의 관건으로 삼는다. 이런 이기적 욕심이 우리 마음을 지배하려고 하나님과 싸운다.

내가 원하는 바가 있는데 상대가 거기에 방해가 되니 나는 즉시 상대에게 분노한다. 이기적 욕심이 우리 마음을 지배하면 관계에 늘 갈등이 뒤따른다. 이런 갈등은 부실한 소통, 성별, 인생 경험의 차이, 인종, 무언의 기대, 나이, 문화 등보다 더 깊다. 관계를 복잡하게 하는 이런 요인에 불을 붙이는 것이 바로 죄다.

- 왜 우리는 운전 중에 분노하는가?
- 왜 누가 내 말에 동의하지 않으면 기분이 나쁜가?
- 왜 누가 기다리게 하면 언짢은가?
- 왜 자녀는 우리를 짜증 나게 하는가?
- 왜 갈등이 명절과 가족 모임을 망쳐놓는가?
- 왜 아이들은 놀이터에서 싸우는가?
- 왜 상사는 직원에게 무례하게 말하고, 직원들은 서로 화내는가?
- 왜 우리는 주차 공간을 놓고 싸우는가?
- 왜 남편과 아내는 다투는가?
- 왜 이웃들은 서로 사이좋게 살기가 어려운가?

죄와 마음에 대한 야고보의 탁월한 분석이 이 모든 의문에 답해준다. 그런데 그는 더 깊이 들어가 "너희 간음한 사람들아"(4절, ESV)라고 말한다. 왜 간음을 거론하는 것일까? 화제를 전환한 것인가? 아니다. 야고보는 우리에게 인간의 악한 갈등의 뿌리가 영적 간음에 있음을 깨우쳐준다. 죄는 우리 마음을 거꾸로 뒤집어놓는다. 하나님을 사랑하고 섬겨야 할 우리가 죄 때문에 피조물을 사랑하고 섬긴다. 사람을 사랑하여 우리 삶의 모든 것을 그 사랑의 표현 수단으로 이용해야 할 우리가 죄 때문에 사람을 이용하여 자신이 좋아하는 것을 얻어낸다.

내 삶 속에 하나님이 제자리에 계시지 않으면, 내 삶 속에서 당신도 제자리에 있을 수 없다. 하나님이 제자리에 계시지 않으면, 내가 그 자리에 올라서서 나 중심으로 살다가 결국 당신과 갈등을 일으킬 것이다. 지상 계명의 첫째를 지키는 이들만이 둘째도 지킬 수 있다.

이 모든 사실은 우리를 아주 겸손하게 한다. 부부 관계, 직장, 동네, 교회, 쇼핑센터, 시가나 처가 등에 갈등을 유발하는 가장 큰 문제가 타인의 결함에서 시작된 것이 아님을 고백해야 하기 때문이다. 문제의 원인이 거하는 곳은 내 마음속이므로 내가 각 관계에 문제를 끌어들인 것이다. 우리는 모두 죄의 이기심과 그로 인한 영적 간음을 모든 관계 속에 끌고 들어간다.

사이좋은 관계를 누리려면 야고보의 말대로 수직적 관계를 고쳐야 한다. 그러지 않고는 절대로 수평적 관계를 개선할 수 없다. 수직적 자백에는 수평적 화목을 낳는 위력이 있는데, 이 부분에서 우리에게 도움이 필요하다. 죄로 인해 파괴되는 관계는 우리에게 하나님의 해방과 개입과 은혜가 늘 필요하다는 강력한 방증이다.

죄 때문에 삶은 전쟁이다

안타깝게도 자신이 어디에 살고 있는지를 잊어버린 그리스도인이 많다. 그들의 인지 능력이 감퇴하고 있다는 말이 아니다. 성경이 말하는 '이미'와 '아직' 사이의 삶에 대해 그들이 사실상 기억 상실증에 걸린 채로 살아간다는 뜻이다. 바울은 우리의 현주소를 이렇게 규정한다.

> 롬 8:19-25 피조물이 고대하는 바는 하나님의 아들들이 나타나는 것이니 피조물이 허무한 데 굴복하는 것은 자기 뜻이 아니요 오직 굴복하게 하시는 이로 말미암음이라 그

바라는 것은 피조물도 썩어짐의 종노릇한 데서 해방되어
하나님의 자녀들의 영광의 자유에 이르는 것이니라 피조물이
다 이제까지 함께 탄식하며 함께 고통을 겪고 있는 것을
우리가 아느니라 그뿐 아니라 또한 우리 곧 성령의 처음 익은
열매를 받은 우리까지도 속으로 탄식하여 양자 될 것 곧 우리
몸의 속량을 기다리느니라 우리가 소망으로 구원을 얻었으매
보이는 소망이 소망이 아니니 보는 것을 누가 바라리요 만일
우리가 보지 못하는 것을 바라면 참음으로 기다릴지니라.

우리가 살아가는 세상은 죄의 파괴력 때문에 탄식하며 속량을 부르 짖는다. 세상의 현 상태를 묘사하는 바울의 세 가지 서술 문구를 주의 깊게 살펴보라. "허무한 데 굴복하는 것", "썩어짐의 종노릇한 데", "고통을 겪고 있는 것" 등이다. 죄의 폐해가 인류 문화의 모든 차원과 물질세계의 모든 분야에 편만하기 때문에, 이 세상은 창조주가 의도하신 대로 돌아갈 수 없다. 우리의 환경은 구원자만이 해결하실 수 있는 거대한 영적 싸움의 한복판에 놓여 있다. 구주만이 승리하실 수 있는 큰 전쟁이 벌어지고 있다. 그동안 세상은 고통 중에 탄식한다. 때로 이 영적 전쟁은 철저한 각개 전투다.

롬 7:14-25 우리가 율법은 신령한 줄 알거니와 나는 육신에
속하여 죄 아래에 팔렸도다 내가 행하는 것을 내가 알지
못하노니 곧 내가 원하는 것은 행하지 아니하고 도리어
미워하는 것을 행함이라 만일 내가 원하지 아니하는 그것을
행하면 내가 이로써 율법이 선한 것을 시인하노니 이제는
그것을 행하는 자가 내가 아니요 내 속에 거하는 죄니라
내 속 곧 내 육신에 선한 것이 거하지 아니하는 줄을 아노니

> 원함은 내게 있으나 선을 행하는 것은 없노라 내가 원하는
> 바 선은 행하지 아니하고 도리어 원하지 아니하는바 악을
> 행하는도다 만일 내가 원하지 아니하는 그것을 하면 이를
> 행하는 자는 내가 아니요 내 속에 거하는 죄니라 그러므로
> 내가 한 법을 깨달았노니 곧 선을 행하기 원하는 나에게
> 악이 함께 있는 것이로다 내 속사람으로는 하나님의 법을
> 즐거워하되 내 지체 속에서 한 다른 법이 내 마음의 법과
> 싸워 내 지체 속에 있는 죄의 법으로 나를 사로잡는 것을
> 보는도다 오호라 나는 곤고한 사람이로다 이 사망의 몸에서
> 누가 나를 건져내랴 우리 주 예수 그리스도로 말미암아
> 하나님께 감사하리로다 그런즉 내 자신이 마음으로는
> 하나님의 법을 육신으로는 죄의 법을 섬기노라.

바울의 겸손한 고백은 회심하여 본향에 가기까지 우리 안에서 자주 벌어지는 전쟁을 솔직하게 묘사한다. 보다시피 그는 하나님의 법을 즐거워하는 마음과 자기 안에 있는 악 사이의 싸움을 전쟁 용어로 설명한다. 이 전쟁은 마침내 왕이신 예수님이 마지막 원수를 자신의 발아래에 두실 때 완전히 끝날 것이다(고전 15:24-26).

때로 이 전쟁은 당신 주변의 도처에서, 즉 일상생활 속의 여러 관계와 기관에서 벌어진다. 이 전쟁터에서 에베소서의 말씀이 매우 유익하다. 바울은 예수 그리스도의 복음을 탁월하게 고찰하고 설명한 후, 방금 자신이 제시한 복음에 걸맞은 삶이 어떤 의미인지를 에베소 신자들에게 깨우쳐준다.

바울은 교회, 생각, 갈망, 의사소통, 분노, 일, 관계, 섹스, 결혼, 자녀 양육 등에 접근하는 방식을 복음이 다시 빚어낸다고 보았다. 그래서 복음이 일상생활의 상황, 장소, 관계, 기관 등에 폭넓게 미치는 영향을 독

자들에게 글로 보여준다. 그러다가 6장에서 에베소 신자들에게 영적 전투에 대비해 무장할 것을 명한다.

> 엡 6:10-20 끝으로 너희가 주 안에서와 그 힘의 능력으로 강건하여지고 마귀의 간계를 능히 대적하기 위하여 하나님의 전신 갑주를 입으라 우리의 씨름은 혈과 육을 상대하는 것이 아니요 통치자들과 권세들과 이 어둠의 세상 주관자들과 하늘에 있는 악의 영들을 상대함이라 그러므로 하나님의 전신 갑주를 취하라 이는 악한 날에 너희가 능히 대적하고 모든 일을 행한 후에 서기 위함이라 그런즉 서서 진리로 너희 허리띠를 띠고 의의 호심경을 붙이고 평안의 복음이 준비한 것으로 신을 신고 모든 것 위에 믿음의 방패를 가지고 이로써 능히 악한 자의 모든 불화살을 소멸하고 구원의 투구와 성령의 검 곧 하나님의 말씀을 가지라 모든 기도와 간구를 하되 항상 성령 안에서 기도하고 이를 위하여 깨어 구하기를 항상 힘쓰며 여러 성도를 위하여 구하라 또 나를 위하여 구할 것은 내게 말씀을 주사 나로 입을 열어 복음의 비밀을 담대히 알리게 하옵소서 할 것이니 이 일을 위하여 내가 쇠사슬에 매인 사신이 된 것은 나로 이 일에 당연히 할 말을 담대히 하게 하려 하심이라.

복음을 실천하라는 가르침을 다 마친 바울이 마치 여기서 화제를 전환하는 것 같지만 그렇지 않다. 그는 독자들에게 결혼 생활, 자녀 양육, 직장, 교회, 동네, 학교, 대가족, 국가 등에서 평시의 정신 상태로 긴장 없이 살아서는 안 됨을 깨우쳐준다. 물론 장차 평화가 이루어질 것이다. 은혜로 말미암아 그것이 보장되어 있다. 그러나 지금 우리가 살고 있는 곳은 영적 전쟁터다.

그렇다고 주변 사람들과 문화와 각종 기관을 부정적으로 대하며 대립각을 세워야 한다는 말이 아니다. 우리는 복음의 부름에 합당하게 지금 여기 하나님이 두신 자리에서 사랑, 인내, 온유, 자비, 용서, 기쁨, 절제 등을 실천하며 살아야 한다. 우리는 사람들을 상대로 싸우는 것이 아니다. 우리가 상대하는 적은 하나님과 그분의 나라와 그분의 교회와 그분의 백성을 대적하는 마귀와 악의 영이다.

에베소서 6장 10-20절은 화제 전환이 아니라, 바울이 그 직전에 말한 복음의 모든 실제적 적용을 요약한 것이다. 그가 독자들에게 깨우치려 했듯이, 복음의 삶이 싸움으로 점철되는 이유는 복음을 실천해야 할 모든 상황과 관계가 또한 치열한 영적 전투의 현장이기 때문이다. 죄는 세상에 들어와서 평화와 조화를 낳지 않는다. 죄 때문에 매일 영적 전쟁의 드라마가 펼쳐지고, 세상에 기만과 파괴가 가득하다. 창세기 3장부터 요한계시록까지 성경 전체가 이 전쟁으로 도배되어 있다.

중요하게 알아야 할 점은 당신이 낳는 자녀가 영적 교전 지역에 태어난다는 것이다. 당신의 결혼 생활도 영적 싸움터다. 교회 생활이 힘들어지는 것도 이 영적 전쟁 때문이다. 영적 전쟁은 당신의 직장에서도 벌어진다. 아무것도 빛과 어둠 사이, 선과 악 사이, 하나님과 마귀 사이의 이 대격돌에서 벗어날 수 없다. 우리 삶이 복잡하고 고달픈 것도 이 전쟁 때문이고, 우리가 눈을 부릅뜨고 정신을 바짝 차리고 살아야 하는 이유도 바로 거기에 있다. 지금 우리 안팎에 이 전쟁이 벌어지고 있지 않다면 삶이 얼마나 더 쉬워질지 상상해보라. 죄가 단지 마음과 행동의 문제일 뿐만 아니라 또한 전쟁임을 반드시 알아야 한다. 그래서 우리는 복음으로 무장하여 대비하고 대장 예수님의 임재와 능력을 의지해야 한다.

물론 우리는 이 치열한 영적 전투의 한복판에서 결코 겁낼 필요가 없다. 우리 구주가 승리자시기 때문이다. 그분은 이미 다스리고 계시며,

승리의 통치자로서 모든 원수를 자신의 발아래에 두셨다. 우리가 혼자 싸우거나 우리의 지혜와 힘으로 싸우는 게 아니라는 뜻이다. 마지막 원수가 궤멸될 때까지 그분이 멈추지 않고 우리를 위해 싸우신다. 당신이 기혼자라면 주적은 결코 배우자가 아니다. 당신이 부모라면 주적은 결코 자녀가 아니다. 당신이 자녀라면 주적은 결코 부모가 아니다. 친구나 직장 동료나 이웃은 당신의 주적이 아니다. 문화나 정부도 당신의 주적이 아니다. 바울이 분명히 밝혔듯이 우리가 싸우는 상대는 "혈과 육"이 아니라 "이 어둠의 세상 주관자들과 하늘에 있는 악의 영들"이다. 내면의 싸움이든 주변에서 벌어지는 싸움이든, 당신의 구주요 왕이신 그분이 싸우고 계시며 반드시 이기신다. 그래서 당신은 감사할 수 있다. 그분이 이기실 그때까지 우리는 복음의 갑주를 입고, 은혜로 보호해주시기를 기도하며, 예수님의 임재와 능력과 약속을 즐거워한다.

죄의 신학이 없이는 인류의 큰 문제들을 해결할 수 없다

사방에 망가진 것들 천지다. 이혼으로 치닫는 부부, 성 정체성 혼란, 인신매매, 가정 폭력, 테러와 전쟁, 정치 부패, 자궁에서 뜯겨져 나가는 태아, 빈곤, 인종 간의 불의, 거리의 폭력, 고삐 풀린 듯 만연하는 포르노, 기타 수많은 세계적 병폐에서 그것을 볼 수 있다. 죄에 대한 깊은 성경적 신학을 광범위하게 적용하지 않고는 결코 이런 문제를 해결할 수 없다. 물론 성경은 정부의 필수 역할을 가르친다. 정부는 선을 이루기 위해 하나님의 손에 들린 도구다. 또 우리는 좋은 교육이 중요하다는 것도 안다. 불의와 불평등에 맞서는 평화 시위는 정당하며, 사회 복지와 시민 단체는 큰 유익을 끼칠 수 있다. 신자 개인으로서나 교회로서나 우리는 구제 사역에도 힘써야 한다. 그러나 죄에 대한 성경적 신학에 따르면, 무언가가 더 필요하다.

비참하게 망가진 세상의 현실을 인간의 제도로 뒤집을 수 있다면, 예수님과 삶과 죽음과 부활은 필요 없었을 것이다. 하나님이 아들을 보내 구원과 해방의 사명을 맡기신 것은, 다른 방식으로는 날마다 우리를 괴롭히는 온갖 문제의 근본 원인을 해결할 수 없기 때문이다. 잘못을 바로잡아 이 땅에 하나님이 본래 의도하신 샬롬을 회복하는 부분에서, 우리의 메시지는 단연 급진적이다. 인류 문화의 모든 악과 망가진 모습과 역기능의 핵심이 죄이므로, 철학과 신학과 심리학과 정치와 교육 등 인간이 만든 제도나 기관에서는 해방과 회복의 희망을 얻을 수 없다. 죄가 이 모든 병폐의 뿌리인 만큼 생명체가 아닌 것에서는 희망을 얻을 수 없다. 오직 특정한 인격체의 개입에만 희망이 있다. 그 인격체는 죄라는 병에 걸리지 않은 존재이자, 기꺼이 우리의 망가진 현실 속에 들어올 뿐 아니라 해방과 회복에 필요한 능력도 갖춘 존재라야 한다. 역사를 통틀어 그런 인격체는 한 분뿐이다. 곧, 사람의 아들, 하나님의 아들, 약속된 메시아, 임마누엘이신 주 예수 그리스도시다.

버림받은 아내의 울음소리는 다 예수님께 부르짖는 것이고, 모든 압제받는 사람이 갈구하는 정의는 그분을 염원하는 것이다. 학대받는 자녀의 두려움은 메시아를 외쳐 부르는 것이고, 습격당한 사람이 바라는 안전은 그분을 고대하는 것이다. 외면하는 행인에게 무시당하는 노숙인은 임마누엘이 가져다주실 회복을 애타게 기다린다. 아침마다 달갑지 않은 문제에 부딪히는 우리는 모두 은혜로 새롭게 변화시켜주실 주 예수님의 해방과 회복에 목말라 있다.

죄에 대한 일관된 성경 신학은 당신을 예수님께로 인도하는 굽이굽이 멀고 어두운 돌밭길이다. 죄가 궁극적 원인인 이 상황에서 희망은 인격체에 있으며 그분의 이름은 예수다. 물론 우리는 이 탄식하는 세상의 삶을 더 나아지게 해줄 여러 제도와 활동에도 힘쓸 것이다. 그러나 그 과정에서 우리의 궁극적 소망과 구원이 어디에 있는지를 잊어서는 안 된다. 예수님만이 능히 우리를 해방하시고, 은혜로 보호하시며, 선을 행할 능력을 주시고, 그분의 손에 들린 도구로 써주시며, 마침내 만물이 새로워져 평화와 의가 영원무궁토록 다스리는 곳으로 우리를 데려가실 것이다.

부모들이여, 일찍부터 자녀에게 안팎의 망가진 모습을 인식시켜주라. 예수님께 소망을 둘 때 삶이 어떻게 달라지는지를 깨우쳐주라. 부부들이여, 힘써 서로 안에 예수님을 향한 소망이 더 깊이 타오르게 해주라. 이웃과 친구와 직장 동료에게도 기회를 살펴 메시아께만 있는 희망을 가리켜 보여주라. 희망을 예수님께 두는 이들은 감사에 겨워 정말 그분의 애정과 자비와 관용을 닮아간다. 마땅히 우리는 힘써 선을 행하고, 너그러이 자비를 베풀며, 사랑으로 희생해야 한다. 하지만 우리는 안팎의 역기능이 어디서 기인했는지를 안다. 그래서 궁극적 희망이 어디에 있는지도 안다. 하나님의 나라가 임하기를 기다리는 동안 우리는 여기 이 땅에서 그 나라의 도구로 쓰이지만, 우리의 노력으로는 죄와 거기서 흘러나오는 모든 병폐를 일소할 수 없음을 기억한다. 우리가 늘 확신하는 한 가지 사실이 더 있다. 죄를 성경적으로 이해하면 그것이 당신에게 가리켜 보이는 도움의 방향은 오직 하나뿐이다. 바로 예수님이다.

> 온 세상 죄를 사하려
> 주 예수 오셨네
> 죄와 슬픔 몰아내고
> 다 구원하시네.*

---

* Isaac Watts, "Joy to the World," 1719년, *Trinity Hymnal* (Suwanee, GA: Great Commissions Publications, 1990), 195장. ("기쁘다 구주 오셨네", 새찬송가 115장)

17
칭의에 대한 교리

하나님은 부르신 이들을 값없이 의롭다 하시며, 이를 위해 우리 죄를 용서하시고 우리를 의롭게 여겨 받아주신다. 우리를 의롭게 하는 것은 우리 안의 어떤 요소나 행위가 아니라 오직 그리스도가 우리를 위해 이루신 일이다. 하나님은 우리를 의롭다고 선포하실 때, 우리의 믿음이나 순종을 의롭게 보시는 것이 아니라 은혜로 우리의 죗값을 치르신 그리스도의 순종을 우리에게 전가하신다. 그래서 우리는 그리스도와 그분의 의를 칭의의 유일한 길로 받아들이고 인정하며 의지해야 한다. 이 믿음조차도 우리 힘으로 되는 것이 아니라 하나님의 선물임을 늘 기억해야 한다.

칭의의 유일한 수단은 그리스도와 그분의 의를 받아들이고 의지하는 믿음인데, 이 믿음에는 늘 구원의 다른 모든 은혜가 수반된다. 이 믿음은 죽은 믿음이 아니라 사랑으로 역사한다.

그리스도는 순종과 죽음을 통해 의롭다 하심을 받은 모든 사람의 빚을 다 갚으셨다. 우리를 위해 하나님 아버지의 정의를 실제로 완전히 충족시키셨다. 아버지께서 우리에게 그리스도를 주셨고 또 우리를 대신하신 그리스도의 순종과 희생을 기꺼이 받으셨으므로, 우리의 칭의는 오직 값없는 은혜로 말미암는다. 죄인을 의롭다 하실 때 하나님의 엄정한 정의와 풍성한 은혜가 양쪽 다 영화롭게 빛난다.

택하신 이들을 의롭다 하시는 것은 영원 전부터 하나님의 기쁘신 뜻이었다. 때가 차매 그리스도가 우리 죄 때문에 죽으셨고, 우리를 의롭다 하시려고 다시 살아나셨다. 그러나 우리가 의롭다 하심을 받는 시점은 그리스도가 이루신 일을 성령이 그 이후에 실제로 우리에게 적용해주시는 때다.

하나님은 의롭다 하심을 받은 모든 사람의 죄를 계속 용서하신다. 한 번 받은 칭의를 다시 잃을 수는 없지만, 우리는 죄 때문에 아버지를 노엽게 해드릴 수 있다. 이때 겸손히 죄를 자백하고 용서를 구하며 믿음을 새롭게 하여 회개하면, 하나님이 다시 우리에게 그분의 얼굴빛을 비추어주신다. 다음 여러 구절을 참조하라. 시편 32:5, 51편, 89:31-33, 110:1, 이사야 53:5-6, 마태복음 6:12, 26장, 요한복음 1:12, 6:37, 10:15-16, 28, 17:2, 6-9, 로마서 3:24-28, 4:5-8, 22-25, 5:10-19, 8:9, 14, 30-32, 고린도전서 1:30-31, 15:25-26, 고린도후서 5:21, 갈라디아서 3:8-9, 5:6, 에베소서 1:7-9, 2:8-10, 빌립보서 3:8, 9, 골로새서 1:21-22, 2:13-15, 디모데전서 2:6, 디도서 3:4-7, 히브리서 9:14-15, 10:14, 야고보서 2:17, 22, 26, 베드로전서 1:2, 18-19, 요한일서 1:7-9, 5:20.*

칭의에 대한 교리 이해하기

예전에 1년 동안 모세오경을 묵상한 적이 있었다. 그 당시 풍성한 말씀을 맛보며 주 예수 그리스도의 칭의 사역에 대한 이해와 감사가 깊어졌다. 확신컨대 칭의 교리를 구약 제사 제도의 렌즈로 보지 않고는 이 교리에 나타난 다채로운 영광을 알 수 없다. 날과 달과 안식일과 절기마다

---

* 웨스트민스터 신앙고백서 제11장에 나오는 칭의에 대한 교리를 내가 풀어 썼다.

반복되던 제사 제도를 통해 비로소 하나님이 죄를 얼마나 심각하게 대하시는지를 알 수 있다. 제사 요건만큼 많은 지면에 집중적으로 지시된 주제는 없다. 제사 제도는 이스라엘이 하나님과 지속적으로 교제하는 수단이었고, 그들의 문화 전체에서 중심이 되는 제도였다. 다른 무엇도 그분이 명하신 꾸준한 제사만큼 중요도가 높지는 않았다. 하나님의 존재를 제외하고는 이스라엘의 삶에서 죄의 존재와 속죄의 필요성을 인정하는 것보다 더 중요한 실재는 없었기 때문이다.

이스라엘의 삶과 문화의 중심에 도살과 유혈의 장면이 있었다. 동물이 피를 뿜으며 저항하다가 단말마의 비명을 지르는 광경이 일상생활의 일부였다. 힘들여 큰 황소를 잡거나 어린 양의 사체로 각을 뜨느라 피범벅이 된 제사장들을 으레 볼 수 있었다. 하루도 거르지 않고 피가 흘렀고 동물이 죽어나갔다. 생각만 해도 잔학하고 비위 상하는 일이다. 나도 농장에서 닭을 잡아본 적이 있기에 그 일이 얼마나 피비린내 나고 역하고 메스꺼운지를 안다. 하지만 이스라엘의 일과에 비하면 그것은 아무것도 아니다.

동물의 모든 핏방울은 완전히 거룩하신 하나님과 시종일관 부정한 백성 사이의 거대한 괴리를 떠올리게 했다. 도살되는 동물의 모든 울음소리는 거룩하신 하나님의 의로운 요건을 마침내 충족시킬 더 나은 제물을 외쳐 불렀다. 다시 피비린내 나는 역한 임무를 수행하고자 터덕터덕 성막으로 향하는 제사장의 모든 발걸음은 무언가가 더 필요하다는 징후였다. 이스라엘 가정은 제물로 바칠 만한 어린 양을 양 떼 중에서 고를 때마다, 하나님은 거룩하시지만 자신은 그렇지 못함을 떠올려야 했다. 시끄럽고 유혈이 낭자한 동물의 도살은, 이스라엘 백성 한 사람 한 사람에게 이 동물의 죽음이 바로 자신의 죄 때문이라는 사실을 지적해 주었다. 도살과 피와 악취 그리고 이 모든 것의 반복은 하나님의 어린양이신 메시아를 외쳐 부르는 예언이었다. 이 유혈 제도가 아무리 지속되어도 하나님은 전면적 수용을 선언하실 수 없다. 완전한 제물만이 끝없는 제사 제도를 종식할 수 있다.

출애굽기와 레위기와 민수기를 쭉 읽으면 강력한 긴장이 느껴질 것이다. 이 긴장이 당신을 멈춰 세우고, 주목을 끌며, 불편하게 해야 한다. 이스라엘의 누구도 그 긴장을 피할 수 없었고, 우리도 거기서 스스로 벗어날 수 없다. 죄가 세상에 불러들인 이 긴장은 타락한 세상살이의 구슬픈 주제가다. 이 음악은 처음에 아담과 하와가 에덴동산에서 하나님을 피하여 숨던 때부터 들려온다. 무언가 지독히 잘못되었음을 거기서 대번에 알 수 있다. 하나님과 교제하도록 지어진 인간이 그분을 피하고 싶거나 피해야 할 이유가 없지 않은가. 에덴동산의 그 장면을 보면 엄청나게 중대한 문제가 생겼다는 결론을 피할 수 없다. 그것을 바로잡지 않으면 삶은 결코 본연의 모습이 될 수 없다.

여기에 긴장이 있다. 완전히 거룩하신 하나님이 도대체 어떻게 체질상 부정한 인간과 교제하실 수 있는가? 인간은 하나님을 위해 지어졌는데, 죄인이 어떻게 그분과 교제할 수 있는가? 인간의 정체성과 의미와 목적의 핵심은 하나님과의 관계에 있는데, 그 관계가 결여되면 인간의 삶이 얼마나 길을 잃고 혼란에 빠지겠는가? 하나님은 삶의 파멸을 부르는 이 거대한 죄의 간극을 메우실 것인가? 메우신다면 어떻게 메우실 것인가? 여기서 긴장이 고조된다. 하나님은 어떻게 사랑하는 이들에게 자비를 베푸시면서 자신의 거룩한 정의를 타협하지 않으실 것인가? 자비와 정의가 도대체 어떻게 서로 협력할 것인가? 답은 제사를 통해 하나님의 정의 요건을 충족시켜야 한다는 것이다. 그러면 하나님이 죄인에게 자비로 용서를 베푸실 수 있다. 그런데 구약 제사의 문제점은 안타깝게도 효과가 한시적이라는 것이다. 죄인을 향한 정의가 최종 완성되려면 분명히 더 큰 최종 제물이 필요했다. 유혈이 낭자한 옛 제도 전체는 최종 제물이신 하나님의 어린양 예수님을 날마다 외쳐 불렀다. 지금까지 구약 제사 제도를 관찰하며 배운 내용을 몇 가지로 요약하면 다음과 같다.

1. 주님은 놀라운 인내와 자비로 죄인에게 용서를 베푸신다.
2. 하나님의 거룩하심은 타협할 수 없다.
3. 그분은 죄에 대해 의분을 품으신다.
4. 우리는 죄의 심각성에서 벗어날 수 없다.
5. 인간은 죄로 망가져 있어 스스로 노력해서는 하나님께 받아들여질 수 없다.
6. 하나님의 율법은 우리를 그분께 받아들여지게 하기에 역부족이다.
7. 황소와 염소는 죄의 제물로서 부족하며 한시적이다.
8. 하나님이 정의를 타협하지 않으면서 자비를 베푸시게 할 단번의 제물이 필요하다.

인간은 누구도 필요한 조치를 취할 수 없었다. 하나님이 은혜로 영광스러운 삼박자의 기적을 행하셔야만 했다. 바로 아들 예수님의 성육신, 완전한 삶과 흠 없는 제물로서의 죽음, 부활의 승리였다. 예수님의 삶과 죽음과 부활을 통해서만 긴장이 종식된다. 하나님의 완전한 정의와 자비로운 용서가 예수님을 통해 만난다. 그래서 대속자가 필요했다. 안타깝게 실패한 첫째 아담과 달리 의롭게 살아가실 둘째 아담이 필요했다. 우리가 꼭 알아야 할 사실은, 예수 그리스도의 대속 사역이 고난과 죽음에서 시작된 것이 아니라 출생에서부터 시작되었다는 것이다. 그분의 모든 의로운 생각과 갈망은 우리를 위한 것이었고, 도덕적으로 순결한 행위도 다 우리를 위한 일이었다. 유혹을 물리치신 모든 순간도 우리를 위한 것이었고, 사탄의 유혹을 이기신 일도 우리를 위한 일이었다. 종교 지도자들을 두려워하지 않으신 삶도 우리를 위한 것이었다. 둘째 아담의 이력은 어떤 식의 말이나 생각이나 갈망이나 행동의 죄로도 한시도 더럽혀지지 않아야만 했다.

그런데 둘째 아담이 하셔야 할 일은 첫째 아담이 했어야 할 일보다 무한히 더 컸다. 그분은 더 깊은 의미에서 우리의 대속자가 되셔야 했다. 둘째 아담이 오신 것은 우리의 의가 되시기 위해서만이 아니라, 또한 우리 죄의 제물이 되시기 위해서였다. 죄인이 용서받고 하나님과 화목하게 살려면, 그분의 요건을 단번에 충족시킬 죗값을 치러야만 했다. 대속자 예수님이 순종하며 사시다가 마침내 제물이 되셨기에, 그분을 믿는 사람은 누구나 의롭다 하심을 받는다. 즉, 완전히 다 용서받고 하나님 앞에 의롭게 설 수 있다. 죄인의 공로나 자격으로 이것을 스스로 얻어낼 수 있는 사람은 아무도 없다. 칭의의 은혜가 당신과 나 같은 죄인에게 흘러올 수 있는 길은 예수님의 의로운 삶과 흠 없는 죽음뿐이다. 예수 그리스도 안에서 우리를 의롭다 하시는 하나님의 자비와 관련하여, 여러 성경 본문의 명쾌한 진술과 즐거운 감사를 눈여겨보라.

> **롬 5:1-2** 그러므로 우리가 믿음으로 의롭다 하심을 받았으니 우리 주 예수 그리스도로 말미암아 하나님과 화평을 누리자 또한 그로 말미암아 우리가 믿음으로 서 있는 이 은혜에 들어감을 얻었으며 하나님의 영광을 바라고 즐거워하느니라.

> **롬 5:6-11** 우리가 아직 연약할 때에 기약대로 그리스도께서 경건하지 않은 자를 위하여 죽으셨도다 의인을 위하여 죽는 자가 쉽지 않고 선인을 위하여 용감히 죽는 자가 혹 있거니와 우리가 아직 죄인 되었을 때에 그리스도께서 우리를 위하여 죽으심으로 하나님께서 우리에 대한 자기의 사랑을 확증하셨느니라 그러면 이제 우리가 그의 피로 말미암아

의롭다 하심을 받았으니 더욱 그로 말미암아 진노하심에서
구원을 받을 것이니 곧 우리가 원수 되었을 때에 그의
아들의 죽으심으로 말미암아 하나님과 화목하게 되었은즉
화목하게 된 자로서는 더욱 그의 살아나심으로 말미암아
구원을 받을 것이니라 그뿐 아니라 이제 우리로 화목하게
하신 우리 주 예수 그리스도로 말미암아 하나님 안에서 또한
즐거워하느니라.

고전 2:2 내가 너희 중에서 예수 그리스도와 그가
십자가에 못 박히신 것 외에는 아무것도 알지 아니하기로
작정하였음이라.

고후 5:18-21 모든 것이 하나님께로서 났으며 그가
그리스도로 말미암아 우리를 자기와 화목하게 하시고 또
우리에게 화목하게 하는 직분을 주셨으니 곧 하나님께서
그리스도 안에 계시사 세상을 자기와 화목하게 하시며
그들의 죄를 그들에게 돌리지 아니하시고 화목하게
하는 말씀을 우리에게 부탁하셨느니라 그러므로 우리가
그리스도를 대신하여 사신이 되어 하나님이 우리를 통하여
너희를 권면하시는 것같이 그리스도를 대신하여 간청하노니
너희는 하나님과 화목하라 하나님이 죄를 알지도 못하신
이를 우리를 대신하여 죄로 삼으신 것은 우리로 하여금 그
안에서 하나님의 의가 되게 하려 하심이라.

갈 2:16 사람이 의롭게 되는 것은 율법의 행위로 말미암음이
아니요 오직 예수 그리스도를 믿음으로 말미암는 줄 알므로

우리도 그리스도 예수를 믿나니 이는 우리가 율법의 행위로써가 아니고 그리스도를 믿음으로써 의롭다 함을 얻으려 함이라 율법의 행위로써는 의롭다 함을 얻을 육체가 없느니라.

갈 6:14 그러나 내게는 우리 주 예수 그리스도의 십자가 외에 결코 자랑할 것이 없으니 그리스도로 말미암아 세상이 나를 대하여 십자가에 못 박히고 내가 또한 세상을 대하여 그러하니라.

칭의 교리에 대한 명확한 이해가 중심을 떠받치지 않는 기독교 신학이란 존재할 수 없다. 기독교와 기타 모든 종교 및 무종교의 근본적 구분점이 이 교리에서 생겨난다. 다른 모든 공식 종교는 인간을 향한 '신들'의 진노를 달래야 한다는 식의 신학에 기초를 둔다. 각 종교에 제시된 방법대로 계율을 지키고 제사를 반복해서 드리는 등 인간이 끊임없이 노력하여 신의 진노를 진정시켜야 한다. 이런 종교는 다 두려움, 신의 진노, 율법의 속박으로 이루어져 있기에 신자는 결코 거기서 벗어날 수 없다.

종교가 없는 이들도 의에 관심이 있기는 마찬가지다. 누구나 자신이 옳기를 원하고, 자신이 이룬 업적을 좋게 생각하려 한다. 인간은 자신의 착함으로 받아들여지기를 원한다. 거룩하신 하나님의 존재와 그분의 자비로운 용서를 부정한다면 당신에게 무엇이 남을까? 당신 자신만 남는다. 자신의 지혜와 힘과 선(善) 외에는 의지할 것이 사실상 하나도 없다. 당신의 삶은 '올바르게 행하면 좋은 결과가 따르고, 그릇되게 행하면 나쁜 일이 벌어진다'로 축소된다. 끊임없이 잘 해내서 기준에 부합하고, 자신의 선을 그럴싸하게 입증해야 한다는 부담에 짓눌리는 삶이다. 그러나 그 자체는 불가능할뿐더러 그렇게 살면 진이 빠진다. 사실 우리는 하나님의 거룩한 기준에만 못 미치는 것이 아니라 자신의 기준에도 못 미친다. 하나님의 규율만 어기는 것 아니라 자신의 규율도 다반사로 어긴다.

칭의 교리가 아주 소중한 이유는 모든 인간에게 용서가 절실히 필요하기 때문이다. 자기 자신에게 소망을 두어서는 칭의의 영화로운 안식에 들어갈 수 없다. 아무리 의지적으로 노력해도 당신의 능력으로는 하나님의 요건을 충족할 수 없다. 이것을 생생한 예화로 설명해보겠다. 천장까지의 높이가 12미터인 체육관이 있다고 가정해보자. 그런데 내가 그 체육관에 들어가면서 바닥 한복판에 서서 펄쩍 뛰어 천장에 손이 닿는 것을 목표로 정했다고 하자. 당신이 이 말을 들으면 "이 사람은 정말 제정신이 아니거나 망상에 빠져 있구나. 절대로 불가능한 일인데"라고 말할 것이다. 그런데 체육관 문간에 서서 보니 내가 정말 점프를 시작하는 것이다. 그것이 헛수고임을 너무도 잘 아는 당신에게는, 점점 더 지쳐서 자꾸 목표에서 멀어지는 내가 한심해 보인다. 그래서 이런 생각이 들 것이다. '이 사람은 자신의 무력함을 인정하고 그만두어야 한다. 절대로 안 될 일이다. 무슨 희망으로 체육관에 들어왔고, 어떤 기대를 품고 계속 뛰는지는 몰라도 그것은 다 헛되다.'

칭의도 마찬가지다. 의롭다 하시는 하나님의 자비의 창고에 들어가는 문은 바로 절망이다. 하나님 앞에 의롭게 서려면 절망이 곧 희망의 관문이다. 자신을 믿는 희망을 버려야 겸손히 하나님께 자백하는 참 희망에 이를 수 있다. 이 절망은 당신을 하나님이 거하시는 지성소로 데려가 구원에 이르게 하고, 영원히 흔들리지 않는 확실한 소망이 있는 은혜의 보좌 앞으로 인도한다. 이 소망은 당신이 얻어낸 것이 아니라 예수님이 이루셔서 당신에게 은혜로 베푸신 것이다. 인간이 자신의 행위로 하나님과 화목하게 되어 그분 앞에 의롭게 설 수 있다면, 복음은 거짓말이고 성경의 이야기는 필요 없을 것이다. 그러나 복음은 거짓말이 아니라,

역사상 기록되고 선포된 것 중 가장 필수적이고 영광스러운 메시지다. 예수님의 의로운 삶과 대속의 죽음 덕분에 우리는 하나님께 용서받고 받아들여져 의롭다고 선포된다. 이것이야말로 최고의 기쁜 소식이다.

기쁜 소식은 거기서 끝나지 않는다

하나님이 주 예수 그리스도를 통해 은혜로 의롭다 하신다는 진리를 충분히 다루려면, 이 소중한 진리에 수반되는 아름다운 구원의 은혜 중 하나를 반드시 짚고 넘어가야 한다. 우리가 법적으로 하나님 앞에 의로워지는 것과 더불어, 그분의 자녀라는 새로운 정체성을 얻은 것이 칭의의 관건이다. 이 새로운 정체성은 칭의의 놀라운 진리에 함축된 의미를 충분히 이해하는 데도 중요하지만, 당신이 살아가는 방식에도 영향을 미친다(이 내용은 다음 장에서 자세히 살펴볼 것이다).

이 새로운 정체성은 성경의 구원 용어 중 가장 중요한 두 단어인 "그리스도 안에"로 요약할 수 있다. 우리와 그리스도의 연합을 빼놓고는 지금 살펴보는 진리를 성경적으로 제대로 논할 수 없다. 우리가 은혜로 그리스도와 연합되었다는 진리는 바울 서신의 중심 주제다. 그는 "그리스도 안에"라는 표현을 33회 썼고, 우리를 택하심도 "창세전에 그리스도 안에서"(엡 1:4) 된 일이라고 했다. 우리를 구원하시려는 하나님의 주권적 뜻에 따라 우리는 첫 숨을 쉬기도 전에 그리스도께 연합되었다. 생각해보면 신기한 일이다. 우리가 똑똑해서 그리스도를 찾아내 그분 안에 들어간 것이 아니다. 하나님이 주권적으로 작정하셔서 구원의 은혜로 우리를 "그리스도 안에" 두셨다.

복음의 모든 은혜가 우리에게 흘러옴은 우리가 그리스도 안에 있기 때문이다. 우리가 의롭다 하심을 받은 것도 그리스도 안에 있기 때문이고, 지금 성화되고 있는 것도 그리스도 안에 있기 때문이다. 입양 자녀로 사랑받는 것도 그리스도 안에 있기 때문이고, 용서받은 것도 그리스도 안에 있기 때문이다. 우리의 모든 필요가 채워지는 것도 그리스도 안에 있기 때문이고, 아버지가 사랑하시는 대상이 된 것도 그리스도 안에 있기 때문이다. 우리에게 영원한 소망이 있음도 우리가 그리스도 안에 있기 때문이다. "그리스도와의 연합은 수원과도 같아서 회개와 믿음, 용서, 칭의, 입양, 성화, 견인, 영화 등 그리스도인의 모든 영적 복이 거기서 흘러나온다."*

그리스도와 연합되어 있기에 이제 우리에게 새로운 잠재력이 있다. 신약에서 가장 힘이 되는 본문 중 하나는 갈라디아서 2장 20절이다. "내가 그리스도와 함께 십자가에 못 박혔나니 그런즉 이제는 내가 사는 것이 아니요 오직 내 안에 그리스도께서 사시는 것이라 이제 내가 육체 가운데 사는 것은 나를 사랑하사 나를 위하여 자기 자신을 버리신 하나님의 아들을 믿는 믿음 안에서 사는 것이라." 이 놀라운 선언에서 모든 신자에게 적용되는 세 가지 요소에 주목해보라. 첫째는 "내가 그리스도와 함께 십자가에 못 박혔나니"라는 복음의 역사적 사실의 진술이다. 우리는 그리스도의 죽음과 부활에 연합되었다. 그분이 죽으실 때 우리도 죽었고, 그분이 부활하실 때 우리도 새 생명으로 부활했다는 뜻이다. 예수님은 구원의 가능성을 얻으려고 죽으신 것이 아니라, 자신과 연합된 모든 사람의 이름을 품고 십자가에 달리셨다. 그분이 십자가에서 고난당하여 죽으실 때 우리도 그분과 연합되어 있었으므로 그분이 치르신 죗값은 곧 우리가 치른 것과 같다.

다음은 "이제는 내가 사는 것이 아니요 오직 내 안에 그리스도께서 사시는 것이라"는 복음의 현재적 실재의 진술이다. 이 영광스러운 진술

---

* Robert L. Reymond, *A New Systematic Theology of the Christian Faith*, 재판 (Nashville: Thomas Nelson, 2010), 759. (『최신 조직신학』 기독교문서선교회 역간)

의 범위와 그것이 일상생활에 주는 의미를 몇 마디 말에 담아낼 수는 없다. 분명히 바울은 자신이 몸으로 죽었다고 말하지 않는다. 죽었다면 이 말도 쓸 수 없었을 것이다. 그는 '이미' 회심했으나 '아직' 본향에 이르지 못한 모든 신자의 놀라운 실재를 설명하는 중이다. 그의 말대로 우리는 그리스도와 연합되어 있기에 지금 우리를 생동하게 하는, 즉 새로운 생각과 갈망과 행동을 촉발하는 생명은 우리 것이 아니라 그리스도의 것이다. 복음은 자신을 뜯어고치는 수단이 아니다. 복음의 핵심은 우리를 구원하여 변화시키는 이 연합이다. 우리는 단지 변화되려는 의욕과 의지적인 수양을 통해 달라지지 않는다. 우리를 변화시키는 것은 부활하여 지금 우리 안에 거하시는 주 예수 그리스도의 능력이다. 그분과 연합되어 있기에 우리는 이전에 결코 하지 못했을 일도 그분을 힘입어 할 수 있다.

끝으로 이 본문은 "이제 내가 육체 가운데 사는 것은 나를 사랑하사 나를 위하여 자기 자신을 버리신 하나님의 아들을 믿는 믿음 안에서 사는 것이라"는 복음에 합당한 헌신으로 끝난다. 자기 안에 그리스도가 사신다는 사실을 믿은 바울이 실제로 그 믿음대로 살겠다고 고백한 것이다. 그리스도 안에 있다는 것은 바로 그 부활의 능력이 이제 우리 삶을 생동하게 한다는 뜻이다. 생각해보면 신기한 일이며, 이 또한 하나님이 베푸시는 은혜다. 죄는 우리를 정죄할 뿐 아니라 무력하게 하여, 하나님이 설계하신 본연의 모습이 되지도 못하게 하고 그분이 명하신 대로 살지도 못하게 한다. 그런 우리가 그리스도 안에서 새롭게 살아갈 능력을 입는 것이다.

그리스도 안에서 이제 우리는 지극히 높으신 하나님의 입양 자녀로 받아들여졌다. 요한은 "보라 아버지께서 어떠한 사랑을 우리에게 베푸사 하나님의 자녀라 일컬음을 받게 하셨는가, 우리가 그러하도다"(요일 3:1)라고 말했다. 질문은 "아버지께서 어떠한 사랑을 우리에게 베푸시는가?"이고 답은 "입양하시는 사랑"이다. 그분이 유죄 선고만 거두시고 계속 우리를 멀리하신다 해도 놀라운 은혜일 것이다. 그냥 우리를 참아 주신다 해도 황송한 자비일 것이다. 그런데 그분은 반항하는 원수들을 데려다 지극히 사랑하는 자녀로 입양하셨으니 그야말로 아낌없는 은혜다. 이제 우리는 지극히 높으신 하나님의 자녀로서 모든 권리와 특권을 누리며 살아간다. 엘리즈 피츠패트릭(Elyse Fitzpatrick)은 그 경이로움을 이렇게 표현했다.

> 우리와 그리스도의 연합은 이런 말로 요약될 수 있다.
> 아버지께서 아들 예수님을 무한히 사랑하시므로 우리도
> 무한히 사랑하신다. 우리를 무한히 사랑하시는 까닭은
> 우리가 그 아들 안에 있어 그분의 일부이자 그분과 하나이고,
> 또 그분과 결혼하여 가족의 일원이 되었기 때문이다.
> 아버지는 우리를 보실 때 마치 우리가 늘 그런 존재였던
> 것처럼 보신다. 우리를 보실 때 머리를 긁적이며 "이 사람은
> 여기에 어떻게 들어왔으며, 저 사람은 여기서 무엇을 하는
> 것이냐?"라고 묻지 않으시고, "이는 내 사랑하는 딸, 내
> 사랑하는 아들이요 내 기뻐하는 자라"고 말씀하신다.
> 이것이 다 우리가 그분의 사랑하시는 아들과 연합되어 있기
> 때문이다.*

우리가 그리스도와 하나이기 때문에 아들 예수님을 향한 아버지의 다함없는 사랑이 이제 그분의 자녀인 우리에게로 흐른다. 그리스도와의 연합은 우리가 서로 사랑하고 연합하는 새로운 문화의 기초이기도 하다. 예수님이 제자들과 우리를 위해 기도하실 때 그 점을 분명히 밝히셨다.

---

* Elyse Fitzpatrick, *Found in Him* (Wheaton, IL: Crossway, 2013), 123.

> **요 17:6-11** 세상 중에서 내게 주신 사람들에게 내가 아버지의 이름을 나타내었나이다 그들은 아버지의 것이었는데 내게 주셨으며 그들은 아버지의 말씀을 지키었나이다 지금 그들은 아버지께서 내게 주신 것이 다 아버지로부터 온 것인 줄 알았나이다 나는 아버지께서 내게 주신 말씀들을 그들에게 주었사오며 그들은 이것을 받고 내가 아버지께로부터 나온 줄을 참으로 아오며 아버지께서 나를 보내신 줄도 믿었사옵나이다 내가 그들을 위하여 비옵나니 내가 비옵는 것은 세상을 위함이 아니요 내게 주신 자들을 위함이니이다 그들은 아버지의 것이로소이다 내 것은 다 아버지의 것이요 아버지의 것은 내 것이온데 내가 그들로 말미암아 영광을 받았나이다 나는 세상에 더 있지 아니하오나 그들은 세상에 있사옵고 나는 아버지께로 가옵나니 거룩하신 아버지여 내게 주신 아버지의 이름으로 그들을 보전하사 우리와 같이 그들도 하나가 되게 하옵소서.

우리는 스스로 결코 이런 연합을 창출할 수 없다. 우리가 하나임은 그리스도 안에서 하나이기 때문이다. 우리는 그리스도 안에 있고 그리스도는 우리 안에 계신다. 이 사실은 당신과 나에게 모두 해당되므로 우리도 서로 연합되어 있는 것이다. 그리스도 안에 있는 모든 사람을 하나 되게 하는 유일한 기초는 바로 우리가 그분 안에 있다는 사실이다. 이 연합은 인종과 사회 계층과 성별과 민족과 지역을 초월한다.

잠시 멈추어 이번 장에서 살펴본 내용을 생각해보라. 그리스도라는 놀라운 은혜의 선물을 통해 우리에게 주신 정체성을 생각해보라. 이제 우리는 더는 정죄당하는 외인이나 원수가 아니라 은혜로 말미암아 그리스도 안에서 하나님의 자녀이자 아버지가 사랑하시는 대상이 되었다. 칭의와 용서와 영원한 사랑을 받아 그분께 연합되고 서로 연합된 의로운 존재인 것이다. 칭의 교리와 거기에 수반되는 모든 은혜야말로 죄로 얼룩진 세상의 죄인들에게 들려올 수 있는 사상 최고의 소식이다. 감히 꿈꿀 수조차 없었고 우리 힘으로 결코 얻어낼 수도 없는 것이 이제 그리스도 안에서 우리 것이 되었다. 의롭다 하시는 자비의 빗물이 우리 위에 생명수로 쏟아져 내린다. 이 영원한 빗줄기를 막을 수 있는 것은 천지간에 아무것도 없다. 주 예수 그리스도의 인격과 사역과 의롭다 하시는 은혜보다 더 좋은 선물이 있겠는가? 그러니 읽기를 멈추고 잠시 즐거워하자.

18
일상생활 속의 칭의

　관계 초기에만 해도 릭과 매기 부부에게는 희망과 기쁨과 서로 사랑하고 존중하는 마음이 있었다. 두 사람은 서로 고대해온 평생의 관계일 수 있다고 믿었다. 진부하게 들릴지 모르지만 그들은 교회에서 만났다. 어느 주일에 우연히 같은 줄의 좌석에 앉아 가벼운 대화를 나누었다. 그뿐이었다. 불꽃이 튀지도 않았고 핑크빛 미래가 그려진 것도 아니었다. 그런데 2주 후 뜻밖에도 두 사람이 같은 소그룹에 배정되었다. 몇 주 후에는 만나서 커피를 마셨다. 웃으며 얘기하다 보니 어느새 두 시간 반이 훌쩍 지나가버렸다.

　릭과 매기의 첫 공식 데이트 장소는 베트남 식당이었다. 알고 보니 둘 다 베트남 쌀국수를 좋아했던 것이다. 이 음식 취향은 둘의 많은 공통점 중 하나였다. 함께 영화를 보거나, 피크닉을 가고, 해변으로 나들이를 가는 시간이 점차 많아졌다. 머잖아 그들은 떨어질 수 없는 사이가 되어 진지하게 결혼 이야기를 나누었다. 둘 다 같은 도시에 정착해 있었으므로 장거리 이사는 필요 없었다. 결혼 후 매기가 아파트를 정리하고 릭의 집으로 입주할 계획이었다. 멀리서 보기에는 누구나 꿈꾸는 결혼처럼 보였다.

　그러나 내 사무실 소파에 앉은 이 부부에게는 기쁨이 없었다. 꿈보다는 악몽 속에 있는 듯 보였다. 릭과 매기는 마치 상대가 곁에 없다는 듯 소파 양쪽 끝에 떨어져 앉았다. 시무룩한 패배자의 표정을 하고 있었고, 둘 사이에 온기라고는 전혀 없었다. 부부 관계에 대한 릭의 말에는 세일즈맨에게 속아 바가지를 쓴 사람처럼 노기가 서려 있었다. 매기는 말할 때마다 울었다. 배신당한 사람처럼 상처로 아팠던 것이다.

두 사람은 집에서는 거의 말을 섞지 않았고, 그나마 말할 때도 화제는 스케줄과 공과금과 집 관리 문제가 고작이었다. 그런 짤막한 대화조차도 비열한 다툼으로 불거지기 일쑤였다. 한때 공통점이 아주 많아 보였던 릭과 매기의 삶은 이제 끝없는 냉전 상태였다. 둘이 함께 있는 시간은 일요일 아침 예배와 수요일 저녁 소그룹뿐이었는데, 거기서도 짐짓 행복한 표정만 짓고 깊이 있는 질문에는 무응답으로 일관했다.

두 사람에게서 부부 사이의 안타까운 실태를 듣고 또 이로 인한 상처와 분노도 지켜보면서, 나는 자꾸 그들의 결혼 생활에 복음이 결여되어 있다는 생각이 들었다. 이 힘들어하는 부부에 대한 나의 반응이 혹시 당신에게는 현실성이 없거나 너무 이론적이거나 훈계조로 들리는가? 아니면 은혜로 의롭다 하시는 예수님의 복음이 어떻게 이 부부를 수렁에서 끌어낼 수 있는지 그려지는가? 예수님의 의로운 삶과 대속의 죽음이라는 진리가 어떻게 우리의 자아상과 나아가 서로를 보고 대하는 방식을 송두리째 바꾸어놓는지 보이는가? 모든 부부가 필연적으로 경험하는 죄와 연약함과 실패에 대처하는 방식이 은혜의 복음 때문에 어떻게 달라지는지 당신은 명확히 설명할 수 있는가? 칭의 교리를 일상 생활의 여러 현실에 적용할 수 있는가?

의롭다 하시는 은혜의 복음은 하나님과의 관계 속으로 들어가는 길이자 그분이 영원히 함께하신다는 보증일 뿐 아니라, 지금 여기서 살아야 할 새로운 문화이기도 하다. 칭의 교리는 모든 것을 바꾸어놓는다. 문제는 그것을 알지도 못하고 깨닫지도 못하는 그리스도인이 무수히 많다는 것이다. 내 생각에 여태 목회자들의 가르침과 설교와 상담과 제자도는 예수 그리스도의 복음의 '현재성'에 함축된 의미를 추적하지 못할 때가 많았다.

그 사무실에서 내게 비참한 결혼 이야기를 들려준 릭과 매기는 자신이 누구인지를 몰랐고, 하나님이 아들 예수님을 통해 베푸신 칭의의 은혜가 얼마나 어마어마한 것인지도 사실상 거의 몰랐다. 물론 그들에게 더 나은 소통 기술과 문제 해결 전략이 필요한 부분도 있었지만, 문제의 뿌리는 그보다 훨씬 깊었다. 그들이 소통하는 방식과 문제에 접근하는 방식은, 그들의 자아상과 결혼관에 근본적으로 무언가가 결여되어 있다는 징후였다. 그리스도인의 결혼 생활이 어떻게 그토록 소망이 없고 은혜가 부족하며 끊임없는 비판으로 점철될 수 있을까?

이 물음에 답하고자 나는 하나님이 예수님 안에서 칭의의 자비를 통해 우리에게 베푸신 완전히 새로운 삶을 상술하려 한다. 이를 위해 베드로후서 1장 3-9절을 칭의의 은혜가 우리에게 가져다주는 새로운 삶을 이해하는 발판으로 삼을 것이다.

> **벧후 1:3-9** 그의 신기한 능력으로 생명과 경건에 속한 모든 것을 우리에게 주셨으니 이는 자기의 영광과 덕으로써 우리를 부르신 이를 앎으로 말미암음이라 이로써 그 보배롭고 지극히 큰 약속을 우리에게 주사 이 약속으로 말미암아 너희가 정욕 때문에 세상에서 썩어질 것을 피하여 신성한 성품에 참여하는 자가 되게 하려 하셨느니라 그러므로 너희가 더욱 힘써 너희 믿음에 덕을, 덕에 지식을, 지식에 절제를, 절제에 인내를, 인내에 경건을, 경건에 형제 우애를, 형제 우애에 사랑을 더하라 이런 것이 너희에게 있어 흡족한즉 너희로 우리 주 예수 그리스도를 알기에 게으르지

않고 열매 없는 자가 되지 않게 하려니와 이런 것이 없는 자는 맹인이라 멀리 보지 못하고 그의 옛 죄가 깨끗하게 된 것을 잊었느니라.

이 본문은 지금 여기서 살아야 할 복음의 문화를 이해하는 출발점으로 아주 적합하다. 예수님의 삶과 죽음과 부활 덕분에 이제 그 문화가 우리 것이 되었다.

이 본문은 진단의 성격을 띤다. 신자들의 삶 속에서 무언가가 잘못되는 때를 지목해서 설명하려고 쓴 글이기 때문이다. 베드로는 이런 진단을 내린다. "이런 것이 너희에게 있어 흡족한즉 너희로 우리 주 예수 그리스도를 알기에 게으르지 않고 열매 없는 자가 되지 않게 하려니와"(8절). 베드로에 따르면 어떤 이들은 진정 주님을 알고 그분의 은혜로 참으로 구원받고 용서받아 하나님과 가까워졌는데도, 삶은 게으르고 열매가 없다. 부부로서 릭과 매기의 생활 방식은 분명히 게으르고 열매가 없었다. 그들이 무슨 생각으로 어떻게 행동했든 거기서는 연합, 사랑, 이해, 화목, 소망, 기쁨 등의 선한 열매가 맺히지 않았다. 결혼 생활에 어찌나 열매가 없던지 이런 생각이 들었던 기억이 난다. '이 부부는 그리스도인다운 구석이 전혀 없어 보인다.'

베드로의 진단이 불러일으키는 의문이 있다. "신자의 삶에 어떻게 그토록 열매가 없을 수 있을까?" 답은 본문에 나와 있다. 베드로가 지목한 대상이 게으르고 삶에 열매가 없었던 이유는 그들에게 선한 열매를 맺을 만한 성품의 자질이 결여되어 있었기 때문이다. 베드로는 그 자질을 덕, 지식, 절제, 인내, 경건, 형제 우애, 사랑 등으로 열거한다. 이런 자질이 일상생활의 상황과 관계에 대한 당신의 행동과 반응과 대응을 빚어내면, 그 결과 선한 열매가 풍성히 맺힌다. 누군가는 이런 생각이 들지도 모르겠다. '이것이 칭의 교리에 함축된 실제적 의미와 무슨 관계가 있는지 아직 모르겠다.' 계속 읽으면 그 연결 고리가 나온다.

이 본문은 우리를 또 다른 의문으로 이끈다. "왜 일부 그리스도인에게는 성품의 이런 필수 자질이 결여되어 있을까?" 알다시피 당신과 내게는 마음속과 나아가 일상생활 속에 이런 자질을 기를 능력이 전혀 없다. 경건을 우리 힘으로 낳을 수 있다면 예수 그리스도의 십자가는 필요 없었을 것이다. 이런 자질은 하나님의 은혜로만 우리에게 길러진다. 지금 여기서 그분이 우리에게 주시는 은혜의 선물이다. 그렇다면 방금 제기한 의문의 답은 무엇일까? 다음 구절에 나와 있다. "이런 것이 없는 자는 맹인이라 멀리 보지 못하고 그의 옛 죄가 깨끗하게 된 것을 잊었느니라"(9절).

베드로에 따르면 릭과 매기 같은 이들이 게으르고 삶에 열매가 없는 이유는, 그들이 맹인이라서 하나님의 자비로운 칭의의 결과로 자신에게 주어진 은혜의 풍성한 공급을 보지 못하기 때문이다. 이미 그들은 스스로 결코 이루어낼 수 없는 죄 사함을 받았으며, 이 용서에 수반되는 영화로운 은혜의 창고가 그들 각자와 부부 관계를 송두리째 변화시킬 수 있다. 베드로는 예수님 안에서 우리를 의롭다 하시는 하나님의 풍성한 자비를 이렇게 표현했다. "그의 신기한 능력으로 생명과 경건에 속한 모든 것을 우리에게 주셨으니"(3절). 얼마나 기막히게 영광스럽고 상상을 초월하며 소망을 불러일으키는 진술인가. 잠시 이것을 마음에 새겨보라. 우리는 은혜로 의롭다 하심을 받았다. 따라서 '이미' 회심했으나 '아직' 본향에 이르지 못한 이 중간기를 경건하게 살아가는 데 필요한 모든 것이 하나도 빠짐없이 우리에게 주어져 있다. 우리는 단지 용서받고 받아들여지기만 한 것이 아니라(물론 용서는 영광스러운 것이고 하나님의 수용은 놀라운 선물이다), 또한 지금 여기서 풍성한 공급을 받고 있다.

결국 릭과 매기 같은 이들은 자신이 누구이고 그리스도 안에서 무엇을 받았는지를 망각한다. 애초에 몰랐을 수도 있다. 그래서 그들은 그리스도 안에서 자신에게 주어진 좋은 것들을 추구하지 않는다. 그들은 신뢰해서는 안 될 것을 신뢰하고, 이길 능력을 주셨는데도 굴복하며, 실망을 안겨줄 것에 희망을 두고, 게으르고 열매 없는 삶에 안주한다. 그리고 이 악순환을 끝없이 되풀이한다.

복음을 보지 못하는 맹인의 생활 방식에 갇혀 있으면서도 그것을 모르는 그리스도인이 수없이 많은 것 같다. 그중에는 분노에 찬 이들도 있고, 자신의 신앙을 회의하는 이들도 있으며, 상처로 아파하는 이들도 있고, 우울한 이들도 있으며, 무력감에 빠진 이들도 있다. 그러나 구원의 기쁨을 잃은 것만은 모두 똑같다. 그들은 맹인이라서 아침에 일어날 때 그리스도 안에서 자신에게 주어진 모든 것을 더욱 힘써 누리려는 의지가 없다. 많은 교회가 신앙 공동체로서 게으르고 열매가 없는 데는 이런 이유도 있다.

그래서 지금부터 풀어내보려 한다. 예수 그리스도 안에서 의롭다 하시는 하나님의 은혜 덕분에 우리 것이 된 아름다운 부요는 우리의 자아상, 서로를 대하는 태도, 이 망가진 세상을 살아가는 방식을 어떻게 달라지게 할까? 하나님은 자신의 말씀에 나오는 여러 교리의 진리를 통해 우리를 변화시키신다. 어떤 생각으로 무엇을 갈망하며 어떻게 살아갈 것인지를 변화시키신다. 하나님이 은혜로 의롭다 하신다는 교리는 새로운 생활 방식을 추동한다. 이제부터 그 생활 방식을 일곱 단어에 담아 설명해보겠다.

겸손

칭의 교리는 당신과 내가 얼마나 엉망인지를 지적해줄 뿐 아니라, 우리가 스스로 본연의 모습 비슷하게라도 회복할 능력이 전무함도 지적해준다. 죄가 당신에게 불러온 폐해를 겸손히 인정한다는 것은 한때 수려했으나 지금은 퇴락하여 무너진 집 앞에 서 있는 것과 같다. 복구할 방법도 모르고 공구도 전혀 없는 채로 말이다. 우리가 그런 상태였다. 죄가 우리 존재의 모든 구석에까지 미쳐 파멸과 부패를 낳는데도 우리는 거기서 스스로 헤어날 능력이 없었다. 하나님과 관계를 맺도록 지어진 우리가 그때는 그분의 원수였고, 그분과 화목해지기 위해 우리가 할 수 있는 일이 아무것도 없었다. 바울의 말대로 "세상에서 소망이 없고 하나님도 없는"(엡 2:12) 상태였다.

칭의 교리는 자화자찬을 꺾어놓는다. 인간의 자만심을 납작하게 만든다. 독선과 그에 따른 자아도취와 정당화의 논리를 비웃는다. 이 진리는 자신의 능력과 지혜를 믿는 우리의 교만을 무너뜨린다. 당신의 행위로 자격을 얻었다는 생각을 원천 봉쇄한다. 이 진리 앞에서 당신은 자신의 힘으로는 하나님도 없고 소망도 없는 상태에서 벗어날 수 없음을 고백해야 한다. 이 교리가 말해주는 당신의 모습을 사실로 인정하면 거기서 겸손이 싹튼다. 겸손 자체도 은혜의 선물이다.

교만은 죄의 근원이며 거기서 다른 수많은 죄와 못된 열매가 자란다. 교만은 긍휼과 연민을 짓밟는다. 교만한 사람은 인내심과 이해심을 품기가 심히 어렵고, 권리 의식에 젖어 요구를 일삼는다. 교만에서는 용서하려는 마음이 결코 나오지 않는다. 교만한 사람은 비판과 정죄에 빠르며, 자신의 죄보다 남들의 죄에 훨씬 더 관심이 많다. 교만은 희생적 사랑을 대적한다. 교만한 사람은 까다로워서 걸핏하면 짜증 내고, 자신의 잘못을 부인하면서 다른 문제나 다른 사람에게 책임을 떠넘긴다. 교만하면 감사하기보다 불평하기가 더 쉬워진다.

교만한 사람은 남들과 화목하지 못한 편이고, 고난을 잘 감당하지 못한다. 교만한 사람은 대개 너그럽지 못하고, 남들이 복을 받으면 시기한다. 교만한 사람은 대개 자신이 편하게 살 권리가 있다고 생각하며, 대개 힘든 일을 싫어한다. 교만한 사람은 좀처럼 자백하지 않고, 잘못을 지적받으면 방어 태세로 나온다. 교만한 사람은 사랑하기보다 이기는 데 더 매력을 느끼고, 연합보다 분열에 더 능하며, 친구보다 적을 더 많이 만든다. 교만한 사람은 늘 계산적이고, 남의 잘못을 붙들고 늘어지며, 주목과 존중과 박수 받기를 좋아한다. 교만한 사람은 대개 스포트라이트를 받을 자격이 있다고 자처하며, 무대 중앙에 서야만 열심히 한다. 교만한 사람은 스스로 이루지 못했을 성과의 공로를 가로채고, 충성을 요구하지만 정작 자신이 원하는 바를 얻지 못하면 상대를 버린다. 교만한 사람은 자신이 옳아야만 하고, 통제권을 쥐어야 직성이 풀린다. 교만은 결코 좋은 결실을 맺지 못한다. 우리 삶의 죄와 나쁜 열매는 다분히 교만의 토양에서 자란다.

그래서 칭의 교리가 말해주는 당신의 실상, 즉 당신이 어떤 존재였고, 어떤 결과를 당해 마땅했으며, 의롭다 하시는 하나님의 자비가 아니었다면 당신의 삶이 어떻게 되었을지를 깨닫는 것은 은혜다. 자신의 사활이 걸린 소망이 칭의의 은혜에 있다고 고백하면서 동시에 교만하게 자신을 자랑할 수는 없다. 교만은 신자의 열매를 짓밟는다. 칭의 교리의 가장 아름답고도 가장 삶을 변화시키는 열매 중 하나는 겸손이다.

릭과 매기는 베드로의 말대로 맹인이라 멀리 보지 못하는 부부였다. 그들은 칭의의 은혜가 자신을 하나님의 진노에서뿐만 아니라, 자아에서도 구원했다는 진리를 잊고 살았다. 그 진리가 우리를 겸손하게 하는데 말이다. 자신이 누구이고 무엇을 받았는지를 망각한 결과, 결혼 생활의 모든 면이 은근한 교만과 노골적 교만에 물들었다. 릭은 독선적이어서 좀처럼 자신의 잘못을 겸손히 인정하지 않았고, 매기는 권리 주장과 요구를 일삼으며 늘 어떻게든 자신의 갈망을 앞세웠다. 무언가를 결정할 때마다 통제권 싸움을 벌였다. 그들은 하나님의 은혜를 잊었기에 여간해서 서로에게 은혜를 베풀지 않았고, 하나님의 용서를 잊었기에 자백과 용서로 아름다운 회복을 이룰 수 있음을 보지 못했다. 말로는 복음을 믿는다지만 이 둘의 부부 관계에는 복음에 합당한 생활 방식이 없었다.

겸손이 없이는 건강한 결혼 생활도 있을 수 없다. 겸손이 없이는 열매 맺는 자애로운 부모가 될 수 없고, 순종하는 자녀가 될 수 없다. 겸손이 없이는 열매 맺는 지도자가 될 수 없고, 좋은 이웃이나 좋은 시민이나 좋은 직원도 될 수 없다. 겸손은 칭의 교리의 선한 열매 중 하나다. 여기서 다시금 상기하거니와 하나님이 우리에게 말씀의 진리를 주신 것은 우리를 가르치시기 위해서만이 아니라, 더 중요하게 우리를 변화시키시기 위해서다. 당신도 맹인이라 보지 못하는가? 칭의의 진리가 당신 안에 겸손의 열매를 맺어왔는가?

감사

죄는 자기중심적이다. 죄 때문에 우리는 자아에 매몰되고 사로잡혀 자기밖에 모른다. 바울이 고린도후서 5장 15절에 말했듯이, 예수님이 오신 것은 다시는 우리 자신을 위하여 살지 않게 하시기 위해서다. 죄가 자기중심적이기 때문에 감사보다 불평이 우리에게 더 자연스럽다. 역시 이번에도 칭의 교리가 변화의 위력을 발한다. 이 교리의 아름다운 열매 중 하나는 깊은 감사다. 우리가 감사하는 이유는 일진이 좋거나, 사람들이 나를 좋아하거나, 내가 건강하거나, 부유하거나, 성공했거나, 앞에 진수성찬이 차려져 있거나, 자녀가 밖에서 나를 망신시키지 않아서가 아니다. 감사는 인간의 상황과 장소와 관계를 초월하고, 역경 앞에서도 약해지지 않는다. 인생길이 험해질 때마다 기복을 타지 않는다.

아침에 깨어나 이렇게 고백하는 사람은 은혜와 믿음으로 말미암는 칭의의 복음에 합당하게 살고 있는 것이다. "내 결혼 생활은 최고의 상태가 아니고, 자녀에 대한 걱정도 많고, 재정 문제로 가끔 골머리를 썩는다. 그러나 나는 완전히 용서받았고, 틀림없이 영원히 사랑받을 것이다. 자격이 있어서 받는 사랑도 아니고 내가 얻어낼 수 있는 사랑도 아니다. 예수님이 사시고 죽으셨기에 나는 최악의 날에도 이 사랑을 누린다. 나는 사랑받는 존재다!" 그리스도가 이루신 일 덕분에 당신이 만왕의 왕이요 만주의 주이신 하나님의 아들과 딸로 입양되었으니, 마음 가득히 감사가 차오르게 하라. 잠시 멈추어, 거룩하신 하나님이 당신을 보실 때 재판관으로서 보지 않으시고 아버지의 자애로운 눈길로 보신다는 사실을 생각해보라. 이는 예수님이 당신 대신 심판을 받으셨기 때문이다. 그런데 어떻게 감사가 넘쳐흘러 당신의 삶을 빚어내지 않을 수 있겠는가?

감사는 아름다운 것이다. 당신의 정체와 소유는 스스로 얻어낸 것이 아니라 예수님이 주신 것이다. 이 사실을 깨달으면 감사하게 된다. 알다시피 삶에서 가장 풍성한 것들은 스스로 성취한 것이 아니라 은혜로 받은 것이다. 가장 큰 복일수록 일하고 받은 삯이 아니라 사랑의 선물이다. 감사한다는 것은 당신이 그 사실을 안다는 뜻이다. 또한 당신의 가장 큰 문제인 죄가 그분의 너그러운 희생을 통해 해결되었음을 아는 것이다. 감사는 위를 우러르며 기억한다.

하나님의 구원하시는 사랑에 감사하는 사람에게는 대개 기쁨이 있다. 불평하는 사람에게서는 기쁨을 별로 볼 수 없다. 감사하는 사람은 자신에게도 해방이 필요함을 기억하기에 아량과 긍휼과 연민과 이해심을 보이는 편이고, 자신이 하나님께 받은 것들을 기억하기에 너그러워져서 즐거이 희생하며 남을 섬긴다. 하나님의 용서에 대한 감사를 품고 살아가는 사람은 기꺼이 용서하고 화해하여 관계를 회복한다. 자신이 하나님의 오래 참으시는 자비의 수혜자임을 기억하는 사람은 대부분 자비롭게 오래 참는다. 그리스도 예수 안에서 베푸신 하나님의 놀라운 은혜에 감사하는 사람은 대개 다른 이들에게 기꺼이 은혜를 베푼다.

감사에는 가치를 따질 수 없는 변화의 위력이 있다. 칭의 교리를 제대로 묵상하면 마음에 감사가 넘칠 수밖에 없다. '내가 얻어냈고 그만한 자격도 있으니 나는 자랑하리라'고 생각하던 시절은 갔다. 칭의 교리는 인간의 낡고 알량한 교만과 자신이 대단한 줄 아는 자아도취의 망상을 모두 무너뜨린다. 바울은 "네게 있는 것 중에 받지 아니한 것이 무엇이냐 네가 받았은즉 어찌하여 받지 아니한 것같이 자랑하느냐"(고전 4:7)라고 말했다. 수직적 감사는 마음을 변화시키고, 모든 수평적 상황과 관계에 반응하는 방식도 변화시킨다.

안타깝게도 릭과 매기는 바울의 말대로 살지 못했다. 부부 관계를 지켜주고 아름답게 빚어낼 수직적 감사가 없었고, 대화도 불평 일색이었다. 릭은 인내심이 없어 매기의 약점과 실패를 너그러이 감싸주지 않았고, 매기는 릭의 사랑에 감사하기보다 당연시하는 자세로 관계에 임했다. 번번이 그녀는 자신이 그에게 해준 일을 줄줄이 늘어놓으면서 그가 소홀히 한 부분만 전부 지적했다. 양쪽 다 감사할 이유보다 불평할 이유를 더 찾는 것 같았다. 탈진과 낙심을 부르는 이 버거운 생활 방식은 복음과는 무관했다. 하나님의 다른 모든 자녀처럼 릭과 매기에게도 영원히 감사할 이유가 얼마든지 있었다. 감사했다면 관계가 달라졌으련만, 그들은 자신이 누구인지와 의롭다 하시는 주님의 자비로 말미암아 무엇을 받았는지를 잊었다. **당신의 마음은 그리고 당신이 일상생활의 상황과 장소와 관계에 반응하는 방식은 수직적 감사로 인해 변화되어왔는가?**

자유

칭의 교리의 아름다운 열매가 또 있다. 이 열매는 마음을 해방하고 삶을 변화시켜 기쁨을 낳는다. 은혜와 믿음으로 말미암는 칭의는 진정으로 당신을 해방한다. 문제는 당신이 일상생활의 모든 장에 그 자유를 품고 들어가느냐는 것이다. 의롭다 하시는 그리스도의 자비는 당신을 율법의 짐에서 해방한다. 예수님이 율법의 모든 요구를 완전히 충족시키셨기 때문에 이제 우리는 하나님과 화목해졌다. 또한 현세에서는 결코 하나님의 기준에 부합하지 못할지라도 막힘없이 그분과의 관계 속에 들어갈 수 있다. 물론 우리는 의지적으로 순종하고 죄를 물리쳐야 하지만, 하나님께 받아들여지기 위한 수단으로 그렇게 할 필요는 없다.

칭의의 은혜는 죄책감의 막중한 짐에서 우리를 해방한다. 우리는 더는 후회하며 살 필요가 없다. 과거의 무거운 죄 짐을 현재와 미래 속으로 끌어들일 필요가 없다. 하나님의 진노가 임할까 두려워 더 이상 숨을 필요도 없고, 자신의 죄를 덜 악하게 느끼고자 수고로이 죄를 부인하고 축소하고 은폐할 필요도 없다. 주변 사람들이 사랑으로 잘못을 지적해 줄 때 더는 자신이 옳다고 변호할 필요도 없다. 구원하시는 은혜는 우리를 이런 짐에서 해방한다.

수치심의 짐도 더는 질 필요가 없다. 예수님이 십자가에서 수치심에 수치심을 입히셨기에 이제 우리는 거기에 얽매여 살지 않는다. 수치심이 영원한 문제로 남을 때는 바로 그분 앞에 서는 순간인데, 그분이 보시기에 우리는 더는 때 묻거나 더럽거나 죄로 얼룩진 존재가 아니다. 칭의의 은혜 덕분에 전과 기록이 말소되어 하나님 보시기에 의롭다. 그래서 우리는 의기소침하게 살아갈 필요가 없다. 마치 자신이 버림받고 배척당해 쓸모없는 존재인 양 구경꾼들로부터 자신을 보호할 필요가 없다. 우리는 왕의 자녀이고 그분의 문은 열려 있어 아무 때나 들어가도 된다. 수치심은 예수 그리스도의 십자가에서 죽었다. 그러니 계속 거기에 지배당해야 할 까닭이 무엇인가?

칭의의 은혜는 또 우리를 두려움의 짐에서 해방한다. 은혜란 우리가 더는 하나님의 원수가 아니라 그분의 자녀라는 뜻이다. 은혜란 하나님이 우리를 위하신다는 뜻이다. 그분이 우리를 위하시면 누가 우리를 대적할 수 있겠는가? 칭의의 은혜는 다함없는 창고에서 하나님의 복을 우리에게 쏟아붓는다. 칭의의 은혜 덕분에 우리는 결코 미력한 지혜와 힘만 가지고 나만의 좁은 통제 반경에 혼자 남겨지지 않는다. 칭의의 은혜란 하나님이 자신의 영광을 위해서뿐만 아니라, 또한 우리를 영원히 잘되게 하시려고 주권적 능력을 행사하신다는 뜻이다. 칭의의 은혜란 우리가 확고부동하게 보장된 하나님의 공급과 보호 아래 살아간다는 뜻이다.

우리가 어디서 누구와 어떤 일에 부딪히든 전능하신 주님이 우리 곁에 계신다. 칭의의 은혜란 그날 닥쳐올 상황에 딱 맞는 새로운 자비가 아침마다 우리를 기다리고 있다는 뜻이다. 칭의의 은혜란 우리를 혼란에 빠뜨릴 모든 난제까지도 구주가 훤히 아시고 다스리시며 주권적으로 주관하신다는 뜻이다. 칭의의 은혜 덕분에 우리는 두려움의 흑암에서 벗어나, 돌보시는 아버지의 빛과 안식에 들어간다. 그곳에는 마음의 평안이 있어 불안이 더는 우리를 괴롭히지 못한다. 죄책감과 수치심과 두려움의 굴레에서 해방되는 이 자유는, 의롭다 하시는 주 예수 그리스도의 은혜로 말미암아 우리 것이 되었다. 우리가 이런 짐을 더는 지지 않는 이유는 의롭다 하시는 은혜의 행위로 그분이 그것을 우리의 어깨에서 거두어 가셨기 때문이다.

릭과 매기의 부부 관계를 가장 병들게 한 문제는 두려움이었다. 자신의 잘못이 밝혀져 수치당할 것에 대한 두려움이 서로의 교류를 다분히 지배했다. 그들은 죄책감을 유발하는 위력을 알았고, 쓰라린 수치심에 익숙해져 있었다. 두 사람은 공통적으로 다음번에 자신의 잘못을 지적당해 권력이 상대 쪽으로 기우는 것을 두려워했다. 희망보다 두려움이 더 강력한 동기가 되어 있다면, 당신은 하나님의 은혜의 복음을 놓치고 관계를 어려움에 빠뜨린 것이 분명하다. 정직과 투명성보다 은폐와 방어가 더 일상화되어 있다면, 당신의 관계는 곤경에 처한 것이 확실하다. 릭과 매기는 두려움과 죄책감과 수치심의 악순환에 질렸는데도, 그것을 지속시키는 것이 바로 자신들이라는 사실을 알지 못했다. 새로운 모습으로 함께 살아가는 데 필요한 모든 것이 하나님의 칭의의 자비로 말미암아 이미 자신들에게 주어졌다는 사실도 보지 못했다. 당신의 삶은 얼마나 두려움에 지배당하고 있는가? 칭의의 은혜를 복으로 받았기에 당신 것이 된 자유, 그 자유를 정말 중요한 분야들에서 누리며 사는가?

정체성

정체성 문제도(14장 참조) 칭의 교리와 맞물려 있다. 이번에도 중요하게 기억해야 할 점이 있다. 좋은 성경 신학은 하나님이 누구시고 무엇을 하셨는지를 밝혀줄 뿐 아니라 우리의 정체성도 하나님의 자녀로 새로 규정해준다. 의롭다 하시는 하나님의 자비에서 흘러나오는 소중한 복 중 하나는 새로운 정체성이다. 그리스도 안에서 우리가 얻은 정체성이란 바로 우리가 용서받고 입양되어 영원히 사랑받는 하나님의 자녀라는 것이다. 우리는 더는 정체성과 의미와 목적을 찾을 필요가 없다. 그리스도 안에서 이미 받았기 때문이다. 의롭다 하시는 하나님의 자비로 말미암아 주어진 우리의 정체성은 어찌나 위력적인지, 그 무엇이나 누구도 그것을 빼앗아갈 수 없다. 오직 그분께 받는 정체성만이 마음을 채워줄 수 있고 영원불변하다. 그리스도 안에서 용서받고 입양되어 영원히 아버지께 사랑받는 존재, 그것이 우리의 정체이고 앞으로도 영원히 그러할 것이다.

우리는 대단한 사람이 될 필요가 없다. 나의 가치를 입증할 필요가 없고, 무언가를 통해 어떻게든 존재감이나 비중이나 권력을 얻으려 할 필요도 없다. 사람의 찬사와 존경과 인정과 사랑에 중독될 필요가 없고, 성취로 자신을 규정할 필요도 없다. 나의 가치를 직함에 담을 필요가 없고, 자동차와 주택과 휴가를 정체성의 표지로 삼을 필요도 없다. 정체성을 정치 진영이나 어떤 권한이나 통제권에서 얻을 필요가 없고, 늘 강하고 준비되어 있으며 유능하고 두려움이 없어 보일 필요도 없다. 약점을 숨기며 실패를 부인할 필요가 없고, 실제의 속마음을 감추려고 가면을 쓸 필요도 없다. 우리의 가치는 타인의 반응에서 오지 않기 때문에 우리는 억울한 일을 당할 때도 원한과 복수심에서 해방된다.

우리는 정체성과 관련된 유해한 불안에서도 해방되었다. 그런 불안이 수많은 신자를 괴롭히고, 부름받은 일을 하지 못하게 막으며, 관계를 해친다. 의롭다 하시는 하나님 은혜의 소중한 복은 수직적 정체성이 우리를 수평적 정체성의 혼란에서 해방한다는 것이다.

안타깝게도 릭과 매기의 결혼 생활에서는 정체성이 큰 문제였다. 정체성에 관한 한 그들의 부부 관계는 최악의 상황이었다. 매기는 자신도 모르게 정체성과 행복감을 결혼과 연계시켰다. 지금까지 결혼하지 않으면 자신이 미완으로 남는다고 느꼈다. 그녀의 감정은 그날 릭이 자신을 어떻게 대하느냐에 따라 요동했다. 그러나 매기가 동경하는 확고한 정체성을 불완전한 남자인 릭이 부여할 수 있을 리는 만무하다. 한편 릭은 자신의 정체성을 사업 성공과 연계시켰다. 대학을 졸업할 때 아버지가 해준 말이 그의 머릿속에 늘 박혀 있었다. "이제 세상에 나가 출세하거라." 매기가 결혼에 희망을 거는 동안 릭의 삶은 점점 더 성공 욕구에 지배당했다. 그러나 어떤 출세도 그가 얻으려는 것을 채워줄 수는 없었다. 매기가 릭에게서 자신을 찾으려 하고 릭이 매기를 멀리하고 일에서 자신을 찾으려 하는 한, 이들의 결혼 생활은 희망이 없다. 수직적 정체성에 대한 기억 상실증이 부부 관계를 파탄 내고 있는데도 그들은 그것을 몰랐다.

많은 신자가 그리스도 안에서 자신에게 주어진 것을 보지 못한 채, 정체성을 찾고자 여러 관계와 직업과 장소와 교회를 전전한다. 하나님이 은혜로 베푸시는 지금 여기의 복을 모르는 신자는 과소비로 정체성을 사려다가 대책 없는 빚에 빠진다. 의롭다 하시는 은혜의 복음의 '현재성'을 모르는 부모는 자기 정체성의 짐을 자녀에게 지우는데, 이는 자녀가 지기에는 가혹한 짐이다. 자신이 전하는 복음을 망각한 목사는 사역에서 정체성을 찾으려다가 결국 지쳐서 낙심과 탈진에 빠진다. 십 대 아이는 여태 배운 은혜의 복음이 주는 현재의 혜택을 모른 채, 정체성을 찾고자 각종 불안을 겪으며 온갖 후회할 결정을 내린다. 자신의 수직적 정체성을 망각한 그리스도인 남자는 강한 성격, 불룩 솟은 근육, 으스대며 군림하는 남성성을 흉내 낸다. 학교에서 복음을 공부하는 신학생은 자신의 정체성을 신학 지식 및 성경 실력과 결부시킨다. 복음적 정체성에 대한 기억 상실증이 얼마나 교회 안을 활보하며 교회의 본분과 증언을 약화하는지를 생각하면 서글퍼진다.

의롭다 하시는 하나님의 은혜로 말미암아 우리는 인간이 바랄 수 있는 가장 경이롭고도 확고한 정체성을 소중한 선물이자 복으로 받았다. 이 정체성은 결코 우리를 실망시키거나 부끄럽게 하지 않으며 빼앗길 수도 없다. 모든 수평적 정체성은 어떤 식으로든 우리를 실망시키게 마련이다. 그리스도 안에서 용서받고 입양되어 영원히 사랑받는 이들 중에 당신도 포함되니 얼마나 경축할 일인가. 더는 미친 듯이 정체성을 찾지 않아도 되니 감사하라. 정체성을 본래 그것의 출처가 아닌 인간과 장소와 경험과 사물로부터 얻지 않아도 되니 기뻐하라. 예수님 안에서 하나님의 의롭다 하시는 은혜를 통해 이미 당신에게 복으로 주어진 그것을 수평적으로 찾으려는 유혹을 물리치라. 지금 당신은 어디에서 정체성을 찾고 있는가? 그리스도 안에서 이미 받은 것을 찾으려고 주변을 두리번거리느라 삶이 고달파진 것은 아닌가?

잠재력

의롭다 하시는 하나님 은혜의 가장 감동적인 복 중 하나는 그리스도 안에서 우리에게 주어진 새로운 잠재력이다. 칭의에 따라오는 새로운 잠재력 덕분에 우리는 죄를 버리고 경건한 삶을 취할 수 있다. 하나님은 의롭다 하심을 받은 이들을 그냥 참아주고 받아주시는 정도가 아니라, 놀랍게도 그들 안에 오셔서 사신다. 그분의 임재로 말미암아 우리의 모든 것이 달라진다. 의롭다 하시는 은혜를 받은 모든 사람의 새로운 잠재력이란 바로 하나님 자신이다.

바울이 로마서 8장에 그것을 어떻게 표현했는지 살펴보자.

> **롬 8:9-13** 만일 너희 속에 하나님의 영이 거하시면 너희가 육신에 있지 아니하고 영에 있나니 누구든지 그리스도의 영이 없으면 그리스도의 사람이 아니라 또 그리스도께서 너희 안에 계시면 몸은 죄로 말미암아 죽은 것이나 영은 의로 말미암아 살아 있는 것이니라 예수를 죽은 자 가운데서 살리신 이의 영이 너희 안에 거하시면 그리스도 예수를 죽은 자 가운데서 살리신 이가 너희 안에 거하시는 그의 영으로 말미암아 너희 죽을 몸도 살리시리라 그러므로 형제들아 우리가 빚진 자로되 육신에게 져서 육신대로 살 것이 아니니라 너희가 육신대로 살면 반드시 죽을 것이로되 영으로써 몸의 행실을 죽이면 살리니.

이 공급이 모든 신자의 삶을 변화시킨다. 우리의 칭의에는 성령의 내주하시는 임재가 수반되고, 성령이 오시면 부활의 능력도 따라온다. 우리는 육신의 욕망을 따라 살 필요가 없다. 몸의 정욕에 지배당하던 옛 삶을 죽이고, 일상생활의 상황과 관계 속에서 경건한 삶에 힘쓸 수 있다. 빌립보서 2장 13절이 말하는 바와 같다. "너희 안에서 행하시는 이는 하나님이시니 자기의 기쁘신 뜻을 위하여 너희에게 소원을 두고 행하게 하시나니."

의롭다 하시는 하나님의 은혜 덕분에 우리는 타락한 세상의 수많은 유혹과 싸울 때 혼자가 아니다. 위대한 승리자가 우리를 위해 싸우신다. 아직 우리 안에 살아 있는 죄와도 우리 혼자 싸우지 않는다. 우리가 너무 약해 싸울 수 없는 순간에도 성령님이 우리를 위해 싸우신다. 이제 우리는 악한 생각과 욕망을 버리고 하나님이 명하신 모든 의로운 일을 취할 힘이 있다. 본향에 이를 때까지 우리 모두에게 영적 전투가 닥쳐오는데, 그 전투에 필요한 보급품이 우리에게 완비되어 있다. 보급품은 바로 하나님 자신이다. 칭의의 가장 큰 선물은 바로 하나님 자신이라는 선물이다.

그래서 야고보는 주저 없이 말하기를 "마귀를 대적하라 그리하면 너희를 피하리라"(약 4:7)고 했다. 사탄이 피하는 이유는 우리의 능력 때문이 아니라 우리 안에 사시는 그분의 임재와 능력 때문이다. 삶과 죽음과 부활로 마귀를 이기신 그분이 우리 안에 사신다. 사탄도 자신이 패잔병임을 안다. 그래서 우리가 승리자이신 예수님의 힘으로 사탄을 대적하면 그는 줄행랑을 친다. 이것이 모든 신자의 소망이다. 우리가 살고 있는 이 세상에 아직 유혹이 들끓는 데다 우리 안에도 아직 죄가 살아 있기 때문이다.

무엇이 지금 우리가 살펴보고 있는 내용보다 더 영광스러우면서 동시에 더 실제적일 수 있겠는가? 전능하신 하나님이 우리 안에 사시며 우리에게 유혹에 맞설 능력, 옳은 길에 소원을 두고 그대로 행할 능력을 주신다. 용서받고 입양되어 영원히 사랑받는 정도에서 그치지 않고, 우리 안에 계시는 그분의 임재를 통해 전혀 새롭게 살아갈 새로운 잠재력까지 받았다. 살아 계셔서 우리 안에 거하시는 그리스도의 영이 없이는 그리스도인의 삶도 있을 수 없다.

릭과 매기는 하나님의 자녀인 자신에게 주어진 잠재력을 전혀 모르는 것처럼 살았다. 결혼 생활이 건강한 이유는 부부가 거부할 줄 알기 때문이다. 서로를 거부한다는 뜻이 아니라 자아를 부인한다는 뜻이다. 이런 부부는 사납게 날뛰는 감정, 잘못된 생각, 이기적 갈망을 버리고 돌이켜 다른 쪽으로 간다. 어떻게 버릴 수 있을까? 지금 말하고 있는 복 때문에 가능하다. 즉, 하나님이 우리 안에 능력으로 임재하신다는 놀라운 복이다. 당신의 삶과 관계를 망치고 싶다면, 모든 생각과 갈망에 놀아나 거기에 끌려 다니며 그것이 시키는 대로 하기만 하면 된다. 릭과 매기가 다분히 그렇게 살았다. 그들은 내면을 거의 절제하지 않았고, 그래서 부부 관계의 사랑과 소망과 기쁨이 사라져버렸다. 당신은 의롭다 하시는 하나님의 은혜로 말미암아 자신에게 주어진 새로운 잠재력을 실현하고 있는가? 물리칠 능력이 있는데도 생각과 갈망과 유혹에 굴하고 있는 부분은 어디인가? 당신의 삶과 관계에서 그 능력을 발휘하여 새롭게 살아가야 할 부분은 어디인가?

가치관

내 가치관에 문제가 있음을 잘 안다. 삶의 어떤 요소의 비중이 그것의 원래 가치보다 훨씬 커진다. 그러면 그것들이 내 마음을 사로잡고 생각과 갈망을 지배하고 행동을 이끈다. 무엇이 가장 중요하고, 무엇을 위해 사는 것이 진정 가치 있으며, 무엇이 정말 내 갈급한 마음을 채워줄지를 잊어버리는 것이다. 의롭다 하시는 하나님의 자비의 혜택 중 하나는 우리의 가치관을 규명하고 바로잡아주는 힘이다.

당신에게 칭의의 은혜를 베푸시려고 하나님이 하신 일을 생각해보라. 그분이 인류 역사 전반을 세심히 주관하시다가 때가 차매 예수님을 보내셨음을 생각해보라. 영광스러운 천국을 떠나와 이 타락한 세상살이의 모든 가혹한 경험을 감내하신 예수님의 희생을 떠올려보라. 불의한 유죄 판결, 처참한 신체 고문, 십자가의 공개적 고통과 수치, 아버지께 버림받으신 일을 생각해보라. 예수님이 이 모든 일을 기꺼이 당하신 이유는 우리를 위해 친히 이루실 그 일의 영원한 가치를 아셨기 때문이다. 또 하나님이 여태 우리 삶의 모든 상황과 장소와 관계를 주관하셔서, 우리로 하여금 우리 죄의 실상과 그분이 베푸시는 영광스러운 용서의 은혜를 접하게 하셨음을 묵상해보라. 나아가 그분이 우리에게 이런 진리를 깨닫고 믿을 수 있는 힘도 주셨음을 생각해보라.

하나님이 말씀의 기록과 전달과 보전을 세심히 주관하셔서 우리가 그분을 알고 믿고 따르게 되었음을 생각해보라. 또 성령이라는 선물의 가치를 묵상해보라. 칭의의 은혜로 말미암아 우리에게 주어진 새로운 삶을 실제로 구현하시는 분은 성령이다. 요컨대 죄는 만인을 병들게 하여 어김없이 사망으로 이끄는 인류 최대의 재앙인데, 그 죄 문제를 해결하시려고 하나님이 하신 모든 일의 가치를 생각해보라.

릭과 매기는 사활이 걸린 정말 중요한 것이 무엇인지를 잊어버렸다. 그래서 사소하고 덧없는 문제로 논쟁하고 싸웠다. 그들이 소중히 여긴 것들은 생각만큼 가치 있지 않았다. 이 부부의 가치관은 예수 그리스도의 복음을 통해 절실히 규명되어야 했다.

이보다 더 가치 있는 보화가 있을까? 의롭다 하시는 주님의 자비와 거기서 흘러나오는 모든 풍성한 복보다 더 소중한 재물이나 사람이나 경험이나 능력이나 성공이 존재할 수 있을까?

구원하시는 하나님의 통치라는 보화의 무한한 가치가 마태복음 13장의 짤막한 두 비유에 담겨 있다.

마 13:44-46 천국은 마치 밭에 감추인 보화와 같으니 사람이 이를 발견한 후 숨겨두고 기뻐하며 돌아가서 자기의 소유를 다 팔아 그 밭을 사느니라 또 천국은 마치 좋은 진주를 구하는 장사와 같으니 극히 값진 진주 하나를 발견하매 가서 자기의 소유를 다 팔아 그 진주를 사느니라.

천국은 구원하시는 하나님의 통치가 있는 곳이다. 이 두 비유에 나타난 천국은 모든 것을 버리고라도 얻을 가치가 있는 보화다. 그 무엇의 가치도 왕으로 통치하시는 구주께서 우리에게 해주신 일에는 비할 바가 못 된다. 우리는 의롭다 하시는 하나님의 자비의 가치를 계속 기억하고 되새겨야 한다. 그것을 통해 가치관을 규명하고 바로잡는 복을 누려야 한다. 다른 것들의 가치 때문에 복음의 정신을 잃어서는 안 된다. 마치 사상 최고의 보화를 이미 받지 않은 사람처럼 다시 보화를 찾아다녀서는 안 된다. 당신의 마음과 삶에서 정도 이상으로 가치가 아주 커진 것은 무엇인가? 당신의 삶과 관계 속에, 의롭다 하시는 하나님 은혜의 진리로 가치관을 다시 규명할 필요성을 보여주는 증거가 있는가?

방어

의롭다 하시는 하나님 은혜의 수혜자인 우리에게 공격이 닥쳐올 것은 뻔하다. 성경에 묘사된 사탄은 으르렁거리는 사자처럼 두루 다니며 다음번 먹잇감을 찾는다. 이는 무섭고도 요긴한 경고다. 우리는 칭의의 은혜로 하나님과 화목해졌지만 우리가 사는 세상은 평화롭지 않다. 사방에 영적 전쟁이 벌어지고 있다. 지극히 평범한 순간조차도 영적 전쟁 때문에 복잡해진다. 때가 되면 이 전쟁이 그쳐 더는 유혹도 없고 공격해

올 원수도 없겠지만, 그날은 아직 오지 않았다. 그래서 오늘 우리는 눈을 부릅뜨고 준비된 마음으로 살아야 한다. 원수의 평범한 공격과 비범한 공격에 맞서 자신을 지켜야 한다.

원수는 온갖 거짓말로 당신의 믿음과 의지를 약화하려 한다. 그런 거짓말에 맞서는 최고의 방어책이 바로 칭의 교리의 진리다. 설명하자면 이렇다. 사탄은 당신의 삶에서 두 가지를 이용한다. 첫째로 당신이 계속 저지르는 죄와 약점과 실패를 공략한다. 당신이 죄를 지어 명백히 계시된 하나님의 기준에 부합하지 못하면 그가 다가와 이렇게 말한다. "너는 아예 하나님의 자녀가 아닌지도 몰라." "분명히 하나님도 너한테 실망하셨을 거다." "하나님이 정말 너를 사랑하신다면 지금 옳은 길로 가도록 도와주시지 않을까?" "네 삶을 봐라. 네가 믿어온 모든 내용이 생각만큼 진리가 아닐 수도 있어."

다행히 칭의 교리로 이런 공격을 철통같이 방어할 수 있다. 물론 당신은 부름받은 대로 순종해야 한다. 부름받은 대로 모든 것을 버리고, 십자가를 지며, 구주를 따라야 한다. 그러나 칭의 교리는 당신이 하나님께 받아들여진 근거가 당신의 의로운 이력이 아니었고, 앞으로도 영원히 아니라고 말한다. 가장 미련하게 반항하는 최악의 날에도 하나님이 당신을 받아주시는 반석 같은 근거는, 주 예수 그리스도의 완전히 의로운 삶과 죗값을 다 치르신 죽음이다. 예수님은 십자가에서 부르짖으신 대로 정말 '다 이루셨다.' 당신이 영원히 용서받고 하나님께 받아들여질 수 있도록 그분이 모든 필요한 조치를 완수하신 것이다.

그때나 지금이나 우리는 그리스도가 이루신 일을 믿음으로 받아들이기만 하면 된다. 사탄이 당신의 불의를 들이댈 때마다 예수님의 완전한 의로 응수하라. 그러면 그는 달아날 것이다. 사탄은 예수님이 당신을 위해 다 이루신 일을 되돌릴 수 없는 패잔병이며, 자신도 그것을 안다.

물론 우리는 날마다 더 경건하게 살고자 힘써야 한다. 날마다 하나님의 말씀이라는 완전무결한 거울 앞에 서서, 자신이 은혜 안에서 더 자라가야 할 모든 부분을 보아야 한다. 그러나 자신에게 전가된 그리스도의 의를 폄훼하는 공격에는 조금도 귀를 기울여서는 안 된다. 그의 덕분에 우리도 온전히 의로워져 하나님께 받아들여졌다. 우리가 영원히 받아들여진 이유는 우리가 의롭고 합당해서가 아니라, 예수님이 우리 대신 의롭고 합당하시기 때문이다. 부족해서 죄를 지었을 때는 힘써 자백하고 회개한 뒤 벌떡 일어나, 예수님의 의로운 삶과 대속의 죽음으로 말미암아 당신이 영원히 하나님 앞에 설 수 있음을 경축하라.

사탄이 믿음과 의지를 약화하려고 사용하는 두 번째 수단은 하나님의 신비로운 주권이다. 고난이 다가와 삶이 힘들어질 때면 사탄이 찾아와 이렇게 말한다. "너의 하나님은 지금 어디 계시지?" "하나님이 너를 사랑하신다며? 사랑의 하나님이라면 너한테 이런 일이 벌어지게 하시겠어?" "하나님이 너를 버리셨는지도 몰라. 그분의 약속도 원래 믿을 만한 게 못 되었겠지." "말씀만 그렇게 하실 뿐, 하나님도 너를 도와주실 능력은 없으신가 보군." 이런 공격에 맞서는 최선의 방어책도 역시 칭의 교리다. 예수님이 당신을 위해 이루신 일 덕분에 천지간의 아무것도 당신을 하나님의 사랑에서 끊을 수 없다. 삶의 역경은 결코 하나님이 신실하지 않거나 약하거나 무심하시다는 징후가 아니다. 당신의 삶에서 고난은 오히려 구속하시는 사랑의 도구가 된다.

바울도 이 탄식하는 세상에서 모든 신자가 겪을 고난을 논했는데, 나는 그의 결론이 참 좋다. 시간을 내서 로마서 8장 31-39절 말씀에 흠뻑 젖어보라.

> 그런즉 이 일에 대하여 우리가 무슨 말 하리요 만일 하나님이 우리를 위하시면 누가 우리를 대적하리요 자기 아들을 아끼지 아니하시고 우리 모든 사람을 위하여

내주신 이가 어찌 그 아들과 함께 모든 것을 우리에게
주시지 아니하겠느냐 누가 능히 하나님께서 택하신 자들을
고발하리요 의롭다 하신 이는 하나님이시니 누가 정죄하리요
죽으실 뿐 아니라 다시 살아나신 이는 그리스도 예수시니
그는 하나님 우편에 계신 자요 우리를 위하여 간구하시는
자시니라 누가 우리를 그리스도의 사랑에서 끊으리요
환난이나 곤고나 박해나 기근이나 적신이나 위험이나 칼이랴
기록된 바 "우리가 종일 주를 위하여 죽임을 당하게 되며
도살당할 양같이 여김을 받았나이다" 함과 같으니라 그러나
이 모든 일에 우리를 사랑하시는 이로 말미암아 우리가
넉넉히 이기느니라 내가 확신하노니 사망이나 생명이나
천사들이나 권세자들이나 현재 일이나 장래 일이나 능력이나
높음이나 깊음이나 다른 어떤 피조물이라도 우리를 우리
주 그리스도 예수 안에 있는 하나님의 사랑에서 끊을 수
없으리라.

바울의 이 말은 영광스러운 진리다. 예수님의 삶과 죽음과 부활은 모든 믿는 사람에게 하나님의 끊을 수 없고 불변하며 다함없고 영원한 사랑을 보장한다. 당신은 특정한 순간의 기분과 무관하게 사랑받고 있고, 어떤 고난을 겪는 중이든 사랑받고 있다. 삶이 아무리 혼란스러워도 사랑받고 있고, 할 일이 많아서 아무리 힘들어도 사랑받고 있다. 좋은 날에나 궂은 날에나 사랑받고 있고, 삶이 편할 때든 고달플 때든 사랑받고 있다. 아무것도 당신을 하나님의 구속하시는 막강한 사랑에서 끊을 수 없다. 하나님이 당신과 멀리 떨어져 계신다고 사탄이 거짓말하거든 그분의 끊을 수 없는 사랑으로 응수하라. 그러면 사탄은 달아날 것이다. 이 불가분의 결속을 자신이 갈라놓을 수 없음을 그도 안다.

기독교 신학이 여태 우리가 살펴본 내용보다 더 좋아질 수는 없다. 칭의 교리는 용서받고 하나님께 받아들여지는 길을 설명해줄 뿐 아니라, 지금 여기서 누릴 수 있는 복의 창고까지 열어놓는다. 덕분에 당신이 살아가는 방식과 사탄의 공격에 맞서 자신을 지키는 방식이 송두리째 달라진다. 이 교리는 예수 그리스도의 인격과 사역을 통해 이 땅과 당신의 삶 속에 임한 영광이다.

◆

릭과 매기가 어떻게 되었는지 궁금할 수 있다. 그들의 결혼 생활에 해를 끼친 것은 서로에 대한 불신만이 아니라 더 근본적으로 하나님을 향한 의심이었다. 그들은 둘의 연합을 해치는 태도와 행동에만 아니라 사탄의 공격에도 굴했다. 자신이 의심하는 대상에게는 더는 도움을 구하지 않게 마련이다. 그들도 하나님의 도움을 구하는 기도를 그만둔 지 오래였고, 지혜와 힘을 얻고자 그분의 말씀을 펴지도 않았다. 그들에게 전략적인 결혼 상담이 필요한 줄은 나도 알았지만, 더 근본적인 무언가가 필요했다. 이 부부에게는 의롭다 하시는 예수님의 은혜의 복음이 절실히 필요했다.

그리스도 안에서 그들의 것이 된 복의 창고를 열어주어야 했다. 자신이 누구이며, 무엇을 받았는지를 다시금 상기시켜야 했다. 부부로서 이런 복에 걸맞게 함께 살고 서로를 대한다는 것이 어떤 모습인지를 깨우쳐주어야 했다.

분노와 상처와 탈진과 낙심에 젖어 망가진 모습으로 나를 찾아온 릭과 매기에게 나는 구속하시는 은혜의 복음을 주었다. 학문적이고 이론적인 의미로 그랬다는 뜻이 아니라, 의롭다 하시는 하나님 은혜의 진리를 일상생활에 접목할 때 찾아오는 문화와 정체성과 생활 방식을 소개

했다. 그들은 듣고 배웠다. 자백하고 경축했다. 그러면서 함께 사는 방식이 점차 새로워졌다. 한순간에 바뀐 것은 아니지만 점진적 변화가 나타났다. 완전한 결혼 생활은 아니지만 둘의 관계가 몰라보게 달라졌다.

확신컨대 우리는 의롭다 하시는 은혜의 교리를 비신자에게만 아니라 신자에게도 전해야 한다. 주님을 안 지 얼마나 오래되었든 당신의 사고와 정체성과 가치관과 행동도 복음의 이 핵심 진리에서 파생되는 혁신적 인생관을 통해 다시 점검받고 조정되어야 한다. 당신의 삶도 릭과 매기 부부의 삶처럼 표류하고 있는가? 세월 속에서 복음의 정신을 잃었는가? 날마다 당신은 의롭다 하시는 예수님의 은혜로 말미암아 자신에게 주어진 정체성과 자원에 걸맞게 살아가는가? 여태 살펴본 진리가 당신의 마음을 사로잡아 삶을 빚어내고 있는가? 의롭다 하시는 하나님의 은혜로 말미암아 복의 창고가 이미 당신 것이 되었는데도, 미친 듯이 그것을 수평적으로 찾고 있는가? 우리가 칭의의 은혜를 잊지 않기를, 그리하여 우리 삶의 모든 구석에까지 미치는 한없이 깊고 넓은 그 은혜를 통해 계속 변화되기를 기도한다.

19
성화에 대한 교리

하나님께 효력 있게 부름받고 중생하여 그 안에 새 마음과 새 영이 창조된 이들은 더욱 거룩해진다. 하나님은 예수 그리스도의 죽음과 부활의 공로, 그분의 말씀, 그들 안에 사시는 성령을 통해 실제로 이 일을 인격적으로 행하신다. 그들을 지배하던 죄의 권세가 무너지고 악한 정욕이 점점 약해져 죽는다. 그들은 구원의 은혜로 말미암아 더욱더 소생하고 힘을 얻어 참된 거룩함을 추구한다. 거룩함이 없이는 아무도 주를 보지 못한다.

성화는 인격의 모든 분야에 미치지만 현세에서 신자는 결코 완전하게 될 수 없다. 부패한 죄의 잔재가 신자의 모든 부분에 남아 있다. 화해할 수 없는 전쟁이 지속되어 육신은 성령에, 성령은 육신에 맞서 싸운다.

이 전쟁에서 그들 안의 부패한 잔재가 잠시 이길 수는 있지만, 거룩하게 하시는 그리스도의 영이 계속 힘을 주시므로 결국 그들의 새로운 본성이 이긴다. 그리하여 그들은 은혜 안에서 자라가며 하나님을 경외함으로 거룩함을 완성해나간다.* 다음 여러 구절을 참조하라. 요한복음 17:17, 사도행전 20:32, 로마서 6:5-6, 14, 19, 7:18, 23, 고린도전서 6:11, 고린도후서 3:18, 7:1, 갈라디아서 5:17, 24, 에베소서 3:16-19, 4:15-16,

---

* 웨스트민스터 신앙고백서 제13장에 나오는 성화에 대한 교리를 내가 풀어 썼다.

5:26, 골로새서 1:11, 데살로니가전서 4:7, 5:21-23, 데살로니가후서 2:13, 디모데후서 2:21, 히브리서 10:10, 14, 12:14, 베드로전서 1:2, 2:11.

성화에 대한 교리 이해하기

그날 밤이 이번 주의 일처럼 기억에 선하다. 내 마음속에 죄를 깨닫고 구원의 은혜가 폭발하던 순간이었다. 그때 나는 어렸지만 은혜로 말미암아 죄를 자백하며 구원자의 용서를 간구하지 않을 수 없었다. 내 마음을 사로잡고 삶을 변화시킨 영적 구원의 순간이었는데, 그때는 어려서 잘 몰랐지만 한없이 크고 영광스러운 변화였다. 그렇게 시작된 은혜의 여정이 여태까지 계속되고 있다.

지금껏 그 순간을 수없이 많이 회고했다. 하나님의 구원하시는 사랑이 얼마나 크고 애틋한지를 보여주는 아름답고 구체적인 사례다. 전능하신 하나님이 찰나의 시간 속에 침투하여 위대한 영웅이나 왕이 아닌 한 초라한 소년의 마음속에 들어오셨고, 그 소년을 사랑의 품에 안아 영원히 자신의 소유로 삼으셨다. 그날 밤에는 그것이 얼마나 어마어마한 일인지 잘 몰랐지만, 내가 용서받고 하나님의 자녀로 새로 태어났다는 것만은 알았다. 내 안에 쌓여온 죄책감의 짐이 벗겨졌다는 것도 알았다. 천년만년이 흘러도 나는 영원히 그 은혜의 순간을 기억하며 찬송을 부를 것이다.

구원과 해방의 그 첫 순간은 자못 경이롭고 영광스러웠지만, 하나님이 내게 주시려는 전부는 결코 아니었다. 그날 밤은 하나님이 내 마음과 삶 속에 베푸시는 구원의 은혜의 절정이 아니라, 평생에 걸쳐 은혜 위에 은혜로 구속하시는 과정의 도입부였다. 그분은 우리를 의롭다고 선포하시는 것만으로 만족하지 않으신다. 그 선포도 자비롭고 영광스러운 행위지만, 그 자비의 하나님이 우리에게 주시려는 것이 더 있다. 그분은 실제로 우리 안에 참된 의를 이루시기 전까지는 만족하지 않으신다. 우리 안에 참된 의가 이루어지는 그 과정을 성화라고 한다. **성화란 그리스도 안에서 우리를 의롭다고 선포하신 하나님이 실제로 우리를 의롭게 빚으시는 과정이다.** 구주께서 지금도 역사하여 우리를 구원하고 계시다는 뜻이다.

성화 교리는 우리를 겸손하게 한다. 성화 과정의 초점은 우리를 사방에 널려 있는 외부의 악과 모든 유혹에서 해방하는 것이 아니라, 평생에 걸쳐 계속 자아에서 해방하는 데 있다. 우리는 용서받아 의롭다고 선포되었고 하나님의 자녀로 입양되었지만, 지저분한 죄의 오물이 여전히 우리 안에 남아 있다. 성화 교리 앞에서 당신은 자신에게 절실히 도움이 필요함을 인정해야 한다. 필요한 도움이 워낙 중대해서 하나님의 개입으로만 채워질 수 있음을 인정해야 한다. 당신에게 남아 있는 죄 문제가 워낙 복잡하고 편만하며 광범위해서 그것을 해결하는 데 이 땅의 여생이 다 소요될 것을 받아들여야 한다. 성화 교리는 자만에 젖은 수동적 기독교를 꾸짖는다. 우리는 충분히 선하지 못하고, 충분히 정결하지 못하며, 그리스도를 충분히 닮지 못했다. 이런 문제를 스스로 해결할 힘도 충분하지 않다. 성화가 모든 신자에게 선언하듯이, 우리에게는 하나님의 은혜로만 채워질 수 있는 것들이 여전히 필요하다.

주님을 안 지 얼마나 오래되었든, 여전히 그분이 우리 마음에 역사하여 구원을 이루셔야 한다. 지금까지 은혜 안에서 얼마나 자라왔든, 여전히 우리는 은혜 안에서 자라가야 한다. 성화를 수료한 졸업생이란 존재하지 않는다. 하나님의 진리가 막강한 도구이기는 하지만 성화의 핵심은 정보 습득이 아니다. 신학적 통찰력과 성경 실력이 뛰어난 사람도 영적으로 미성숙할 수 있다. 성화의 관건은 마음과 삶의 변화이고, 성품의 회복이며, 하나님의 능하신 구원의 손길을 통해 예수 그리스도를 닮아가는 것이다. 당신의 외모와 타고난 재능과 기본 성격이야 그대로 똑같겠지만, 여러 해 동안 성화의 은혜가 당신 안에 놀라운 일을 이루고 나면 당신은 이전과 똑같을 수 없다. 처음 믿던 때보다 더 예수님을 닮아 있기 때문이다.

그러니 잠시 시간을 내서 하나님이 이루어가시는 성화의 과정을 살펴보자. 다른 모든 교리처럼 성화도 끝없이 깊은 구원의 영광이다. 너무 깊어서 고작 몇 페이지에 다 채굴해서 담을 수 없다. 그래서 전부는 아니고 일부만 골라서 설명하려 한다. 내가 강조해서 밝히고 싶은 몇 가지를 함께 살펴보자.

은혜

하나님이 명하신 대로 당신도 신앙생활에 힘써야 하지만 성화 작업은 하나님의 일이다. 성경 읽기, 기도, 설교와 교육, 성례, 공예배, 교회 사역 등은 다 하나님이 우리를 거룩하게 하시기 위해 사용하시는 은혜의 도구. 은혜로 구원하시는 하나님이 이런 도구를 통해 변화의 위력을 발휘하지 않으시면, 그것들은 우리의 성화를 낳지 못한다. 칭의만큼이나 성화도 우리 힘으로 이루어낼 수 없다. 남아 있는 죄를 점차 이기고, 영적 성숙에서 진보를 이루려면 온전히 구주께 의존해야 한다.

지속적 성화의 원동력이 무엇인지 가르치는 유익한 두 본문이 있다. 빌립보서 2장 12-13절에서 바울은 성화 과정의 양면성을 이렇게 밝힌다. "그러므로 나의 사랑하는 자들아 너희가 나 있을 때뿐 아니라 더욱 지금 나 없을 때에도 항상 복종하여 두렵고 떨림으로 너희 구원을 이루라 너희 안에서 행하시는 이는 하나님이시니 자기의 기쁘신 뜻을 위하여 너희에게 소원을 두고 행하게 하시나니."

바울의 말대로 우리에게 성화란 순종하여 그리스도 안에서 주어진 모든 것을 추구해야 할 사명이다. 즉, 구원의 모든 은혜를 우리 인격의 모든 요소와 삶의 모든 분야에 적용해야 할 사명이다. 그러나 그가 우리에게 알려주듯이 성화의 원동력은 우리의 순종이 아니라 주님의 구원하시는 은혜다. 막강한 그 은혜가 상존하여 늘 역사한다. 그래서 바울은 이렇게 묻는다. "순종하여 그리스도 안에서 자신에게 주어진 모든 것을 추구하는 동안, 당신은 늘 다음 사실에서 위로와 소망을 얻는가? 하나님은 우리의 뜻과 소원 가운데 역사하여 우리 힘으로는 이룰 수 없는 변화를 이루어주신다." 당신과 나는 성화의 작업으로 부름받았지만, 성화의 짐은 우리의 어깨가 아니라 구주의 무한히 능하신 어깨 위에 놓여 있다.

또 다른 빌립보서 본문에서 바울은 성화에 대해 이렇게 말한다. "너희 안에서 착한 일을 시작하신 이가 그리스도 예수의 날까지 이루실 줄을 우리는 확신하노라"(빌 1:6). 보다시피 그는 "너희가 마음을 가다듬고 구원을 진지하게 대하여 명령에 순종할 줄을 나는 확신하노라"고 말하지 않았다. 그가 빌립보 신자들의 성화를 확신한 근거는 딱 하나였으니, 바로 그들을 택하시고 부르시며 의롭다 하신 주님이었다. 바울은 구원 사역을 시작하신 하나님이 결코 중간에 그만두지 않으실 것을 철석같이 믿었다.

이 사실이 한없이 중요한 이유가 있다. 물론 우리는 부름받은 대로 순종해야 한다. 부름받은 대로 구원을 아주 진지하게 대하여, 그 구원의 모든 면을 적극적으로 추구하고 삶의 모든 차원에서 힘써 실천해야 한다. 죄가 아직 우리 안에 살아 있기에, 우리 마음은 충실하지 못하고 변덕스레 방황하기 쉽다. 죄가 아직 우리 안에 살아 있기에, 어떤 때는 하나님이 그으신 선 너머의 세상이 우리에게 과도히 멋있어 보인다. 죄가 아직 우리 안에 살아 있기에, 우리는 인내심을 잃고 게을러져 한동안 기존의 헌신을 저버린다. 죄가 아직 우리 안에 살아 있기에, 우리 마음속은 예배 전쟁터가 되어 하나님을 경배하다가도 피조물을 숭배하면서 그 사이를 왔다 갔다 한다. 죄가 아직 우리 안에 살아 있기에 우리는 하나님의 선하심과 신실하심과 사랑을 의심하는 순간도 있다.

죄가 아직 우리 안에 살아 있기에, 은혜 안에서 자라 구주를 닮아가는 성화 과정이 전적으로 우리에게 달려 있다면 우리는 결코 성화되지 못할 것이다. 그래서 하나님은 우리를 용서하고 입양하시는 데서 만족하지 않으시고 말 그대로 우리 안에 들어오셨다. 성령으로 오셔서 계속 우리를 해방하고 회복하시며, 회심한 우리가 마침내 본향에 갈 때까지 능력을 입혀주신다. 처음 믿던 날만큼이나 오늘도 우리 모두에게 구원하시는 하나님 은혜의 도움이 반드시 필요하다.

이는 모순처럼 보이지만 모순이 아니다. 그리스도인의 삶에서 우리는 수고와 안식으로 부름받았다. 부름받은 대로 부단히 구원을 이루어야 한다. 결코 구원을 당연히 여겨서는 안 되고, 영적으로 냉담하거나 게을러져서도 안 되며, 영적 훈련의 사명을 저버려서도 안 된다. 그리스도인의 삶은 우리를 사상 최고의 놀라운 일인 구원 사업으로 초대한다. 그 부름에 합당하게 우리는 영적 직업의식을 품고 그리스도 안의 새로운 삶에 임해야 한다. 우리는 일하도록 부름받았다.

그러나 우리는 또한 인간의 마음이 누릴 수 있는 가장 달콤한 안식으로 초대받았다(히 4:9-11). 이 안식은 예수님이 우리를 위해 모든 일을 이루신 결과다. 더욱이 하나님이 우리를 용서하고 받아주셨을 뿐 아니라 우리 안에 거하신다는 사실까지 알면, 그 안식이 더욱더 달콤해진다. 전능하시고, 거짓말을 하실 수 없으며, 한번 시작하신 일은 결코 그만두지 않으시는 그분이 우리 안에서 일하신다. 우리 스스로 도저히 할 수 없는 일을 그분이 우리 안에서 우리를 위해 날마다 행하신다. 우리가 싸움을 인식조차 하지 못할 때도 그분이 우리를 위해 싸우신다. 그분은 우리에게 무엇이 필요하고, 그것을 채워줄 도구가 무엇인지를 정확히 아신다. 우리가 수고하여 영적으로 성장할 수 있는 것은 우리가 일할 때 그분이 은혜를 부어주시기 때문이다. 그분의 임재와 늘 역사하는 은혜가 없다면 그분의 자녀 중 누구도 은혜 안에서 자라 그분을 닮아갈 수 없다. 하루를 시작할 때마다 기도로 성화의 은혜를 구하라. 그리고 안식하는 마음으로 당신이 부름받은 영적 일에 힘쓰라.

죽음과 삶

성화는 실로 죽음과 삶의 과정이다. 하나님이 자녀의 삶을 구원하시는 지속적 과정에서 이 둘은 서로 맞물려 있는 필수 요소다. 우선 성화는 죽는 과정이다. 우리 안에 남아 있는 죄가 점차 죽는다. 당신이 새집을 선물로 받았다고 상상해보라. 모든 면에서 아름다운 집이다. 당신은 감격해서 문을 열고 멋진 방을 차례로 둘러본다. 감사와 기쁨이 넘친다. 그런데 온통 아름답고 훌륭한 이 새집에 중대한 문제가 있다. 악하고 음흉한 살인자가 거기에 함께 사는 것이다. 아무리 그의 말이 솔깃하게 들리고 가끔은 그가 무해해 보여도, 그의 목적은 딱 하나니 바로 당신을 해치는 것이다. 그는 당신의 기쁨을 앗아가고, 이 집을 준 은인에 대한 신뢰를 무너뜨리며, 당신을 두려움에 빠뜨리려 한다. 그는 선이라고는 털끝만큼도 없어 의도가 항상 악하다. 절대로 믿어서는 안 될 사람이다. 그렇다면 당신은 무슨 수를 써서라도 그를 집에서 몰아내지 않겠는가? 그를 그대로 살게 둘 방도를 생각이라도 하겠는가? 뻔히 악을 저지를 그를 그냥 내버려두겠는가? 어떻게 해서라도 이 악한 존재로부터 벗어나지 않겠는가?

우리 안에 남아 있는 죄도 마찬가지다. 죄는 여전히 우리 마음 구석구석에 도사리고 있는 음흉하고 악한 유혹자요 살인자다. 죄는 늘 해롭고 파괴적일 뿐 선할 때가 없다. 죄와 함께 살 방도를 꾀해서는 절대로 안 된다. 당신의 마음이라는 집에 죄를 입주자로 들여놓아서는 안 된다. 죄는 말살되고 근절되어 죽어야 한다. 차선책은 용납되지 않는다. 거룩하게 하시는 하나님 은혜의 목표는 우리 안에 남아 있는 죄의 최종 죽음이다. 바울의 이 말을 깊이 숙고해보라.

> **롬 8:7-9, 12-13** 육신의 생각은 하나님과 원수가 되나니 이는 하나님의 법에 굴복하지 아니할 뿐 아니라 할 수도 없음이라 육신에 있는 자들은 하나님을 기쁘시게 할 수 없느니라 만일 너희 속에 하나님의 영이 거하시면 너희가 육신에 있지 아니하고 영에 있나니 누구든지 그리스도의 영이 없으면 그리스도의 사람이 아니라…그러므로 형제들아 우리가 빚진 자로되 육신에게 져서 육신대로 살 것이 아니니라 너희가 육신대로 살면 반드시 죽을 것이로되 영으로써 몸의 행실을 죽이면 살리니.

바울은 앞서 이런 말도 했다. "그런즉 우리가 무슨 말을 하리요 은혜를 더하게 하려고 죄에 거하겠느냐 그럴 수 없느니라 죄에 대하여 죽은 우리가 어찌 그 가운데 더 살리요"(롬 6:1-2).

엄연히 남아 있는 죄의 파괴력 앞에서 수수방관하는 것은 이렇듯 영적으로 합리적인 방책이 못 된다. 유일한 대안은 죄를 죽이시는 성령의 사역에 동참하는 것뿐이다. 어떻게 동참할 수 있을까? 나는 바울이 고린도후서 10장 4-5절에 한 말이 참 좋다. "우리의 싸우는 무기는 육신에 속한 것이 아니요 오직 어떤 견고한 진도 무너뜨리는 하나님의 능력이라 모든 이론을 무너뜨리며 하나님 아는 것을 대적하여 높아진 것을 다 무너뜨리고 모든 생각을 사로잡아 그리스도에게 복종하게 하니."

생각, 갈망, 동기, 목적, 계획, 태도, 행동 등 하나님을 아는 지식과 그 아들 예수님 안의 새로운 삶과 반대되는 방식이나 모양이나 형태는 모두 무너져야 한다. 어떻게 이것들을 무너뜨릴 수 있을까? 하나님의 진리의 말씀과 겸손하고 정직한 자백을 통해 가능하다. 아울러 우리는 성령님께 도움을 구해 하나님과 그분의 뜻을 대적하는 모든 것을 물리칠 수 있다. 죄는 반드시 죽어야 하며 다른 대안은 없다. 우리 힘으로는 죄를 죽일 수 없지만, 성령님의 임재와 역사하심을 확신하기에 우리는 신성한 능력의 무기를 들고 나가 죄를 추격하여 죽인다.

그러나 중요하게 알아야 할 것은 성화의 핵심이 죄의 죽음만이 아니라 그리스도 안의 새로운 삶이기도 하다는 점이다. 골로새서 3장 1-4절이 여기에 큰 도움을 준다.

> 그러므로 너희가 그리스도와 함께 다시 살리심을 받았으면 위의 것을 찾으라 거기는 그리스도께서 하나님 우편에 앉아 계시느니라 위의 것을 생각하고 땅의 것을 생각하지 말라 이는 너희가 죽었고 너희 생명이 그리스도와 함께 하나님 안에 감추어졌음이라 우리 생명이신 그리스도께서 나타나실 그때에 너희도 그와 함께 영광 중에 나타나리라.

그리스도 안에서 우리는 새 생명으로 부활했다. 그래서 바울은 우리가 "위의 것을 찾아야" 한다고 말한다. 이 말은 무슨 뜻일까? 그는 새 생명의 모든 복을 적극 추구하는 삶으로 우리를 초청하는데, 이 복은 부활하여 다스리시는 구주의 보좌로부터 우리에게로 흘러내려온다. 창조 세계의 공허하고 덧없는 보화와 쾌락을 좇지 말고, 그리스도 안에서 우리에게 주어진 영원한 복, 곧 변화와 마음의 만족을 가져다주는 복을 추구하라는 것이다. 바울이 일깨워주듯이 이것이 우리의 기본 사고방식이 되어야 한다. 복음에 충실한 이 세계관 덕분에 삶에서 무엇이 중요한지에 대한 우리의 생각이 바뀌고, 그 결과 우리가 살아가는 방식도 달라진다. 그래서 우리는 그리스도 안의 새로운 삶을 경축하면서 위의 것을 찾는다. 마침내 구주와 함께 영광 중에 들어가기 전까지 이것이 우리가 힘써야 할 '성화의 수고'다.

그러니 당신의 우정에서 위의 것을 찾으라. 부부 관계에서 위의 것을 찾으라. 섹스에서 위의 것을 찾으라. 자녀 양육에서 위의 것을 찾으라. 직장에서 위의 것을 찾으라. 재정에서 위의 것을 찾으라. 당신의 생각과 갈망과 동기에서 위의 것을 찾으라. 우리 삶의 모든 차원은, 하나님의 자녀로서 얻은 새 생명 특유의 복을 추구하고 경험하며 즐거워할 기회의 장이다. 우리가 그렇게 살면 하나님도 성화의 은혜로 화답하여 우리에게 죄를 깨우쳐주시고, 격려해주시며, 변화시켜주시고, 그분을 섬길 능력을 주신다. 우리는 하나님이 그리스도 안에 비축해두신 자원을 구하고, 그 자원을 받아 은혜 안에서 성숙해진다. 그리스도 안의 새로운 삶이 실제로 어떤 모습으로 나타나는지는 성경의 중요한 부분인 신약 서신에 상술되어 있다. 서신서는 새로운 삶이라는 실재를 삶의 모든 분야와 연결하여 자세히 설명하며 적용하고 가르친다.

성화는 실로 평생에 걸친 삶과 죽음의 과정이다. 성화란 우리 마음속에서 죄의 지배력이 점점 약해지고, 부활하신 그리스도의 통치가 우리를 더욱 주관하는 것이다.

성령

하나님은 성화의 많은 도구를 통해 우리 마음속에서 구속 사역을 계속해나가시지만, 그런 도구 자체에 마법적인 성화 능력이 있는 것은 아니다. 목수의 손에 들린 망치 자체는 아무런 힘이 없다. 나뭇조각에 못을 박아 넣는 망치의 능력은 전적으로 그 망치를 든 목수의 뜻과 근력과 솜씨에 달려 있다. 하나님이 우리를 은혜 안에서 자라 그분을 닮아가게 하실 때 쓰시는 모든 도구도 마찬가지다. 도구는 위력으로 역사하시는 성령을 떠나서는 힘이 없다. 그분이 도구를 통해 우리 마음과 삶 속에서 계속 역사하시는 것이다.

성령님이 우리를 은혜 안에서 자라게 하시는 방법은 다음과 같다.

성령은 계속 우리 마음을 새롭게 하신다. 고린도후서 4장 16절에서 바울은 우리의 물리적 몸이 서서히 쇠퇴해가도 내면의 자아는 날마다 새롭게 된다는 사실로 우리를 격려한다. 성화의 중요한 일면은 성령님이 우리에게 생명력을 주시는 사역을 계속하신다는 것이다.

성령은 죄를 깨닫게 하시는 사역으로 우리에게 복을 주신다. 죄를 깨닫게 하시는 은혜가 없이는 성화의 은혜도 있을 수 없다. 죄를 깨닫게 하시는 일은 심판이 아니다. 그 사역은 우리 눈을 뜨게 하시고 마음을 녹여주시는 성령을 통해, 사랑의 하늘 아버지가 우리를 그분께로 가까이 이끄시는 것이다. 덕분에 우리는 그분과 점점 더 가까이 동행하게 된다. 우리 마음이 여전히 방황하기 쉽기 때문에, 죄를 깨닫게 하시는 일은 우리를 거룩하게 하시는 하나님 은혜의 필수적인 복이다.

성령은 우리에게 하나님의 말씀을 조명해주신다. 예수님은 혼란과 두려움에 빠진 제자들에게 "진리의 성령이 오시면 그가 너희를 모든 진리 가운데로 인도하시리니"(요 16:13)라고 말씀하셨다. 성령의 지속적인 역사하심 덕분에 우리는 하나님 말씀의 진리를 점점 더 깊이 이해하게 된다. 성령은 우리가 말씀을 연구할 때 역사하셔서, 하나님 말씀의 진리를 일상생활과 관계에 더 실제적이고 일관되게 적용하는 법을 가르치신다. 우리가 힘써 성경을 공부할 때 성령이 우리의 사고를 밝혀주시고 마음을 깨워주셔서, 공부한 내용이 지식으로 끝나지 않고 삶의 변화로 이어지게 하신다.

성령은 우리에게 순종할 능력을 주신다. 죄는 우리를 나약하고 무력하게 하여 하나님이 설계하신 본연의 모습이 되지도 못하게 하고, 그분이 명하신 대로 살지도 못하게 한다. 우리는 죄로 말미암아 (의향뿐 아니라) 능력을 잃었으므로 반드시 은혜로 능력을 입어야만 한다. 바로 그 은혜가 성령의 인격과 사역을 통해 우리에게 주어진다. 그분이 우리 안에 사시면서 능력을 주시기에 우리는 믿음과 순종의 새로운 발걸음을 내딛을 수 있고, 은혜 안에서 자라가는 일에서 새로운 진보를 이룰 수 있다.

성령은 우리의 부르짖음을 아버지께 전달하신다. '이미'와 '아직' 사이의 삶은 워낙 힘겹고 혼란스러워 우리는 하나님이 추구하라고 하시는 '선'(善)이 무엇인지 모를 때가 많다. 그분이 하시는 일이 이해되지 않아 어떻게 반응해야 할지 난감할 때면, 무엇을 위해 기도해야 할지도 막막하다. 바울이 로마서 8장 26절에 한 말에서 힘을 얻으라. "이와 같이 성령도 우리의 연약함을 도우시나니 우리는 마땅히 기도할 바를 알지 못하나 오직 성령이 말할 수 없는 탄식으로 우리를 위하여 친히 간구하시느니라." 성령은 우리의 부실한 기도를 책망하시지 않는다. 그 두서없는 엉망의 탄식 소리를 아버지께 전달하시고, 우리가 말로 표현하지 못하는 필요를 우리 대신 아뢰신다. 성화의 과정에서 어떻게 기도해야 할지 모를 때가 있으나 그때마다 성령이 개입하여 은혜를 베푸시니 우리는 낙심할 필요가 없다. 어떻게 기도해야 할지 막막할 때도 일단 곁에서 도우시는 그분을 믿고 기도하라.

성령은 우리가 하나님께 입양된 자녀임을 일깨워주신다. 예수님은 제자들과 함께 마지막 시간을 보내실 때 성령을 "보혜사"(위로자)라 칭하셨다. 이 타락한 세상살이는 고달프다. 성화는 하나님 은혜의 산을 오르는 험한 굽잇길이고, 안팎에서 벌어지는 죄와의 전쟁은 종종 우리를 지쳐 낙심하게 한다. 이 한가운데서 자칫 우리는 자신이 누구이고, 무엇을 받았는지를 망각한 채 길을 잃기 쉽다. 그래서 그 길 위에서 얻는 위로는 소중하며 꼭 필요한 은혜다. 하나님이 우리에게 주신 그분의 영은 늘 곁에서 위로해주신다. 성령은 우리 마음과 생각 속에서 역사하여 우리가 하나님의 자녀임을 일깨워주신다. 우리는 자녀이기에 결코 혼자가 아니며, 늘 풍성한 공급을 받고 있다. 그분은 우리가 마음의 눈으로 이 타락한 세상의 분진과 어둠 너머로 구원자의 임재와 능력과 약속을 다시금 보게 하심으로 우리를 위로하신다.

성령은 우리를 지켜주신다. 지금까지 살펴본 성령의 모든 사역은 하나님이 우리를 보호하시는 수단이다. 즉, 주 예수 그리스도를 닮아가는 면 길을 가는 동안 우리 마음을 지키시고 자라게 하시기 위해서다. 성령은 우리에게 죄를 깨닫게 하시고, 능력과 위로를 베푸시며, 이 모든 일을 통해 권능으로 우리를 지켜주신다. 우리가 이 여정을 지속할 수 있는 것은 우리의 믿음과 순종 때문이 아니다. 성령의 역사하심을 통해 죄를 깨닫게 하시고 능력과 위로를 베푸시는 하나님 덕분이다.

실제로 성령의 임재와 능력과 끊임없는 역사하심이 없이는 인격의 성화란 이루어질 수 없다. 당신의 삶 속에 계시는 성령의 임재와 능력으로 말미암아 오늘 감사하라. 그분이 이루어가시는 선한 구원으로 말미암아 감사하라. 그분이 당신 안에 계시고, 당신과 함께하시며, 당신을 위하시므로 은혜 안에서 계속 자라갈 수 있으니 감사하라.

율법

신자가 영적으로 계속 성숙해가는 성화 과정은 하나님의 율법과 은혜가 아름답게 협력하는 장이다. 성화도 칭의처럼 은혜의 구원 사역이지만 그렇다고 율법과 대립되지는 않는다. 율법과 은혜는 서로 적대 관계가 아니다. 하나님은 자기 백성의 삶에 율법과 은혜를 둘 다 쓰셔서, 그들을 죄에서 해방하시고 예수님의 형상을 닮아가게 하신다. 은혜를 경축한다고 해서 하나님의 율법을 폄훼한다는 뜻은 아니다.

율법이 주어지던 역사적 순간을 생각해보라. 택하신 백성을 불쌍히 여기신 하나님은 그들의 부르짖음을 들으시고 전능하신 능력을 발휘하여 그들을 400년간의 노예 생활에서 해방하셨다. 그런데 그들은 노예 출신이라서 구원자 하나님을 어떻게 대해야 하고, 서로 어떻게 더불어 살아야 하며, 어떻게 창조 본연의 모습으로 살아가야 하는지를 전혀 몰랐다. 그래서 하나님은 은혜의 행위로서 그들에게 율법을 주셨다. 율법은 결코 하나님께 받아들여지기 위한 수단이 아니었다. 오히려 그들이 이미 선민이고 그분이 사랑하시는 대상이기 때문에 주어졌다. 새로 해방된 이스라엘 자손에게 율법은 은혜의 선물이었다.

성화에서도 마찬가지로 율법은 하나님 은혜의 도구 역할을 한다. 죄를 죽이는 부분에서도 그렇고 새로운 삶을 추구하는 부분에서도 그렇다. 어떻게 그럴까? 첫째로, 죄를 죽이려면 죄가 무엇이고 어떻게 우리 일상생활 속에서 흉측한 고개를 쳐드는지를 확실히 알아야 한다. 하나님의 율법의 주요 기능 중 하나는 죄를 규명하고 드러내는 힘에 있다. 로마서 7장 7절에 그것이 정확히 포착되어 있다. "그런즉 우리가 무슨 말을 하리요 율법이 죄냐 그럴 수 없느니라 율법으로 말미암지 않고는 내가 죄를 알지 못하였으니 곧 율법이 탐내지 말라 하지 아니하였더라면 내가 탐심을 알지 못하였으리라."

하나님이 자신의 뜻을 율법에 명백히 밝혀놓으셨으니 우리는 영원히 감사해야 한다. 창조주가 보시기에 무엇이 옳고 그른지를 우리가 정확히 안다는 것은 소중한 은혜다. 율법은 날마다 우리 삶의 도덕적 제어 장치가 되어주건만, 우리는 율법으로 말미암아 하나님께 충분히 감사하지 않는 것 같다. 사실상 끝없는 도덕적 혼란의 한복판에서 사는 것은 비참하다. 하나님의 율법은 무엇이 옳고 그른지를 모르는 혼란에서 그리고 옳고 그름을 스스로 정하려는 도덕적 망상에서 우리를 해방한다. 감사할 것은 거기서 그치지 않는다. 하나님이 명백히 밝혀놓으신 율법을 통해 성령이 우리 마음속에 죄를 깨닫게 해주시니 우리는 영원히 감사해야 한다. 죄를 깨닫는 고통은 성화의 은혜가 당신의 마음속에서 역사하고 있다는 징후다. 죄를 깨달으려면, 성령의 능력으로 말미암아 하나님의 율법과 은혜가 협력하여 우리를 그리스도 안에서 성숙하도록 이끌어야만 한다.

하나님이 우리 삶 속에서 율법을 성화의 도구로 쓰시는 두 번째 방법이 있다. 율법이 없다면 우리는 의로운 삶이 어떤 모습인지 알 길이 없다. 우리는 죄를 버리고 의를 취하도록 부름받은 만큼 의의 실제 모습이 어떤지를 반드시 알아야 한다. 물론 그리스도의 의가 우리에게 전가되었으므로 우리는 법적으로는 신분상 하나님 앞에서 의로워졌다. 성화는 그런 상태의 우리를 하나님이 실제로 의롭게 변화시키시는 과정인데, 여기서 율법이 하는 역할이 있다. 율법은 우리에게 새 생명이 어떤 생활로 나타나는지를 지적한다. 더는 우리 자신을 위해 살지 않고 우리를 사랑하여 기꺼이 고난당하고 우리를 위해 죽으신 분을 위해 산다는 것이 실제로 어떤 의미인지를 규정한다.

요한은 "하나님을 사랑하는 것은 이것이니 우리가 그의 계명들을 지키는 것이라 그의 계명들은 무거운 것이 아니로다"(요일 5:3)라고 말했다. 성화는 여태 자기밖에 모르던 사람의 삶이 성장하여 하나님을 사랑하는 삶으로 빚어지는 과정이다. 삶의 모든 분야에서 하나님을 사랑한다는 것이 실제로 어떤 모습인지를 그분의 계명이 우리에게 가르쳐준다. 알다시피 십계명은 하나님 한 분만을 예배하라는 명령들로 시작된다. 나머지 모든 계명에는 그분을 예배하면 우리 삶이 어떻게 빚어지는지가 규정되어 있다. 그래서 신자에게 그분의 명령은 무거운 짐이 아니다. 은혜가 우리 안에 하나님을 사랑하는 마음을 싹 틔웠고, 그분을 사랑하면 당연히 그분을 기쁘게 해드리는 생활 방식으로 살고 싶어진다. 그분을 기쁘게 해드리는 삶이 어떤 모습인지는 그분의 명령에 규정되어 있다. 그분의 명령에 순종하면 어떤 면에서 그 자체가 보상이다. 순종할수록 우리가 죄의 기만과 해악에서 해방되어 점점 더 구주와 보조를 맞추게 되기 때문이다.

성화에서 율법은 죽음과 삶에 쓰이는 도구다. 거룩하게 하시는 하나님이 사용하시는 은혜의 필수 도구다. 죄를 죽이는 과정에서도 그렇고, 하나님을 사랑하기에 새로운 삶을 추구하는 과정에서도 꼭 필요한 도구다. 거룩하게 하시는 하나님의 은혜에 감사한다면, 그분의 율법을 무거운 짐으로 여기기는커녕 오히려 사랑해야 한다. 당신의 마음속에서 시작하신 일을 율법을 통해 계속하시는 하나님께 날마다 감사해야 한다.

인내

성화에 대한 하나님의 최종 목표가 "내가 거룩하니 너희도 거룩할지어다"이므로 당신과 나는 갈 길이 아주 멀다. 나는 기다리기를 싫어하는데, 아마 당신도 그럴 것이다. 우리는 길게 줄을 서는 것을 즐기지 않고, 저녁 식사가 아직 준비되지 않았다는 말도 싫어하며, 카드 서비스 때문에 은행에 전화를 걸면 몇 시간씩 기다려야 하는 일도 짜증 난다. 운전 중에 지체되는 시간 때문에 하나님께 감사하지 않게 되고, 컴퓨터의 로딩이 조금만 더뎌도 조바심을 낸다.

성화는 기다리라는 하나님의 초대다. 당신이 예수 그리스도의 형상을 닮는 일은 일회적 사건이 아니라 과정이다. 무한히 지혜로우신 하나님은 그것이 최선의 방법임을 아셨다. 그러나 잊지 말아야 할 점이 있다.

기다림은 단지 하나님이 성화를 평생의 과정으로 정하셨기 때문에 어쩔 수 없이 받아들여야 하는 삶의 일부가 아니다. 기다림은 하나님의 은혜 안에서 자라가는 과정에 꼭 필요한 도구다. 성화에서 **기다림의 핵심은 기다림이 끝날 때 얻는 결과가 아니라, 기다리면서 변화되어가는 우리 모습이다.** 하나님의 손에 들린 기다림은 변화의 도구다. 단지 영적으로 성숙해지기 위해 치러야 하는 값이 아닌 그 이상을 의미한다. 기다림으로 말미암아 하나님께 감사하라. 하나님은 기다림을 통해 당신을 변화시키신다.

신자의 기다림은 결코 하나님이 부재하신다거나 수동적이시라거나 돌보지 않으신다거나 신실하지 않으시다는 표시가 아니다. 오히려 기다림은 우리가 은혜로 개입하시는 하나님의 주관 아래 있다는 징후다. 통제권이 당신에게 있다면 결코 기다리지 않을 테니 말이다.

> 사 40:31 오직 여호와를 앙망하는(기다리는) 자는 새 힘을 얻으리니 독수리가 날개 치며 올라감 같을 것이요 달음박질하여도 곤비하지 아니하겠고 걸어가도 피곤하지 아니하리로다.

하나님은 날마다 모든 상황과 관계 속에서 역사하여 우리를 죄에서 해방하시고 은혜 안에서 새롭게 하신다. 그래서 나는 우리가 감사와 기쁨으로 기다리기를 기도한다. 앞날을 내다보면 길이 험하고 멀어 보이지만 우리는 혼자가 아님을 안다. 그 길을 설계하신 분이 우리 곁에 계신다. 모든 돌부리와 모퉁이가 하나님이 사용하시는 은혜의 도구다.

하나님은 우리를 영원히 잘되게 하시려고 자신의 영광을 발산하시는 분이다. 그래서 하나님은 우리를 용서하고 자녀로 입양하여, "신성한 성품에 참여하는 자"(벧후 1:4)로 삼으시기로 작정하셨다. 하나님이 우리를 한없이 사랑하시기에 마침내 우리가 아들 예수님의 형상을 닮을 때까지 쉬지 않고 일하신다니, 생각해보면 믿기 어려운 기적이다. 우리는 회복되어 그분과 교제할 뿐 아니라 점점 더 의롭고 거룩하게 살아간다. 이보다 더 좋은 일이 어디 있겠는가? 성화는 무거운 짐이 아니라 경축해야 할 좋은 선물이다. 물론 우리는 성화의 여정에서 역경과 희생도 경험하지만, 그 과정에서 해롭고 위험한 것들은 죽고 선하고 놀라운 것들은 산다. 길을 가는 동안 세상을 사랑하는 마음은 약해지고, 주님을 사랑하는 마음은 자라간다. 성장의 발걸음을 내딛을 때마다 각종 우상은 무너지고, 하나님께 드리는 예배가 우세해진다. 길모퉁이를 돌 때마다 우리 마음의 충정이 구원자와 그분의 나라 쪽으로 조금씩 더 옮겨간다. 여정 중에 우리는 더 이상 출발지를 뒤돌아보지 않고 영원한 본향을 사모하며 바라본다.

20
일상생활 속의 성화

여행을 가면 으레 그러듯이 나는 아시아에서도 미술관을 방문했다. 모퉁이를 돌아 전시실로 들어서니 매혹적인 그림들이 쭉 걸려 있었다. 문간에 서서 쓱 둘러본 뒤 안으로 들어가 자세히 보았다. 멀찍이서 보면 그림마다 순백의 화폭 위에 회색빛 파도가 물결치는 것처럼 보였다. 물결은 움직이는 듯한 착시 효과를 자아냈고, 물결의 모양은 그림마다 달랐다. 그림들은 하나같이 화가의 구상과 시선과 손끝에서 나온 특유의 아름다운 구도를 뽐내고 있었다. 모두 동일한 창작자의 수려한 예술 작품임을 누구나 대번에 알아차릴 수 있었다.

몇 분간 멀찍이서 관람하다가 특히 흥미로워 보이는 그림 하나를 골라 바짝 다가가서 보았다. 몇 센티미터 거리에서 보니 그 그림에 매료되었다. 그것은 아주 엄격한 의미에서 그림이 아니었다. 아름다운 색조의 물결은 잉크로 제작된 것이었다. 손으로 쓴 숫자들이 순서대로 배열되어 화폭을 뒤덮고 있는 것이 아주 매혹적이었다. 그림마다 무수히 많은 숫자가 무수히 많은 기복을 이루었고, 각 숫자의 농담과 숫자 사이의 간격이 물결 효과를 자아냈다. 기상천외한 개념을 적용해 창작했고, 구성이 정교하고 복잡했으며, 필치도 우아하여 전체적으로 세련미를 풍겼다. 작은 숫자들을 열 지어 늘어놓는 평범한 기법으로 화가가 이런 신기한 작품을 창작했다는 사실에 나는 눈물이 날 뻔했다. 빙 둘러보니 다른 열한 폭의 작법도 방금 내가 살펴본 그림과 똑같았다. 다 숫자들이 세밀하게 열을 이루었고, 아름다운 파동도 모두 같았다. 나는 화가의 뛰어난 재능에 놀랐고, 열두 폭은 둘째 치고 단 한 폭의 그림을 완성하는 데 얼마나 혼신의 힘을 쏟았을지 헤아려보았다. 화가가 이 전시실에 들어와 오직 자신의 힘으로만 창작된 아름다움을 보았을 때 얼마나 흡족했을까 하는 생각도 들었다.

우리의 성화는 그 신기한 그림의 작가보다 더 완전하고 헌신적인 예술가 하나님의 세밀한 작업이다. 우리가 예수님의 아름다운 형상을 입으려면 그 작업이 일상생활의 수많은 소소한 순간 속에서 이루어져야 한다. 날마다 아주 조금씩 하나님은 죄 가운데서 흉하고 더러웠던 우리를 아름다운 아들딸로 변화시켜나가신다. 이를 위해 우리를 구원하셨다. 그분은 결코 싫증 내거나 지치거나 좌절하지 않으시며, 구원이라는 예술 작품을 완성하시려는 헌신이 시들해지지도 않는다. 모든 화폭이 평생이 걸려야 완성되지만, 우리 구주는 성화 예술의 세밀한 작업을 결코 그만두지 않으신다. 게다가 이 놀라운 일을 열두 명에게만 하신 것이 아니라, 장구한 인류 역사 동안 지구상의 방방곡곡에서 무수히 많은 사람에게 해오셨다. 그분은 우리가 온전히 아름다워질 때까지 화폭에서 손을 떼지 않으신다. 이를 위해 고난당하여 죽으시고 부활하셨다. 때가 되면 우리는 사상 최고의 전시실에 들어가 마침내 완성된 사상 최고의 세밀하고 아름다운 작품을 볼 것이다. 거기서 경이에 젖어 영원히 축제를 벌일 것이다.

회심하여 본향에 가기 전까지 우리는 모두 그날 전시실에서 나를 사로잡았던 경이와 경탄의 태도에 자꾸만 다시 사로잡혀야 한다. 우리 삶의 소소한 순간과 굵직한 드라마 속에서 예술가 하나님이 일하시는 중이며, 가장 아름다운 형상인 성자 하나님의 형상을 창작하시고 있다. 우리는 화폭이다. 성화를 당신의 어깨 위에 얹힌 버거운 짐으로 생각해서는 안 된다. 사실 성화는 아름답게 전시되는 구속의 은혜다. 우리는 그 전시를 관람하는 정도가 아니라 거기에 참여하도록 초대받았다. 지금부터 이 성화라는 예술이 우리 일상생활에 어떤 의미가 있는지 살펴보자.

수동적 기독교란 존재하지 않는다

당신이 처음 믿던 순간인 '이미'와 마침내 본향에 들어갈 '아직'의 사이에서, 하나님은 대대적이고 장기적인 마음과 삶의 변화를 계획하셨다. 그래서 그리스도인은 삶에 임할 때 훈련되지 않은 게으르고 소극적인 자세는 허용되지 않는다. 그리스도인의 삶은 당신을 향한 하나님의 목적을 당신의 일상생활의 목적으로 삼으라는 초대다. 하나님이 당신을 위해 당신 안에서 하시는 일이 곧 당신의 일도 된다는 뜻이다. 그리스도인의 삶은 꾸준한 교회 출석, 충실한 헌금, 성경 실력, 신학 지식, 간헐적 봉사로만 그치지 않는다. 이 모두가 아주 좋은 것이지만, 그것은 당신을 향한 구원자의 훨씬 깊고도 인격적인 계획에 쓰이는 도구다. 더 깊은 계획이란 무엇인가? 바로 "내가 거룩하니 너희도 거룩할지어다"(벧전 1:16)이다.

이 계획을 진지하게 대해야 그리스도인의 삶이 제대로 빚어질 수 있다. 우리는 그리스도 안에서 변화될 잠재력을 받았으나 아직 다 변화되지는 못했다. 죄가 아직 우리 안에 살아서 흉흉히 활동하고 있다. 여전히 우리는 솔깃한 유혹에 이끌리기 쉽고, 마음속으로 방황하기 쉬우며, 하나님의 길보다 자신의 길을 원하기도 한다. 저항해야 할 때 굴복하고, 순종해야 할 때 저항하곤 한다.

자신을 정직하게 바라보라. 나는 괜찮으니 죄를 깨닫게 하시고 능력을 주시고 거룩하게 하시는 은혜가 필요 없다고 말할 수 있는 사람이 누가 있을까? 자신이 이미 충분히 거룩하다고 말할 수 있는 사람이 우리 중에 과연 있을까? 지난달이나 지난주나 다만 어제 하루라도 돌아볼 때 후회 없는 사람이 있을까? 자신의 생각과 갈망과 말과 행동을 성찰할 때 우리가 내릴 수 있는 정직한 결론은 하나뿐이다. 즉, 우리는 계속되는 과정 중에 있는 사람들이다. 우리는 다 성화의 은혜가 절실히 필요하다.

성화의 은혜가 필요하기에 우리는 하나님이 마련해주신 모든 은혜의 도구를 적극 활용해야 한다. 아울러 우리 삶의 달갑지 않고 계획에 없던 뜻밖의 역경을 통해 그분이 어떻게 성장의 필요성을 드러내시고, 우리를 은혜 안에서 자라게 하시는지도 살펴야 한다. 확신컨대 우리 대부분의 신앙생활에서 문제는 불만족이 아니라 만족이다. 내 생각에 우리는 영적으로 너무나 쉽게 만족한다. 약간의 신학 지식, 지역 교회에 대한 소비자적 접근, 피상적 경건 생활, 약간의 헌금, 조금 더 나은 결혼 생활, 조금 더 통제되는 자녀, 이 정도면 됐다 싶은 그리스도인 친구 등에 만족하는 것이다.

하나님이 우리에게 주시려는 것은 우리가 바라는 것보다 훨씬 많다. 그분은 우리가 실제로 그분의 신성한 성품에 참여하는 자가 되기를 원하신다. 이 문장을 마음에 새기라. 이는 지금 여기서 당신과 내가 섬기는 구원자가 불만족을 느끼신다는 뜻이다. 하나님의 자녀에게 주어진 모든 것을 우리는 아직 다 누리지 못하고 있다. 그분은 그것을 아시고 우리를 사랑의 눈길로 바라보신다. 그분은 우리를 조금도 수동적으로 대하지 않으시고, 매 순간의 삶에서 계속 능동적으로 우리 안에 아들 예수님의 형상을 빚으신다. 하나님의 불만족은 우리를 불러 그 불만족에 동참하게 한다. 끊임없이 우리를 거룩하게 하시는 그분의 활동은 우리 또한 활동해야 한다는 초대이자 부르심이다. 하나님의 목적은 우리의 목적이고, 그분의 일은 우리의 일이다. 우리를 향한 그분의 목표가 곧 우리의 목표가 되어야 한다.

갈라디아서 5장이 여기서 특히 유익하다. 우리를 향한 하나님의 계획이 잘 제시되어 있다.

> 갈 5:16, 22-25   내가 이르노니 너희는 성령을 따라 행하라 그리하면 육체의 욕심을 이루지 아니하리라…오직 성령의 열매는 사랑과 희락과 화평과 오래 참음과 자비와 양선과 충성과 온유와 절제니 이 같은 것을 금지할 법이 없느니라 그리스도 예수의 사람들은 육체와 함께 그 정욕과 탐심을 십자가에 못 박았느니라 만일 우리가 성령으로 살면 또한 성령으로 행할지니.

이 본문이 어떻게 시작되고 끝나는지 잘 보라. "너희는 성령을 따라 행하라"로 시작해서 "성령으로 행할지니"로 끝난다. 거룩하게 하시는 하나님의 은혜를 진지하게 대해야 한다는 바울의 메시지가 두 문구에 담겨 있다. 달리 말하면 다음과 같다. "성령님이 너희 마음속에서 역사하고 계시니 그분이 너희 안에서 너희를 위해 행하시는 놀라운 일에 마음으로 순복하라." "성령님이 너희를 데려가시려는 목적지가 있으니 그분이 인도하시는 곳으로 가기로 작정하라." 그렇다면 이것은 실제로 어떤 모습일까? 바로 성령의 열매를 진지하게 대하는 삶이다. 당신에게 성령이 주어진 것은 당신 안에 영적 열매를 맺으시기 위해서다. 그리스도 안의 새 생명에서 맺히는 열매는 사랑과 희락과 화평과 오래 참음과 자비와 양선과 충성과 온유와 절제. 당신과 나의 힘으로는 결코 우리 안에 이런 아름다운 열매를 맺을 수 없다. 그것은 오직 거룩하게 하시는 하나님 은혜의 열매다. 그러나 우리도 성령님이 마음속에서 행하시는 일에 방향을 맞추어 열심히 일하도록 부름받았다.

그래서 당신은 아침에 일어나 이렇게 기도한다. "주님, 주님이 은혜로 제게 사랑할 능력을 주시는데 저는 아직 그만큼 사랑하지 못합니다. 제 마음속에 역사하셔서 더 사랑하게 해주소서. 오늘 주님이 제게 주실 모든 기회를 보는 눈을 주셔서 주님이 저를 사랑하시듯 저도 다른 사람들을 사랑하게 하소서." 이런 기도로 하루를 시작할 수도 있다. "주님, 제 삶에 희락이 없음을 압니다. 주님의 자녀로서 모든 복을 받고도 제 마음에 감사가 충만하지 못하기 때문입니다. 오늘은 받은 복을 세어보게 하시고, 그 기쁜 감사를 주변 사람들에게 표현할 은혜를 주소서." 각 열매는 구속하시는 하나님 은혜의 선물이지만 또한 우리가 열망을 품고 노력해야 할 목표이기도 하다. 성령의 열매인 성품의 각 영역에서 우리는 아직 하나님이 그리스도 안에서 목적하신 바에 이르지 못했다. 그렇기 때문에 무기력하고 자만에 젖은 수동적 소비자 기독교는 용납되지 않는다.

성화 교리는 우리를 영적 직업의식을 갖도록 초청한다. 물론 하나님께 더 잘 받아들여지기 위해 일하는 것은 아니다. 그리스도 안에서 우리는 이미 완전히 받아들여졌다. 다만 두렵고 떨림으로 우리 구원을 이루는 것이다(빌 2:12). 그래서 우리는 그분의 일을 우리 일생의 일로 삼는다. 우리 안에 사시면서 우리를 완전히 변화시키려고 역사하시는 그분을 거룩하게 경외한다. 이 일에 임하는 우리의 자세는 근심이 아니라 기쁨이다. 이 일을 어디서 해야 할까? 어디든 자신이 있는 곳에서 하면 된다. 모든 날, 모든 상황, 모든 장소, 모든 관계, 모든 새로운 도전, 모든 시련, 모든 사건, 모든 결정은 우리가 그리스도를 닮아가는 길에서 한 걸음을 더 내딛을 수 있는 기회다.

목표는 분명하다. 분명하지 않은 것은 우리가 하나님의 목표를 나의 목표로 삼아 그대로 살아갈 것인지 여부다. 매 주일 두 시간 동안만 신앙이 가장 활기차 보이는 전형적인 수동적 기독교에 안주할 것인가? 성화를 무거운 짐이 아니라 하나님 은혜의 영광스러운 복으로 볼 것인가? 날마다 삶의 모든 상황과 관계 속에서 생각하고 바라며 행동하고 말할 때마다 거룩해지고자 힘쓸 것인가? 덧없는 세상 쾌락보다 하나님을 즐거워하는 마음에 더 의미를 둘 것인가? 이 일이 더는 필요 없어질 때까지 성령의 성화 과정에 즐거이 헌신할 것인가? 자만에 젖은 채 성령으로 행한다는 의미를 진지하게 성찰하지 않는 생활 방식에 굴할 것인가? 성령으로 행하는 삶에 필요한 은혜를 하나님이 우리에게 베풀어주시기를 기도한다.

교회는 꼭 필요하다

하나님의 변화 계획을 진지하게 대하여 그분의 성화 작업을 평생 이루어야 할 영적 일로 삼는 사람은 교회라는 선물로 말미암아 감사할 것이다. 지역 교회의 사역 없이는, 그리스도인이 활기차게 성숙해가며 사역에 힘쓰는 삶도 없다. 신자가 평생에 걸쳐 점진적 성화를 이루어나가야 하기에 교회가 존재하는 것이다. 확신컨대 성화 작업이 신앙생활의 핵심임을 잘 모르는 많은 그리스도인은 지역 교회의 삶과 사역을 가볍게 대한다.

교회 사역은 구원자의 손에 들린 중요한 도구다. 이를 통해 그분은 우리 안에서 시작하신 구원의 일을 계속 진척해가신다. 자기 안에 잔재하는 죄의 위력을 인식하고, 그리스도를 닮은 모습으로 성장해야 함을 겸손히 인정하는 사람은, 교회에서 얻는 모든 혜택을 활용해야 할 필요성을 잘 알고 있다. 사도 바울은 그리스도의 몸 된 교회의 필수 사역인 성화를 이렇게 명확히 포착했다.

엡 4:11-16 그가 어떤 사람은 사도로, 어떤 사람은 선지자로, 어떤 사람은 복음 전하는 자로, 어떤 사람은 목사와 교사로 삼으셨으니 이는 성도를 온전하게 하여 봉사의 일을 하게 하며 그리스도의 몸을 세우려 하심이라 우리가 다 하나님의 아들을 믿는 것과 아는 일에 하나가 되어 온전한 사람을 이루어 그리스도의 장성한 분량이 충만한 데까지 이르리니 이는 우리가 이제부터 어린아이가 되지 아니하여 사람의 속임수와 간사한 유혹에 빠져 온갖 교훈의 풍조에 밀려 요동하지 않게 하려 함이라 오직 사랑 안에서 참된 것을 하여 범사에 그에게까지 자랄지라 그는 머리니 곧 그리스도라 그에게서 온몸이 각 마디를 통하여 도움을 받음으로 연결되고 결합되어 각 지체의 분량대로 역사하여 그 몸을 자라게 하며 사랑 안에서 스스로 세우느니라.

그리스도의 몸 된 교회의 모든 사역이 당신의 영적 성장인 죽음과 삶의 과정에 어떻게 기여하는지 생각해보라. 이 본문의 내용을 광범위하게 다 살펴볼 수는 없지만, 바울이 지적했듯이 모든 신자의 삶에 꼭 필요한 '성화의 제반 요소'는 교회 사역을 통해 채워진다. 우리는 모두 하나님의 것들을 알고 이해하는 데서 계속 자라가야 하고, 그리스도를 닮은 온전한 사람이 되어야 하며, 사탄의 간사한 유혹을 더 잘 분별하여 자신을 지킬 수 있어야 한다. 우리는 모두 교회의 공적인 가르침을 받아야 하고, 설교를 들어야 한다. 이를 통해서만 복음의 진리를 더욱 깊이 있게 이해할 수 있고, 진리를 일상생활에 적용하는 능력도 자라간다.

우리는 공예배에 참여해야 한다. 복음의 진리를 노래하되 자신의 마음뿐만 아니라 서로의 귀와 마음에도 들리게 해야 한다. 우리는 하나님의 말씀을 공적으로 읽을 때마다 말씀의 권위, 충족성, 생명을 주는 지혜를 떠올려야 한다. 그리스도의 몸 된 교회에서 나누는 교제도 꼭 필요하다. 서로를 섬기는 교제가 늘 일깨워주듯이 하나님과 동행하는 삶은 공동체의 일이며, 우리는 희생적 사랑의 교제 가운데 서로 더불어 살도록 부름받았다. 그래서 타락한 세상을 하나님의 자녀로 살아가는 법을 아는 성숙한 형제자매들의 모본과 지혜와 질책과 격려가 필요하다.

또한 희생적으로 베풀고, 정의와 자비에 앞장서며, 은혜의 복음을 선포해야 할 교회의 사명이 우리에게 필요하다. 그로써 우리는 자신의 작은 나라를 버리고 하나님나라의 더 큰 일에 삶을 바치는 것이 실제로 어떤 모습인지를 배울 수 있다. 숙련되고 훈련된 그리스도인들의 상담도 필요하다. 삶을 침범하는 고난과 죄의 상흔에 그들의 도움을 받아 대처해야 한다. 믿음을 굳건하게 해주는 성례도 필요하다. 성례를 통해 우리의 소망이 주 예수 그리스도의 인격과 사역에 있음을 수시로 기억해야 한다. 교회의 어떤 사역도 사치가 아니다. 완전히 성화된 지체가 교회에 아무도 없기 때문이다.

지속적으로 성화되어가는 일에 진지한 자세로 임하는가? 단순히 교회로 말미암아 감사하며 편하게 출석만 할 것이 아니라, 교회에 헌신하여 모든 공적, 사적 사역에 기쁘게 동참하라. 교회 일을 희생적으로 지원하고, 당신을 대상으로 한 사역이 아니더라도 다른 사람들의 필요를 채워주는 사역에 열심을 내라. 서로를 섬기는 든든한 관계를 가꾸고, 거기서 당신의 은사를 활용할 방도를 모색하라. 교회의 불완전한 모습 때문에 낙심하지 말라. 당신의 교회가 당신 같은 사람들로 구성되어 있음을 잊지 말라. 그들도 하나님이 이루어가시는 성화의 과정에 있기에 아직 갈 길이 멀다. 바울은 우리를 은혜 안에서 자라게 하시는 하나님의 사역에서 교회가 얼마나 중요한지를 디모데전서 3장에 분명하고 생생하게 진술했다. 교회는 진리의 기둥과 터이고, 하나님은 이를 통해 우리를 거룩하게 하신다. 따라서 우리 마음에 영향을 미치는 교회의 삶과 사역이 없이는 은혜 안에서 자라갈 수 없다.

> 딤전 3:14-15 내가 속히 네게 가기를 바라나 이것을 네게 쓰는 것은 만일 내가 지체하면 너로 하여금 하나님의 집에서 어떻게 행하여야 할지를 알게 하려 함이니 이 집은 살아 계신 하나님의 교회요 진리의 기둥과 터니라.

성화는 결혼 생활과 자녀 양육과 우정에 새로운 모델과 목적을 부여한다

하나님의 계획은 신비로울 때도 있고 혼란스러울 때도 있다. 어쨌든 우리를 향한 그분의 계획은 대체로 우리의 계획과는 다르다. 결혼 생활과 자녀 양육과 우정에서도 마찬가지다. 왜 하나님은 세상에서 가장 중요한 미완의 과정(성화)의 한복판에 이처럼 개인의 희생을 요하는 전인적 관계를 두시는 것일까? 그전에 먼저 우리를 완전히 거룩하게 하시는 것이 더 낫지 않을까? 타락한 세상의 긴밀한 대인 관계 속에 죄인과 죄인을 나란히 두면 어떤 일이 벌어지겠는가? 모든 관계에서 우리는 하나님의 계획에 수반되는 혼란과 실망을 경험해왔다. 우리 중 아무에게도 실망 없는 관계란 없었으니 말이다.

우리의 관계를 향한 하나님의 계획을 이해하려면, 그분이 목적하신 관계가 단지 인복을 누리는 수단이 아니라 그보다 훨씬 더 낫다는 것을 알아야 한다. 관계의 목적이 그저 우리의 위안과 즐거움과 안락뿐이라면, 그분의 목적은 대실패인 셈이다. 사실 그분의 궁극적인 목적은 죽음과 삶의 성화 작업에서 우리의 관계가 막강하고 효과적인 도구로 쓰이는 것이다.

하나님이 우리의 관계를 통해 촉진하시는 것은 한때의 사사로운 행복보다 무한히 더 아름답다. 물론 우리의 관계에 기쁨이 있어야겠지만 그분의 목적은 우리의 행복보다 훨씬 크다. 그분은 우리가 거룩하기를 바라신다. 그리스도를 닮아가는 성장에 헌신한 사람들의 관계는 갈수록 섬김과 사랑과 용서와 이해와 연합이 깊어진다. 그래서 그들은 결국 더 행복해진다.

죄인과 죄인이 더불어 살거나 가까이 지내는 혼란 속에서 우리 마음과 손의 죄가 여실히 드러난다. 불완전한 사람과 함께 사는 부담 속에서 우리는 예수님이 사랑하셨듯이 사랑하는 법을 배운다. 다른 이에게 은혜를 베푼다는 것이 무엇인지 배울 때, 우리는 자신이 받은 은혜를 더 깊이 이해하고 존중하게 된다.

이런 관계는 우리 마음의 이기심과 반항심을 드러냄으로써, 그리스도 안에서 우리에게 주어진 모든 것이 얼마나 절실히 필요한지를 부각한다. 관계의 혼란은 하나님이 쓰시는 도구이고, 그분이 실수하신 것이 아니라 개입하신다는 뜻이다. 하나님은 우리가 누군지 아시며 우리가 살고 있는 세상도 아신다. 그분은 우리가 누구와 함께 살지를 아셨고, 거기에 수반될 시련도 아셨으며, 자신이 이 모든 것을 통해 계속 우리 안에 구주의 성품을 빚으실 것까지도 아셨다. 우리 안에 계속되는 하나님의 구속 사역은 우리의 관계를 거룩하게 하여 수평 관계의 기쁨보다 더 높은 목적으로 부른다.

성화 교리가 우리의 관계에 끼치는 유익은 또 있다. 훨씬 더 좋은 모델로 관계를 복되게 해주는 것이다. 안타깝게도 많은 그리스도인은 관계를 평가할 때 단편적으로 순간순간 일희일비한다. 오늘 나는 행복한가? 오늘 우리가 싸웠던가? 오늘 내가 이겼던가? 오늘 사랑받는다고 느꼈는가? 어떻게 하면 대화가 언쟁으로 비화하지 않을까? 질문의 예를 들자면 얼마든지 많다.

많은 사람이 자신의 관계를 유익하거나 행복하거나 해로운 순간들로 대한다. 그들에게는 장기적 모델이나 그런 모델에 요구되는 인내와 끈기가 없다. 하나님은 끊임없이 역사하여 우리를 예수 그리스도의 형상으로 빚으시는데, 결혼 생활과 자녀 양육과 우정은 그 과정에서 그분이 쓰시는 중요한 도구다. 따라서 우리에게 이런 관계에 대한 점진적 성화 모델이 있어야 한다. 우리는 과정 중에 있는 사람들이므로 우리의 관계도 과정 중에 있다. 이 말은 이런 뜻이다. 불완전한 우리에게 중대한 변화의 잠재력이 주어져 있기에, 우리의 관계도 불완전하지만 변화될 잠재력이 있다. 인격의 변화가 일회적 사건이 아니라 과정이므로, 관계의 변화도 대개는 과정이다. 우리가 연약하여 실패할 때 하나님이 이해하고 참아주며 연민을 보이시니 우리도 서로에게 똑같이 해야 한다. 하나님이 우리에게 제발 좀 성장하라고 몰아붙이지 않으시니 우리도 절대 서로에게 그래서는 안 된다. 더딘 인격적 변화의 과정에서 하나님이 우리를 포기할 마음이 없으시니 우리도 서로를 포기해서는 안 된다.

그러므로 언제고 결혼 생활의 궁극적 목표는 순간의 평화가 아니라, 그 순간을 통해 또 한 걸음을 내딛어 예수님의 성품을 부부의 성품으로 삼는 것이어야 한다. 자녀 양육의 목표는 주어진 순간에 어떻게 해서라도 자녀를 당신이 원하는 대로 하게 만드는 것이 아니다. 부모의 목표는 한 걸음 더 내딛어 자녀에게 예수님처럼 반응하는 것이고, 또 한 걸음을 내딛어 자녀에게 자신이 누구이고 구주의 지혜와 은혜가 얼마나 필요한지를 깨우쳐주는 것이다. 우정의 목표는 마침내 당신이 동경하던 부류의 친구를 얻는 것이 아니라, 그 관계를 하나님이 친구와 당신 안에 영원한 영적 선을 이루시는 수단으로 보는 것이다.

관계는 하나님이 지금의 우리를 새로운 모습으로 변화시키기 위해 적극 활용하시는 도구다. 그렇게 변화될 잠재력이 우리에게 은혜로 주어져 있다. 그래서 우리는 관계 속에서 끈기 있게 참아주며 희생해야 한다. 우리는 다 긴 과정을 거치고 있는 사람이므로, 연민과 이해심을 품고 서로를 너그럽고 따뜻하게 대해야 한다. 하나님이 성화 과정에서 우리를 끝없이 용서하시듯이 우리도 서로에게 똑같이 해야 한다. 우리가 실패하면 하나님이 다시 일으켜 새롭게 출발하고 시도할 은혜를 주시듯이, 우리도 서로에게 똑같이 해야 한다. 이 오랜 과정에서 우리를 향한 하나님의 희망이 이울지 않듯이, 서로를 향한 우리의 희망도 스러져서는 안 된다.

물론 영원의 이편에서는 죄의 기만 때문에 신뢰가 처참하게 무너져 도저히 지속할 수 없는 관계도 있다. 그러나 우리 대부분에게 성화 교리는 이 망가진 세상에서 죄인과 죄인이 더불어 살 수 있는 유일한 건설적 모델을 내놓는다. 누구나 경험하는 혼란을 이해하게 해주면서, 우리에게 노력해야 할 목표를 준다. 전체 과정을 보는 요긴한 사고방식과 더불어 관계의 형통에 꼭 필요한 성품의 자질을 제시한다. 요컨대 성화 교리는 우리에게 일상생활의 모든 주요 관계에 대한 새로운 모델과 새로운 목적을 선물로 준다. 아마도 당신이 관계 속에서 바라고 꿈꾸던 것은 얻지 못하겠지만, 하나님이 약속하신 무한히 더 좋은 것을 얻게 된다.

성화 교리는 모든 것이 신성하다는 사실을 부각한다

잠시 함께 생각해보자. 하나님이 우리 삶의 모든 상황과 장소와 관계 속에서 구원 사역을 지속하시기에 모든 것은 신성하다. 그분이 우리 삶의 모든 것을 도구 삼아 은혜로 마음과 삶을 변화시켜주시기에 우리는 늘 거룩한 땅에 살고 있다. 하나님이 삶의 가장 소소한 상황을 통해서도 우리를 조금 더 예수 그리스도를 닮아가게 하시기 때문에 가장 소소한 순간마저도 영적으로 중요하다. 구원자가 현존하실 뿐만 아니라, 하등 거룩해 보이지 않는 순간에도 거룩한 성화 작업을 하시기에 우리의 전 존재는 거룩해지고 신성해진다.

우리는 하나님의 자녀이자 그분의 은혜가 항시 역사하여 성화를 이루는 대상이다. 그래서 우리 삶에 속되고 부정하며 그냥 평범한 순간이란 없다. 우리 삶은 성과 속으로 나뉘지 않는다. 하나님이 우리와 떨어져 계신 순간은 없고, 그분이 수수방관하시는 상황도 없다. 영적으로 의미 있는 일이 벌어지지 않는 여느 날이란 없다. 구속하시는 그분의 은혜는 끊이지 않고, 성화하시는 그분의 사랑은 결코 쉬지 않는다. 모든 것이 영적이고 신성하다. 모든 것이 하나님을 지향하며 구속의 의미를 지닌다. 모든 것이 그렇다.

그렇다고 우리가 항상 침울하고 심각해야 한다는 말은 아니다. 맛있는 식사나 호쾌한 웃음을 즐기지 말아야 한다는 말도 아니다. 쇼핑도 하고 낚시도 가라. 경기도 관람하고 산책도 하라. 낮잠도 즐기고 유익한 요리 프로그램도 시청하라. 좋은 음악도 듣고 좋은 책도 읽으라. 단, 매 순간 당신이 누구이고 주님이 어떤 분이신지를 잊지 말라. 구속하시는 그분의 은혜 덕분에 당신이 지금 성화 과정에 있음을 잊지 말라. 마치 어떤 것들은 중요하지 않다는 듯이, 또는 당신의 삶이 대부분 평범하고 시시하다는 듯이 행동하지 말라. 별로 대수롭지 않아 보이는 순간에도 우리의 구원자가 구속의 기적을 이루신다. 당신은 그분의 자녀이고 그분은 당신의 구원자이시므로 당신의 삶은 신성한 공간에서 이루어진다. 그분이 당신 안에서 당신을 위해 일하시는 한 그 사실은 변치 않는다.

안타깝게도 많은 신자가 하나님을 망각한 채 살아간다. 공예배나 기도나 개인 경건 시간 같은 명백히 영적인 일에 참여할 때를 제외하고는 사실상 영적 기억 상실증 상태로 살아간다는 뜻이다. 그러다 보니 우리는 삶에서 하나님의 자녀인 나의 신비한 정체성, 그분이 실제로 내 안에 사신다는 놀라운 실재, 내게 주어진 복의 창고, 내 마음과 삶 속에 진행

중인 심히 중요한 구속 과정 등을 의식하지 못한다. 하루하루를 하나님과 그분의 일에 대한 의식 없이 보내기 때문에 그분의 목적을 내 목적으로, 그분의 일을 내 일로 삼지도 못한다. 뻔히 영적인 일이 벌어질 때는 우리도 성화에 진지한 편이지만, 그 순간이 지나가면 다시 그렇지 못한 상태로 돌아간다.

그러나 거룩한 일은 어디서나 항상 벌어지고 있다. 성화의 은혜 때문에 당신의 결혼 생활은 신성하고 자녀 양육은 거룩하다. 성화의 은혜 때문에 당신의 일터는 거룩한 땅이고 가정은 신성한 공간이다. 성화의 은혜 때문에 당신의 성생활은 거룩한 일이고, 돈 씀씀이는 신성한 노력이다. 모든 분야에서 성화의 은혜가 역사하기 때문에 이웃 역할, 정치 참여, 휴식과 오락 시간, 재정, 식단과 몸의 건강, 삶의 계획도 다 거룩해진다. 다음 말씀을 잘 보면 바울은 물리적 몸을 예로 들어(성적 부도덕을 논하던 중이라서) 고린도 신자들에게 삶의 모든 것의 신성한 속성을 일깨운다. "너희 몸은 너희가 하나님께로부터 받은바 너희 가운데 계신 성령의 전인 줄을 알지 못하느냐 너희는 너희 자신의 것이 아니라 값으로 산 것이 되었으니 그런즉 너희 몸으로 하나님께 영광을 돌리라"(고전 6:19-20).

바로 직전에 바울은 구주를 성생활의 중심에 두었다(고전 6:16-18). 당연히 그분은 그 영역에도 계신다. 그분이 당신 안에 계시고 당신이 그분 안에 있으니 말이다. 은혜로 당신과 구주는 하나로 연합되었고, 은혜로 당신은 성관계를 할 때도 그분의 구속 사역과 임재의 대상이다. 아울러 바울이 한 걸음 더 나아가 일깨워주듯이 성생활뿐만 아니라 우리 삶 전부가 주님의 목적과 쓰임을 위한 그분의 것이다. 그분이 가장 값비싼 대가를 치르시고 우리를 자신의 것으로 삼으셨다. 우리의 삶에서 나의 목적과 쓰임을 위한 나만의 것은 하나도 없다. 어디서 무엇을 하든 하나님을 바라보며 살 때 우리는 그분께 영광을 돌리는 것이다. 그러려면 하나님의 목적인 구속을 우리의 목적으로 삼아 삶의 모든 것을 그런 관점으로 보고 접근해야 한다.

당신이 일상을 살아가는 거룩한 땅을 생각해보라. 땅의 기초가 놓이기도 전부터 하나님은 당신을 자신의 것으로 택하셨다. 그분은 세계 역사를 운행하셔서 때가 차매 베들레헴에서 구주가 태어나게 하셨다. 예수님은 당신처럼 인간이 되어 이 타락한 세상에서 고생을 겪으셨고, 완전하게 사시다가 의롭게 죽으셨으며, 부활하여 죄와 죽음을 정복하셨다. 당신을 생각해서 이 모든 일을 행하셨다. 그분은 당신의 이야기 속에 모든 때와 장소와 지역과 상황과 관계를 써넣으셔서 당신에게 은혜의 복음이 전해지게 하셨다. 당신의 마음속에 죄를 깨닫게 하셨고, 진리를 들을 귀를 주셨으며, 믿음까지 선물로 주셨다. 또 그분의 말씀을 주셨고, 성령으로 당신에게 내주하신다. 당신에게 많은 약속을 복으로 부어주신 그분은 결코 당신을 떠나지 않으신다. 하나님은 당신이 계속해서 구원받는 일을 염두에 두고 당신의 삶을 다스리시며, 모든 것을 주권적으로 사용하여 그 사역을 진척시켜서 자비로이 당신을 변화시키신다. 당신이 구속하시는 사랑과 성화하시는 은혜의 대상이 아닐 때는 단 한순간도 없다. 당신이 지금 거룩한 땅에 서 있는 것은, 그분이 주권적으로 지휘해 오신 원대한 구속 계획 때문이다. 영원부터 영원까지 당신의 삶은 거룩한 땅으로 지정되었다.

이것을 생각할 때 어찌 무릎 꿇어 외경과 감사와 예배에 젖지 않을 수 있겠는가? 하나님이 이루어가시는 은혜의 성화 작업을 어떻게 마음의 눈으로 늘 바라보지 않을 수 있겠는가? 성화의 은혜 때문에 삶의 모든 영역이 신성해진다는 그 깨달음이 어떻게 당신의 삶을 빚어내지 않을 수 있겠는가?

역경은 성화의 주된 도구다

"내 평생 가장 편했던 3년 동안 나는 아주 많이 배웠고 몰라보게 변했다." 이런 말은 누구에게서도 들어본 적이 없을 것이다. 성경은 우리가 살면서 피하고 싶은 것들이 바로 하나님이 우리 안에 그리고 우리를 통해 최고의 선을 이루시는 도구라고 지적한다. 그런 본문이 너무 많아서 여기에 다 언급할 수 없을 정도다. 그런데 그분의 손에 들린 역경이 우리에게는 여간해서 엄청난 영적 선의 도구로 보이지 않는다. 아직도 우리가 자아라는 우상을 버리지 못했기 때문이다. 고린도후서 5장 15절에서 바울은 예수님이 오신 목적이 살아 있는 자들로 하여금 다시는 자신을 위하여 살지 않게 하시기 위해서라고 했다. 죄의 DNA를 이기심으로 본 것이다. 아담과 하와가 에덴동산에서 지은 죄에서 그것을 볼 수 있다. 그들의 불순종이란 바로 하나님을 사랑하는 마음을 몰아내고 자아를 대신 사랑한 것이다. 모든 우상 중의 핵심은 자아라는 우상이다. 이 우상은 우리를 무대 중앙에 세우기 때문에 내가 언제, 어디서, 무엇을, 어떻게, 누구를 통해 얻으려는지가 삶을 빚어낸다. 이 말은 읽기에 부담스럽겠지만, 확신컨대 자아라는 우상이 우리의 선택과 말과 행동에 미치는 영향은 생각보다 훨씬 크다.

죄가 아직 우리 안에 있다 보니 이기심도 우리를 쫓아다닌다. 그래서 우리가 곧잘 숭배하는 또 다른 우상이 있는데, 바로 안락이라는 우상이다. 나처럼 당신도 좋은 삶이란 곧 안락한 삶이라고 생각할 것이다. 조금만 힘들어도 우리는 욱하고 짜증 내며 안달한다. 기다리는 줄이 길면 화내고, 수다쟁이의 말을 들어야 하는 상황에서는 조바심이 난다. 일진이 좋지 않은 날에는 투덜대며 불평한다. 날씨가 추워도 불평, 더워도 불평, 비가 와도 불평, 햇빛이 너무 환해도 불평, 너무 일찍 어두워져도 싫다고 불평한다. 음식이 너무 뜨겁거나, 너무 식었거나, 너무 짜거나, 맛이

밋밋하다고 투덜댄다. 양이 너무 많거나, 아직도 배고프거나, 메뉴가 마음에 안 든다고 불평한다. 배우자의 결점 때문에 삶이 더 복잡해질 때, 자녀가 철들지 않아 부모로서 뒤치다꺼리해야 할 때, 이웃의 수준이 내 바람에 못 미칠 때, 반려견의 당연한 행동이 자꾸 신경에 거슬릴 때, 그럴 때 우리는 화낸다.

안타깝게도 우리는 안락한 방식대로 되지 않는다는 이유로 삶에 불만을 느끼는 날이 많다. 그러니 변화시키시는 하나님 은혜의 주된 도구인 삶의 역경으로 말미암아 감사하기 힘든 것은 당연하지 않은가? 자아가 중심에 버티고 있는 한 무엇이든 안락하지 못한 것은 싫을 수밖에 없다. 그래서 하나님의 손에 들려 성화를 이루는 역경의 위력과 관련하여, 우리는 두 가지로 반응해야 한다. 첫째로, 성화의 은혜보다 안락을 더 중시할 때가 많음을 겸손히 자백해야 한다. 구속의 은혜를 사모하면서 동시에 역경을 저주할 수는 없다. 그것은 마치 집을 지으려고 고용한 인부에게 연장을 지참하지 못하게 하는 것과도 같다. 하나님은 당신이 결코 택하지 않을 불편한 상황을 도구 삼아, 당신을 구속하신다는 약속을 이루신다. 성화 과정에서 그분이 주시는 것이 가져가시는 것보다 늘 무한히 더 소중하다. 잠시 읽기를 멈추고 안락을 사랑하는 마음을 자백한 뒤, 하나님과 그분의 구속 사역을 더 사랑할 은혜를 달라고 기도하라.

둘째로, 예수 그리스도의 십자가를 기억해야 한다. 강연과 집필과 사생활에서 나는 자꾸 이 주제로 되돌아가곤 한다. 예수 그리스도의 십자가가 우리에게 가르쳐주는 매우 고무적인 진리가 있다. 하나님은 최악의 재료로 능히 최선의 결과를 내신다는 것이다. 이는 구속하시는 은혜의 기적 중 하나다. 사상 유일의 완전한 인간(예수님)이 불의한 유죄 선고를 받고 고문과 처형을 당하신 것보다 더 나쁜 일이 인류 역사에 있겠는가? 그런 그분이 마지막 제물이 되어 우리의 죗값을 치르고 생명을 주신 것보다 더 좋은 일이 있겠는가? 공개적 참패처럼 보인 십자가가 사실은 하나님의 영원한 승리였다. 십자가에서 사탄은 이기기는커녕 파멸에 떨어졌다. 악인들이 공모하여 만들어낸 그 최악의 순간 이후로 은혜 위의 은혜가 모든 믿는 자에게로 흐른다. 십자가는 하나님이 고난을 통해서도 풍성하고 아름다우며 영원한 영적 선을 이루심을 우리에게 일깨워준다.

요컨대 죄가 아직 우리 안에 살아 있기에 성화 작업도 계속되고 있고, 그렇기 때문에 우리 삶에 고난도 찾아온다. 이런 힘든 순간은 결코 하나님이 우리를 버리셨다는 징후가 아니다. 오히려 변화시키시는 은혜가 역사하고 있다는 증표다. 그래서 우리는 역경을 똑바로 바라보며 감사할 수 있다. 역경의 고통에 감사하는 것이 아니라, 하나님이 그 도구를 사용하셔서 우리 안에 그리고 우리를 통해 맺으실 열매에 감사하는 것이다.

당신의 경건 생활은 의무가 아니라 도구다

사역자로 살아온 40여 년간 나는 숱한 시간을 들여, 고민과 우울과 두려움과 분노와 상처와 탈진과 혼란에 빠진 그리스도인들을 상담했다. 내게 그것은 부담이 아니라 큰 복이었다. 하나님이 나를 택하여, 힘들어하는 이들의 삶에 역사하시는 그분의 손길을 가까이서 직접 보게 하셨기 때문이다. 나는 우울의 암흑이 서서히 걷히는 것을 보았다. 중독의 손아귀에서 점차 해방되는 사람들을 보았다. 부부 사이가 회복되고 가정이 재결합하는 것을 보았다. 하나님의 선하심을 의심하던 이들이 그분의 돌보심 안에서 안식하는 것을 보았다. 결말이 늘 좋았던 것만은 아니지만 감사하게도 나는 해방, 회복, 새로운 삶, 새 출발, 새 희망, 새로운 시도를 수없이 목격했다.

이것은 하나님의 성화 작업에 막강한 도구로 쓰이는 개인의 경건 생활과 어떤 관계가 있을까? 그분이 내게 보내주신 신자들을 알아갈 때 반복해서 튀어나온 곤혹스러운 주제 중 하나는 꾸준히 개인 예배를 드리는 사람이 거의 없다는 것이었다. 우선 분명히 해둘 점이 있다. 그들의 삶에 문제가 생긴 원인이 개인 공부와 예배가 없어서라는 말은 아니다. 개인 예배를 드렸다면 정서적, 영적 문제가 종식되었으리라는 말도 아니다. 다만 꾸준히 개인 예배를 드리면 인격적으로 성장하여 준비된 상태에서 문제에 대처할 수 있는데, 나를 찾아온 많은 이가 꾸준한 개인 공부와 예배가 없다 보니 그렇지 못했다는 것이다. 꾸준히 개인 예배를 드린다고 해서 마음과 생각과 영혼의 문제가 없어지는 것은 아니지만, 문제를 통과하는 방식이 달라지는 것만은 분명하다.

확신컨대 매일 시간을 들여 성경을 묵상하고 예배하며 기도하면, 그것이 신실하고 자애로우신 구원자가 은혜로 우리를 거룩하게 하시는 막강한 도구가 된다. 꾸준한 개인 예배의 습관이 우리 마음과 삶을 변화시키시는 하나님의 지속적 사역에 어떻게 기여하는지를 열거해보겠다. 매일 하나님의 말씀을 공부하고, 예배하며, 기도하면 다음과 같은 결과가 뒤따른다.

- 하나님의 속성과 성품을 더 깊이 알게 된다.
- 하나님이 어떻게 역사하시는지를 더 분명히 이해하게 된다.
- 하나님을 향한 사랑과 신뢰가 끝없이 깊어진다.
- 하나님께 삶을 드리고 싶은 마음과 실제 헌신이 깊어진다.
- 죄인, 고난당하는 사람, 성도로서의 자신을 더 깊이 알게 된다.
- 하나님의 자녀로서 자신이 부름받은 삶을 더 깊이 이해하게 된다.
- 하나님 말씀의 여러 진리를 더 깊이 깨닫고 실천하게 된다.
- 예수 그리스도의 복음을 더 분명히 이해하고 실천하게 된다.

- 죄와 유혹의 성질에 대한 인식이 깊어진다.
- 죄를 깨닫고 자백하며 회개하는 습성이 더 일상화된다.
- 더 잘 준비된 모습으로 영적 전투에 임해 사탄의 공격에 맞서게 된다.
- 하나님의 임재와 능력과 약속으로 그리고 그분께 사랑받는 복으로 말미암아 점점 더 감사하게 된다.

하나님이 목적하신 인격적 변화를 의지적으로 당신의 일로 삼아 그 일에 힘쓴다면, 개인 공부와 예배와 기도 훈련이 짐으로 보이지 않고 사랑의 초대로 보일 것이다. 하나님은 사상 최고의 놀라운 일에 날마다 참여하라고 우리를 초청하신다. 바로 그분이 구원의 은혜로 당신을 해방하고 용서하며 변화시키시는 일이다. 나는 그 일에 기쁘게 받아들여지고, 아버지의 가르침을 받으며, 그분의 사랑을 새로 경험하고, 그분의 지혜를 다시 섭취한다. 그리고 성경이라는 완전한 거울로 나 자신을 확실하고 정확하게 본다. 하나님께 초대받아 내 죄와 약점과 실패를 겸손히 자백하되 조롱당하거나 거부당할 두려움 없이 그리한다. 거기서 죄에 맞서 싸우는 법과 원수의 공격에 맞서 자신을 지키는 법을 배운다. 거기서 격려와 위로와 힘을 얻는다. 거기서 믿음과 소망과 용기를 품고 새 하루를 맞이할 이유가 주어진다.

꾸준한 개인 예배를 무엇과도 타협할 수 없는 생활 습관으로 삼으라. 날마다 하나님과 교제하라는 초대가 성화의 은혜의 도구이자, 구주가 당신을 사랑하신다는 증표임을 기억하라.

성화 교리는 '진보적 기독교'를 꾸짖는다

고백할 것이 하나 있다. 나는 날마다 약간의 시간을 들여 트위터 게시물을 읽는다. 배척 문화의 과격한 공방으로 유명한 트위터에 직접 글을 올리는 것은 아니다. 다만 다양한 트위터 게시글의 단면을 살펴보면서 현재 우리 문화와 교회 전반에 벌어지고 있는 현상을 폭넓게 파악한다. 나는 이것을 부름받은 사역에서 중요한 습관이라고 생각한다. 날마다 트위터를 접하는 시간은 그동안 내게 격려와 자극이 되기도 했고, 좌절과 낙심을 안겨주기도 했다.

트위터에는 명쾌하고 용감하게 복음을 대변하는 사랑과 희망에 찬 목소리들도 있어 나를 생각과 기쁨에 잠기게 한다. 그러나 다른 많은 목소리를 듣노라면 도대체 우리가 어떻게 된 것인지 의문이 들면서, 내가 그토록 사랑하는 예수 그리스도의 교회가 심히 우려된다. 신앙과 특히 "내가 거룩하니 너희도 거룩할지어다"라는 하나님의 부르심을 진지하게 대하는 사람이라면 누구나 우려해야 할 것이 있으니, 바로 진보적 기독교의 발흥이다. 이런 목소리는 SNS 전반에 두루 퍼져 있으며, 그런 내용과 시각을 담아낸 아주 인기 있는 도서도 여럿 나와 있다.

진보적 기독교에 대해 매우 유익한 글을 써온 알리사 칠더스(Alisa Childers)는 그것을 식별하는 특징을 다섯 가지로 꼽는다.*

1. 성경을 경시한다. 성경 전체가 하나님의 권위 있는 말씀인데, 이제는 그 이하로, 즉 하나님의 말씀이 일부 담겨 있는 정도로 격하된다. 전체가 일부에 밀려날 때, 성경에서 어느 부분이 하나님의 말씀이고 어느 부분이 그렇지 않은지를 누가 결정하겠는가?

2. 사실보다 감정을 강조한다. 하나님이 계시하신 객관적 진리보다 감

---

* 다음 글에 기초하여 썼다. Alisa Childers, "5 Signs Your Church Might Be Headed toward Progressive Christianity," Alisa Childers (블로그), 2017년 5월 8일, www.alisachilders.com. 허락을 받고 인용했다.

정과 의견과 개인적 경험을 더 중시한다.

3. 기독교의 본질적 교리를 재해석한다. 동성애와 낙태처럼 큰 반향을 불러일으키는 이슈가 재해석되고, 예수님의 동정녀 탄생과 육체 부활, 물리적 지옥의 존재 같은 교리 문제도 마찬가지다.

4. 전통적 용어를 재정의한다. 하나님의 사랑을 재정의하고, 죄가 성경에 제시된 것과 달라지거나 그보다 격하되며, 성경의 영감과 권위도 재정의한다.

5. 복음 메시지의 핵심을 죄와 구원에서 사회 정의로 옮긴다. 성경에는 하나님의 사람들이 자비의 대변자가 되어 사회적 약자를 위해 정의를 수호해야 한다는 중요한 명령이 많이 나온다. 그러나 기독교의 핵심 메시지인 복음은, 우리 죄 때문에 예수님이 오셔서 의롭게 사시다가 대속물로 죽으시고 부활하셔서 우리를 하나님과 화목하게 하시고 새 생명을 주셨다는 것이다.

진보적 기독교는 기독교 신학자들이 대대로 집필하고 규정하며 설명해온 그리고 고금의 신자들이 소중히 여겨온 기독교와는 전혀 다르다. 칠더스가 제시한 요소에서 보듯이, 그것은 예수 그리스도의 참된 복음에 어긋나고 반대되는 다른 복음이다. 참된 복음은 성경에 다각적으로 명확하게 제시되어 있다.

이것이 점진적 성화와는 어떤 관계가 있을까? 모든 면에서 관련이 있다! 진보적 기독교에서 말하는 신앙생활의 목표는 당신이 행복과 만족을 느끼며 자신에 대해 편안해지는 것, 다른 사람을 사랑할 때도 주관적인 최선의 방식대로 하는 것이다. 죄를 자백할 것 없이 자신을 있는 그대로 수용하면 되고, 두렵고 떨림으로 구원을 이룰 것 없이 자아를 실현하면 된다. 하나님의 권위와 영광은 자아의 권위와 영광에 밀려난다. 진보적 기독교는 솔깃하게 고쳐 쓴 신앙이며, 우리 스스로 중심에 나서서 내 소원과 욕구와 감정대로 살려는 유혹과 잘 맞아떨어진다. 그런데도 그들은 예로부터 교회가 가르쳐온 것보다 자신들이 성경의 가르침을 더 잘 해석한다고 자처한다.

성화 교리는 당신이 하나님께 받아들여진 것이 오직 예수 그리스도의 인격과 사역 덕분임을 일깨워줌과 동시에, 당신을 불러 모든 것을 버리고 예수님을 따르게 한다. 당신을 변화시키시는 그분의 거룩한 일을 당신의 일로 삼아 삶 전체를 거기에 맞추게 한다. 성화 교리는 당신을 하나님의 은혜 안에서 안식하게 함과 동시에 순복과 순종의 삶으로 부른다. 회심할 때부터 본향에 갈 때까지 결코 수동적으로 안일에 빠지지 않게 한다.

하나님이 성화 교리를 통해 우리에게 "내가 거룩하니 너희도 거룩할지어다"라고 명하시기 때문에, 이 교리는 나 중심의 모든 사이비 기독교를 꾸짖는다. "그 정도면 됐으니 반성일랑 그만해라. 비판할 것도 없다. 아무하고나 동침해도 된다"라는 식의 생활 방식을 배격한다. 이렇게 새롭게 해석된 복음에는 우리를 거룩함으로 부르는 성화 교리가 아예 없다. 그래서 그것은 변질된 복음이며, 하나님이 지극한 사랑으로 말씀에 계시하신 복음과는 위험할 정도로 다르다. 그러니 당신이 읽는 글을 누가 썼는지를 확인하라. 예수 그리스도의 복음이 어떻게 규정되고 설명되어 있는지를 정확히 파악하고 있으라. 당신 삶의 모든 분야에 대한 하나님의 거룩한 주권과 그분의 영광을 몰아내고 인간의 안락으로 그 자리를 대신하는 복음이라면 일절 배격하라.

당신이 부모라면 자녀를 대비키시라. 분명히 자녀들도 다른 복음의 목소리에 노출될 것이다. 당신이 목사라면 교인들과 함께 이런 주제로 대화하라. 그중 다수는 매주 SNS에 많은 시간을 들인다. 친구들끼리도 이것을 화제로 삼으라. 당신이 대학생이라면 학생 사역에서 배우는 내용을 주의해서 듣고 점검하라. 무엇보다 예수님을 통해 베푸시는 하나님의 영화로운 은혜에 감사하라. 힘써 거룩함을 추구하라는 그분의 부르심이 스스로 결코 헤어날 수 없는 자아에서 당신을 해방해주니 감사하라.

우리를 창조하시고 은혜로 구원하신 하나님은 우리를 우리보다 더 잘 아신다. 그분이 우리에게 주시려는 것은 우리가 바라는 모든 것보다 무한히 더 좋다. 그분이 우리에게 명하신 거룩함 속에 인간 본연의 모든 모습이 찬란하게 투영되어 있다. 그 거룩함의 아름다운 현현을 우리는 육신을 입으신 성자 하나님, 즉 주 예수 그리스도에게서 볼 수 있다. 성화의 사명은 우리에게 존엄성과 목적을 부여한다. 우리 스스로 정하는 모든 목표보다 그 사명을 위해 사는 것이 훨씬 가치 있다. 성화는 우리의 생활 방식을 겸손하게 하고 우리의 관계를 애틋한 사랑으로 아름답게 한다. 그것은 교만하게 비판하거나 남을 정죄하지 않는 도덕적 헌신의 삶으로 우리를 부른다. 성화 교리는 기쁨을 앗아가는 무거운 짐이 아니다. 오히려 우리를 아름다운 삶으로 초대한다. 거기서는 하나님의 계획과 목적과 부르심에 순복하는 삶이 실제로 참된 행복과 마음의 안식에 들어가는 문이다.

21
성도의 견인과 영화에 대한 교리

하나님이 사랑하시는 아들을 통해 받아주시고 효력 있게 부르셔서 성령으로 말미암아 거룩해지고 있는 이들은, 은혜에서 최종적으로 떨어져 나가지 않고 그 은혜 안에서 끝까지 견딘다. 그리하여 영원히 구원받는다.

성도의 견인은 그들의 자유 의지에 근거하지 않고 하나님의 변치 않는 선택에 근거한다. 이 선택은 성부 하나님의 값없는 불변의 사랑, 예수님의 공로와 중보의 효력, 그들 안에 사시는 성령, 그들 안에 심겨진 하나님의 씨, 은혜 언약의 성질 등에서 기인한다. 따라서 견인의 확실성도 이 모든 것에서 나온다.

그러나 사탄과 세상이 유혹하고 있고, 성도 안에 타락한 죄가 잔존하는 데다, 하나님의 보호 수단마저 그들에게 경시되다 보니, 그들은 죄에 빠져 한동안 죄 가운데 머무름으로써 하나님을 노여우시게 하고 성령을 슬프시게 할 수 있다. 그래서 성도는 복과 위안의 일부를 빼앗기고, 마음이 완고해지며, 양심에 화인을 맞을 수 있다. 이로써 다른 사람들을 해쳐 실족하게 하고, 일시적 심판을 자초한다.

인간이 죽으면 몸은 썩어 흙으로 돌아가지만 영혼은 영원히 산다. 영혼은 죽거나 잠자지 않고 그것을 주신 하나님께로 돌아간다. 의인의 영혼은 완전히 거룩해져 지극히 높은 하늘로 영접되어, 거기서 빛과 영광 가운데 하나님의 얼굴을 보면서 몸의 온전한 구속을 기다린다. 다음 여러 구절을 참조하라. 창세기 3:19, 사무엘하 12:14, 시편 32:3-4, 51:10, 12, 89:31-32, 전도서 12:7, 이사야 64:5, 9, 예레미야 32:40, 말라기 3:6, 마태복음 26:70-74, 누가복음 16:24, 요한복음 10:28-29, 14:19, 17:21-24, 사도행전 13:36, 로마서 2:10, 5:1-11, 8:11, 16, 30, 9:16, 고린도전서 2:7, 11:32, 15:50-55, 고린도후서 5:1-8, 에베소서 1:18, 4:30, 빌립보서 1:6, 골로새서 1:27, 데살로니가후서 2:14, 디모데후서 2:10-19, 히브리서 2:10, 6:17-18, 12:23, 베드로전서 1:7, 4:19, 5:10, 요한일서 2:19, 3:9, 유다서 1:6-7.*

성도의 견인과 영화에 대한 교리 이해하기

당신의 신앙에서 상상력은 중요한 요소다. 신자에게 상상력이란 실재하지 않는 것을 지어내는 능력이 아니라, 실재하되 보이지 않는 것을 보는 능력이다. 우리는 구원하시는 하나님의 은혜, 정결하게 하는 예수님의 피, 우리 안에 사시는 성령을 '보도록' 부름받았다. 그래서 하나님의 자녀인 우리에게 주어진 복의 창고를 그리고 은혜로 우리 것이 된 웅대하고 영화로운 미래를 '보면서' 살아간다. 자비의 하나님이 우리에게 '보는' 눈을 주셔서 평소에 죄 때문에 눈멀어 보이지 않던 것도 보게 하신다. 하나님이 우리에게 선물로 주신 신앙에서 상상력은 꼭 필요한 요소다.

그러니 함께 상상해보자. 당신은 결코 빼앗길 수 없는 선물을 받았

---

* 웨스트민스터 신앙고백서 제17장과 제32장 1항에 나오는 성도의 견인과 영화에 대한 교리를 내가 풀어 썼다.

다. 절대로 낡아지거나 닳거나 부서지거나 고장 나거나 가치를 상실할 수 없는 선물이다. 우리는 사물이 낡아지는 것에 익숙하다. 젊음이 영원할 것 같아도 결국 우리 몸은 기력을 잃고 노쇠해간다. 냄새까지 새롭던 신차도 머지않아 중고로 변해 새 차로 바꾸고 싶어진다. 한 번 사고가 난 차는 차체를 수리해도 이전과 똑같지 않다. 마찬가지로 아무리 뛰어난 운동선수도 영원히 뛰어날 수는 없다. 부상 때문이든 나이 때문이든 반드시 기술과 실력이 쇠퇴하게 마련이다.

우리의 관계도 영원하지 않다. 때로 죄 때문에 졸지에 파국을 맞거나 서서히 신뢰가 무너져 결국 남남이 된다. 사별할 때도 있다. 대부분의 경우 삶의 다른 요소가 관계를 갈라놓는다. 지금 거의 연락하지 않거나 관계가 완전히 끊긴 지난날의 친구들을 떠올려보라. 희망과 꿈도 죽고, 직업과 출세도 영원하지 않다. 한때 생동하던 교회도 텅 빈 종교 기념물로 변해 이제는 없어진 신앙 공동체를 증언해줄 뿐이다. 방금 집에 들여온 강아지는 당신보다 먼저 죽을 테고, 정원의 꽃도 퇴색하여 땅에 떨어진다.

우리는 삶의 온갖 것이 사라지는 데 너무 익숙하기에, 결코 빼앗기거나 쇠퇴할 일 없이 오히려 더 아름다워지는 선물을 상상하기 힘들다. 물건이 부서지거나 제구실을 못해 새로 사야 하는 일에 너무 익숙하기에, 세월이 가도 실망시키지 않고 오히려 약속대로 유례없는 영광으로 우리를 복되게 하는 선물을 상상하기 어렵다. 구원의 은혜가 할 수 있는 일이 어디까지인지를 우리의 상상력으로는 이해하기 어렵다. 여태 살아오면서 그와 비슷한 일을 겪어본 적이 없기 때문이다.

이번 장은 당신에게 하나님의 경이로운 구원의 은혜를 보여주기 위해 썼다. 그 은혜의 경이로운 보호 능력(성도의 견인)과 최종 복(성도의 영화)을 살펴볼 것이다. 우리를 구원하고 보호하여 최종 승리를 얻게 하는 은혜는 하나님의 선물이다. 이 은혜에 감복하여 우리 마음속에서 예배가 샘솟고, 그것이 이 놀라운 선물을 주신 하나님을 즐거이 섬기는 순복과 순종의 삶으로 이어지기를 바란다.

성도의 견인은 하나님이 자신의 모든 입양 자녀를 지키시는 과정을 보여주고, 영화는 그 보호 능력의 최종 복과 관계된다.

모든 구원받은 사람의 견인

이 교리의 중요도와 위안과 실현 가능성을 이해하려면 먼저 견인의 기초가 사랑임을 아는 것이 중요하다. 사랑의 위력이 우리를 지킨다. 그런데 여기서 명심해야 할 점이 있다. 우리를 끝까지 지키는 것은 하나님을 향한 우리의 사랑이 아니라 우리를 향한 그분의 확고부동한 사랑이다. 견인 교리를 풀어낸다는 것은 하나님이 자신의 사람들에게 베푸시는 사랑의 본질과 작용과 위력을 묵상하는 것과 같다.

로마서 8장 28-39절이 여기에 더할 나위 없이 유익하다.

1. 하나님이 자녀의 마음과 삶 속에서 행하시는 구속 사역을 아무것도 막을 수 없다. 구원받은 이들의 견인에 대해서라면 로마서 8장 29-30절이 모든 것을 말해주는 완벽한 본문이다. "하나님이 미리 아신 자들을 또한…미리 정하셨으니…또 미리 정하신 그들을 또한 부르시고 부르신 그들을 또한 의롭다 하시고 의롭다 하신 그들을 또한 영화롭게 하셨느니라." 예수님을 믿는 모든 사람의 삶 속에서 이 끊을 수 없는 은혜의 사슬이 임무를 완수한다. 참사랑은 중간에 그만두지 않으며, 가장 온전하게 표현된 사랑은 더 말할 것도 없다. 바로 하나님이 그리스도 예수를 통해 우리를 구원하시는 사랑이다.

2. 하나님은 자녀를 구원하여 잘되게 하시려고 주권을 행사하신다. "그의 뜻대로 부르심을 입은 자들에게는 모든 것이 합력하여 선을 이

루느니라"(롬 8:28). 이 말씀의 문맥이 흔들림 없이 구원하시는 하나님의 헌신이므로, 그런 관점에서 보아야 마땅하다. 여기 최고의 위안을 주는 말이 있다. 만사를 주관하시는 하나님이 자신의 사람들을 구원하여 잘 되게 하시려고 지금 모든 것을 지휘하고 계신다. 이어지는 여러 구절에 선포되어 있듯이, 우리가 영광 중에 하나님 곁에 있어 그분처럼 변화되는 그날까지 그분은 자녀에게 구원의 유익을 베푸시기를 멈추지 않으신다.

3. 중간에 하나님은 자녀에게 필요한 모든 것을 채워주신다. 방금 바울이 로마서 8장 28-30절에서 한 말은 진리다. 그래서 그는 반어법을 써서 이렇게 묻는다. "만일 하나님이 우리를 위하시면 누가 우리를 대적하리요…자기 아들을 아끼지 아니하[신]…이가 어찌 그 아들과 함께 모든 것을 우리에게 주시지 아니하겠느냐"(8:31-32). 하나님이 아무것도 아끼지 않으시고 우리를 자신에게로 이끄셨으므로, 우리의 미래는 그 사랑의 위력으로 말미암아 보장되어 있다. 그런데 그분이 중간에 우리를 버리신다는 것이 말이나 되는가? 우리의 확실한 견인은 하나님이 약속하신 신실한 공급과 맞물려 있다. 우리에게 아들을 주셔서 우리의 영생을 확보하신 그분이 칭의와 영화 사이에서 우리에게 필요한 모든 것을 채워주신다. 아들 예수님의 희생이 그 약속을 우리에게 보장한다.

4. 아무도 하나님의 자녀를 고발할 수 없다. 바울은 구원하시는 하나님의 사랑으로 말미암아 우리 것이 된 견인을 아직 다 풀어내지 않았다. 이번에도 반어법 질문으로 그는 하나님이 그리스도 예수 안에서 의롭다 하신 이들을 아무도 정죄하고 고발할 권리가 없다고 선언한다. 원수 마귀는 악한 의심과 정죄하는 죄책감과 영적 불안으로 당신의 마음을 공격하지만 그것은 다 가짜고 허위다. 모든 일을 재판하시는 분이 예수님의 의와 희생에 근거하여 이미 도덕상의 최종 판결을 내리셨다. 우리가 영원히 용서받았고, 영원히 받아들여졌으며, 그분 보시기에 영원히

의롭다는 판결이다. 우리에 대한 모든 고발은 영원히 기각되었다. 정죄하는 원수에게 당신의 칭의 증명서를 보여주고 나가면 된다. 최고 재판관이 최종 판결을 내리셨다. 재판이 완전히 끝나 법정이 닫히고 불이 꺼지고 문이 잠겼다. 이제 우리가 사는 곳은 정죄하는 원수의 법정이 아니라 아버지의 집이다.

    5. 아무것도 하나님의 자녀를 그분의 사랑에서 끊을 수 없다. 성도의 견인에 대한 바울의 마지막 논점을 살펴보자. 물론 우리는 이 탄식하는 세상에서 고생하며 때로는 어떻게 기도해야 할지조차 모른다. 물론 우리는 정죄하는 원수의 공격 속에 살며 방황하고 길을 잃는다. 그러나 천지간의 아무것도 우리를 그리스도 예수 안에 있는 하나님의 사랑에서 끊을 수 없다(롬 8:35-39). 하나님의 구원하시는 사랑만큼 위력적인 것은 없는데, 바로 그 사랑이 그분의 자녀를 끝까지 지킨다. 당신이 하나님의 자녀인 까닭은 먼저 당신이 믿었기 때문이 아니라, 그분이 당신을 사랑하셨기 때문이다. 당신이 믿어서 그분이 당신을 사랑하시는 것이 아니라, 그분이 당신을 사랑하셨고 지금도 사랑하시기에 당신이 믿는 것이다. 결국 우리의 견인은 하나님의 사랑이 주 예수 그리스도의 인격과 사역을 통해 우리에게 부어진 결과다. 이 연인은 구애만 해놓고 떠나시는 분이 아니며, 그분이 하시는 사랑의 말씀은 빈말이 아니다. 그분의 헌신은 우리가 실패해도 약해지지 않으며, 그분은 자신의 모든 약속을 끝까지 지키신다. 우리는 그분의 사랑 안에서 안전하다.

    로마서의 이 아름답고도 고무적인 본문은 예수님이 요한복음의 세 본문에서 견인에 대해 하신 말씀과 맥을 같이한다. 예수님은 요한복음 5장 24절에서 "내가 진실로 진실로 너희에게 이르노니 내 말을 듣고 또 나 보내신 이를 믿는 자는 영생을 얻었고 심판에 이르지 아니하나니 사망에서 생명으로 옮겼느니라"고 말씀하셨다. 이 선언에 함축된 의미가 이보다 더 분명할 수 있을까? 예수님을 믿는다면 당신에 대한 하나님의 심판은 영적 과거일 뿐 영적 현재나 미래에는 들어설 자리가 없다. 이 말씀을 하신 분은 머잖아 십자가를 지시고 모든 믿는 자 대신 친히 심판을 당하실 터였다. 그분이 죗값을 대신 치르셨기에 우리는 심판의 두려움에서 벗어나 영원히 하나님 앞에 설 수 있다. 예수님을 믿으면 당신은 사망에서 생명으로 옮겨진다. 그러니 당신의 앞길에 영적 죽음은 없다. 모든 믿는 자의 앞길에는 영광스러운 영생이 있을 뿐이다. 죽음의 딜레마는 당신을 위한 예수님의 죽음을 통해 영원히 해결되었다. 그래서 당신의 영적 이야기는 결코 죽음으로 끝나는 드라마가 아니라 영원한 새 생명의 복으로 이어진다.

그러나 모든 참 신자의 구원이 끝까지 확실히 보장된다는 이 영광에 고무되어, 진지한 헌신과 순종 없이 게으르게 건성으로 살아서는 결코 안 된다. 아버지의 구원하시는 사랑이 능력으로 우리를 지키지만, 그분은 이 기적 같은 일을 평범한 수단을 통해 이루신다. 다만 우리의 구원자가 "믿는 자는…심판에 이르지 아니하나니 사망에서 생명으로 옮겼느니라"고 말씀하셨으니, 이 선언이 우리의 견인을 보증한다.

요한복음 6장 37-40절에서 예수님은 견인에 대해 이런 말씀도 하셨다.

> 아버지께서 내게 주시는 자는 다 내게로 올 것이요 내게 오는 자는 내가 결코 내쫓지 아니하리라 내가 하늘에서 내려온 것은 내 뜻을 행하려 함이 아니요 나를 보내신 이의 뜻을 행하려 함이니라 나를 보내신 이의 뜻은 내게 주신 자 중에 내가 하나도 잃어버리지 아니하고 마지막 날에 다시 살리는 이것이니라 내 아버지의 뜻은 아들을 보고 믿는 자마다 영생을 얻는 이것이니 마지막 날에 내가 이를 다시 살리리라.

예수님이 이 말씀을 하시기 바로 전에 자신이 만나, 즉 하늘에서 내려온 하나님의 떡이라고 선언하셨다. 거기에서 이어진 이번 본문은 타락한 세상의 고난과 유혹 앞에서 힘들어하는 그리스도인이라면 누구에게나 엄청난 격려가 될 수밖에 없다. 이 말씀은 은유나 숨겨진 뜻이 없고, 직설적이며 의미가 명확하다. 우선 그분은 "너희를 내게 주시는 분은 아버지시니 누구든지 아버지께서 주시는 자는 내가 결코 내쫓지 아니하리라"고 말씀하신다. 당신과 나는 아버지의 주도하심 덕분에 그리스도께로 나아가는 것이며, 구주의 뜻과 능력이 우리를 지킨다. 우리를 이끄시는 분도 하나님이고 지키시는 분도 하나님이다. 구원은 주님께 속한 것이다.

이어 예수님은 되풀이해 선언하신다. "아버지께서 내게 주신 자를 하나도 잃어버리지 아니하고, 나를 믿는 자마다 마지막 날에 내가 다시 살리리라." 주권적 은혜가 우리를 부르고 이끌며 지킨다. 처음 믿는 순간부터 구주를 대면하여 뵐 때까지 견디는 동안, 우리의 소망이 바로 여기에 있다. 우리의 죽은 마음에 영적 생명을 주어 능히 믿게 하는 것은 우리가 아니며, 독자적으로 끝까지 자신을 지킬 영적 능력도 우리에게는 없다. 정말 하나님이 우리의 피난처요 힘이시다.

견인에 대하여 정곡을 찌르는 요한복음 본문이 하나 더 있다.

> 요 10:27-30 내 양은 내 음성을 들으며 나는 그들을 알며 그들은 나를 따르느니라 내가 그들에게 영생을 주노니 영원히 멸망하지 아니할 것이요 또 그들을 내 손에서 빼앗을 자가 없느니라 그들을 주신 내 아버지는 만물보다 크시매 아무도 아버지 손에서 빼앗을 수 없느니라 나와 아버지는 하나이니라.

이 본문 바로 앞에서 예수님은 자신이 선한 목자라고 선언하셨다. 자신의 자녀(양)에 대한 그분의 사랑과 헌신과 보호를 얼마나 아름답게 담아낸 은유인가. 은유이지만 혼동의 여지가 없이 명백한 말씀이다. "영원히 멸망하지 아니할 것이요"와 "그들을 내 손에서 빼앗을 자가 없느니라"의 의미를 이해하기는 어렵지 않다. 당신과 내가 견디는 이유는 아버지의 전능한 주권적 손안에 은혜로 붙들려 있기 때문이다. 그분이 자원해서 내주지 않으시는 한 아무도 하늘 아버지에게서 무엇 하나 빼앗은 적이 없고 앞으로도 영원히 없을 것이다.

이런 본문이 가르쳐주듯이 우리를 지키는 능력은 바로 주님의 능력이다. 하나님이 우리의 구원을 시작하고 지속하며 완성하신다. 우리에게 그런 능력이 있다면 하나님이 은혜로 세상에 개입하실 필요가 없었을 것이다. 구원의 안정성과 지속성이 우리 소관이라면, 그리스도인의 삶은 두렵고 위태로우며 불안한 실존으로 변한다. 우리 안에 아직 죄가 있고 마음이 방황하기 쉽다 보니 우리는 늘 간가민가한 상태로 자리를 따내고 지키려 힘쓸 테고, 그래도 결코 확신은 없을 것이다. 하지만 앞서 살펴본 여러 본문의 의미는 명백하다. 우리의 구원 과정은 시종일관 주님의 뜻과 능력과 사랑과 은혜에 근거한다. 선한 목자가 자신의 모든 양을 영원히 지키시기에 우리는 안심할 수 있다.

예수님의 가르침이 명백하지만, 이 본문은 우리에게 두 가지 의문을 남긴다. 첫째로, 방금 살펴본 내용이 사실일진대 이제 우리는 대충 살아도 되는 것일까? 성도의 견인 교리는 게으른 소비자 기독교도 괜찮다는 뜻일까? 우리의 구원이 그토록 확실하다니 죄의 쾌락을 조금은 즐겨도 되지 않을까? 하지만 '이미' 회심했으나 '아직' 본향에 이르지 못한 이 중간기에 하나님의 보호 능력만 믿고 그분의 부르심과 지혜와 명령을 진지하게 대하지 않아도 된다는 암시는 성경 어디에도 없다. 오히려 성경의 가르침은 정반대다. 즉, 하나님이 평범한 수단을 통해 보호 능력을 펼치신다는 것이다. 꾸준히 개인 예배를 드린다고 해서 영원히 구원 받는 것은 아니지만, 구주께서 그 꾸준한 습관을 통해 당신을 지키신다. 교회 공예배와 성경 공부 모임에 충실히 참석한다고 해서 영원히 구원 받는 것은 아니지만, 하나님은 그 헌신을 통해 당신을 지키신다. 매일 힘 써 하나님이 명하신 테두리 안에서 살아간다고 해서 영원히 구원받는 것은 아니지만, 그분은 그 훈련을 통해 당신을 지키신다. 자신의 나라를 버리고 하나님나라의 일에 헌신한다고 영원히 구원받는 것은 아니지만, 그분은 그 순복을 통해 당신을 지키신다. 하나님은 우리를 끝까지 지키시는 비범한 일을 그리스도인의 꾸준한 생활 습관이라는 평범한 수단을 통해 이루신다. 다음 여러 말씀을 읽고 생각해보라.

> 고전 9:24 운동장에서 달음질하는 자들이 다 달릴지라도 오직 상을 받는 사람은 한 사람인 줄을 너희가 알지 못하느냐 너희도 상을 받도록 이와 같이 달음질하라.

> 갈 6:9 우리가 선을 행하되 낙심하지 말지니 포기하지 아니하면 때가 이르매 거두리라.

> 히 10:36 너희에게 인내가 필요함은 너희가 하나님의 뜻을 행한 후에 약속하신 것을 받기 위함이라.

> 히 12:1 이러므로 우리에게 구름같이 둘러싼 허다한 증인들이 있으니 모든 무거운 것과 얽매이기 쉬운 죄를 벗어버리고 인내로써 우리 앞에 당한 경주를 하며.

> 계 3:11 내가 속히 오리니 네가 가진 것을 굳게 잡아 아무도

> 네 면류관을 빼앗지 못하게 하라.

이상은 신자의 생활 방식이 중요하다고 말하는 많은 본문 중 일부에 불과하다. 신자의 평범한 일상이 중요한 이유 중 하나는, 하나님이 능력으로 당신을 지키실 때 당신의 견디려는 헌신과 모든 꾸준한 신앙 습관을 도구로 쓰시기 때문이다. 그래서 당신은 수고하고, 싸우며, 물리치고, 순종하며, 자백하고, 회개하며, 예배하고, 공부한다. 이 모든 일을 계속 반복한다. 이 중 어떤 훈련도 그 자체로는 당신을 목자의 우리 안에 영원히 거하도록 지켜주기에는 역부족이지만, 각 훈련은 하나님 아버지가 당신을 끝까지 지키시는 도구다. 요컨대 견인 교리는 우리가 어떻게 살든 하나도 달라질 것이 없다고 가르치지 않는다. 오히려 우리를 정반대의 길로 부른다.

두 번째 질문은 "그렇다면 떨어져 나가는 신자는 어떻게 된 것인가?"이다. 우리는 모두 신앙을 버리고 떠나는 이들을 본 적이 있다. 그중에는 유명한 공인도 있고 주변 사람도 있는데, 보기만 해도 가슴 아픈 일이다. 이 역동을 오해하면 당신에게 주신 견디는 힘이 의심스러워질 수 있다. 우리가 아는 그들은 참된 신자로 보이는 것을 넘어 성숙한 신자나 의지할 만한 지도자로 보였을 수 있다. 하나님의 말씀을 알고 주님을 사랑하는 것 같았던 그들이 이제 자신은 그리스도인이 아니며 더는 믿지도 않는다고 말한다. 그렇다면 우리도 떨어져 나갈 수 있다는 뜻인가?

이 질문에 답하려면 두 부류의 사람을 논해야 한다. 첫 번째 부류는 오랫동안 방황하다가 다시 돌아오는 이들이다. 우리 마음은 타락한 죄에서 아직 완전히 깨끗해지지 않았으므로, 생각과 갈망이 하나님이 그으신 선을 벗어나는 순간은 누구에게나 있게 마련이다. 태도나 행동으로 잠시 불순종했다가 자백하고 회개하는 경우도 있고, 발단이 된 악한 욕망에 이끌려 오랜 기간 하나님의 길을 떠나는 경우도 있다. 내가 상담한 많은 부모의 자녀는 여러 해 동안 진리를 떠나 방황하다가 어릴 적의 신앙으로 다시 돌아왔다. 배우자가 한동안 표류하다가 나중에 되돌아온 경우도 있다.

우리가 알고 사랑하는 사람이 한동안 신앙을 고백하고 실천하다가 버렸다면, 우리는 그들을 포기해서는 안 된다. 그들을 위한 기도를 중단해서도, 그들을 영접할 은혜의 문을 닫아서도 안 된다. 기도하는 이유는 우리가 결코 하지 못할 일을 하나님은 능히 그들의 마음속에서 행하시기 때문이다. 기억나게 해주시고, 죄를 깨우쳐주시며, 마음을 녹여주시고, 자백하게 해주시며, 하나님과 신자 공동체를 그리워하는 마음이 되살아나게 해달라고 기도해야 한다. 그들이 방황한다고 해서 우리가 어떤 식으로든 하나님의 진리와 부르심을 타협해서는 안 되지만, 동시에 그분이 우리에게 베푸신 인내의 은혜를 우리도 그들에게 동일하게 베풀어야 한다.

다음은 두 번째 부류인데, 그들에 대해 쓰려니 내 가슴이 찢어지는 듯하다. 겉으로만 보아서는 그들도 주님을 알고, 그분의 은혜를 즐거워하며, 하나님의 말씀을 사랑하고, 그리스도인의 교제를 좋아하며, 헌신적인 삶으로 하나님께 순종하며 섬기는 듯 보인다. 그리스도의 몸 된 교회에서 두각을 드러내는 지체일 수도 있고, 심지어 몇 년간 전업 사역에 몸담았을 수도 있다. 그런데 비참하게도 신앙을 버리고 끝내 돌아오지 않는다. 아버지께서 그들을 지키지 못하신 것일까? 선한 목자께서 자신의 양을 하나라도 잃으신 것일까? 우리의 구원이 확실하지 않은 것일까?

세 개의 성경 본문에 두 번째 부류의 사람이 직접 언급되어 있다. 예수님은 사람들이 말씀을 받는 방식을 씨 뿌리는 비유에 담아내셨는데, 그 유명한 비유를 설명하면서 돌밭에 떨어진 씨에 대해 이렇게 말씀하신다.

> 마 13:20-21 돌밭에 뿌려졌다는 것은 말씀을 듣고 즉시 기쁨으로 받되 그 속에 뿌리가 없어 잠시 견디다가 말씀으로 말미암아 환난이나 박해가 일어날 때에는 곧 넘어지는 자요.

"그 속에 뿌리가 없어"라는 표현은 하나님의 말씀이 마음 밭에 뿌리를 내리지 않았다는 뜻이다. 그러니 사람을 변화시키는 참된 믿음도 싹트지 않았다. 마음을 지배하는 죄의 굴레가 은혜에 꺾이지 않은 것이다. 마음의 근본적 충정이 자아를 섬기던 데서 하나님께 순복하는 쪽으로 옮겨간 적이 없다. 능력과 변화를 주실 성령이 사실은 그 사람 마음속에 입주하지 않으셨다. 말씀이 당신의 마음속에 뿌리를 내리지 않았다면 당신은 하나님의 자녀가 아니다. 한동안 자녀인 듯 보일지라도 말이다.

이번에는 예수님이 엄중한 경고의 말씀으로 두 번째 부류에 대한 가르침을 보충해주신다.

> 마 7:21-23 나더러 주여 주여 하는 자마다 다 천국에 들어갈 것이 아니요 다만 하늘에 계신 내 아버지의 뜻대로 행하는 자라야 들어가리라 그날에 많은 사람이 나더러 이르되 주여 주여 우리가 주의 이름으로 선지자 노릇하며 주의 이름으로 귀신을 쫓아내며 주의 이름으로 많은 권능을 행하지 아니하였나이까 하리니 그때에 내가 그들에게 밝히 말하되 내가 너희를 도무지 알지 못하니 불법을 행하는 자들아 내게서 떠나가라 하리라.

우리가 중요하게 들어야 할 말씀이 있다. "나더러 주여 주여 하는 자마다 다 천국에 들어갈 것이 아니요." 주의 이름으로 "권능"을 행한 듯 보이는 이들도 거기에 포함된다. 그들은 왜 천국에 들어가지 못할까? 예수님의 답변은 명백하다. "내가 너희를 도무지 알지 못하니." 그들이 위대하신 목자의 양이었던 적이 없다는 뜻이다. 그들은 결코 아버지의 입양 자녀가 아니었다. 아무리 의로워 보이고 권능의 사역을 했더라도, 애초에 그들은 구원받은 공동체의 일원이 아니었다. 구주가 당신을 모르신다면 당신은 그분의 자녀가 아니다. 생각만 해도 가슴이 찢어지는 듯하지만, 가시적 교회의 일원이라고 해서 누구나 저절로 하나님의 영원한 권속인 비가시적 교회의 일원이 되는 것은 아니다.

요한은 지금 우리가 살펴보고 있는 부류를 첫 번째 편지에 간략하면서도 아주 명쾌하게 언급했다. "그들이 우리에게서 나갔으나 우리에게 속하지 아니하였나니 만일 우리에게 속하였더라면 우리와 함께 거하였으려니와 그들이 나간 것은 다 우리에게 속하지 아니함을 나타내려 함이니라"(요일 2:19). 요한의 이 말은 앞서 살펴본 두 본문의 요약으로 제격이다. 사람들은 왜 믿음을 버리고 다시는 돌아오지 않을까? 답은 그들이 참된 신자가 아니었기 때문이다.

참된 신앙처럼 보일 수 있는 모습이 많다. 정교한 신학을 좋아하는 사람이 주님을 사랑하지 않을 수 있다. 사랑의 신앙 공동체에 속하기를 좋아하는 사람이 사실은 신앙인이 아닐 수 있다. 직분의 수행과 명망을 좋아하는 사람이 예수 그리스도의 주재권에 마음을 드리지 않았을 수 있다. 공예배에 즐거이 참여하는 사람이 마음과 삶으로 주님을 예배하지 않을 수 있다. 믿음의 사람처럼 보여도 다 믿음의 사람인 것은 아니다. "하나님이 우리를 끝까지 지키시는데 왜 어떤 사람은 떨어져 나가는가?" 이 물음에 대한 서글픈 답은 "그들이 우리에게서 나갔으나 우리에게 속하지 아니하였나니"이다.

이 부류의 사람을 어떻게 대해야 할까? 답은 첫 번째 부류를 대하는 방식과 똑같다. 다행히 우리는 사람의 마음속을 투시하는 능력이 없다. 그런 능력이 있다면 감당하기 힘든 짐이 될 것이다. 그런 재주가 없기에 우리는 신앙을 버린 이들을 대할 때, 사람을 이끌어 죄를 깨닫게 하시는 하나님의 능력에 소망을 두고, 우리에게 베풀어주신 하나님의 은혜를 동일하게 베풀며, 말로 부드럽게 경고해주고, 구주의 사랑을 보여주며, 끈기 있게 인내하며 기도해야 한다. 그러는 동안 그들의 방황을 보며 교만해지지 말고, 오히려 우리를 추적해온 은혜를 계속 추구하라는 경고로 삼아야 한다.

물론 주님이 전능하신 능력을 발휘하셔서 자신의 사람들을 지키시지만, 그렇다고 우리가 게을러지거나 신앙을 당연시해야 한다는 뜻은 아니다. 하나님은 자신의 자녀를 지키시는 비범한 일에 평범한 수단을 활용하신다. 그래서 우리는 본향에 이르러 더는 견인이 필요 없어질 때까지 그런 수단을 꾸준한 생활 습관으로 삼아야 한다.

모든 구원받은 사람의 최종 영화

장차 하나님은 우리 안에서 그분의 일을 완성하신다. 우리는 마침내 온전히 구속된다. 예수님이 사시고 죽으신 모든 목적이 우리 안에서 실현된다. 우리 마음의 근본적 변화라는 과업이 완수되어 드디어 우리는 모든 면에서 구주의 형상과 같아진다. 장차 임할 영광은 우리가 여태 경험하거나 상상한 모든 영광을 초월한다. 하나님의 구원 사역이 완료되어 그분의 자녀들이 완전히 영화로워진 모습으로 본향에 행진해 들어갈 때, 천상의 대규모 악단은 절정의 크레셴도로 치달을 것이다. 면류관을 받은 그들은 모든 찬양과 예배와 칭송을 구주께 돌리며, 그때부터 영영 끝나지 않을 영광의 노래를 부를 것이다.

영화가 실제로 무슨 뜻인지를 우리의 작고 유한한 뇌로는 이해하기 어렵다. 우리는 흠 많은 사람들의 틈에서 살아왔다. 우리 중 가장 성숙하고 고결한 이들도 죄 때문에 그 고결함에 금이 가고, 상하고 패였다. 태어나서 죽을 때까지 흠이 우리 일상의 규범이다. 생각의 흠, 갈망의 흠, 태도의 흠, 말의 흠, 행동과 반응의 흠, 결정의 흠, 사랑의 흠, 관계의 흠, 예배의 흠, 이것이 우리가 익숙해져 있는 인간 사회의 모습이다. 장차 흠 없는 우리가 어떤 모습일지를 엿보려면, 이 땅에서 잠시 계셨던 예수님의 여정을 살펴봐야 한다. 성육신하고 나중에 부활하신 예수님이야말로 장차 영화로워질 우리 모습을 보여주는 가장 확실한 예고편이다.

회심하여 본향에 가기까지 우리가 살고 있는 현세에는 하나님이 선포하신 (의로운) 우리 모습과 (아직 다 의롭지 못한) 실제 모습 사이에 외관상의 모순과 긴장이 있다. 고금의 이 긴장은 우리의 최종 영화를 통해서만 마침내 영원히 풀린다. 하나님이 명하신 대로 우리는 이 긴장의 중간기를 인내하며 살아야 하고, 선포된 모습을 경축하면서도 실제 모습 앞에서 겸손해져야 한다. 안팎 어디에나 위선이 건재함을 겸손히 인정해야 한다. 위선이 없는 곳은 오직 하나님의 마음과 그분의 완전히 영화로워진 자녀의 마음뿐이다. 그래서 하나님은 우리를 불러, 그분이 시작하신 일은 반드시 이루신다는 약속을 붙들게 하시고, 실제로 그렇게 붙들 수 있는 은혜도 복으로 주신다. 우리는 기대감과 인내심을 품고 부단히 예수님을 바라보면서, 장차 우리도 그분과 같아진다는 약속을 붙든다.

영화의 의미는 다음과 같다. "사랑하는 자들아 우리가 지금은 하나님의 자녀라 장래에 어떻게 될지는 아직 나타나지 아니하였으나 그가 나타나시면 우리가 그와 같을 줄을 아는 것은 그의 참모습 그대로 볼 것이기 때문이니"(요일 3:2). 영화의 의미를 한마디로 요약한다면 "우리가 그와 같을 줄을"이라는 말보다 더 탁월한 표현은 없을 것이다.

하나님이 은혜로 입양하신 모든 자녀는 결국 그분과 같아진다. 성적 죄로 힘들어하는 저 흠 많은 남편도 그분과 같아진다. 대학에서 유혹과 싸우는 저 청년도 그분과 같아진다. 불만에 찬 사업가도 그분과 같아진다. 교통 체증 때문에 욕하는 남자도 그분과 같아진다. 불만스레 친구의 물건을 시샘하는 아내도 그분과 같아진다. 사역의 열정을 잃은 목사도 그분과 같아진다. 신학 지식을 영적 성숙으로 혼동해온 신학생도 그분과 같아진다. 낭비하다 큰 빚을 지고 삶이 고달파진 부부도 그분과 같아진다. 불안에 시달리는 사람도 그분과 같아진다. 이 모든 사람은 하나님의 참된 자녀라서 미래가 밝다. 하나님이 선포하신 그들의 모습과 지금 살아가는 방식 사이의 외관상의 모순은 장차 영영 사라진다. 고생이 끝나는 이유는 칭의의 은혜가 선포했던 대로 그들이 드디어 의로워지기 때문이다. 얼마나 신비한 소망인가! 우리는 이 소망을 붙들어야 한다. 고생과 실망으로 점철된 중간기의 삶은 힘들다. 그래서 우리의 확실한 영화를 붙드는 것이 중요하다. 흠 많은 오늘을 살아가는 동안 흠 없는 미래를 내다보라.

영화의 의미에는 두 가지 차원이 있다. 첫째, 죄의 최종 장례식이 없이는 구속의 완성도 있을 수 없다. 우리는 다 장례식을 싫어한다. 죽음과 영원한 이별을 마주해야 하기 때문이다. 하지만 이 하나의 장례식만은 고대하고 경축할 만하다. 죄는 결국 죽는다. 당신이 하나님의 자녀라면 죄의 죽음 저편에서 영화로운 영생이 당신을 기다리고 있다. 죄가 인간에게 퍼붓던 유혹과 오점과 기만과 파멸과 죽음이 없는 삶을 상상해보라. 매일의 영적 전투가 없는 삶을 상상해보라. 마귀와 모든 어둠의 세력이 마침내 궤멸된다고 상상해보라. 죄의 짐과 굴레에서 드디어 벗어난다고 상상해보라. 우리를 더럽히는 죄의 위력은 장차 죽을 것이다. 너무 좋아서 상상이 잘 안 되지만 그날은 오고 있다. 예수 그리스도의 죽음과 부활이 그것을 보장한다.

요한계시록 22장 3절 말씀을 읽어보라. "다시 저주가 없으며 하나님과 그 어린양의 보좌가 그 가운데에 있으리니 그의 종들이 그를 섬기며." 죄는 하나님에게서 분리되는 저주, 정죄의 저주, 죽음의 저주를 불러왔다. 그러나 우리의 본향에는 죄가 더는 없으므로 저주도 영원히 깨진다. "다시 저주가 없으며"라는 말씀에서 마침내 죄가 영원히 뿌리 뽑혔음을 알 수 있다. 죄가 죽지 않고는 모든 구원받은 사람의 최종 영화도 있을 수 없다. 하나님의 영화로워진 자녀로서 우리는 이전에 경험한 그 무엇과도 다른 기쁨으로 이 말씀을 노래할 것이다.

> 고전 15:55-57 사망아 너의 승리가 어디 있느냐 사망아 네가 쏘는 것이 어디 있느냐 사망이 쏘는 것은 죄요 죄의 권능은 율법이라 우리 주 예수 그리스도로 말미암아 우리에게 승리를 주시는 하나님께 감사하노니.

그래서 우리는 죄가 아직 안팎에서 흉하게 활동하는 이 세상을 사는 동안, 죄의 죽음과 궤멸이라는 약속을 염두에 두고 살아간다. 희망을 버리지 않고, 그리스도가 이미 멸하셨고 마침내 멸하실 죄에 굴하지도 않는다. 죄와 사망의 최종 궤멸을 내다보는 삶은 어떤 모습일까? 위에 인용한 같은 본문에서 바울은 그 물음에 이렇게 답한다. "그러므로 내 사랑하는 형제들아 견실하며 흔들리지 말고 항상 주의 일에 더욱 힘쓰는 자들이 되라 이는 너희 수고가 주 안에서 헛되지 않은 줄 앎이라"(고전 15:58). 죄의 최종 죽음에 걸맞은 삶이란 곧 용기와 희망을 품고 살아간다는 뜻이다. 유혹의 솔깃한 목소리에 맞서 굳게 선다는 뜻이다. 악이 손짓해도 꿈쩍하지 않는다는 뜻이다. 금방 사라질 것들을 위해 살지 않는다는 뜻이다. 영원히 중요한 것들에 시간과 힘과 자원과 은사와 에너지를 쓴다는 뜻이다. 당신이 주님의 일로 부름받았음을 안다는 뜻이다. 주님의 이름으로 하는 일은 어떤 것도 절대 헌신과 시간의 낭비가 아님을 안다는 뜻이다. 최종 승리를 내다보는 삶이란 그 최종 승리를 기다리는 동안 승리하며 산다는 뜻이다.

그뿐만이 아니다. 영화의 두 번째 측면에 대한 성경 말씀은 너무 좋아서 믿어지지 않는다. 어찌나 영화로운 영광인지 감히 아무도 지어낼 수 없다. 성경의 약속은 죄의 죽음을 넘어 이렇게 이어진다. 장차 우리가 완전히 거룩해져 예수님의 참된 형상을 입고, 영원히 그분과 함께 영광 중에 다스린다는 것이다. 베드로가 아주 명쾌하고 담대히 말했듯이, 우리는 "신성한 성품에 참여하는 자"(벧후 1:4)가 된다. 이 말씀을 마음에 새겨보라. 당신과 내가 하나님이 된다는 뜻은 아니다. 장차 우리는 경건하다는 단어의 가장 충만한 의미에서 경건해진다. 바울은 우리가 "그(구주)와 함께 영광 중에 나타나리라"(골 3:4)고 말했고, "영원한 영광의 중한 것"(고후 4:17)이 우리를 기다리고 있다고도 했다. 로마서 8장 18절에는 "생각하건대 현재의 고난은 장차 우리에게 나타날 영광과 비교할 수 없도다"라고 썼다. 이 미래의 영광은 워낙 영화로워서 우리가 도중에 경험한 모든 고통과 고난의 순간을 압도한다. 그래서 바울은 "우리가 잠시 받는 환난의 경한 것이 지극히 크고 영원한 영광의 중한 것을 우리에게 이루게 함이니"(고후 4:17)라고 말했다.

성화처럼 영화도 죽음과 삶의 과정이다. 영화란 죄와 그에 수반되는 저주가 마침내 죽는다는 뜻이고, 또 우리가 완전히 새로운 삶을 통해 그리스도의 형상과 영광에 참여한다는 뜻이다. 그때에는 우리가 죄의 악한 활동에서 자신을 보호하려고 노심초사하거나 내면을 살필 필요가 없다. 죄로 망가진 수치스러운 세상을 사느라 슬퍼하며 고생할 일도 더는 없다. 우리는 영광 중에 높이 들려 승리하신 우리의 구주요 주이신 예수 그리스도의 영광과 영화로운 통치에 영원히 참여한다. 역사에서 이어진 구속 사역의 결말로 이보다 더 만족스러운 시나리오는 없을 것이다.

그래서 우리는 장차 임할 영광을 바라보며 견딜 수 있다. 알다시피 우리를 지키는 것은 견인 자체가 아니라 구주의 능력이다. 죄는 우리를 괴롭히고, 자녀는 반항하며, 결혼 생활은 냉랭하고, 대학에서는 자신이 외계인처럼 느껴지며, 몸은 병들어 약해지고, 직장 생활은 매일의 짐이 되며, 교회는 우리를 실망시킨다. 그런 날에도 우리가 굳게 설 수 있는 이유는 삶이 쉬워서가 아니라 우리에게 미래의 영광이 보장되어 있기 때문이다. 우리는 주님이 명하신 것들을 계속 행하면서, 그분이 그런 수단을 통해 우리를 가까이 이끄시고 안전하게 지키신다는 것을 기억한다. 하루를 맞이할 때마다 우리가 확신하는 사실이 있다. 비록 지금은 확실해 보이는 것이 거의 없지만, 이 한 가지만은 절대적으로 확실하다. "우리가 그와 같을 줄을 아는 것은 그의 참모습 그대로 볼 것이기 때문이니"(요일 3:2).

22
일상생활 속의 성도의 견인과 영화

내 인생은 기나긴 여정이었다. 골짜기는 어둡고 깊었고, 산꼭대기는 높고 가슴 벅찼으며, 해는 종종 구름 뒤에 숨어 있었다. 입이 바싹 마른 채 모래바람을 맞으며 사막을 걷기도 했고, 시원한 강물을 마시고 싱그러운 푸른 초장에서 뒹굴기도 했다. 어떤 때는 비를 내려달라고 기도했고, 또 어떤 때는 비가 그치게 해달라고 기도했다. 몇 날 며칠씩 걸어도 제자리걸음처럼 보일 때도 있었다. 영혼까지 떨려오는 혹한의 겨울도 겪었고, 심장이 더워지는 불볕의 여름도 통과했다. 지치고 약해질 때도 있었고, 언제라도 떠날 수 있을 만큼 팔팔할 때도 있었다. 재기의 가망이 없을 정도로 쓰러지기도 했고, 기력이 진한 나를 주님이 일으켜 안고 가시기도 했다.

나는 여기저기 내 의도나 계획에 없던 곳으로 인도되곤 했다. 그 과정에서 성숙해졌고 미성숙한 점이 자꾸 드러났다. 또 죄의 비극을 목격하고 구원의 영광을 경험했다. 알고 보니 나는 큰 영적 전투에 투입된 병사로되, 결코 나 혼자 싸우거나 내 힘으로 싸우는 것은 아니었다. 베풀어야 할 것이 많은데, 그중 내게서 났거나 내 것이거나 내가 주목받을 요소는 전혀 없다는 사실도 받아들였다. 마음의 고통도 겪었지만 매번 나를 에워싸는 사랑이 있었다. 앞길을 내다보면 더는 기다릴 수 없을 것만 같을 때가 많다. 그래도 주님은 내게 인내하라 하신다.

    내 인생은 혼자 힘으로는 쓸 수 없는 이야기였다. 나는 내일을 정확히 볼 수 없을뿐더러 내가 어디서 무엇을 할지조차 모른다. 내 이야기의 저자가 누구신지에 대해 이제 나는 일말의 의심도 없다. 그분이 모든 장을 구상하고 줄거리의 모든 반전을 연출하신다. 온갖 골짜기와 사막과 강과 산꼭대기를 지나는 내 여정에 우연이란 없음을 안다. 나는 기적같이 영화로운 은혜의 대상이다. 그 은혜가 없이는 내가 아무것도 아니고, 아무것도 가진 게 없으며, 아무것도 베풀 수 없었음을 안다. 내 이야기는 하나님이 구원하시고 번번이 개입하신 내용으로 가득하다. 한때는 진리를 아는 것을 목표로 여겼지만, 깨닫고 보니 목표는 진리의 근원이신 하나님께 내 모든 존재와 소유를 바치는 것이었다. 나는 그분의 택하심을 입어 시시때때로 은혜의 단비에 흠뻑 젖었고, 이제 그것이 특권임을 절감하며 살아간다.

    그러나 의욕과 만족과 감사로 가득 찬 날만 있는 것은 아니다. 지치고 낙심되는 날도 있다. 이 탄식하는 세상의 삶은 때로 너무 복잡하고, 스트레스가 많으며, 고달파 보인다. 잠시라도 복음을 망각하여 제정신을 잃으면, 나도 다 포기하고 비명을 지르고 싶어진다. 어떤 때는 열심히 노력해도 소용없고, 오해의 상처가 마음속을 파고든다. 몸이 병든 날이면 자리에서 일어날 수 없을 것만 같고, 영적 공격까지 나를 무력하게 한다. 그런가 하면 기운이 쌩쌩할 때보다 몸도 마음도 약할 때 오히려 더 많은 성과를 내기도 한다. 이 모든 경험을 통해 깨닫고 보니, 여태 나는 힘겨운 순간들을 밀고 나아왔을 뿐 아니라 그분께 안겨서 왔다.

    그분은 나를 받아주셨을 뿐 아니라 사랑하셨고, 사랑하셨을 뿐 아니라 내게 내주하셨으며, 내주하셨을 뿐 아니라 능력을 주셨고, 능력을 주셨을 뿐 아니라 나를 변화시키셨으며, 변화시키셨을 뿐 아니라 지켜주셨고, 지켜주셨을 뿐 아니라 장차 영화롭게 하실 것이다. 이것이 내 인생의 줄거리다. 쓸데없는 대목은 하나도 없었고, 모든 우여곡절과 기복이 하나님의 은혜라는 불가항력의 산물이었다. 혼란스럽고 고통스러운 부분까지도 전부 퍼즐 조각이었다. 전체 그림을 맞추고 보면 '복'이라는 글자가 나온다.

그래서 오늘도 내 이야기의 저자이신 하나님의 부르심과 명령과 지혜에 순복한다. 그분이 명하시는 것들이 곧 나를 자아에서 해방하여 가까이 이끄시고 안전하게 지키시는 수단임을 나는 안다. 비록 내 삶의 작고 평범한 순간에 이루어지는 순복이지만, 그때마다 그분은 전능하신 능력을 발휘하여 나를 지키신다. 혼란과 경축과 눈물 등 어떤 순간이 찾아와도 그분의 은혜로 나는 따를 것이다. 나를 인도하시는 골짜기가 아무리 어둡고 앞길이 아무리 구불구불해도 그 너머에 무한한 영광이 있음을 알기 때문이다.

그런데 이것은 나의 이야기만이 아니라 당신의 이야기이기도 하다. 당신이 하나님의 자녀라면, 조각이 하도 많아서 혼란스러운 당신의 인생이라는 퍼즐도 결국은 '복'이다. 여태 당신도 모든 순간을 밀고 나아왔을 뿐 아니라 그분께 안겨서 왔다. 당신의 모든 믿음과 공부와 순복과 순종과 희생을 통해 하나님이 능력으로 여태 당신을 지키셨다. 평범하게 반복되는 듯한 날에도, 그분은 당신이 경험한 적도 없고 상상할 수도 없는 영광의 세계로 당신을 데려가신다. 나처럼 당신도 이야기를 스스로 쓰지 않는다. 지혜와 능력과 은혜의 화신이신 그분이 이야기를 쓰시는 중이다. 나처럼 당신도 좌절과 낙심에 부딪히겠지만 그중 쓸데없는 대목은 하나도 없다. 당신 이야기의 저자는 결코 나중에 버릴 장을 쓰지 않으신다. 모든 페이지의 모든 단어가 하나님의 지혜와 은혜로 배치된 것이다. 주님의 모든 부르심과 명령은 내 인생에서 그렇듯이 당신에게도 은혜다. 그분의 명령은 당신을 지키는 능력이 있다. 전체 구원 이야기 속에 끼워 넣지 않고는 당신의 이야기를 이해할 도리가 없다.

그래서 우리 모두가 해야 할 일이 있다. 현세에 벌어지는 모든 일을 지금 우리가 살펴보고 있는 진리의 문맥 속에 끼워 넣어야 한다. 견디라는 하나님의 부르심, 당신을 지키신다는 그분의 약속, 최후에 맞이할 영광, 이 셋을 해석의 도구로 삼아 삶의 모든 상황과 장소와 관계를 이해해야 한다. 그것을 돕기 위해 이번 장을 썼다. 당신이 도중에 길을 잃거나 딴 길로 가거나 종착지의 영광을 놓치지 않도록 말이다.

견인과 영화 교리는 단순히 중요한 신학적 통찰에서 그치지 않는다. '이미'와 '아직' 사이에서 우리의 생활 방식을 빚어내기 위해 이 교리가 우리에게 계시되었다. 믿음이 지적 동의일 뿐만 아니라 생활 방식임을 잊지 말라. 믿는 대로 살지 않는다면, 아마도 당신은 성경적 의미의 믿음으로 믿지 않는 것이다. 지금부터 견인과 영화 교리가 실생활에 주는 의미를 일곱 단어로 추적해보자.

동기

지난 두 달 동안 당신이 살아온 모습을 동영상으로 본다면, 거기서 추론할 수 있는 당신의 동기는 무엇일까? 가족과 친구를 대하는 태도, 직장 생활, 여가 시간, 공적인 순간과 사적인 순간, 평범한 일을 수행하는 일상생활 등을 관찰한다면 말이다. 성경은 인간이 목적과 목표와 가치를 지향하는 존재라고 가르친다. 성경에 나오는 예배, 보화, 우상, 상(賞)과 같은 단어는 모든 사람이 무언가를 위해 살고 있다는 진리를 가리켜 보인다. 마음속을 들여다보면 우리의 행위에는 늘 이유가 있다. 예컨대 배우자로서 당신의 언행은 결혼 생활을 통해 당신에게 중요한 무언가를 얻으려는 수단이다. 자녀 양육과 우정에 대해서도 똑같이 말할 수 있다. 자유 시간을 어디에 투자하고, 혼자 있을 때 무엇을 하며, 돈을 어떻게 취급하는지 등은 다 당신에게 중요한 무언가를 통해 빚어진다. 늘 동기로 작용하는 무언가가 누구에게나 있게 마련이다.

견인과 영화 교리는 우리에게 삶 전반에 대한 불변하는 초월적 동기를 부여한다. 너무 작고 이기적이며 덧없는 것들이 우리의 동기로 작용할 때가 알게 모르게 많다. 예컨대 화나서 아이를 윽박지를 때, 나는 아이가 두려움에 떠밀려 장난감을 치우기를 바라는 것이다. 저녁 식사가 늦는다고 큰소리로 불평할 때는 내 음량과 어조가 배우자를 자극해서 식사 준비가 더 앞당겨지기를 바라는 것이고, 운전 중에 경적을 울릴 때는 내 앞의 운전자들을 자극하여 옆으로 비켜나거나 빨리 가게 하려는 것이다. 자칫 당신의 삶을 이렇게 작고 의미 없는 순간순간의 동기와 만족으로 전락시키기 쉽다.

그러나 우리가 은혜로 구원받은 목적은 '이 순간 내가 얻을 것은 무엇인가?'에 따른 생활 방식보다 훨씬 더 크고 귀하다. 만물을 창조하고 다스리시는 만왕의 왕께서 우리를 그분의 가족으로 영입하셨다. 성령님이 우리에게 내주하며 말씀으로 지혜를 주시고, 은혜로 우리를 적극 보호하시며, 능력도 입혀주신다. 우리는 그분의 영원한 나라의 일에 헌신하도록 부름받았다. 그래서 확실한 숙명을 향해 나아간다. 하나님이 우리를 거대하고 영화로우며 영원한 세계로 끌어들이셨는데, 그런 우리가 시시하고 덧없는 것을 위해 살아갈 수는 없다.

바로 견인과 영화 교리가 하나님의 자녀라면 누구에게나 필요한 이 거시적 동기를 부여한다. 결혼을 예로 들어보자. 당신의 결혼 생활은 신성한 장이다. 결혼이 거룩한 땅인 이유는 하나님이 당신을 그곳으로 불러 믿음과 인내로 그분을 따르게 하시고(견인), 또 거기서 능력으로 당신을 보호하시기 때문이다. 이렇듯 하나님이 남편과 아내에게 주시는 모든 명령은 그분이 계획하신 행복한 결혼보다 훨씬 차원이 높다. 그 모든 명령은 그분이 당신을 가까이 이끄시고 안전하게 지키시는 수단이다.

결혼 생활에서 하나님의 명령을 따르려면 당신의 마음속 동기를 그분께 내려놓아야 한다. 그분이 명하신 대로 다 행하려면, 당신이 원하는 것과 당신 생각에 필요한 것을 버리고, 그분이 더 좋다고 말씀하시는 것을 취해야 한다. 각 명령은 보호의 울타리가 되어 부부 관계를 지켜줄 뿐 아니라, 더 중요하게 당신의 마음을 지켜줄 것이다. 하나님은 이렇게 명령을 통해 보호의 복을 베푸시고, 당신에게 소원을 품고 그대로 지킬 능력도 주신다. 이로써 그분은 자신의 지혜와 임재와 은혜의 위력으로 당신을 지키신다.

결혼 생활은 고귀하고 거룩한 구속 사역이 지속되는 장이다. 당신 삶의 다른 모든 관계와 장소도 마찬가지다. 견인과 영화 교리는 우리의 시야를 넓혀 순간의 필요나 문제나 갈망이나 기대 이상을 보게 한다. 순간의 요소를 무시하지 않으면서도, 그것을 사랑으로 보호하시는 하나님의 임재와 능력의 렌즈로 보게 한다. 이 교리가 일깨워주듯이 하나님은 은혜로 우리 삶 속에 침투하셨고, 임재하여 활동하시며, 아무것도 우리를 그분의 사랑에서 끊지 못하게 하시고, 능력으로 우리를 끝까지 지키신다.

이런 영화로운 일은 어디서 벌어지는가? 답은 바로 우리 일상생활의 평범한 순간이다. 하나님은 무엇을 통해 우리를 지키시는가? 평범한 수단을 통해 비범한 구속 사역을 수행하신다. 그래서 삶의 소소한 순간은 결코 평범하지 않다. 평범한 일상이야말로 지칠 줄 모르시는 하나님이 우리를 그분께 가까이 이끄시고 안전하게 지키시는 장이기 때문이다. '이미'와 '아직' 사이의 중간기가 신성한 까닭은 그곳이 영원한 구속 사역이 은혜로 지속되는 거룩한 땅이기 때문이다.

그런 순간에 우리를 지배하는 동기는 시시하고 일시적인 것이 아니라 초월적이고 영원한 것이어야 한다. 그래서 우리는 하나님의 일을 우리의 일로 삼는다. 그분이 우리를 지키시기에 우리도 작정하고 견딘다.

그분의 명령을 지키고, 그분이 말씀하신 가치를 선택하며, 우리 마음을 작고 이기적이고 덧없는 열망보다 더 큰 것에 내준다. 길을 가는 동안 이 순복의 삶은 곧 풍성한 복의 삶이기도 하다. 남편과 아내가 이기적 욕심을 버리고 주님의 더 큰 계획을 취할수록 부부 관계에 기쁨과 평화와 연합과 사랑과 이해가 더 깊어진다.

미래의 영화도 지금 여기서 우리의 동기로 작용한다. 하나님은 우리를 초월적이고 영원한 것들로 부르셨는데, 그 길에서 인내하기란 쉽지 않다. 도중에 값비싼 희생이 따른다. 악한 쪽이 이기는 것처럼 보일 때도 있고, 순종이 말짱 헛수고로 보일 수도 있다. 때로는 고난에 가려져 하나님의 임재와 활동이 느껴지지 않는다. 그래서 우리를 기다리고 있는 보장된 영광을 주시하는 것이 중요하다. 지금까지 내가 설명한 내용이 시편 73편에 똑같이 나온다. 아삽은 여정 중에 길을 잃었다. 그는 "나는 거의 넘어질 뻔하였고 나의 걸음이 미끄러질 뻔하였으니"(2절)라고 표현했다. 왜 그렇게 되었을까? "이는 내가 악인의 형통함을 보고 오만한 자를 질투하였음이로다"(3절). 이 말은 무슨 뜻일까? "볼지어다 이들은 악인들이라도 항상 평안하고 재물은 더욱 불어나도다"(12절). 그의 하소연은 이렇게 이어진다. "내가 내 마음을 깨끗하게 하며 내 손을 씻어 무죄하다 한 것이 실로 헛되도다 나는 종일 재난을 당하며 아침마다 징벌을 받았도다"(13-14절). 아삽은 이렇게 기도한 셈이다. "제가 순종해서 얻은 게 무엇입니까? 그들은 주님께 순종하지 않아도 삶이 순탄한데 저는 순종해도 삶이 고달픕니다."

이 고뇌에 빠진 자신을 그는 이렇게 묘사했다. "내 마음이 산란하며 …내가 이같이 우매 무지함으로 주 앞에 짐승이오나"(21-22절). 그런 아삽에게 무엇이 전환점이 되었던가? 무엇이 그의 시각을 바꾸어놓았던가? 그의 말을 잘 보라. "주의 교훈으로 나를 인도하시고 후에는 영광으로 나를 영접하시리니"(24절). 그가 깨닫고 보니 악인의 삶은 깨고 나면 사라지는 덧없는 꿈이나 순식간에 흩어지는 안개와 같았다(20절). 아삽은 자신의 영원한 숙명을 내다봄으로써 고생과 고난을 소화한다. 영화가 그의 동기가 된 것이다.

누군가가 당신에게 완벽한 거처를 약속한다고 가정해보자. 그곳은 여태 당신이 보았거나 상상한 것보다 더 아름다운 곳이고, 당신의 모든 필요가 채워지면서 사랑의 관계가 영원히 당신을 에워싸는 곳이다. 하지만 그 사람의 말대로 당신이 지금 소유한 것은 버려야 한다. 도중에 희생과 고난이 따르는 긴 여정이지만, 도착하면 그동안 제시된 모든 영광이 그대로 당신 것이 된다. 게다가 당신이 약해지고 낙심할 때는 약속대로 누군가가 곁에서 격려하고 힘을 북돋아 당신의 여정이 지속되게 할 것이다.

이 사람의 말대로 그 영광의 땅에 당신만을 위해 예비된 곳이 있다고 하자. 지금 당신에게 있는 미력한 자원을 저 앞에 놓인 전대미문의 아름다운 선물과 비교해보면, 당신은 어떻게 반응하겠는가? 이 여정을 받아들이지 않겠는가? 기꺼이 희생하지 않겠는가? 낙심해서 미쳐버릴 것 같을 때면, 그 약속을 다시 떠올리고 그 영광을 기억하며 매진하지 않겠는가? 무엇이 당신을 막겠는가?

그리스도인의 삶이라는 여정에 오른 당신을 환영한다. 물론 당신은 순복하며 견디는 삶으로 부름받았고, 도중에 고난과 희생도 따를 것이다. 그러나 당신을 기다리고 있는 보장된 영광은 당신이 감히 구하거나 상상할 수조차 없을 정도로 무한히 크다. 다시 묻는다. "친구나 대학생이나 직장인이나 배우자나 이웃이나 교인이나 부모로서 당신의 동기는 무엇인가?" 당신의 동기를 작고 덧없는 것으로 축소하지는 않았는가? 견인과 영화 교리가 지적해주듯이 당신은 초월적이고 영원한 세계에 속하도록 선택되었다.

헌신

나는 전 세계를 다니며 많은 문화의 교회를 경험했고, 언어 장벽을 뛰어넘어 하나님의 사람들과 교제했다. 그때마다 큰 기쁨과 우려를 함께 느낀다. 세상의 다양한 문화 속에서 일하시는 하나님을 보는 것은 기쁨이지만, 일반적인 그리스도인이 그분의 일에 반응하는 모습은 거듭 우려를 자아낸다. 설명하자면 이렇다. 진실한 신자들과 많은 대화를 나누어보니, 그들은 겉으로는 살아 있어 갈급한 것 같은데, 이면에는 신앙에 대한 깊은 헌신과 그로 인한 삶의 변화가 없다.

분명히 많은 신자가 신앙생활의 원동력으로 의지하는 것은 주일 예배, 기독교 블로그와 SNS, 아침에 피상적으로 읽는 성경, 기독교 인기 도서 등이다. 진정한 의미에서 예수 그리스도의 제자로 살아가지 않고, 그리스도인 소비자의 전형적 습성을 보인다. 그러나 성도의 견인과 영화 교리에는, 성숙해져 끝까지 견디는 데 필요한 모든 일에 헌신해야 할 사명도 내포되어 있다. 이 교리는 우리를 불러 하나님께 복으로 받은 모든 도구를 추구하게 한다. 그리고 이런 도구는 우리를 그분께로 가까이 이끌어 안전하게 지켜주고, 그분 나라의 더 큰 일에 동참하게 한다.

기독교 상품(책, 음악, 집회, 주일 모임 등)을 소비하는 이들도 자신의 영적 성숙과 견인에는 헌신하지 않을 수 있다. 소비만 할 뿐이지 정작 생활 방식을 보면, 자신이 견디고 영화를 향해 나아가는 일에는 신경 쓰지 않을 수 있다. 물론 아침마다 복음이 담긴 묵상 교재를 읽는 것도 좋다. 그렇지 않다면 나도 그런 책을 쓰지 않았을 것이다. 하지만 분명히 말해 둘 점이 있다. 아침마다 복음이 담긴 글을 몇 분 정도 읽는 것은 하나님의 말씀을 공부하는 일에 헌신하고 훈련하는 것과는 사뭇 다르다.

하나님의 말씀을 공부하는 사람은 높은 수준의 성경 지식을 쌓고, 성경의 핵심 주제인 복음 이야기의 흐름을 터득한다. 성경 공부에 헌신한 사람은 성경의 핵심 교리들을 알고 이해하며 능히 적용하고, 신앙을 무너뜨리려는 안팎의 공격에 맞서 능히 자신을 지킨다. 그분의 말씀을 진지하게 공부하는 사람은 자신의 신앙을 조리 있고 겸손하며 실제적이고 기쁘게 나눌 줄 안다.

견인과 영화 교리는 또 우리 각자를 헌신적인 기도 생활로 부른다. 내 생각에 우리 중 많은 사람의 기도 생활은 기껏해야 간단한 아침 기도, 힘들 때 도움을 청하는 기도, 식사 기도로 그칠 것이다. 안타깝게도 기도를 하나님의 손에 들린 막강한 도구로 보지 않는 사람이 많다. 본래 기도란 우리를 그분 곁에 안전하게 지켜주고, 우리 마음을 죄에서 보호하고, 구주를 더욱 사랑하게 하며, 동서고금을 아우르는 하나님나라의 일에 동참시키기 위한 것이다. 기도를 그렇게 보지 않으면 영적 궁여지책으로 보기 쉽다. 다른 수가 없으면 그제야 기도하는 것이다. 성경은 의인의 기도가 "역사하는 힘이 큼이니라"(약 5:16)고 말한다.

기도는 만왕의 왕과 실시간으로 교류하는 것이다. 지성소로 초대받는 것이다. 그곳은 성령님이 우리의 탄식을 아버지께 전달하시는 곳이다. 기도란 주님의 일에 대해 아뢰는 것만이 아니다. 기도 자체가 주님의 일이다. 꼭 해야 하는데 우리 힘으로는 절대로 안 되는 일이 수없이 많다. 그런 일을 기도로 하나님께 가지고 나아가면, 능력과 의향을 겸비하신 그분이 복음 사역을 수행하여 복음의 열매를 맺으신다. 인간은 누구도 그런 일을 할 수 없고 결실할 수도 없다.

기도를 통해 우리는 자력으로 할 수 없는 일을 위해 부르짖는다. 죄 때문에 눈멀어 보이지 않는 것을 하나님의 개입으로 보게 해달라고 기도한다. 마음의 진정한 순복과 영원한 변화를 위해 기도한다. 우리를 자아에서 해방하시고 유혹을 물리칠 마음과 능력을 베풀어달라고 하나님께 기도한다. 또 우리는 자신을 위해서만 아니라 다른 사람들을 위해서도 기도한다. 교회의 건강과 성장을 위해 중보한다. 삶의 크고 작은 문제들로 힘들어하는 사람들을 아버지께 올려드린다. 하나님의 교회에 구체적으로 필요한 것들을 그분께 아뢴다. 이로써 우리는 주님의 모본을 따르는 것이다. 즉, 하나님이 우리를 두신 지금 여기서 그분의 이름이 높임 받으시고, 그분의 나라가 임하며, 그분의 뜻이 이루어지기를 위해 기도하는 것이다. 기도를 통해 우리는 세상을 숭배하는 마음을 차단하고, 전심으로 하늘에 계신 우리 아버지를 예배한다.

지금 말하는 이런 기도는 바쁜 아침에 몇 분 만에 할 수 있는 것이 아니라, 시간과 훈련과 헌신을 요한다. 그래도 결코 이를 짐으로 여겨서는 안 된다. 기도는 왕이신 구주의 자애로운 초대다. 당신이 헌신할 수 있는 가장 중요한 일인 구속에 동참하라는 초대다.

예수 그리스도의 제자가 헌신해야 할 일은 그 밖에도 많다. 자신의 견인과 미래의 영화를 진지하게 대하는 사람에게 성경 공부와 기도는 그중 두 가지 예에 불과하다. 다만 경고하고 싶은 것이 하나 있다. 이 교리가 명하는 기본 헌신과 습관과 훈련에 시간을 투자하지 않는다면, 삶의 다른 것들이 당신 마음과 일정의 그 자리를 채울 것이다. 우리는 모두 늘 바쁘다. 일정이 빼곡해서 하루를 마치면 녹초가 된다. 육신과 재정과 관계를 건강하게 유지하기 위해 날마다 꾸준히 해야 하는 일들이 있다. 하지만 이 모든 필요한 헌신을 하나의 초월적 헌신이 빚어내고 있는가? 하나님의 은혜 안에서 자라가는 견인을 위해 우리는 시간과 에너지를 얼마나 투자하고 있는가? 헌신의 사명까지 함께 밝히 드러내지 않고는 이 고무적인 교리를 제대로 풀어낼 수 없다. 그 사명은 하나님이 당신 안에서 당신을 위해 하시는 일을 당신의 영적인 일로 삼아 헌신하라고 초대한다.

희망

인간이라면 누구나 희망을 품는다. 대개 자신도 모르게 항상 끊임없이 희망을 추구한다. 모두가 희망을 찾고자 자신의 상황과 장소와 관계와 경험이라는 실존의 무더기를 파헤친다. 계속해야 할 이유, 용기를 내야 할 근거, 당면 과제를 감당할 힘을 누구나 찾으려 한다. 삶은 고달프며, 계획과 기대와 바람에 없던 일로 가득하다. 우리에게 통제권이 없다 보니 삶이 통제 불능으로 보일 때도 많다. 사람들이 우리를 실망시키는 데다 우리는 자신에게도 실망한다. 꿈은 우리를 사로잡았다가 좌절만 남기고 물거품이 되어버린다. 계획을 세워도 희망대로 풀리지 않을 때가 많다. 교회마저도 종종 우리의 바람에 못 미친다. 타락한 세상에서 삶의 실망을 거뜬히 면하기란 불가능하다.

내가 예전에 상담했던 한 남자에 대해 이야기하고 싶다. 그는 내가 지금껏 만나본 사람 중 가장 절망에 빠져 있었다. 솔직히 나는 그 남자를 보면 기운이 쭉 빠졌다. 그는 철저히 혼자였고, 가족과도 멀어졌으며, 전화할 친구가 단 한 명도 없었다. 자신의 직장을 싫어했고, 사내 정치에 자신의 잠재력을 강탈당했다며 아웃사이더가 되기를 자처했다. 그는 자기가 사는 동네도 경멸했다. 살기 좋은 곳이 결코 아닌데 형편상 어쩔 수 없다며, 그 집으로 이사하던 날 조금도 즐겁지 않았다고 말했다. 낡은 공동 주택의 방들을 보면, 실패자라고 손가락질당하는 것만 같았다.

그의 내면에 깊은 낙심이 들러붙어 있었다. 그것이 몸짓에서 보이고 목소리에서 들렸다. 모든 노력을 중단한 지 오래여서 집은 이것저것 고장 난 채로 엉망이었고, 음식도 되는 대로 간편하게 때웠다. 그는 아주 작은 장애물에도 포기하곤 했고, 그러고 나면 너무 쉽게 무너지는 자신을 혐오했다. 그를 처음 만났을 때는 말을 끌어내기가 어려웠다. 일단 입을 연 후에도 자신이 왜 나에게 말하기로 했는지 모르겠다고 했다.

이 또한 자기 삶의 다른 모든 일처럼 결국 시간 낭비일 게 뻔하다는 것이었다.

나는 그를 도와 가장 오래된 기억부터 현재까지 자신의 이야기를 말하게 했고, 결국 나는 그와 그의 세계를 그가 평생 만난 누구보다도 더 잘 알게 되었다. 그의 가족, 학교 경험, 줄줄이 실망만 남긴 관계, 괴로운 직장 생활 이야기를 들었다. 한때 품었던 희망과 꿈 이야기와 그 모든 꿈이 어떻게 무산되었는지도 들었다. 우리는 시간 가는 줄 모르고 그의 이력과 생각과 갈망과 분노와 낙심 속을 함께 걸었다. 그가 나를 계속 찾아온 이유는 자신의 말을 들어준(진심으로 경청해준) 사람이 내가 처음인 데다, 다 듣고 나서도 내가 그를 버리지 않았기 때문이다. 나는 그를 사랑했다. 좋아하기 힘든 대상이었고, 함께 있으면 꼭 먹구름에 싸여 있는 것 같았다. 그는 낙심에만 찌든 것이 아니라 지독한 고집불통이었다. 내 말이 약간 긍정적이다 싶으면 무조건 다 거부했다. 하지만 함께하는 기간이 길어질수록 나는 그를 더 사랑했고 그를 향한 희망도 더 커졌다.

그를 향한 나의 사랑과 희망이 계속 자라난 이유는 신약의 생생한 말씀이 대화 중에 자꾸 떠올랐기 때문이다. "그때에 너희는 그리스도 밖에 있었고 이스라엘 나라 밖의 사람이라 약속의 언약들에 대하여는 외인이요 세상에서 소망이 없고 하나님도 없는 자이더니"(엡 2:12). 그의 길고도 서글픈 이야기를 듣다가 문득 어느 대목에서든 하나님이 단 한 번도 언급되지 않았음을 깨달았다. 여태 내가 들어본 중 가장 신이 결여된 이야기였을 것이다. 신은 없고 인간과 장소와 사물로만 축소된 우주였는데, 그중 무엇도 그에게 가치 있는 삶의 목적을 제시하지 못했다. 이 본문을 접할 때마다 '하나님이 없으면 소망도 없다'라는 바울의 영적 방정식이 나를 강타해온다.

본래 누구도 그렇게 살아서는 안 된다. 하나님 없는 실존의 삶은 당신에게서 사상 최고의 깊고 고무적이며 알찬 희망을 앗아가고, 당신의 인간성마저 앗아간다. 창조주의 설계에 따라 우리의 속성은 하나님의 속성과 본질상 맞물려 있다. 그래서 하나님의 존재는 우리 자신을 해석하고 이해하는 가장 중요한 도구가 된다. 삶의 모든 것은 어떤 식으로든 우리를 실망시키게 마련이다. 따라서 희망을 그런 것들에 두면 그 희망마저도 우리를 실망시킨다.

내가 그 친구에게 희망을 품었던 것은 바로 그가 극도로 절망적이었기 때문이다. 마음에 품고 사랑하는 것, 버리고 싶지 않은 소중한 것이 그에게는 별로 없었다. 덕분에 참되고 알찬 희망이 어디에 있는지 알아볼 준비가 되어 있었고, 마침내 정말 희망을 얻었다. 기존의 우울한 사고 습성과 부정적 해석이 모두 하나님 중심의 인생 해석법으로 대체되기까지 시간이 꽤 걸렸으나 조금씩 변화가 이루어졌다. 내 말을 오해하지는 말라. 나는 그에게 현실을 부정하라고 한 적이 없다. 한없이 괴로운 현실을 하나님의 임재와 역사와 능력과 약속의 렌즈로 보는 법을 가르쳐주었을 뿐이다. 진부한 표현 같지만 나는 그에게 복음의 안경을 씌워주면서 다시는 벗지 말라고 했다.

이 모두가 성도의 견인과 영화라는 진리와 무슨 관계가 있는지 의아할 수 있다. 답은 복음의 절정으로 치닫는 베드로전서 말미에 나온다. 희망과 관련하여 성경 전체에서 내가 가장 좋아하는 본문 중 하나다. 나는 수시로 이 말씀에서 힘을 얻곤 한다. "모든 은혜의 하나님 곧 그리스도 안에서 너희를 부르사 자기의 영원한 영광에 들어가게 하신 이가 잠깐 고난을 당한 너희를 친히 온전하게 하시며 굳건하게 하시며 강하게 하시며 터를 견고하게 하시리라 권능이 세세무궁하도록 그에게 있을지어다 아멘"(벧전 5:10-11).

이 본문은 견인과 영화를 말한다. 베드로는 지금도 일하시고 장차 그 일을 완수하실 하나님과 희망을 연결한다. 그가 신자들에게 행하라고 명한 모든 일은 이 하나님과 맞물려 있고, 그 과정에서 그들이 품어야 할 모든 소망도 자신의 사람들에게 헌신하시는 그분의 한결같은 은혜와 맞물려 있다. 보다시피 베드로는 현실성 없는 장밋빛 일색의 인생관을 제시하지 않는다. 현실을 부정하지 않는다. 오히려 그가 인정했듯이 성도는 고난을 당하지만, 아무리 어두운 순간에도 놀라우신 하나님이 역사하여 영원히 중요한 일을 행하시며, 그 끝에는 영광이 있다. 하나님이 계속 일하셔서 마침내 영광 중에 일을 완수하신다는 사실보다 더 좋은 희망의 근거는 없다. 고난은 궁극점이 아니고 하나님이 궁극점이시다. 낙심은 주님이 아니고 하나님이 주님이시다. 실패는 다스리지 못하고 하나님이 다스리신다. 연약함은 왕이 아니고 하나님이 왕이시다. 당신의 소망을 지금 일하시는 하나님과 장래의 눈부신 아름다움에 두면 결코 실망할 일이 없다.

그래서 묻는다. 당신은 자신의 삶을 이렇게 해석하는가? 삶이 실망시킬 때 당신의 마음은 어디로 가고 생각은 어디에 머무는가? 당신의 삶을 베드로가 말한 복음의 안경으로 보는가?

확신

복음으로 내 뇌리를 장악했던 최고의 노래는 안드레 크라우치(Andraé Crouch)가 쓴 이 노래다. 기독교의 고전 찬송가는 아니지만, 확신에 찬 삶의 근원을 실생활 차원에서 이해했다는 점에서 참 좋다.

> 문제가 닥쳐와
> 밤낮을 분간할 수 없고
> 거친 바다의 배처럼
> 좌우로 뒤척일 때도

난 염려하지 않아 애태우지 않아
하나님 날 실망시키신 적 없으니
때때로 문제가 닥쳐와도
난 괜찮아 염려 따윈 없어.

왜냐하면 내게는 확신이 있으니까
하나님이 나를 끝까지 지켜주시니
무슨 일이 있어도
해결해주실 것을 알지.

욥은 하도 오래 아파서
살과 뼈가 분리되고
아내와 가축과 자녀와
소유가 전부 사라졌지만
그 절망 중에도
하나님이 여전히 돌보심을 알았지
밤낮 잠 못 이루면서도
괜찮다고 말했지 왜냐하면….

사람들은 내게 묻지
시련 중에도 어떻게 웃느냐고
"안드레, 모든 게 엉망인데
어떻게 노래할 수 있지"
난 염려하지 않아 애태우지 않아
하나님 날 실망시키신 적 없으니
때때로 문제가 닥쳐와도

난 괜찮아

염려 따윈 없어 왜냐하면….*

크라우치가 확신하는 근거를 잘 보라. 그것은 그의 교육이나 음악적 재능이나 청중을 휘어잡는 호소력이나 대중의 찬사도 아니고 심지어 그의 성경 지식도 아니다. 그의 확신은 자신에게서 비롯하지 않았다.

우리는 자신이 누구이고 무엇을 할 수 있는지를 아는 자신감 있는 사람을 우러러본다. 힘든 자리에 담대히 뛰어들어 놀라운 일을 이루는 강인한 인물의 이야기를 좋아한다. 우리도 다 자신감을 원하기에 영웅 이야기를 좋아하며, 약자의 영웅담이라면 더 환호한다. 힘들고 중요한 순간에 담대히 도전에 부응하는 자신의 모습을 상상하는 일은 누구에게나 즐겁다.

그러나 성경은 확고부동한 독자적 자신감이 망상이라고 가르친다. 무너지지 않을 만큼 강한 사람은 우리 중에 아무도 없다. 그 정도의 힘과 통제권은 누구에게도 없다. 모두가 가슴 깊이 알다시피 인생의 우뚝 솟은 역경 앞에서 우리는 상당히 왜소하다. 삶의 아주 중대한 딜레마에 부딪히면 아무리 강한 사람도 연약하다.

그렇다면 확신에 찬 삶은 어디에 있는가? 역시 우리가 지금 살펴보고 있는 진리가 가리키는 올바른 방향은 오직 하나다(그것이 안드레 크라우치의 고백적 가사에 반영되어 있다). "하나님이 나를 끝까지 지켜주시니." 그렇다. 마침내 상상을 초월하는 영광에 이를 때까지 그분이 지켜주신다. 우리는 작고 연약하여 순간순간 어리석어지기 쉽고, 그분을 잘 따르다가도 어느새 넘어진다. 그러나 마음이 조율되어 있을 때든 방황할 때든, 우리에게는 확신을 품을 만한 사상 최고의 근거가 있다. 그것은 인

---

* Andraé Crouch, "I've Got Confidence," © 1969년 Bud John Songs (ASCAP) (CapitolCMGPublishing.com 관리). All rights reserved. Used by permission.

간의 지혜와 권위와 알량한 의를 초월한다. 우리의 가장 뛰어난 재능이나 기술보다도 크다. 이 확신은 자녀의 삶 속에서 하나님의 대사가 되려는 부모를 위한 것이고, 거대한 대학에서 혼자처럼 느껴지는 학생을 위한 것이다. 이 확신은 날마다 노년의 한계에 부딪히는 할머니를 위한 것이고, 사방의 물질주의와 권력 과시를 물리치려는 성공한 사업가를 위한 것이다. 이 확신은 성적 유혹에 부딪힐 때를 위한 것이고, 삶이 힘겹고 하나님이 멀게 느껴질 때를 위한 것이다. 안팎에 자신감을 북돋아주는 것이 아무것도 없을 때도 당신에게는 이 확신이 있다.

성도의 견인과 영화 교리는 우리에게 구주의 임재와 변함없는 구속 활동을 증언한다. 우리의 확신은 하나님을 향한 우리의 헌신에 근거하지 않고 우리를 향한 그분의 헌신에 근거한다. 그래서 우리는 아침마다 일어나 안드레 크라우치처럼 고백한다. "나는 확신이 있다. 하나님이 나를 끝까지 지켜주신다." 당신은 하루하루를 그렇게 맞이하는가?

두려움 없는 삶

"그러므로 땅이 변하든지 산이 흔들려 바다 가운데에 빠지든지…우리는 두려워하지 아니하리로다"(시 46:2-3). 누구나 이런 고백을 하고 싶을 것이다. 이 말씀은 대격변의 사건 앞에서도 두려움을 모르는 삶을 정의한다. 누군들 두려움에서 해방된 삶을 원하지 않겠는가? 이 구절을 여는 중요한 단어를 눈여겨보았는가? 두려움 없는 삶의 출처를 지목하는 그 단어는 바로 "그러므로"다. 두려움 없는 삶에는 늘 근거가 있다. 두려움이 사라지는 이유는 당신이 자신이나 타인이나 당신의 삶이나 처한 상황에 대해 무언가 믿는 구석이 있기 때문이다. 그래서 늘 '나는 두렵지 않다. 왜냐하면 ○○○ 때문이다'라는 공식이 늘 따라다닌다. 이 경우 2절의 "그러므로"는 바로 앞의 1절을 받는다. "하나님은 우리의 피난처시요 힘이시니 환난 중에 만날 큰 도움이시라." 하나님의 모든 자녀는 두려움 때문에 휘어지거나 비뚤어지거나 변질되지 않은 삶, 두려움에 지배당하지 않는 삶을 누릴 근거가 있다.

그리스도인의 삶이 두려움에 찬 실존이어서는 안 된다. 우리는 자신이 하나님의 자녀인지 여부를 끝없이 의심하며 살아서는 안 된다. 자신이 죄를 너무 많이 지었거나 도에 지나친 것은 아닌가 하는 의문에 시달려서는 안 된다. 하나님에 대해 또는 그분이 우리를 어떻게 보시는지에 대해 생각할 때 불안해서는 안 된다. 또 하나님께 자신을 증명하고 자신의 믿음과 충정과 헌신을 입증할 방도를 늘 모색해서도 안 된다. 성경의 많은 경고를 읽을 때 우리를 정죄하는 예언으로 이해해서는 안 된다. 자신이 배교할 수도 있다는 공포에 젖어 살아서도 안 된다.

물론 우리는 신앙을 진지하게 대해야 하고, 힘써 순종해야 한다. 성경 공부와 기도, 그리스도의 몸 된 교회의 예배와 교제, 하나님나라의 선교 사역에 헌신해야 한다. 그러나 이 일을 할 때, 만일 그러지 않았다가는 하나님의 진노가 임할지도 모른다는 두려움에서 비롯한 동기로 해서는 안 된다. 활발하고 헌신적이며 용감한 신앙생활은 다음 사실을 아는 비범한 기쁨에서 비롯해야 한다. 즉, 하나님이 우리를 그분의 소유로 삼으셨고, 아무것도 우리를 그분의 사랑에서 끊을 수 없으며, 약속대로 그분이 우리를 영광 속으로 인도하신다는 것이다. 모든 신자의 견인과 영화 교리는 바로 이런 두려움 없는 삶으로 우리를 초대한다.

우리는 상황이나 환경이 주는 두려움에도 짓눌려서는 안 된다. 우리의 구원을 마침내 영화롭게 완성하고자 전심전력하시는 주님이 또한 우리 삶의 모든 상황과 관계와 경험과 장소를 다스리신다. 우리를 혼란이나 낙심이나 두려움에 빠뜨릴 만한 모든 일을 구주께서 주관하신다. 물론 우리는 도중에 고난을 당하고, 슬픔과 상실을 경험하고, 지쳐서 약해질 것이다. 그러나 결코 우리는 혼자가 아니다. 전능하신 주님이 우리의 여정에 동행하시면서, 그 누구나 무엇도 우주에서 가장 중요한 이 구속 과정의 성공을 막지 못하게 하신다. 그분은 자신이 우리를 위해 정하신 모든 일 속에 함께 임재하신다. 어떤 상황도 우리 이야기의 결말은 아니며 그분을 이길 수도 없다. 우리는 이 땅에 살아가며 그분이 우리 안에 계시고, 우리와 함께하시며, 우리를 위하신다는 것을 아는 복을 누린다. 그리고 죽어서는 그분 곁에서 영광 중에 그분과 같이 변화된다. 하나님의 임재와 능력과 약속과 은혜가 두려움을 물리친다. 견인과 영화 교리가 우리에게 그 사실을 일깨워준다.

이번 장을 쓰다가 문득 모세의 말이 떠올랐다. 그는 이스라엘이 요단강을 건너 하나님이 약속하신 땅에 들어가기 전에 그들을 준비시키는 중이었다. 이 말씀은 언제 어디서고 하나님의 모든 백성을 격려한다.

> 신 4:7-14 우리 하나님 여호와께서 우리가 그에게 기도할 때마다 우리에게 가까이하심과 같이 그 신이 가까이함을 얻은 큰 나라가 어디 있느냐 오늘 내가 너희에게 선포하는 이 율법과 같이 그 규례와 법도가 공의로운 큰 나라가 어디 있느냐 오직 너는 스스로 삼가며 네 마음을 힘써 지키라 그리하여 네가 눈으로 본 그 일을 잊어버리지 말라 네가 생존하는 날 동안에 그 일들이 네 마음에서 떠나지 않도록 조심하라 너는 그 일들을 네 아들들과 네 손자들에게 알게 하라 네가 호렙 산에서 네 하나님 여호와 앞에 섰던 날에 여호와께서 내게 이르시기를 나에게 백성을 모으라 내가 그들에게 내 말을 들려주어 그들이 세상에 사는 날 동안 나를 경외함을 배우게 하며 그 자녀에게 가르치게 하리라 하시매 너희가 가까이 나아와서 산 아래에 서니 그 산에

불이 붙어 불길이 충천하고 어둠과 구름과 흑암이 덮였는데 여호와께서 불길 중에서 너희에게 말씀하시되 음성뿐이므로 너희가 그 말소리만 듣고 형상은 보지 못하였느니라 여호와께서 그의 언약을 너희에게 반포하시고 너희에게 지키라 명령하셨으니 곧 십계명이며 두 돌판에 친히 쓰신 것이라 그때에 여호와께서 내게 명령하사 너희에게 규례와 법도를 교훈하게 하셨나니 이는 너희가 거기로 건너가 받을 땅에서 행하게 하심이니라.

이 본문 서두의 질문은 우리 모두에게도 그대로 해당한다. 누구의 신인들 우리 하나님이 우리에게 가까우신 것만큼 가까운가? 하나님이 가까이 계시기에 우리는 두렵지 않다. 이스라엘 자손처럼 우리도 우리를 위해 능력을 발휘하시는 하나님을 보았다. 그분은 그 능력으로 이 땅의 물리적 세력뿐만 아니라 죄와 사망의 궁극적 세력을 물리치셨다. 또 우리는 지혜와 생명과 은혜를 말씀하시는 그분의 거룩한 음성도 들었다. 그분은 신비의 장막을 걷으시고 우리에게 자신의 뜻과 길을 보여주셨다. 우리의 가장 깊은 문제와 유일한 해법을 계시하셨다. 그리고 아들 예수님의 인격과 말씀과 사역을 통해 우리에게 말씀하셨다. 하나님은 우리를 끝까지 지키기로 약속하셨다. 그분이 주신 모든 명령이 우리를 가까이 이끌어 안전하게 지켜주고, 믿음으로 그분을 따른다는 의미를 가르쳐준다. 우리 하나님처럼 이렇게 가까이 계시고, 지혜와 사랑과 능력이 많으시며, 시작하신 일에 끝까지 충실하신 신을 모시는 백성이 누구란 말인가?

이 물음의 자명한 답이 우리가 하나님을 대하는 방식과 이 타락한 세상을 지나 최종 목적지로 향하는 여정에 임하는 방식을 빚어내기를 기도한다. 두려움이 닥쳐올 때 자기 자신이나 상황을 보며 거기서 희망과 용기를 얻으려 하지 말고, 위를 우러러보며 이 말씀을 떠올리기를 기도한다. "하나님은 우리의 피난처시요 힘이시니 환난 중에 만날 큰 도움이시라." 주님께서 구속 사역이 완료될 때까지 견디시기에 우리도 영광스러운 결말에 이를 때까지 견딘다.

희생

우리는 다 무언가를 위해 희생한다. 운동해서 더 건강해지려고 여가와 시간과 돈과 에너지를 희생한다. 살을 빼려고 특정한 부류의 음식을 먹는 즐거움을 희생한다. 열심히 일해서 빚을 갚으려고 소유의 낙을 희생한다. 이것은 다 긍정적인 희생이지만 그렇지 않은 희생도 있다. 아버지는 직장에서 승진하려고 가족과 함께 보내야 할 시간을 희생한다. 남편이나 아내는 잠시 혼외정사의 쾌락을 맛보려고 결혼 생활의 건강과 신의를 희생한다. 우리는 소유물과 오락에 돈을 더 쓰려고 하나님나라의 일에 낼 헌금을 희생한다.

성도의 견인과 영화 교리에는 희생의 사명도 내포되어 있다. 물론 하나님은 당신을 은혜와 능력으로 보호하여 끝까지 지키실 것을 보장하신다. 구원 사역이 완료되어 당신이 그리스도와 같이 변화되고 영광 중에 그분과 함께 다스릴 그날도 보장하신다. 그러나 보장하신 그 일을 이루시는 도구 중 하나로, 그분은 우리를 불러 모든 것을 버리고 믿음으로 그분을 따르라 하신다.

눅 14:25-27, 33 수많은 무리가 함께 갈새 예수께서 돌이키사 이르시되 무릇 내게 오는 자가 자기 부모와 처자와 형제와 자매와 더욱이 자기 목숨까지 미워하지 아니하면 능히 내

> 제자가 되지 못하고 누구든지 자기 십자가를 지고 나를
> 따르지 않는 자도 능히 내 제자가 되지 못하리라…이와 같이
> 너희 중의 누구든지 자기의 모든 소유를 버리지 아니하면
> 능히 내 제자가 되지 못하리라.

이 본문은 모두 가서 가족을 증오하라는 가르침이 아니며, 우리의 모든 것을 주님이 빼앗아 가신다는 뜻도 아니다. 이 말씀의 핵심은 마음의 헌신이다. 우리는 주님을 사랑하고 그분이 우리 안에서 우리를 위해 하시는 일에 힘써 참여하되, 가장 친밀한 사람들을 포함한 그 무엇도 주님과 그분의 일에 대한 우리의 즐거운 헌신을 절대 막지 못하게 할 정도로 그리해야 한다. 이 본문은 우리를 자신의 구속과 구원자의 영광을 위해 희생하는 삶으로 부른다.

그래서 우리는 자녀를 주의 교훈과 훈계로 양육하기 위해 우리의 자유 시간이나 분노를 표출하려는 욕구를 즐거이 희생한다. 시간과 에너지를 들여 지역 교회의 사명에 동참하기 위해 여가를 희생한다. 꼭 필요한 영적 훈련을 결단했는데 승진하면 그런 훈련에 힘쓸 시간이 없어지기 때문에 그 승진을 사절한다. 어떤 오락은 하나님이 나쁘다 하시는 일을 생각하고 탐하도록 유혹하기 때문에 그 오락을 거부한다. 예수님은 누가복음 본문에서 그분이 지금 우리 안에서 행하시는 모든 일과 장차 우리 것이라 약속하신 모든 것을 그 무엇에도 방해받지 말고 추구하라고 우리를 부르신다.

그러니 어차피 희생하며 살 것이라면 사상 최고의 희생을 치르는 것이 어떻겠는가? 영원히 누릴 것을 위해 지금을 희생하면 어떻겠는가? 영원한 영광을 위해 덧없는 쾌락을 내려놓으면 어떻겠는가? 당신의 영적 성장을 가로막는 것을 내려놓고 당신을 성숙하게 자라게 하실 하나님의 도구를 붙들면 어떻겠는가? 세상을 사랑하는 마음을 버리고 하

늘 아버지를 사랑하면 어떻겠는가? 지금 당신을 채워줄 수 없는 것을 버리고 영원히 당신의 마음을 채워줄 것을 취하면 어떻겠는가? 당신을 선(善)으로 부르고 인도하실 그분께 마음의 생각과 갈망을 내어드리면 어떻겠는가? 타락한 세상이 당신을 유혹하려고 내놓는 온갖 나쁜 희생을 외면하고 가장 좋은 희생만 하면 어떻겠는가? 기꺼이 모든 것을 버리고 당신이 감히 구하거나 상상할 수조차 없는 차원을 약속하신 그분을 따를 수 있는 은혜를 달라고 기도하면 어떻겠는가? 견인과 영화 교리는 정말 당신을 사상 최고의 희생으로 부르며, 그 희생의 끝은 상상을 초월하는 영원한 영광이다.

바른 시각

자칫 바른 시각을 잃기 쉽다. 삶의 이런저런 요소의 비중이 정도 이상으로 아주 커지기 쉽다. 그러면 그것이 우리 마음의 생각과 갈망을 장악하고 우리의 결정 방식과 생활 방식을 지배한다. 결혼 생활은 중요하지만 그중 일부의 비중이 실제보다 커져 당신의 습성을 좌우할 수 있다. 교육은 중요하지만 당신의 대학 생활의 일부가 과도히 중요해질 수 있다. 직장은 꼭 필요하지만 당신의 목표가 실제보다 더 중요해지지 않도록 싸워야 한다. 그러지 않으면 해서는 안 될 선택을 하게 된다.

하나님은 모든 구원받은 사람의 견인과 영화 교리를 통해 우리에게 영원한 시각을 복으로 주신다. 이 교리가 마음속에 권위 있고 영광스럽게 살아 있어야 복음의 정신을 잃지 않을 수 있다. 온갖 목소리와 우상이 유혹하고 손짓하는 타락한 세상을 지나는 동안, 우리는 이 교리에 힘입어 참으로 중요한 것이 무엇인지, 즉 삶을 바칠 만큼 가치 있는 것이 무엇인지를 늘 의식해야 한다.

논쟁에서 이기거나 어떻게든 상대의 사랑을 얻어내는 것은 생각만큼 중요하지 않다. 대학에서 무조건 높은 학점을 받거나, 갖고 싶은 물건을 필수품이라고 우겨 구입하는 것도 보기보다 중요하지 않을 수 있다. 어떤 대가를 치르고라도 쾌락을 얻는 것은 중요하기보다 차라리 위험할 수 있다. '이미'와 '아직' 사이에서 믿음으로 싸우는 우리에게는 바른 시각이 필요하다. 이 복된 교리는 우리에게 지금 여기서나 영원 무궁히 무엇이 참으로 중요한지를 늘 일깨워준다. 그것을 바른 시각으로 삼아 마음의 초점을 잃지 않고, 우리 삶의 미래의 영광을 향해 한 걸음씩 나아가기를 기도한다.

◾◆◾

이 책에서 함께 살펴본 모든 교리처럼 견인과 영화의 교리도 우리를 십자가로 인도한다. 십자가에서 예수님이 우리 대신 버림받으셨기에, 다시는 아무것도 우리를 아버지의 사랑에서 끊을 수 없다. 십자가에서 예수님이 궁극의 희생 제물이 되셨기에, 그분이 우리에게 요구하시는 모든 희생은 현재의 해방과 미래의 영광을 위한 것이다. 십자가에서 예수님이 고난당하셨기에, 이제 우리도 그분과 함께 고난당하면서 점점 그분을 닮아가다가 마침내 영광 중에 그분과 함께 다스리게 된다. 예수님이 죽으신 덕분에, 지금 그분이 우리 안에 사실 뿐 아니라 영원히 함께 사실 수 있다. 그래서 우리는 뒤로는 십자가를 돌아보고 앞으로는 영광을 내다보며 전진할 수 있다. 그분의 부르심에 순복하고, 원수를 물리치며, 믿음으로 그분을 따르고, 끝까지 싸울 수 있다. 또 우리에게 무엇이 주어졌는지를 알고 또 장차 될 일을 고대하기에 이 모든 일을 기쁘게 감당한다.

23
영원에 대한 교리

　하나님은 세상을 심판하실 날을 정해두셨다. 성부 하나님께 심판의 권세를 받으신 예수 그리스도가 의롭게 심판하신다. 그날이 되면 타락한 천사들은 물론이고 지금까지 이 땅에 살았던 모든 사람도 심판받는다. 만인이 재판관이신 그리스도의 보좌 앞에 서서 자신의 생각과 말과 행실을 보고하여 선악 간의 행위대로 심판받는다.

　하나님이 심판 날을 정하신 목적은 택하신 이들을 영원히 구원하여 자비의 영광을 나타내시고, 악하고 불순종해서 버림받은 이들을 정죄하여 정의의 영광을 나타내시기 위해서다. 심판 후에 의인은 영생을 얻고 주님의 존전에서 충만한 위로와 기쁨을 얻는다. 반면 하나님을 모르고 예수 그리스도의 복음에 순종하지 않는 악인은 영원한 고통 속에 던져지고, 주님의 존전과 영화로운 권세 아래서 쫓겨나 영원한 파멸의 형벌을 받는다.

　그리스도가 우리에게 장래의 심판 날을 확신하게 하신 것은 사람마다 죄를 멀리하게 하고, 역경에 처한 경건한 이들을 위로하기 위해서다. 다만 예수님은 그날이 언제인지 우리에게 알리지 않으심으로써, 우리가 세상이 주는 안락에 취하지 않고 늘 깨어 있게 하셨다. 주님이 언제 오실지를 모르기에 우리는 늘 준비된 자세로 이렇게 고백해야 한다. "주 예수여, 오소서. 속히 오소서. 아멘."* 다음 여러 구절을 참조하라. 전도서 12:14, 마태복음 12:36, 25:21, 32-46, 마가복음 9:48, 13:35-37, 누가복음 12:35-40, 요한복음 5:22-27, 사도행전 17:31, 로마서 9:22-23, 14:10-12, 고린도전서 5:3, 데살로니가후서 1:5-10, 디모데후서 4:8, 유다서 1:6, 요한계시록 22:20.

영원에 대한 교리 이해하기

지금부터 읽을 내용은 보기에 극단적이지만 꼭 필요한 진리다. 영원 교리가 없다면 예수 그리스도의 복음도 없고, 복음의 소망은 더 말할 것도 없다. 정의가 시행되어 죄와 죽음의 드라마가 드디어 해결되는 미래가 없다면, 지금까지 살펴본 어떤 교리에도 주목할 가치가 없다. 성경을 읽다 보면 거룩하신 창조주 하나님과 부정한 피조물 사이에서 드라마의 긴장이 느껴질 수밖에 없다. 이 드라마의 피와 내장과 먼지와 연기와 냄새가 성경의 책장마다 넘쳐흐른다. 사람들은 눈물을 흘리고 피조물은 탄식하며 각기 최종 해결을 기다린다. 이 땅이 불안하게 기다리는 동안, 망가진 세상의 슬픈 음악이 단조롭게 이어진다. 마지막 크레센도에 도달하기를 귀 기울여 기다려도 단조로운 음악만 계속될 뿐이다.

예수님의 인격과 사역 덕분에 하나님의 백성은 소망을 품고 기다린다. 그러나 최후의 심판과 거기에 따르는 영원이란 것이 없다면, 그들의 모든 기다림과 수고와 소망은 아무런 의미가 없다. 긴장과 드라마로 가득 찬 700페이지짜리 소설을 읽는데, 알고 보니 작가가 마지막 장을 아예 쓰지 않았다면 독자는 화가 날 것이다. 내 사랑하는 아내 루엘라는 두 시간을 투자해서 본 영화가 의문만 잔뜩 던져놓고 아무런 해결도 없

---

* 웨스트민스터 신앙고백서 제33장에 나오는 영원에 대한 교리를 내가 풀어 썼다.

이 끝나버리면, 거기에 질색한다.

모든 사람이 영원을 외쳐 부른다. 자신만 그것을 모를 뿐이다. 괴롭힘당하여 눈물을 삼키는 어린아이도 영원을 외쳐 부른다. 남편의 외도 때문에 참담해진 아내도 영원을 외쳐 부른다. 노년의 고통과 한계와 고독에 부딪친 노인도 영원을 외쳐 부른다. 사역한 지 오래인데 열매가 별로 없는 목사도 영원을 외쳐 부른다. 그저 이해받고 받아들여지고 싶을 뿐인 외로운 십 대 아이도 영원을 외쳐 부른다. 납득할 수 없는 이유로 상사에게 또 된통 혼난 직원도 영원을 외쳐 부른다. 배고픈 노숙인도 영원을 외쳐 부른다. 인종 때문에 가능성의 문이 또 닫혀버린 흑인도 영원을 외쳐 부른다. 이제 막 자동차를 도둑맞은 부부도 영원을 외쳐 부른다. 어쨌든 우리 모두는 세상이 이 상태에 머무르면 안 된다는 것을 마음으로 안다. 그래서 어떻게든 더 나은 세상을 동경한다.

하나님의 자녀로서 우리가 여태 믿고 마음을 바치며 삶을 투자한 모든 것은 최종 해결을 요한다. 그래서 영원 교리가 필수다. 이 진리가 없는 기독교는 우리가 헌신한 그 기독교가 아니다. 당신의 신앙을 이해하고 일상생활에 적용하려면 반드시 이 교리를 알아야 한다. 지금부터 영원 교리를 두 단락으로 나누어 살펴볼 텐데, 하나는 영원 교리와 의인이고 또 하나는 영원 교리와 불의한 자다. 의인이란 예수님의 완전한 의를 믿어 은혜로 구원받은 무리를 뜻한다.

영원 교리와 의인

영원 교리와 의인에 대해서는 베드로후서 3장 11-13절에 근거를 두고 설명할 것이다.

> 이 모든 것이 이렇게 풀어지리니 너희가 어떠한 사람이
> 되어야 마땅하냐 거룩한 행실과 경건함으로 하나님의
> 날이 임하기를 바라보고 간절히 사모하라 그날에 하늘이
> 불에 타서 풀어지고 물질이 뜨거운 불에 녹아지려니와
> 우리는 그의 약속대로 의가 있는 곳인 새 하늘과 새 땅을
> 바라보도다.

이 본문이 중요한 이유는 영원에 대해 모든 신자가 알아야 할 내용과 더불어, 그 내용이 지금 우리의 생활 방식을 빚어내야 함도 말해주기 때문이다. 영원 교리는 우리에게 미래의 희망을 주는 진리일 뿐만 아니라, 지금 여기의 우리 삶을 이해하는 해석의 틀이 되어야 한다. 이 점이 중요한 것은 삶을 어떻게 이해하느냐에 따라 살아가는 방식도 달라지기 때문이다. 영원 교리는 그리스도인의 기본 해석 도구다. 당신의 과거와 현재와 미래, 자아, 하나님, 의미와 목적 등을 생각하는 방식이 이를 통해 규정되어야 한다. 이 진리가 사고에 녹아들어 있지 않고는 자신의 삶을 제대로 이해할 수 없다.

이 요긴한 본문을 풀어내기에 앞서 우선 그것을 더 큰 도덕적, 신학적 문맥 속에 두고 싶다. 이 본문의 의미와 실현 가능성을 충분히 이해하려면 그 문맥이 중요하다. 첫째, 성경의 선언대로 인간은 예배하는 존재다(롬 1:25 참조). 종교적 의미의 공식 예배를 말하는 것이 아니라 매일 실제로 품는 동기의 의미에서 그렇다. 모든 사람은 무언가를 예배한다. 즉, 무언가가 늘 우리 마음을 지배한다. 마음을 지배하는 그것이 우리의 말과 행동도 주관한다. 이 본문은 예배를 영원에 비추어본다.

둘째, 성경은 우리에게 죄의 이기심을 경고한다. 실제로 고린도후서 5장 15절을 보면, 예수님이 오신 목적이 다시는 우리 자신을 위하여 살지 않게 하시기 위해서라고 한다. 실로 죄의 DNA는 이기심이다. 이 본

문에도 죄의 이기심이 전제되어 있다. 내 영광을 위해 살 것인가, 아니면 하나님의 더 큰 영광을 위해 살 것인가? 셋째, 이 본문은 영적 전투로 이어진다. 성경이 우리 앞에 제시하는 실재 그대로, 영원의 이편에서는 삶 전체가 영적 전투다. 베드로후서 3장의 이 세 구절을 통해 우리는 이 전투에서 좋은 병사가 되는 법을 배울 수 있다. 최후 승리를 통해 더 이상 전투가 없는 최후의 나라에 들어갈 그날까지 말이다.

이 본문과 그에 대한 논의를 다음과 같은 실천적 명령 세 가지로 개괄하고자 한다. 종말론적으로 살라. 능동적으로 기다리라. 하나님의 약속을 붙들라.

종말론적으로 살라

"이 모든 것이 이렇게 풀어지리니 너희가 어떠한 사람이 되어야 마땅하냐 거룩한 행실과 경건함으로…"(벧후 3:11). "풀어지리니…마땅하냐"라는 문장 구조에 주목하라. 조건절과 그 결과인 주절로 이루어져 있다. 사실이 이러하니 그런즉 마땅히 이렇게 살아야 한다는 것이다. 문장 구조 자체에서 베드로가 이해한 영원 교리의 중요한 특성을 볼 수 있다. 그에게 영원 교리는 기독교 신학의 막연하거나, 추상적이거나, 동떨어져 있거나, 냉담한 조항이 아니었다. 이 진리를 그렇게 보는 것이 그로서는 불가능했다. 그것이 그의 일상생활 속으로 밀고 들어왔기 때문이다. 이 진리는 무엇이 중요한지와, 실생활에서 어떻게 그 중요한 것에 걸맞게 결정하고 행동하며 반응해야 하는지를 가르쳐주었다. 바로 직전에 그는 도무지 믿어지지 않는 기이한 내용을 말했다. 우리의 통상적 사고 반경을 훌쩍 벗어나는 말이라서 숨이 멎을 정도다.

그것은 바로 사방의 모든 것, 우리의 위치와 방향을 규정짓고 오락으로 우리 마음을 사로잡는 모든 물리적인 것, 이 창조 세계의 만물이 결국 불탄다는 것이다(벧후 3:10). 지금 주위를 둘러보라. 당신의 눈에 보이는 모든 것이 결국 없어진다. 아무것도 영원하지 않다. 종말에 하나님의 영화로운 권능이 드러날 때 그 뜨거운 열기에 녹아 다 증발해버린다. 그 상태를 한번 상상해보라. 하나도 남김없이 모든 것이 영원히 사라진다. 모든 건물, 모든 산, 모든 시내, 모든 푸른 동산, 모든 동물, 모든 기념비, 모든 나무, 모든 석회암 절벽, 모든 바다 생물, 모든 모래사장, 옷장의 모든 좋은 옷, 모든 자동차, 모든 고속도로, 모든 위안이나 놀이의 장 등 그야말로 일체의 물리적 세계가 불타 없어진다. 성경을 통틀어 이보다 더 기절초풍할 만한 진술은 찾아보기 어렵다. 우리 생각에는 다 늘 그 자리에 있을 것만 같은데 아무것도 영원하지 않다. 이 물질세계는 궁극점이 아니고 하나님이 궁극점이시다. 결국 그분이 대대적으로 이 모든 것을 없애신다.

하나님이 우리의 물리적 터전인 이곳의 종국을 우리에게 알려주시는 것은 그만큼 그분이 은혜로우시기 때문이다. 은혜로 그때를 알게 하여 당신에게 지금을 사는 법을 깨우치시려는 것이다. 당신이 투자하려는 첨단 기술 회사가 머잖아 폭삭 망해 파산할 것을 누군가가 확실히 예견하고 말해준다면, 당신은 아마 그 회사에 투자하지 않을 것이다. 특정 난방 장치가 결국 폭발하여 당신 집을 다 태워버릴 것을 누군가가 안다면, 당신은 그 상품을 구입하지 않을 것이다. 하나님도 마찬가지로 우리가 도저히 알 수도, 상상할 수도 없지만 현재의 삶을 위해 꼭 알아야 할 내용을 사랑으로 우리에게 가르쳐주신다.

다시 베드로의 질문으로 돌아가자. 사실이 이러하니 우리는 어떻게 살아야 마땅하겠는가? 하나님의 계획에 따라 그분의 권능으로 모든 것이 불탈 것이므로 창조 세계의 물리적 영광을 위한 삶은 전혀 무의미하다. 내 정체성과 의미와 목적과 행복감을 한순간에 사라질 것에서 찾으면 이는 영적으로 미친 짓이다. 내 삶의 에너지를 왜 그런 데 투자하겠는가? 알다시피 하나님은 당신과 나를 영광에 어울리게 지으셨다. 우리는 영광스러운 것을 사랑하고 동기로 삼는다. 그런데 영광은 두 종류뿐이니 바로 하나님의 영광과 표지판의 영광이다. 표지판의 영광이란 모든 영광스러운 피조물을 가리킨다. 표지판의 영광이라 칭하는 이유는 모든 영광스러운 피조물이 우리에게 그것을 지으신 분의 무한한 영광을 가리켜 보이는 표지판으로 설계되었기 때문이다. 요컨대 우리가 마음을 바치고 삶을 투자하는 대상은 물질세계의 영광 아니면 하나님의 영광이다.

그렇다고 맛있는 요리나 좋은 음악이나 재미있는 영화나 아름다운 정원을 즐기지 말아야 한다는 말은 아니다. 열심히 일하거나 자기 분야에서 성공하려 애쓰지 말아야 한다는 말도 아니다. 문제는 무엇이 당신의 마음과 생활 방식을 지배하고 주관하느냐는 것이다. 베드로의 말은 사방의 모든 것이 불타 없어질 테니 지금 여기서 하나님의 더 크고 영원한 영광을 위해 살아야만 의미가 있다는 것이다. 이 일이 도대체 어떻게 가능할까? 창조 세계의 물리적 쾌락이 우리를 지배하고 주관하지 못하게 하려면 어떻게 해야 할까? 11절 뒷부분에 베드로의 답이 나온다. "거룩한 행실과 경건함으로." 하나님의 영광을 위한 삶이란 곧 그분의 명령에 순종하고, 그분의 뜻에 순복하며, 우리를 위해 정해주신 그분의 테두리 안에 사는 것이다.

하나님의 명령은 버거운 짐이 아니다. 그분의 영광을 위해서뿐만 아니라 우리의 유익을 위해서도 주어진 것이다. 하나님의 명령은 그분이 정해주신 테두리에 잘 맞아들며, 이런 테두리는 우리를 위하고 세상을 위하며 또 그분의 자녀에게 약속된 영원을 위한 것이다. 날마다 일어나 힘써 하나님의 명령을 지키며 사는 것보다 더 복된 삶은 없고, 그보다 더 마음에 만족을 주는 실존도 없다. 이렇게 하나님의 영광을 위해 살면 다른 모든 영광의 굴레에서 해방된다. 물리적 쾌락은 덧없고 하나님의 영광은 영원하므로 경건함에 헌신하는 것만이 제정신으로 사는 길이다.

당신은 부부 관계에서 그렇게 산다. 자신의 뜻을 관철시키는 영광이 아니라 하나님의 명예를 위해 살아간다. 자녀를 양육할 때 그렇게 산다. 자신이 자녀에게 해주려거나 기대하는 것을 추구하지 않고, 하나님의 대사로서 그분이 명하신 본분에 힘쓴다. 직장에서 그렇게 산다. 더 높이 승진할 수 있는지에 집착하지 않고 모든 언행에서 하나님의 영광에 이끌린다. 대학에서 그렇게 산다. 학점에만 매달리지 않고 그 도전적인 곳에서 경건한 삶에 주력한다. 요컨대 당신은 일상생활의 모든 상황과 장소에서 그렇게 산다. 영원은 당신에게 앞으로 무슨 일이 벌어질지와 더불어, 지금 여기서 가장 지혜롭게 살아가는 가장 좋은 길을 알려준다.

능동적으로 기다리라

성경에서 기다림은 외부의 통제로 인해 강요되는 무의미하고 무익한 중단이 아니다. 우리가 기다림을 싫어하는 이유는 기다리는 즉시 자신에게 통제권이 없다는 사실에 직면하기 때문이다. 무언가나 누군가 때문에 부득이 기다려야 하는 것이다. 그러나 베드로에게 기다림은 아무것도 하지 않는 상태가 아니라 행동하라는 부름이었다. 우리는 그저 끝까지 가만히 참고 앉아 있으라고 부름받은 것이 아니다. 오히려 끝이 확실하기 때문에 우리에게 맡겨진 사명이 있다. 베드로는 "하나님의 날이 임하기를 기다리고 앞당기라 그날에 하늘이 불에 타서 풀어지고 물질이 뜨거운 불에 녹아지려니와"(벧후 3:12, ESV)라고 말했다. 이 구절의 한 단어가 지면에서 튀어나와야 한다. 이 단어는 기다리는 동안 취해야 할 중요한 행동을 보여준다. 당신의 선택과 말과 행동이 그 단어 때문에 신성해진다. 베드로에게 기다림은 거룩한 행동을 통해 영원한 결과를 낳으라는 부름이었다. 그는 우리에게 그저 참고 기다리라고 하지 않고, 최후의 주님의 날이 임하기를 "기다리고 앞당기라"고 말했다. 이 최후의 대격변의 날은 하나님의 책에 이미 기록되어 있는데, 어떻게 지금의 내 언행 때문에 조금이라도 달라질 수 있단 말인가? 평소의 우리 생각 같아서는 종말은 종말일 뿐 그때까지 우리의 행동은 중요하지 않으며, 우리는 힘과 통제권이 별로 없는 미약한 존재다. 그래서 우리의 행동이 도대체 어떻게 주님의 날을 앞당길 수 있다는 것인지 묘연해진다.

여기서 중요하게 기억해야 할 점이 있다. 하나님은 장차 무슨 일이 일어날지도 정하시고, 그 일이 발생할 수단도 주권적으로 정하신다. 이 내용은 앞의 7-8장에서 '하나님의 주권에 대한 교리'를 살펴볼 때 자세히 다루었다. 베드로의 말대로 하나님의 백성이 최후의 날을 기다리는 동안 영원에 초점을 맞추어 행동하는 것이 바로 그분이 그날을 실현하기 위해 정하신 수단이다. 하나님은 계획하신 일을 실현할 도구로 우리를 택하셨다. 지금 우리가 하는 말과 행동이 정말 영원히 중요하다는 뜻이다. 그래서 이것은 영원을 내다보며 행동하라는 부름이다. 그런 행동이 정말 변화를 낳도록 하나님이 정하셨다. 하나님 백성의 간절한 부르짖음이 주님의 재림을 앞당긴다. 그 백성의 기도가 주님의 재림을 앞당긴다. 하나님나라에 헌신한 그 백성의 수고가 주님의 재림을 앞당긴다. 하나님 자녀의 전도가 주님의 재림을 앞당긴다. 우리가 기다리는 방식과 기다리는 동안 하는 일이 바로 기다림을 종식하는 하나님의 수단이다. 그것을 알기에 우리는 기다린다.

하나님의 약속을 붙들라

인간은 누구나 낙원을 찾아다니지만 이 타락한 세상에는 낙원이 없다. 우리가 바라고 꿈꾸는 낙원은 어디서고 늘 우리를 실망시킨다. 아무것도 우리의 간절한 꿈을 이루어주지 못하고, 기대에 부응하지 못하며, 우리의 바람만큼 효과가 없다. 꿈이 꺾인 우리는 다음번 꿈만은 이루어지기를 바라며 너나없이 비틀거리며 세상을 살아간다. 우리가 이렇게 사는 이유는 낙원이 우리 마음속에 새겨져 있기 때문이고, 인간이 영원에 어울리게 지어졌기 때문이다. 그래서 베드로는 "우리는 그의 약속대로 의가 있는 곳인 새 하늘과 새 땅을 바라보도다"(벧후 3:13)라고 말했다. 얼마나 막강한 어휘의 조합인가!

베드로의 말은 우주의 보좌에 앉아 계신 하나님이 결코 약속을 어기지 않으실 것을 우리가 믿을진대, 정말 그 믿음대로 살라는 것이다. 그분은 늘 언행이 일치하신다. 늘 약속대로 행하신다. 그분의 말씀은 늘 신실하고 참되다. 그분은 마음이 변하거나 방향을 바꾸지 않으시며, 기다리는 이들을 외면하지도 않으신다. 결코 싫증 내거나 지치지 않으시며, 약속을 지키지 못할 만큼 바쁘실 때도 없다. 약속하는 사람들이야 우리도 살아오면서 지천으로 만났지만, 그분은 그 누구와도 다르다. 그분은 모든 약속을 능히 지키시고도 남는다. 약속이 시행되어야 할 모든 상황과 장소를 친히 주관하시기 때문이다. 만주의 주께서 경기장에 출전하시는 순간, 약속되었던 경기가 영원히 바뀌었다. 그분의 말씀은 다 이루어진다. 아무도 그분께 이의를 달지도, 그분의 뜻을 막거나 그분의 손을 제지할 수 없기 때문이다. 정말 아무도 그럴 수 없다.

그렇다면 확실히 보장된 그분의 약속이란 무엇인가? 그것은 곧 큰불 이후에 그분이 믿어지지 않을 만큼 아름다운 것을 주신다는 약속이다. 불로 끝나지 않는다니 천만다행이다. 하나님이 우리를 영접하실 곳이 화염으로 막을 내리고 그 후에는 어둠뿐이라면 얼마나 낙심되겠는가? 그러나 종말의 불은 진짜 종말이 아니다. 이것은 완전히 우리의 경험 반경을 벗어나고 상상을 초월하는 것이기에 우리의 뇌로는 이해하기 어렵다. 이 약속은 바로 종말 이후에 하나님이 우리에게 새로운 집을 주신다는 것이다. 구름 위를 떠다니며 황금 거문고를 탄다는 뜻이 아니다. 그분은 우리에게 새 하늘과 새 땅을 주신다. 그곳은 우리가 익숙하게 살아오던 곳과는 다르다. 지금 우리가 살고 있는 망가진 세상과는 전혀 다르게 그곳에는 의가 있다. 영원한 무적의 의가 있다.

여기서 '의'란 새 하늘과 새 땅에 거룩하신 하나님과 그분의 신성한 성품에 참여하는 사람들, 즉 예수님의 형상으로 온전히 빚어진 백성이 산다는 뜻인 동시에 모든 것이 의롭다는 뜻이기도 하다. 모든 것이 제자리에서 본연의 임무를 온전히 수행한다. 우리는 모든 것이 의로운 상태를 경험해본 적이 없지만, 그때는 모든 것이 하나님이 정해주신 자리에서 그분이 맡기신 일을 오롯이 해낼 것이다. 정말 다시는 아무것도 자리를 이탈하거나 제몫을 다하지 못하거나 망가지지 않는다. 아무것도 창조주의 계획에 반항하지 않는다. 평화와 조화만이 부단히 영속한다. 성경에 이 상태를 표현하는 단어가 있다. 바로 샬롬이다. 에덴동산에서 파괴된 샬롬이 영원히 회복되어 다시는 깨지지 않는다. 완전한 의가 영원무궁토록 다스린다. 그야말로 영화로운 영광이다.

이렇듯 영원 교리는 죄가 망가뜨린 모든 것을 장차 하나님이 고치신다고 확언한다. 이 교리는 지금 당신이 그 약속을 염두에 두고 살아야 한다고 말하고, 물리적인 것은 모두 덧없다고 경고하며, 기다리는 동안 당신이 어떻게 사느냐가 영원히 중요하다고 설파한다. 나아가 이 교리는 당신이 감히 바랄 만한 그 무엇보다 훨씬 영화로운 결말을 약속한다.

그런데 이 모든 것과 더불어 이 교리가 우리에게 들이미는 것이 더 있다.

영원 교리와 불의한 자

우리는 영원한 형벌의 장소인 지옥에 대한 언급을 꺼리는 편이다. 하지만 지옥을 말해야만 한다. 그것이 실제로 왜 중요한지를 지금부터 살펴보려 한다. 모든 신자는 악이 최종적으로 궤멸되기를 고대한다. 불의가 없는 세상을 외쳐 부르고, 완전히 의로운 정의가 마침내 영원히 승리하기를 염원한다. 어디서나 불의가 우리를 괴롭힌다. 불의는 직장에서 힘든 하루를 보낸 아빠가 가족에게 화풀이하는 순간 속에 있다. 누군가가 특혜를 등에 업고 타인의 정당한 몫을 가로채는 불공정한 순간 속에 있다. 인종 간의 숱한 불의 속에 있다. 절도와 폭력 행위 속에 있다. 타락한 법정과 타락한 정치와 타락한 정부 속에 있다. 가정을 파탄 내는 원한과 복수 속에 있다. 인종 혐오와 테러 행위 속에 있다. 자신과 다르다는 이유로 누군가를 깔볼 때마다 그 속에 불의가 있다. 학교 놀이터와 가정과 정부와 기업 세계 등 어디든, 죄인인 인간이 사랑으로 행동하고 반응하며 관계 맺고 이끌지 못하는 곳마다 불의가 살아 있다.

지옥은 우리에게 악이 궤멸될 것과, 의로운 심판이 있을 것과, 악에 형벌이 따를 것을 말해준다. 성경에 아주 분명히 나와 있듯이 장차 최후의 심판이 있고, 최종 형벌의 장소인 지옥도 실존한다. 이 주제를 반드시 직시해야 한다. 하나님이 우리에게 영원의 어두운 이면에 대한 진리를 계시해주신 것은 우리를 사랑하시기 때문이다.

영원과 불의한 자에 대한 이 고찰은 마태복음 25장 31-46절에 기록된 예수님의 가르침에 근거를 둔다.

> 인자가 자기 영광으로 모든 천사와 함께 올 때에 자기 영광의 보좌에 앉으리니 모든 민족을 그 앞에 모으고 각각 구분하기를 목자가 양과 염소를 구분하는 것같이 하여 양은 그 오른편에 염소는 왼편에 두리라 그때에 임금이 그 오른편에 있는 자들에게 이르시되 내 아버지께 복 받을 자들이여, 나아와 창세로부터 너희를 위하여 예비된 나라를 상속받으라 내가 주릴 때에 너희가 먹을 것을 주었고

목마를 때에 마시게 하였고 나그네 되었을 때에 영접하였고
헐벗었을 때에 옷을 입혔고 병들었을 때에 돌보았고 옥에
갇혔을 때에 와서 보았느니라 이에 의인들이 대답하여
이르되 주여 우리가 어느 때에 주께서 주리신 것을 보고
음식을 대접하였으며 목마르신 것을 보고 마시게 하였나이까
어느 때에 나그네 되신 것을 보고 영접하였으며 헐벗으신
것을 보고 옷 입혔나이까 어느 때에 병드신 것이나 옥에
갇히신 것을 보고 가서 뵈었나이까 하리니 임금이 대답하여
이르시되 내가 진실로 너희에게 이르노니 너희가 여기 내
형제 중에 지극히 작은 자 하나에게 한 것이 곧 내게 한
것이니라 하시고 또 왼편에 있는 자들에게 이르시되 저주를
받은 자들아 나를 떠나 마귀와 그 사자들을 위하여 예비된
영원한 불에 들어가라 내가 주릴 때에 너희가 먹을 것을
주지 아니하였고 목마를 때에 마시게 하지 아니하였고
나그네 되었을 때에 영접하지 아니하였고 헐벗었을 때에 옷
입히지 아니하였고 병들었을 때와 옥에 갇혔을 때에 돌보지
아니하였느니라 하시니 그들도 대답하여 이르되 주여 우리가
어느 때에 주께서 주리신 것이나 목마르신 것이나 나그네
되신 것이나 헐벗으신 것이나 병드신 것이나 옥에 갇히신
것을 보고 공양하지 아니하더이까 이에 임금이 대답하여
이르시되 내가 진실로 너희에게 이르노니 이 지극히 작은 자
하나에게 하지 아니한 것이 곧 내게 하지 아니한 것이니라
하시리니 그들은 영벌에, 의인들은 영생에 들어가리라.

예수님은 모든 사람이 하나님을 상대로 살아간다고 말씀하신다. 그 점에서 이 본문은 충격적이다. 어떤 식으로든 하나님께 반응하지 않기

란 불가능하다. 모든 인간은 그야말로 하나님이라는 환경 속에 살고 있기 때문이다. 아침에 일어나면 그분과 마주칠 수밖에 없다. 그분의 섭리가 중단되면 우리는 존재할 수 없다. 그분이 은혜로 억제해주지 않으시면 우리는 가망 없이 제정신을 잃고 고삐 풀린 타락에 떨어진다. 인체 각 기관도 하나님이 유지해주신다. 우리는 그분께 받은 재능으로 일한다. 인간이라는 존재 자체가 하나님을 향하도록 지어졌다. 당신은 그분의 존재를 인정하고 엎드려 순복하든지, 아니면 그분을 부정하고 마음대로 살든지 둘 중 하나다. 우리 삶과 주변 세상을 지배하시는 그분을 부정하는 것은 정말 무엄한 패륜이다.

결국 당신은 하나님께 겸손한 순복과 헌신으로 반응하여 아들 예수님의 은혜를 신뢰하고 그분을 바라보며 살든지, 아니면 그분의 존재를 부정하고 스스로 삶의 주인이 되어 그분의 명령을 짓밟고 규정을 제멋대로 정하든지 둘 중 하나다. 예수님은 역사상 존재했던 모든 사람이 어떤 식으로든 그분께 반응했다고 단언하신다. 당신도 그분을 예배하고 섬기든지, 아니면 자신을 예배하고 섬기든지 둘 중 하나다. 그분의 은혜를 신뢰하든지, 아니면 은혜가 필요 없다고 되뇌든지 둘 중 하나다. 그분을 기쁘시게 하려고 일하든지, 아니면 자기 좋을 대로 일하든지 둘 중 하나다. 늘 메시아를 의식하며 살아가든지, 아니면 메시아를 부정하든지 둘 중 하나다. 당신은 양 아니면 염소다. 편안한 도덕적 중립 지대란 없다.

친히 말씀하신 대로 예수님은 최후의 심판 날에 양과 염소를 구분하신다. 양은 그분과 그분의 은혜를 신뢰하여 믿음으로 그분을 따르며 그분의 일을 한 의인이고, 염소는 그분을 배척하고 그분이 부르신 대로 살지 않은 불의한 자다. 의인은 영생과 완전히 의로운 새 하늘과 새 땅에 들어가고, 불의한 자는 영벌에 들어간다. 분명히 말하거니와 최후의 심판에서 핵심은 당신이 생전에 하나님께 어떻게 반응했느냐는 것이며,

여기서 가능한 반응은 두 가지뿐이다(방금 예수님이 밝히신 것처럼). 형벌의 장소는 실존하는 지옥이다. 요한계시록 20장 15절은 지옥을 이렇게 묘사한다. "누구든지 생명책에 기록되지 못한 자는 불못에 던져지더라." 마태복음 25장 41절에서는 지옥이 "영원한 불"로 지칭된다. 요한계시록 20장 10절은 마귀가 "불과 유황 못에 던져지니…세세토록 밤낮 괴로움을 받으리라"고 묘사한다.

성경이 가르치는 최후의 심판과 지옥의 영원한 형벌을 대충 얼버무리고 넘어간다는 것은 어불성설이다. 성경에서 이 가르침을 제한다면 복음은 힘을 잃고 만다. 죄에 대한 최후의 심판과 형벌이 없다면, 율법도 필요 없고 예수 그리스도의 십자가도 필요 없다. 악에 최후의 심판과 형벌이 따르지 않는다면, 죄가 딱히 악할 것도 없고 하나님도 친히 계시하신 만큼 거룩하실 것이 없다. 죄에 대한 최후의 심판과 형벌이 없다면, 굳이 예수님이 온전히 의롭게 사시고 우리 대신 형벌을 받으실 필요가 없다. 최후의 심판이 없다면, 당신이 죄를 죄어도 뒤탈이 없으니 용서의 은혜가 필요 없다. 최후의 심판과 영원한 형벌의 최종 장소를 부정하면, 당신에게 남는 것은 복음 없는 기독교다. 의미도 없고 소망도 없는 공허한 종교만 남는다.

우리가 지옥에 대해 생각하고 말하기를 싫어하니 나라도 최선을 다해 당신에게 지옥의 참혹성을 묘사해주고 싶다. 이를 위해 나의 책 『현재를 이기는 능력, 영원』*에서 꽤 긴 대목을 발췌하려 한다. '영원의 창문이 없는 사람은 세상에 붙들린다'라는 장의 일부다. 최후의 심판과 지옥에 대해 쓰려고 준비하다가 문득 그 대목이 떠올랐고, 읽어보니 처참한 지옥의 영원한 고통을 그보다 더 잘 묘사할 수는 없겠다는 생각이 들었다. 지옥의 참혹성은 다음 세 가지 요소가 어우러진 결과다.

---

* Paul David Tripp, *Forever: Why You Can't Live without It* (Grand Rapids, MI: Zondervan, 2011), 60-62. (『현재를 이기는 능력, 영원』 두란노 역간)

1. 하나님에게서 분리된다. 하나님에게서 영원히 분리된 상태를 내가 제대로 생생히 묘사할 수 있을지 모르겠지만 시도해보겠다. 이 참상에 대해서는 여태 충분히 집필된 바가 없다. 그 실존은 유사 이래로 인간이 경험한 모든 어둠을 훨씬 능가할 것이다. 현세에는 신자나 비신자 할 것 없이 모든 사람이 하나님의 임재와 능력과 은혜의 혜택을 누린다. 그분의 임재가 세상에 질서와 아름다움과 규칙성을 부여하여 세상을 지탱하기 때문이다. 따사로운 햇볕과 시원한 바람은 그분이 임재하신다는 표시다. 당신에게 마실 물과 먹을 양식이 있다는 사실도 그분이 임재하여 주관하시는 결과다. 하나님은 날마다 당신에게 호흡과 기력을 주신다. 당신의 정신적, 정서적, 영적, 신체적 역량을 유지시켜주신다. 그분은 비를 내리시고, 꽃을 기르시며, 폭풍을 주관하시는 주님이시다. 인간의 실존을 구성하고 생활을 가능하게 하는 모든 규칙성도 그분이 임재하여 돌보시는 결과다. 받을 자격이 없는 우리인데도 그분은 이 모든 일상의 복을 선물로 주셔서 삶이 원활히 돌아가게 하신다.

하나님이 잠시라도 그분의 임재와 능력을 거두신다면 세상이 어떻게 될지 상상해보라. 사방의 모든 것이 걷잡을 수 없는 극도의 혼돈에 빠질 것이고, 우리는 본연의 존재가 될 역량을 모두 잃을 것이다. 이번에는 그분의 임재와 능력과 은혜에서 완전히 분리된 처참한 곳에서 영원히 혼돈 속에 산다고 상상해보라. 모든 것이 본연의 상태가 아닌 곳에 놓여 있다고 상상해보라. 거기는 질서나 아름다움이나 순리가 없고, 감정도 차마 말 못 할 어둠 속에 빠져 있다. 거기는 아무것도 의지할 것이 없고, 모든 것이 완전히 망가져 다시는 회복되지 않는다. 그곳에는 지독히 나쁜 날만 있고 더 좋은 날은 없으며, 아름다운 것이 다 괴기하게 변해 있다. 거기는 만물과 만인이 휘어지고 비뚤어지며 변질되어 있고, 눈에 닿는 모든 곳이 처참한데 도무지 피할 방도가 없다. 끔찍하게도 하나님이 이렇게 말씀하신다고 상상해보라. "평생 너는 내게서 분리되어 살기를 원했으니 이제 영원히 그 상태로 살 것이다." 하나님에게서 분리된 지옥을 상상해보라.

2. **인간성이 상실된다.** 우리는 독립과 자급의 존재로 창조되지 않았다. 하나님을 사랑하고 예배하며 의지하는 관계 속에서 살도록 지어졌다. 인간은 하나님의 형상 보유자로서 그 형상을 반사하도록 창조되었다. 우리의 인간성은 우리를 지으신 하나님과 긴밀히 교류하며 살아갈 때 가장 충만하고 아름답게 표현된다. 우리의 인간성은 그분의 임재와 맞물려 있다. 죄가 현세에서 우리에게 초래한 폐해가 성경에 이렇게 묘사되어 있다. "곧 모든 불의, 추악, 탐욕, 악의가 가득한 자요 시기, 살인, 분쟁, 사기, 악독이 가득한 자요 수군수군하는 자요 비방하는 자요 하나님께서 미워하시는 자요 능욕하는 자요 교만한 자요 자랑하는 자요 악을 도모하는 자요 부모를 거역하는 자요 우매한 자요 배약하는 자요 무정한 자요 무자비한 자라"(롬 1:29-31).

이 묘사가 하나님이 에덴동산에서 창조하신 아름다운 인간과는 얼마나 거리가 먼지 생각해보라. 흠정역본(KJV)에는 "무정한 자"가 "본능적 애정이 없는 자"로 번역되어 있다. 이 표현은 인간성의 점진적 상실을 나타낸다. 하나님께 끈질기게 죄를 짓는 이들은 마음의 인간성, 즉 모든 인간을 보호하고 억제하도록 창조된 영혼의 감수성을 점차 잃는다. 인간으로서 마땅히 느껴야 할 감정도 더는 느껴지지 않아 마음이 완고하고 냉담해진다. 바울이 이 본문에 묘사한 상태가 현세에 이미 만연해 있다. 하나님이 아직 은혜로 억제하고 보호하며 공급하고 질서를 잡아주시는데도 이 정도다. 그러니 그분의 임재가 완전히 거두어져 온갖 사악한 충동이

고삐를 벗고 날뛴다면, 인간이 어떻게 될지 상상해보라. 선(善)이라고는 누구의 마음속에도 눈곱만큼도 없는 곳에서 산다고 상상해보라. 인간이 하나님의 임재를 떠나서는 인간답게 살 수 없는데, 그분이 완전히 부재하신다면 무슨 일이 벌어지겠는가? 그렇게 인간성이 상실된 어두운 상태로 영원히 산다고 상상해보라. 그러면 지옥 특유의 참상 중 하나가 조금은 이해될 것이다.

3. 고통이 끝없이 계속된다. 우리는 하나님과 관계를 맺도록 지어졌건만, 그 관계를 저버리고도 이를 대수롭지 않게 여기기가 아주 쉽다. 게다가 우리는 그분이 그으신 선을 날마다 넘어간다. 그래서 지옥의 고통은 우리에게 경고와 보호의 역할을 한다. 죄에 대한 끝없는 형벌을 조금이나마 이해하려면, 완전히 거룩하고 정의로우신 하나님과 극악무도한 죄가 만나는 교차점에 서야 한다. 문제는 우리에게 죄를 중대한 악으로 보지 않는 삐딱한 재주가 있다는 것이다. 실제로 우리는 용케도 죄를 전혀 악하게 보지 않는다. 하지만 그러면 중대한 위험에 빠진다. 우리는 영원한 형벌이 가혹하고 하나님이 공정하지 못하다고 생각한다. 그렇게 생각한다는 사실이야말로, 악이 얼마나 악하고 하나님이 얼마나 영화롭게 거룩하신 분인지에 대한 성경의 관점에서 우리가 까마득히 멀어져 있다는 증거다. 영원한 형벌을 받을 이들에게 그 형벌이 임하는 이유는 그들이 가끔 하나님의 율법을 어겼기 때문이 아니라, 평생 매 순간 창조주께 반항했기 때문이다. 일관되게 그분의 자리를 탐했고, 그분이 은혜로 베푸시는 구원과 용서를 단호히 거부했기 때문이다. 성경에 묘사된 지옥의 고통은 죄가 얼마나 악한지를 가늠해보도록 우리에게 주어진 정확한 척도 중 하나일 것이다.

영원 교리는 우리의 신앙에 필수다. 새 하늘과 새 땅의 영광이 우리에게 제시된 목적은 다음 사실에서 위안을 받으며 살게 하기 위해서다. 즉, 하나님은 우리에게 주신 모든 약속을 지키시고 죄가 망가뜨린 모든 것을 고치실 것이며, 우리는 더는 잔존하는 죄에 짓눌려 등골이 휘어지지 않고 마침내 아들 예수님과 같이 변화될 것이다. 완전히 거룩하면서도 자애로우신 하늘 아버지가 사랑의 경고로 우리에게 지옥의 참상도 알려주신다. 그분의 의도대로 우리는 우리의 모든 행위가 하나님을 상대로 하는 것이고, 죄는 심각한 것임을 마음 깊이 새겨야 한다. 또한 하나님의 권위를 거부하고 율법을 짓밟으며 은혜의 필요성을 부정하고 우리 마음대로 살면, 도덕적 결과가 따른다는 점도 늘 기억해야 한다.

그래서 하나님은 은혜로 우리에게 영원을 엿듣게 하신다. 이때 우리에게 들려오는 소리는 예배와 승리의 축가일 수도 있고, 고통당하는 이들의 절규일 수도 있다. 그분이 우리에게 미래를 알려주심은 우리를 가까이 이끄시고 끝까지 안전하게 지키시기 위해서다. 우리가 본연의 삶을 향유하려면 필연적 실재인 영원을 내다보며 살아야만 함을 그분은 아신다.

24
일상생활 속의 영원

현재를 위한 삶은 아주 쉽고도 당연하게 느껴진다. 오그라든 세상의 실존에 빠져 모든 것을 순간의 욕구나 소원이나 기회나 두려움에 지배당하기가 아주 쉽다. 일상생활이 바쁘고 치열하다 보니 안타깝게도 우리 중 다수는 미래를 완전히 놓친다. 당신은 돈을 쓸 때 영원을 고려하는가? 컴퓨터를 사용할 때 영원에 초점을 맞추는가? 미래가 현재의 결혼 생활을 빚어내는가? 영원한 숙명을 정말 내다보는 사람처럼 시간과 에너지를 투자하는가? 주변 사람들은 당신이 영원을 중시하며 염두에 두고 살아간다고 평가하겠는가? 영원이라는 것이 존재하기에 섹스에 다르게 접근하는가? 영원은 당신이 일하는 방식, 직장을 대하는 방식에 어떤 영향을 미치는가? 영원 때문에 현재를 살아가는 방식이 달라지는가?

영원이라는 필연적 실재를 도둑맞은 우리 문화에서 이제 영원은 세계관의 유의미한 요소가 아니다. 케이블 뉴스 채널이나 문화적으로 중요한 SNS에서 영원에 대한 언급은 볼 수도, 들을 수도 없다. 대학에 영원이 철학과 정치와 과학에 미치는 영향을 가르치는 과목은 개설되지 않는다. 인터넷 서점의 자기계발 분야에 가정과 영원을 함께 다루는 책은 없다. 성경이 말하는 확실한 미래가 철학과 대중문화 담론 양쪽에서 모두 실종되었다. 우리 문화는 영원이 중요하지 않거나 아예 존재하지 않는다고 결론지었다. 영향력 있는 문화 기관에서 나오는 문화적 목소리 중 영원에 대한 신념을 굳혀주거나 영원에 비추어 살아간다는 의미를 깨우쳐줄 만한 것은 거의 없다.

그래서 이번 장에 그 문제를 다루었다. 이 책의 주제를 잊지 말라. 참된 믿음은 늘 삶으로 나타나게 마련이다. 믿음이란 결코 머리에서만 일어나는 활동이 아니다. 믿음은 늘 마음의 헌신과 함께 나타나고, 일상생활의 변화로 이어진다. 영원에 걸맞은 삶이란 어떤 모습일까? 지금부터 이 물음의 답을 조금이나마 살펴보고자 한다.

앞서 간략히 보았던 시편 73편에 근거하여 이번 장을 썼다. 이 본문은 신자가 영원을 망각하면 그 삶이 어떻게 되는지를 보여주는 구약의 사례 연구다. 여기에 생생히 예시되어 있듯이 당신도 영원에 초점을 맞추어 살지 않으면 복음의 정신을 잃을 수밖에 없다. 내 생각에 시편 73편은 다른 어느 세대보다 현대의 신자에게 가장 필요한 말씀인 것 같다. 이 본문은 많은 신자의 분노와 고뇌와 좌절이 담긴 질문이자, 우리 중 많은 사람을 괴롭히고 낙심시키는 의문을 다룬다. 왜 불경한 이들은 잘만 형통하는 것 같은데 신자는 이토록 고생하는 사람이 많은가? 왜 나의 헌신과 순종이 때로는 부질없어 보이는가? 하나님의 약속은 다 어디로 갔는가? 온통 혼란스럽기만 한데 하나님은 어디에 계시는가? 우리가 모두 '이미'와 '아직' 사이에서 살아가듯이 시편 73편 기자도 그 괴리 속에 놓여 있다. 복음의 정신을 잃지 않으려면 이 말씀을 아주 친한 친구로 삼아야 한다.

> **시 73편** 하나님이 참으로 이스라엘 중 마음이 정결한 자에게 선을 행하시나 나는 거의 넘어질 뻔하였고 나의 걸음이 미끄러질 뻔하였으니 이는 내가 악인의 형통함을 보고 오만한 자를 질투하였음이로다 그들은 죽을 때에도

고통이 없고 그 힘이 강건하며 사람들이 당하는 고난이
그들에게는 없고 사람들이 당하는 재앙도 그들에게는
없나니 그러므로 교만이 그들의 목걸이요 강포가 그들의
옷이며 살찜으로 그들의 눈이 솟아나며 그들의 소득은
마음의 소원보다 많으며 그들은 능욕하며 악하게 말하며
높은 데서 거만하게 말하며 그들의 입은 하늘에 두고
그들의 혀는 땅에 두루 다니도다 그러므로 그의 백성이
이리로 돌아와서 잔에 가득한 물을 다 마시며 말하기를
하나님이 어찌 알랴 지존자에게 지식이 있으랴 하는도다
볼지어다 이들은 악인들이라도 항상 평안하고 재물은 더욱
불어나도다 내가 내 마음을 깨끗하게 하며 내 손을 씻어
무죄하다 한 것이 실로 헛되도다 나는 종일 재난을 당하며
아침마다 징벌을 받았도다 내가 만일 스스로 이르기를 내가
그들처럼 말하리라 하였더라면 나는 주의 아들들의 세대에
대하여 악행을 행하였으리이다 내가 어찌하면 이를 알까
하여 생각한즉 그것이 내게 심한 고통이 되었더니 하나님의
성소에 들어갈 때에야 그들의 종말을 내가 깨달았나이다
주께서 참으로 그들을 미끄러운 곳에 두시며 파멸에
던지시니 그들이 어찌하여 그리 갑자기 황폐되었는가 놀랄
정도로 그들은 전멸하였나이다 주여 사람이 깬 후에는
꿈을 무시함같이 주께서 깨신 후에는 그들의 형상을
멸시하시리이다 내 마음이 산란하며 내 양심이 찔렸나이다
내가 이같이 우매 무지함으로 주 앞에 짐승이오나 내가
항상 주와 함께하니 주께서 내 오른손을 붙드셨나이다
주의 교훈으로 나를 인도하시고 후에는 영광으로 나를
영접하시리니 하늘에서는 주 외에 누가 내게 있으리요

> 땅에서는 주밖에 내가 사모할 이 없나이다 내 육체와 마음은
> 쇠약하나 하나님은 내 마음의 반석이시요 영원한 분깃이시라
> 무릇 주를 멀리하는 자는 망하리니 음녀같이 주를 떠난 자를
> 주께서 다 멸하셨나이다 하나님께 가까이함이 내게 복이라
> 내가 주 여호와를 나의 피난처로 삼아 주의 모든 행적을
> 전파하리이다.

아삽은 자신이 영원을 내다보며 살지 못했을 때 어떤 모습이었는지를 아주 생생히 묘사한다. "나는 거의 넘어질 뻔하였고…내 마음이 산란하며." 그는 오만한 자를 질투했다. "내 양심이 찔렸나이다 내가 이같이 우매 무지함으로 주 앞에 짐승이오나." 우리 삶을 영원의 관점에서 이해하지 못할 때 현재의 우리에게 밀려오는 영적, 정서적 파장이 이처럼 사무치게 그려져 있다. 미래에 비추어 해석하지 않고는 당신이 처해 있는 순간을 제대로 이해할 수 없다. 아삽은 자신과 타인들을 그리고 모든 질투와 낙심을 이해하려 애쓰다가 극심한 영적 긴장을 경험했는데, 이 긴장은 그 대상들을 영원의 관점에서 볼 때에야 비로소 해소되었다. 지금부터 이 본문의 여러 주제를 상술하여, 영원에 초점을 맞춘 삶이 어떤 모습인지 알아보고자 한다.

영원에 대한 기억 상실증을 퇴치하기로 결단하라

미래가 주는 경고와 소망을 잊어버리면 당신의 사고나 삶에 좋을 것이 하나도 없다. 영원에 대한 기억 상실증은 현재의 삶에 다음과 같은 영향을 미친다(내 책 『현재를 이기는 능력, 영원』의 내용을 다듬었다).

비현실적인 기대를 품는다. 영원에 초점을 맞추지 않으면, 당신은 현

세가 결코 채워줄 수 없는 것을 현세에서 찾으려고 발버둥 친다. 우리의 최종 종착지에서만 누릴 수 있는 것을 자꾸 지금 여기서 바라게 된다. 본래 실망은 늘 기대와 맞물려 있다. 비현실적인 기대에 이끌려 살아간다면 당신의 삶은 번번이 실망에 짓눌릴 것이다. 영원은 망가져서 탄식하는 이 세상이 우리 마음이 사모하는 낙원을 결코 가져다줄 수 없음을 일깨워준다. 당신은 사람과 장소와 사물에 대한 비현실적인 기대를 품고 살아가는가?

과도히 자아에 몰두한다. 당신과 나는 현 순간 너머를 바라보며 살도록 창조되었다. 한순간의 쾌락과 위안과 행복보다 더 큰 것을 위해 살도록 설계되었다. 지금 이 순간보다 훨씬 멀리까지 내다보며 자아보다 훨씬 큰 것을 위해 살도록 지어졌다. 영원이 우리 앞에 들이미는 아주 중요한 사실이 있는데, 만족과 자족을 누리려면 이것을 명심해야 한다. 즉, 영원은 우리 자신이 주관자가 아니고, 우리가 스스로 이야기를 쓰지 않으며, 무대 중앙의 스포트라이트가 하나님 몫이라는 사실을 직시하게 한다. 이야기의 결말을 미리 내다보면, 지금까지 중간의 모든 장이 그분의 영광을 위해 기록되었음을 수긍할 수밖에 없다. 영원 앞에서 우리는 결국 그분의 뜻이 다 이루어질 것과 우리 삶도 그분의 뜻대로 움직이고 전개된다는 사실을 직시해야 한다. "지금 이것을 손에 넣지 못하면 나는 행복할 수 없다"라고 말하며 자아에 집착하는 우리 문화는 결코 생각과 마음의 평안을 낳지 못한다. 그래서는 결코 자족하는 삶에 이를 수 없다. 영원은 나를 불러 순간의 희망과 꿈과 소원과 욕구와 기회와 어려움 너머를 보게 한다. 당신의 생활 방식은 자신의 소원과 욕구와 계획과 감정 등 자아에 몰두하는 태도에 과도히 지배당하고 있는가?

사람에게 너무 많은 것을 바란다. 관계에서 영원을 놓치면 우리 마음에 사모하는 낙원을 자꾸 주변 사람들에게 요구하게 된다. 하지만 그들은 완전한 사랑, 흠 없는 의, 한결같은 평안, 문제에서 해방된 삶을 우리에게 가져다줄 능력이 없다. 그런 것은 영원의 저편에서만 누릴 수 있다. 지금 여기에는 이상적인 자녀나 배우자나 상사나 이웃이나 친구나 목사가 없다. 사람이 줄 수 없는 것을 사람에게서 얻기를 바라면 결과는 좌절과 분노와 실망과 대립과 분열뿐이다. 당신은 사람이 결코 줄 수 없는 것을 사람에게 바라는가?

과도히 통제하려 하거나 두려움에서 헤어나지 못한다. 우리 중 많은 사람이 두려움과 통제 사이를 왔다 갔다 한다. 두려움에 사로잡혀 지배당하는 사람이 너무 많다. 그래서 우리는 두려운 대상으로부터 자신을 보호하려고 삶의 사건과 주변 사람들을 과도히 통제하려 한다. 영원에 대한 기억 상실증에 걸리면 삶이 무상하게 느껴진다. 자신이 원하는 것을 끝내 얻지 못하거나 오히려 원하지 않는 것만 강요당하는 심정이 된다. 이렇듯 채워지지 않는 갈망과 달갑지 않은 문제는 하나님이 우리를 잊으셨거나 삶이 우리를 저버렸다는 증거가 아니라, 우리가 다른 더 나은 세상을 위해 지어졌다는 증거다. 현세에서 강고한 평안을 누리려면 내세를 내다보며 살아야만 한다. 당신은 통제하는 데 급급한가? 당신의 삶에서 두려움이 정도 이상의 동기로 작용하는가?

하나님의 선하심을 의심한다. 우리는 하나님이 선하신 분이라고 믿지만, 내가 보기에 실생활에서 그 믿음이 흔들리는 사람이 많은 것 같다. 하나님이 우리 삶에 전혀 선해 보이지 않는 일도 허락하시기 때문이다. 당신과 세상을 향한 하나님의 의중을 모르면 결국 그분의 성품을 의심하게 된다. 우리에게 주신 하나님의 모든 약속이 내세에서만 최종 성취된다는 사실을 망각하면, 마치 그분이 지키실 의향도 없이 약속을 남발하신 것처럼 느껴진다. 사실은, 하나님이 우리에게 자신의 선한 선물들을 지금 여기서 조금씩 맛보게 하시는 것이다. 그것들을 온전히 누릴 그 날을 우리가 계속 갈급해하도록 말이다. 모든 선물은 영원 속에서 우리를 기다리고 있다. 당신은 하나님의 선하심과 신실하심과 사랑을 의심할 때가 있는가?

감사보다 낙심이 많아진다. 우리 중 많은 사람이 실망하는 이유는 하나님이 우리를 이래저래 무시하거나 저버리셨다든지, 그동안 고생이 심했다든지, 주변 사람들이 완전하지 못해서가 아니다. 영원 속에서만 누릴 것을 안타깝게도 이생에서 얻기를 바라기 때문이다. 우리의 실망이 말해주는 것은 영원에 대한 우리의 기억 상실증이지, 하나님이나 주변 사람이나 상황 자체가 아니다. 여기가 최종 목적지가 아니라는 사실을 받아들이고 영원을 내다볼 때에만 삶 전반에 성경적 현실주의를 품고 임할 수 있다. 당신의 입에서 감사보다 불평이 더 자연스럽게 나오는가?

의욕과 희망이 없어진다. 지금까지 말한 모든 요소는 결국 우리의 동기와 희망을 약화한다. 이 세상은 희망과 꿈이 물거품처럼 무산되기를 무한 반복하는 곳이 아니다. 이 세상은 하나님의 계획 덕분에 특정한 순간, 곧 모든 망가진 것이 마침내 완전히 회복되는 순간을 향해 나아가는 중이다. 그래서 당신은 아침에 일어나 그분이 명하신 모든 일에 힘쓸 수 있다. 물론 살다 보면 고난도 닥쳐올 것이고, 생각조차 못했던 일을 상대해야 할 때도 있다. 그러나 영원 교리는 이 세상이 전부가 아님을 일깨워준다. 망가지고 휘어지며 비뚤어지고 부패한 모든 것이 장차 회복될 것이다. 지금 당신이 힘들어하는 모든 문제가 해결될 것이다. 영원은 당신의 삶에 제대로 돌아가는 것이 하나도 없어 보일 때도 당신에게 계속 전진할 이유를 준다. 지금 겪고 있는 상황이 영영 계속되지는 않는다는 그 사실을 굳게 믿고 허무감에 맞서라. 삶이 허무해 보이는가? 동기와 희망이 없어 힘든가?

결과를 자꾸 부정한다. 영원 교리의 중요한 역할 중 하나는 삶에 반드시 결과가 따른다는 사실을 지금 직시하게 하는 것이다. 자기 마음대로 살고 행동하며 결정하면서 그에 상응하는 결과를 면할 수는 없다. 죽은 후에도 삶이 있고, 최후의 심판도 있고, 영원한 형벌의 장소도 있다.

영원 교리는 우리에게 궁극의 결과를 제시함으로써, 다른 방식으로는 얻을 수 없는 도덕적 심각성을 지금 우리 삶에 불어넣는다. 아무도 피할 수 없는 결산의 날은 언젠가 온다. 영원은 당신이 어떻게 사느냐가 정말 중요하다는 사실을 환기한다. 당신은 결과를 부정함으로써 하나님이 그으신 선을 더 쉽게 넘어갈 때가 있는가?

가치관을 규명하는 영원의 미덕을 인식하라

하나님이 지으신 대로 우리는 가치와 목표와 목적과 중요한 것을 지향하는 존재다. 우리 모두는 무언가를 위해 살거나, 그것을 추구하거나 섬긴다. 우리 삶에는 각자의 기준에 따라 가치 있는 요소도 있고, 거의 무가치한 요소도 있다. 말로는 소중하다면서 그다지 정성을 쏟지 않는 부분도 있다. 정말 가치 있는 것이라면 거기에 투자하게 마련이다. 그런가 하면 우리 삶에는 정도 이상으로 가치가 아주 커진 요소도 있는데, 그것이 우리의 생각과 갈망과 말과 행동을 지배한다. 이렇듯 당신의 가치관이 삶을 빚어낸다. 자신이 정말 가치 있게 여기는 것이 무엇인지 알고 싶거든, 평소에 당신의 시간과 에너지와 재능과 돈을 어디에 투자하는지 생각해보라.

영원 교리는 우리가 가치관의 혼란을 겪을 때 엄청난 도움이 된다. 삶의 목적으로 삼을 만한 참된 가치가 무엇인지를 가르쳐주기 때문이다. 가치관의 궁극적 규명은 영원이 우리에게 주는 복이다. 요한계시록으로 가서 영원 저편의 목소리를 들어보라. 거기서 경축하는 주제는 무엇인가? 재물이나 권력이나 저택이나 사람의 칭찬이나 성공이나 성취가 아니다. 경축의 일관된 구심점은 구주와 승리하신 그분의 신실한 은혜다. 우리가 영원에 비추어 가치관을 규명해야 하는 이유는 무엇이 중요한지에 대한 분별력을 너무 쉽게 잃기 때문이다. 어떤 이들은 집의 잔디밭 관리에 시간과 에너지와 돈을 너무 많이 쓰며 노심초사한다. 잡초를 제거하고 잔디로 덮는 일이 어찌나 중요해졌는지 거기에 수천 달러와 수백 시간을 투자한다. 잔디밭이 당신에게 정도 이상으로 중요한가? 어쩌면 당신은 취미 생활에 과도하게 투자하는 남편일 수 있다. 총기나 테니스 라켓이나 낚싯대나 골프채를 더 이상 사지 않아도 될 정도로 취미 용품들이 넘쳐날 것이다. 당신은 아내와 자녀와 함께 보낼 시간이 없을 정도로 취미 활동에 매달려 사는가? 혹은 당신은 외모에 너무 많은 시간과 에너지를 들이는 아내일 수 있다. 화장품과 옷장의 옷이 넘쳐나는데 계속 사들일지도 모른다. 매일의 개인 예배 시간보다 외모를 관리하는 시간이 더 많다는 사실이 당신의 실제 가치관을 드러내지는 않는가? 당신이 대학생이라면 SNS의 흐름에 뒤처지지 않는 것이 과도히 중요해졌을 수 있다. 끝없는 대화에 목소리를 내는 일이 너무 의미가 커졌고, 다음번 사이트로 넘어가느라 시간을 너무 많이 잡아먹는다. 따라서 가치관을 규명해주는 영원 교리는 우리 모두에게 유익과 복을 끼칠 수 있다.

영원 교리는 어떻게 우리의 가치관을 규명해줄까? 다음 여덟 가지를 생각해볼 수 있다.

1. 영원의 존재가 즉시 내게 말해주는 바가 있다. 내가 창조된 목적은 당장 눈앞의 내 소원과 욕구와 감정에 집중하는 것보다 더 크다. 영원이라는 것이 존재할진대 내가 원하는 모든 것, 내게 필요해 보이는 모든 것, 순간순간의 내 감정은 다 미래에 비추어 이해하고 평가해야 한다.

2. 영원의 존재가 말해주듯이 현재는 최종 종착지가 아니라 그곳을 위한 준비 과정이다. 따라서 이 순간의 목표는 내 자원을 써서 현재를 최대한 낙원으로 탈바꿈시키는 것이 아니다. 영원이 존재하지 않는다면 개인의 쾌락과 위안을 최대한 쟁취할 만도 하다. 이생이 전부일 테니 말

이다. 그러나 영원이 존재하기에 내 삶에서 소중한 것은 단지 순간의 쾌락이 아니라 미래의 종착지다.

3. 영원의 존재는 내 유일한 참된 만족을 언제, 어디에서 얻을 수 있는지를 말해준다. 영원은 창조 세계의 사람과 물질을 통해서는 결코 개인의 궁극적 행복과 기쁨과 성취와 만족을 얻을 수 없다는 사실을 직시하게 한다. 영원은 우리를 초대하여 인간의 지고한 낙이 인격체이신 주 예수 그리스도 안에 있음을 깨닫게 한다. 그분을 중심에 모시고 삶 전체의 근원으로 삼아 그분께 온전히 순복하며 살아갈 때, 비로소 마음에 막힘없는 기쁨과 자족을 누리게 된다. 영원 교리는 물질주의의 허위와 기만을 폭로한다. 물질로는 내 마음의 열망을 채울 수 없음을 끝없이 상기시킨다. 내가 인식하든 못 하든 그런 깊은 열망은 사실 하나님을 향한 것이기 때문이다.

4. 영원의 존재는 내 자원을 어디에 투자해야 최고의 수익을 낼지를 말해준다. 예수님은 자신을 따르는 이들에게 낡아지지 않는 배낭에 투자하라고 말씀하셨고, 바울은 독자들에게 "위의 것을 찾으라"(골 3:1)고 당부했다. 어떤 것들은 잠깐 즐거움을 주지만 금방 사라진다. 그러나 당신의 시간과 에너지와 돈에 대한 수익을 영원히 남겨주는 투자도 있다. 영원 교리는 우리를 불러 금방 사라질 배당금이 아닌 장기적 가치를 위해 투자하게 한다.

5. 영원의 존재는 무엇이 정말 중요한지를 경고하여 내 가치관을 규명한다. 앞서 말했듯이 중요한 것과 중요하지 않은 것의 구분이 늘 우리 삶을 빚어낸다. 그 기능이 제대로 작동하는 것이 중요하다. 가치 있다고 여기는 무언가에 당신의 삶을 투자했는데, 결국 별로 중요하지 않은 것이라면 얼마나 비참하겠는가.

6. 영원의 존재는 유혹에 굴하여 창조주 대신 피조물을 예배하는 것이 위험하다고 말해준다. 우리는 모두 날마다 예배 전쟁을 치르며 살아

간다. 우리 마음과 나아가 생활 방식의 지배권을 놓고 끊임없이 전투가 벌어진다. 지금도 창조주와 특정한 피조물 중 어느 한쪽을 향한 사랑과 예배가 우리 마음을 지배하고 있다. 본향의 영광이란 드디어 창조주가 우리 마음속에서 정당한 자리를 차지하시고, 다시는 그 자리를 아무것에도 내주지 않으신다는 것이다. 인간의 지고한 기쁨도 창조주가 우리 마음속에서 왕이라는 정당한 자리를 차지하실 때 찾아온다.

7. 영원의 존재는 내 마음속에서 벌어질 가치관 싸움에 꼭 필요한 은혜를 보장한다. 이 가치관 싸움에서 우리는 결코 혼자가 아니다. 만왕의 왕이 은혜로 우리 삶에 침투하셨기 때문이다. 그분은 우리를 전투에 내보내실 뿐 아니라 우리와 함께 가신다. 우리를 전투로 부르실 뿐 아니라 적절한 무기도 지급하신다. 우리가 너무 낙심하거나 힘이 없거나 어리석어서 스스로 싸울 수 없을 때도 그분이 우리를 위해 싸우신다. 영원히 그분과 함께 지낼 은혜를 베푸신 하나님은 길을 가는 동안 필요한 모든 은혜도 당연히 베푸신다. 영원 교리가 일깨워주듯이 약속된 미래의 은혜 속에 현재의 은혜도 함께 보장되어 있다.

8. 영원의 존재는 내 가치관이 완전히 오류에 빠질 때도 희망을 준다. 이 희망의 근거는 내 이력이 아니라 주님의 은혜와 선하심이다. 당신과 나는 무엇이 중요한지를 망각할 때가 있다. 우리 마음은 늘 최고의 가치를 사랑하지는 않는다. 그러나 영원은 궁극의 희망이 내가 제대로 잘하는 데 있지 않고 그분께 있음을 일깨워준다. 그분은 늘 제대로 하셨고 늘 옳은 길을 가셨다. 영원한 영광에 들어갈 입장권은 나의 바른 가치관과 순종으로 산 것이 아니라, 예수님이 완전한 삶과 대속의 죽음과 승리의 부활로 사신 것이다. 그래서 나는 가치관이 흐트러졌을 때도 언제고 그분께 나아갈 수 있다. 그러면 그분이 반드시 자비와 은혜를 베풀어주신다. 영원 교리가 일깨워주듯이 내 모든 방황에도 불구하고 그분은 끝까지 나를 지키시고 본향으로 영접하여 영원히 함께 사실 것이다.

여기가 종착지라고 생각하지 말고 준비하는 마음으로 살라

그리스도인 대부분의 문제는 진리를 고의로 부정하는 것이 아니라 생각 없이 바쁘게 살아가는 것이다. 끝없이 이어지는 당장의 요구와 사건, 즉 매일 닥쳐오는 시급한 일에 치여 살아가는 것이다. 그러다 보니 우리 삶은 자신의 신앙 고백에 부합하지 못한다. 우리에게 격려와 경고와 지도를 베풀며 의욕을 북돋아야 할 아름다운 진리가 일상의 안개 속에서 길을 잃는다. 그래서 우리는 용기를 내야 할 때 두려워하고, 희망을 품어야 할 때 낙심하며, 영광스러운 이유로 전진해야 할 때 의욕을 잃는다. 일부 그리스도인이 신앙적으로 힘들어하는 이유는 신학적 무심함에 막혀, 하나님이 우리를 위해 계획하고 가르치신 아름다운 진리를 경험하지 못하기 때문이다. 그분이 우리를 저버리신 것도 아니고 신학이 우리를 실망시킨 것도 아니다. 인간이 마음에 품을 수 있는 가장 찬란한 진리 체계를 우리가 자주 망각할 뿐이다.

영원 교리의 경우도 마찬가지다. 이 진리를 기억하면 그것이 마음의 많은 고통을 예방해주고, 하나님이 약속하신 영원을 향해 가는 길에서 길잡이가 되어준다. 이 교리의 가장 중요한 역할은, 지금이 당신의 최종 종착지가 아니라 미래의 그곳을 위한 준비 과정임을 일깨워주는 것이다. 준비란 본래 어려운 법이다. 헌신과 훈련과 인내가 요구되며, 장차 받을 상을 늘 바라보아야 한다. 당신 삶의 모든 요소는 전능하시고 늘 임재하시는 구원자의 도구로 쓰여, 당신을 영원에 걸맞게 준비시켜준다. 일단 하나님의 손에 들리면 낭비되는 드라마도 없고, 쓸모없는 순간도 없으며, 목적 없이 존재하는 것이 하나도 없다. 회심하여 본향에 가기까지의 기간은 헛된 기다림이 아니라, 하나님이 계속 역사하여 우리를 변화시키려고 친히 계획하신 시간이다. 그분은 우리가 아직 미래에 걸맞게 준비되지 못했음을 아신다.

운동선수는 준비 과정이 실전만큼 박진감 넘치지 않아도, 그것이 꼭 필요하다는 것을 안다. 그들은 경기를 준비하는 동안 똑같은 훈련을 지루하게 반복하면서 고통스러울 것을 예상하지만, 이 과정을 통해 자신이 달라진다는 것도 안다. 문제는 우리 중 많은 사람에게 운동선수의 사고방식이 없다는 것이다. 그래서 우리는 현 순간에 온갖 비현실적인 희망과 꿈을 투사하는데, 그렇게 해봤자 번번이 실망할 뿐이다. 준비하는 마음으로 살아야 할 우리가 신학적 무심함 때문에 여기가 종착지라는 생각에 빠진다. 마치 이것이 전부인 것처럼 살면서 지금 이 순간에 희망과 꿈을 잔뜩 욱여넣는 것이다. 이런 삶은 좋은 열매를 맺는 법이 없다. 오히려 절망, 분노, 관계의 균열, 하나님에 대한 의심, 다른 수많은 유혹 등의 온상이 된다. 여기가 종착지라 생각하고 살면, 영원의 이편에서는 절대 얻을 수 없는 것들을 사람과 장소와 사물에서 얻으려 애쓴다. 당연히 결과는 결코 좋을 수가 없다.

반면 지금이 최종 종착지가 아니고 그곳을 위한 준비 기간임을 기억하고 영원을 내다보며 살면, 당신은 일이 제대로 돌아가지 않거나 사람들이 완전하지 못하거나 꿈이 예상대로 풀리지 않거나 시련이 닥쳐와도 놀라지 않는다. 오히려 역경을 통해 예술가이신 하나님의 손안에서 자신이 더 아름답고 더 미래에 걸맞은 모습으로 점차 빚어져감을 안다. 물론 당신은 여전히 고난과 상실의 아픔을 겪을 테고 여전히 지칠 것이다. 그러나 희망이 없는 고통, 계속할 의욕이 없는 탈진, 기쁨이 없는 고생은 당신 앞에 닥쳐오지 않는다. 분명히 이곳은 우리의 최종 종착지가 아니다. 여기가 종착지인 것처럼 살면 모든 힘든 일이 더 힘들어질 뿐이다. 지금은 그분이 우리를 영광에 걸맞게 사랑으로 준비시키시는 기간이다. 그 영광은 구주가 우리에게 약속하셨을 뿐 아니라 기꺼이 목숨을 희생하여 우리를 위해 사신 것이다.

유보된 만족에서 자족과 희망을 얻으라

'유보된 만족'이라는 말은 모든 부모가 자녀에게 힘써 가르치는 아주 어렵고도 중요한 교훈이다. 인간의 천성에 어긋나는 것이기에 힘써 교육해야 한다. 모든 아이는 유보된 만족의 실재와 가치를 배워야 한다. 온종일 운전해야 하는 여행길에서 어린아이는 15분만 지나도 거의 다 왔느냐고 묻는다. 씨앗을 심은 지 하루 만에 꼬마는 밖에 나가 텃밭의 작물을 살핀다. 좋은 일치고 한순간에 이루어지는 것은 거의 없다는 단순한 진리와 하나님의 섭리를 아직 배우지 못한 탓이다. 영원 교리는 곧 유보된 만족의 교리다. 하나님의 약속은 확실하다. 그런데 그분이 정하신 대로 기다려야 한다는 현실 또한 확실하다. 우리는 처음 믿는 순간 곧바로 영원한 영광 속으로 옮겨지지 않는다. 에덴동산에서 새 하늘과 새 땅까지의 느린 진행 과정이 성경에 시간 순서대로 아주 생생히 기록되어 있다. 그 앞에 서면 우리 모두의 천성이 얼마나 조급한지가 드러난다. 우리는 결과가 빨리 나오는 것을 좋아하고, 결과가 더디면 좀이 쑤셔서 안달한다.

성경은 우리가 삶의 소소한 순간 속에서 영원을 내다보며 투자하면 그 수익이 영원무궁토록 지속된다고 가르친다. 실제로 당신과 나는 성경의 모든 원리와 약속을 유보된 만족의 렌즈로 읽어야 한다. 구약의 잠언을 예로 들어보자. 잠언의 많은 약속을 어떻게 이해해야 할까? 잠언을 공부할수록 더 분명해지듯이 낱낱의 모든 잠언 속에 전체 구원 이야기가 내포되어 있다. 그렇게 보아야만 거기에 나오는 실생활의 지혜를 제대로 이해할 수 있다.

예컨대 "유순한 대답은 분노를 쉐게 하여도 과격한 말은 노를 격동하느니라"(잠 15:1)는 잠언이 있다. 틀림없이 이 잠언을 통해 하나님은 우리를 불러 타인의 분노에 침착한 성품과 믿음으로 대응하게 하신다. 그런데 여기서 하나님은 우리가 성난 사람을 차분하고 침착하게 대할 때마다 상대의 분노가 즉시 가라앉는다고 약속하시는가? 이것이 성난 사람을 대하는 지혜로운 방식이기는 하지만, 현세에서는 유순한 대답이 늘 상대의 분노를 누그러뜨리지는 못한다. 그러면 이 잠언은 무슨 소용인가? 바로 여기서 유보된 만족의 렌즈가 도움이 된다. 이 잠언은 기계적인 보장이 아니라 영원을 내다보며 살라는 지혜로운 부름이다. 분노에 차분하고 침착하게 대응할 때 나는 하나님이 정하신 우주의 이치에 부합하게 사는 것이다. 온유한 자가 땅을 기업으로 받는다! 온유하신 메시아가 마침내 승리하신다! 장차 모든 인간이 무릎을 꿇고 입으로 예수님을 주님이라 시인할 때, 모든 성난 목소리는 잠잠해질 것이다. 이 잠언의 약속은 이루어진다. 당신이 바라는 바로 그때는 아닐지라도 반드시 성취된다. 미래에 부합하게 살면 늘 당신의 마음과 삶 속에 좋은 열매가 맺힌다. 낱낱의 모든 잠언은 영원을 내다보며 기록되었으며, 따라서 우리를 유보된 만족의 원리 안에서 살도록 부른다.

새 하늘과 새 땅의 영광에 이르는 진행 과정이 느리다 보니, 유보된 만족은 실제로 참된 성경적 믿음의 중요한 요소다. 히브리서 11장에 그것이 아주 분명히 나와 있다.

> 히 11:13-16, 32-40   이 사람들은 다 믿음을 따라 죽었으며 약속을 받지 못하였으되 그것들을 멀리서 보고 환영하며 또 땅에서는 외국인과 나그네임을 증언하였으니 그들이 이같이 말하는 것은 자기들이 본향 찾는 자임을 나타냄이라 그들이 나온바 본향을 생각하였더라면 돌아갈 기회가 있었으려니와 그들이 이제는 더 나은 본향을 사모하니 곧 하늘에 있는 것이라 이러므로 하나님이 그들의 하나님이라 일컬음 받으심을 부끄러워하지 아니하시고 그들을 위하여 한 성을

예비하셨느니라…내가 무슨 말을 더 하리요 기드온, 바락,
삼손, 입다, 다윗 및 사무엘과 선지자들의 일을 말하려면 내게
시간이 부족하리로다 그들은 믿음으로 나라들을 이기기도
하며 의를 행하기도 하며 약속을 받기도 하며 사자들의 입을
막기도 하며 불의 세력을 멸하기도 하며 칼날을 피하기도
하며 연약한 가운데서 강하게 되기도 하며 전쟁에 용감하게
되어 이방 사람들의 진을 물리치기도 하며 여자들은 자기의
죽은 자들을 부활로 받아들이기도 하며 또 어떤 이들은
더 좋은 부활을 얻고자 하여 심한 고문을 받되 구차히
풀려나기를 원하지 아니하였으며 또 어떤 이들은 조롱과
채찍질뿐 아니라 결박과 옥에 갇히는 시련도 받았으며 돌로
치는 것과 톱으로 켜는 것과 시험과 칼로 죽임을 당하고
양과 염소의 가죽을 입고 유리하여 궁핍과 환난과 학대를
받았으니 (이런 사람은 세상이 감당하지 못하느니라) 그들이
광야와 산과 동굴과 토굴에 유리하였느니라 이 사람들은
다 믿음으로 말미암아 증거를 받았으나 약속된 것을 받지
못하였으니 이는 하나님이 우리를 위하여 더 좋은 것을
예비하셨은즉 우리가 아니면 그들로 온전함을 이루지 못하게
하려 하심이라.

이 본문은 우리를 앞서간 하나님의 사람들을 기술했다. 믿음이란 하나님의 약속을 굳게 붙드는 삶이다. 영원을 내다보며 살기 때문이다. 그래서 그분의 약속이 지금 여기서 다 성취되지 않아도 당신은 그 약속에 대한 희망을 버리지 않는다. 이유가 무엇일까? 약속이 완전히 성취될 미래를 내다보며 살기 때문이다. 알다시피 새 하늘과 새 땅에서 그분의 모든 약속이 최종 성취되면, 그동안 기다리고 인내하며 투자한 모든 순간

은 하나도 아깝지 않다.

　유보된 만족 덕분에 당신은 결혼 생활에 인내와 소망을 품고 임할 수 있다. 자녀에게 별로 열매가 보이지 않을 때도 부모로서 하나님이 명하신 선한 일을 지속할 수 있다. 모든 관계가 편해야 한다거나 직장 생활이 늘 만족스러워야 한다는 과욕을 내려놓을 수 있다. 현재의 즐거운 일에 돈을 모두 쓰기보다는 영원한 수익을 낼 일에 즐거이 투자할 수 있다. 영원 교리는 내게 하나님이 결국 모든 약속을 지키시리라는 것만이 아니라 다음 사실도 상기시켜준다. 그분의 약속에 투자하면 도중에 조금씩 성취를 맛보기는 하겠지만, 그분이 최종 성취하실 때까지는 오래 기다려야 할 수도 있다는 것이다. 유보된 만족을 받아들이지 않고는 참된 성경적 믿음도 지닐 수 없다. 우리는 소망을 품을 이유가 있다. 우리는 하나님이 약속을 신속하게 성취하시기 때문이 아니라, 신실하게 우리를 영광스러운 결말 쪽으로 계속 인도하시기 때문에 소망을 품는다. 그 결말은 그분이 약속하셨기에 확실하다. 그래서 우리는 영원을 바라보면서 믿고 투자하며 기다린다.

복음에 고집스레 헌신하라

　영원은 당신을 고집스러운 믿음으로 부른다. 자신의 방식을 우기거나 하나님의 방식이 불편하다고 거부하는 그런 고집이 아니다. 이 고집은 성화되어 하나님을 영화롭게 한다. 냉소와 절망에 굴하지 않고 영원을 내다본다. 무슨 일이 있어도 하나님의 약속을 믿고 순종하며 그 안에서 안식한다. 그리스도의 몸 된 교회에 기여하려면, 성화된 고집이 필요하다. 평화와 사랑과 조화가 넘치는 결혼 생활을 원한다면, 이기적 고집을 성화된 고집으로 바꾸는 것이 좋다. 고집스러운 자녀를 대할 때 온유한 마음과 평정심을 잃지 않으려면, 영원을 내다보며 하나님이 명하신 대사의 일을 고집스레 지속하는 수밖에 없다. 관계를 좀먹기 일쑤인 치사한 공방을 피하려면, 상대를 이기거나 내 입맛대로 휘두를 때의 순간적 쾌감을 고집스레 거부해야 한다. 빚지지 않고 돈으로 선을 행하려면, 순간을 위한 소비를 고집스레 자제하고 영원한 가치에 힘써 투자해야 한다.

고집스러운 믿음은 자아와 순간을 위해 살지 않고, 하나님이 지혜와 사랑으로 그으신 선을 넘어가지 않는다. 고집스러운 믿음은 당장의 덧없는 이득에 지배당하여 날마다 선택을 내리기보다는, 늘 영원한 영광에 초점을 맞춘다. 고린도전서 15장 58절은 우리를 바로 그런 고집스러운 믿음으로 부른다. "그러므로 내 사랑하는 형제들아 견실하며 흔들리지 말고 항상 주의 일에 더욱 힘쓰는 자들이 되라 이는 너희 수고가 주 안에서 헛되지 않은 줄 앎이라." 둘째 부활이 있고 영원한 영광이 그 뒤를 이을진대, 이런 믿음만이 '이미'와 '아직' 사이에서 당신을 잘 떠받칠 수 있다.

솔직히 우리에게는 영원에 초점을 맞춘 하나님 중심의 고집보다는 악한 고집이 더 자연스럽다. 우리 안에 죄가 살아 있는 한 취할 것을 버리고 버릴 것을 취하려는 유혹이 찾아올 수밖에 없다. 때로 우리는 하나님이 가라고 하실 때는 가만히 있고, 그분이 버티라고 하실 때는 너무 쉽게 요동한다. 다행히 여기 기쁜 소식이 있다. 부활하신 주 예수님이 양쪽의 고집 사이에서 씨름하는 우리와 함께 계신다. 그분이 부활하셨기에 우리의 견실함도 그만한 가치가 있다. 그분은 연약한 우리에게 은혜를 베푸시고, 아침마다 새로운 자비를 복으로 주신다. 역경 속에서 우리와 동행하시고, 사랑으로 고집스레 우리를 놓지 않으신다. 그분이 은혜로 고집스레 헌신하시기에 우리의 고집도 성화되어 영원을 품을 수 있다. 얼마나 다행인가.

예고편을 계속 보라

현대의 미디어 문화에서 최고의 발명품 중 하나는 영화 예고편이라는 생각이 든다. 줄거리의 핵심과 등장인물을 충분히 맛보게 해주는 예고편 덕분에 우리는 그 영화를 볼지 말지를 결정할 수 있다. 루엘라와 나도 극장에 가려고 할 때면 아이패드를 꺼내 예고편을 쭉 본다. 내 관심을 끌거나 아내가 좋아할 만한 영화를 찾는 것이다. 그런데 영화 예고편에는 거짓이 섞여 있기도 하다. 사실은 지루한 영화인데 흥미를 끄는 순간만 두어 개 보여주는 식이다. 긴장감 넘치는 액션물을 기대하고 영화관에 갔다가, 재미도 없는 영화를 푯값이 아까워 억지로 보고 온 적도 있었다.

영원 교리는 최상의 예고편이다. 두어 시간의 현실 도피성 오락물로 초대하는 정도가 아니라 그것을 훨씬 뛰어넘는다. 이 예고편은 당신을 새로운 생활 방식으로 초대하여 무엇을 하든 영원을 내다보게 한다. 근시안적 믿음에서 벗어나게 한다. 금방 물거품이 되어버릴 덧없는 쾌락을 추구하는 삶에서 이끌어낸다. 자신의 영광을 위해 살지 말고 하나님의 영광을 위해 살라고 경고한다. 장차 당신은 그분을 대면하며 그 영광에 동참할 것이다. 이 예고편이 권하는 대로 당신이 헌신해야 할 삶은 차마 예고편에 담아낼 수 없을 정도로 무한히 영광스럽다.

영원의 예고편은 주인공들과 줄거리의 핵심만 살짝 보여주는 것이 아니라 구원 이야기의 기승전결을 다 보여준다. 당신에게 이야기의 주인공이신 그분을 친밀히 알게 해주고, 이 놀라운 구원의 드라마에 걸맞게 사는 법을 말해주며, 마지막 장의 영화로운 영광까지 묘사한다. 자아, 하나님, 의미와 목적, 옳고 그름, 타인 등 삶 전반에 대한 당신의 사고방식을 바꾸어놓을 위력이 있는 예고편은 이것뿐이다. 이 예고편은 마음을 사로잡을 뿐만 아니라 우리를 변화시킨다.

그런데 문제가 있다. 영원의 예고편은 모든 면에서 직관에 반대된다. 거기에 소개되는 이야기는 우리 중 누구도 결코 쓸 수 없다. 창작의 순간에 아무리 상상력을 발휘해도 어림없다. 우리는 작은 상자에 갇혀서 삶을 해석하지만, 이야기의 마지막 장인 영원은 우리의 사고가 그 상자를 훌쩍 벗어나야 한다고 도전한다. 그래서 당신과 내가 해야 할 일이 있다. 우리는 영원의 예고편을 계속 보고 또 보아야 한다. 넷플릭스에는 그 예고편이 없다. 그것은 창세기 첫 장에서 시작되어 당신을 요한계시록 마지막 장으로 떠민다. 당신과 나는 날마다 이 이야기 속으로 뛰어들어야 한다. 우리의 사고와 갈망과 희망과 삶을 영원의 크기로 넓혀야 한다. 그러지 않으면 우리는 신학적으로 사고하지 못하고, 결국 훨씬 좁은 틀 안에 갇혀 살 수밖에 없다.

비록 죄로 물든 망가진 세상의 오물과 진창 속을 사는 우리지만, 영원은 그런 우리를 불러 위대하고 초월적인 영광의 세계를 위해 살아가게 한다. 주변에 제대로 돌아가는 것이 하나도 없어 보이고 우리 힘이나 권한이 부족해 필요한 변화를 주도할 수 없을 때도, 영원은 우리를 맞이하여 소망을 품고 살아가게 한다. 이야기의 저자이자 주인공이신 그분을 지금은 물리적으로 보거나 들을 수 없지만, 영원은 우리를 초대하여 그분을 바라보며 살아가게 한다. 영원의 경고대로 결국은 대수롭지 않을 것을 위해 싸우지 말고, 영원히 중요한 것에 시간과 에너지와 돈을 투자해야 한다. 하나님은 우리를 변화시키려고 영원의 예고편을 제작하셨다. 영원만큼 현재 우리가 경험하는 것과 다른 것은 없기에, 우리는 영원을 가장 집중해서 생각해야 한다.

하나님이 우리에게 예고편을 주셨으니 이제 반응은 우리 몫이다. 그냥 가볍게 넘기지 말고 내용을 흡수하고 소화해야 한다. 그러면 주변 상황은 똑같아 보일지라도 하나님의 은혜로 우리는 반드시 변화된다. 우리가 살아가는 방식도 달라진다. 그러려면 이 예고편을 계속 보아야 한다.

이제 책을 마칠 때가 되었다. 이 책은 지금까지 내가 쓴 글 중 가장 감동적인 내용을 담고 있다. 내 글이 그렇다는 게 아니라 하나님이 우리에게 계시하신 모든 놀라운 진리가 그렇다는 뜻이다. 내 목표는 당신이 이런 진리를 생각하고 이해하여 삶의 현장에 그리고 주변 사람들과 맺는 관계에 적용하도록 당신을 돕는 것이었다.

지난 몇 달 동안 나는 우뚝 솟은 신성한 계시의 고지를 등반했다. 그 시간들이 얼마나 감사한지 모른다. 내가 묵상한 것은 인간의 사고에 담을 수 있는 가장 지혜롭고 아름다운 진리였다. 죄에 빠진 인류의 가장 깊고 어두운 골짜기를 지날 때는 그 어둠이 경종과 경고를 울려주는 것에 감사했다. 하나님의 미소 띤 얼굴, 치유의 손길, 놀랍도록 막강한 능력, 애틋한 자비심, 한없이 깊은 지혜, 추상같은 분노, 광대무변한 사랑, 최후 승리를 향한 불가항력의 전진을 나는 보았다. 하나님은 이 모두를 우리 신앙의 장엄하면서도 단순하고 실제적인 12가지 핵심 교리를 통해 보여주셨다.

여정이 늘 쉽지는 않았다. 새로운 교리에 다가갈 때마다 고도 3천 킬로미터의 암벽을 맨몸으로 오르려고 준비하는 심정이었다. 매번 엄두가 나지 않았고, 내 앞에 웅장하게 솟아 있는 영광스러운 진리를 제대로 다 담아낼 자신이 없었다. 하지만 나는 맨몸도 아니었고 혼자 오르는 것도 아니었다. 하나님이 나와 함께 오르셨고, 그분의 말씀이 밧줄처럼 나를 붙들어 매주었다. 각 교리를 다룰 때마다 내 죄부터 깨달아야 했다. 나 또한 내 신앙 고백과 생활 방식 사이의 괴리에 부딪힌 것이다. 그러나 죄를 깨닫는 순간마다 십자가의 은혜도 함께 주어졌다. 제대로 이해한다면 하나님 말씀의 교리 자체가 우리를 십자가로 인도하기 때문이다. 모든 교리는 예수님의 인격과 승리하신 구원 사역에 대한 이야기의 요약

본이다. 집필을 마무리하면서 돌아보니 당신을 위해서만이 아니라 나를 위해서도 꼭 써야 할 책이었다. 이제 우리는 인간의 사고에 담도록 계시되었고, 가장 큰 변화를 낳는 진리 체계 안에서 나란히 함께 살아갈 수 있다.

글을 마무리할 즈음에 옛 찬송가 하나가 자꾸 떠올라 나도 모르게 흥얼거리곤 했다. 검색해서 가사를 잘 읽어보니 이 찬송가로 책을 끝내야겠다는 생각이 들었다. 많은 독자가 하나님의 말씀과 그 속의 교리를 이 찬송가의 관점으로 보기를 기도한다. 그리고 마지막 절의 기도가 또한 우리의 기도가 되기를 기도한다.

> 주의 말씀은 동산 같아서
> 어여쁜 꽃 만발하오니
> 누구나 거기서 마음껏
> 멋진 꽃다발 꺾으리이다
> 주의 말씀은 광산 같아서
> 귀한 보화 풍성하오니
> 고이고이 숨은 그 보화
> 누구나 듬뿍 찾겠나이다.
>
> 주의 말씀은 별무리처럼
> 무수한 빛줄기 흩뿌려
> 저 나그네 길잡이 되어
> 갈 길을 환히 비추오리다
> 주의 말씀은 무기고처럼
> 매일의 싸움에 쓸 무기
> 두루 한데 갖추었으니

병사가 평생 얻겠나이다.

주 말씀 사랑하게 하소서
향기로운 꽃도 모으고
귀한 보화 캐게 하소서
말씀의 빛 내게 비추소서
주 말씀 충직한 검이오니
내 무기로 삼게 하소서
나 이제 모든 적에 맞서
주의 싸움 싸우겠나이다.*

---

* Edwin Hodder, "Your Word Is Like a Garden Lord," 1863년, *Trinity Hymnal* (Suwanee, GA: Great Commission Publications, 1990), 139장.